复杂数据的bootstrap
及其应用

徐礼文 著

科学出版社
北京

内 容 简 介

本书的主要内容是作者及其合作者在复杂数据模型这一领域近些年的研究成果, 以及相关的最新进展. 全书共 6 章. 第 1 章简要介绍几类复杂数据模型和 bootstrap 等预备知识和相关研究问题. 第 2~6 章, 系统讨论各种复杂数据统计推断中的 bootstrap 基本理论、方法及其应用, 包括 Behrens-Fisher 问题、异方差回归模型、异方差 ANOVA 和 MANOVA 模型、混合效应模型及高维数据分析中的 bootstrap 统计推断.

本书可供数理统计理论与方法研究的专家及数学、工程、经济、金融等领域的科研人员和工作者使用, 也可供数理统计专业的教师、高年级本科生及研究生作教材或参考书.

图书在版编目(CIP)数据

复杂数据的 bootstrap 统计推断及其应用/徐礼文著. —北京：科学出版社, 2016. 7

ISBN 978-7-03-049523-5

Ⅰ. ①复… Ⅱ. ①徐… Ⅲ. ①数理统计 Ⅳ. ①O212

中国版本图书馆 CIP 数据核字(2016) 第 187894 号

责任编辑: 李 欣 / 责任校对: 邹慧卿
责任印制: 赵 博 / 封面设计: 陈 敬

科学出版社出版
北京东黄城根北街 16 号
邮政编码: 100717
http://www.sciencep.com

北京科印技术咨询服务有限公司数码印刷分部印刷
科学出版社发行 各地新华书店经销
*
2016 年 9 月第 一 版 开本: 720 × 1000 B5
2025 年 2 月第四次印刷 印张: 11 3/4
字数: 225 000

定价: 69.00 元

前　言

复杂数据与复杂性科学相伴而生, 大量产生于许多科学研究和实践中, 包括常见的异方差数据、重复观测数据、空间分层数据、面板数据或纵向数据和高维海量数据等. 复杂数据的分析、建模和统计推断包含了当代几乎所有的统计研究分支, 并广泛应用在生物医学、经济金融和信息互联网技术中, 成为数据科学研究的重要组成部分. 现在, 由于数据的复杂性, 统计分析已无法离开计算机技术, 并为之提供学科发展动力. 特别是在如今这样一个信息爆炸性增长的大数据时代, 能够借助计算机技术, 以有效且富于统计意义的方式来处理海量复杂数据信息成为流行趋势. Bootstrap 方法是一种统计味道浓厚, 兼具计算机密集使用的强有力的统计技术. Bootstrap 方法的使用会让我们对统计学有更为深刻的理解, 而 bootstrap 方法的实施又离不开计算机技术的强力支撑. 本书在介绍复杂数据模型和 bootstrap 的基本理论与方法的基础上, 论述作者及其合作者近些年在异方差模型、重复观测数据模型、生长曲线模型、面板数据模型等 bootstrap 推断方面的研究工作, 以及其他一些与之紧密相关的最新研究进展. 因为论题涉及面较广且为作者的知识和书的篇幅所限, 只能着重从作者曾涉足而相对比较了解的领域来论述.

全书共 6 章, 第 1 章通过实例引进和比较各类复杂数据模型, 介绍模型的产生背景和本书重点应用到的 bootstrap 和广义推断等方面的知识. 第 2 章分别讨论了 Behrens-Fisher 问题中异方差下两个正态总体均值的相等性检验、均值差的置信区间和多个正态总体共同均值的参数 bootstrap 统计推断等问题. 第 3 章讨论了异方差情形下回归模型系数的相等性检验和共同回归系数的 PB 置信域. 第 4 章系统地研究了异方差下 ANOVA 中各种模型中的参数 bootstrap 检验和置信区间的构造方法和优良性. 第 5 章则将第 4 章的问题拓展到 MANOVA 模型, 并给出了 MANOVA 中检验的各种不变性理论. 最后一章转入混合效应模型和高维数据分析中的假设检验、置信区间和预测等的 bootstrap 方法研究.

本书的写作得到了国家自然科学基金项目 (项目编号: 11171002)、北京市自然科学基金项目 (项目编号: 1112008)、北京市属高等学校高层次人才引进与培养计划项目 (项目编号: CIT&TCD201404002) 和北方工业大学长城学者后备人才培养计划项目的资助, 作者愿借此机会表示诚挚的谢意!

限于作者水平, 书中不妥之处在所难免, 恳请读者不吝赐教.

徐礼文

2015 年 9 月于北京

目　录

符 号 表

$A \geqslant 0$	A 为对称半正定方阵
$A > 0$	A 为对称正定方阵
A^-	矩阵 A 的任一广义逆
A^+	矩阵 A 的 Moore-Penrose 广义逆
$\text{rank}(A)$	矩阵 A 的秩
$\|A\|$	矩阵 A 的行列式
$\\|A\\|$	矩阵 A 的范数
$\text{tr}(A)$	方阵 A 的迹
$\mathscr{R}(A)$	矩阵 A 的列向量张成的子空间
$\mathscr{N}(A)$	矩阵 A 的零空间
P_A	向 $\mathscr{R}(A)$ 的正交投影变换阵
N_A	$N_A = I - P_A$
M^{T}	矩阵 M 的转置矩阵
$1_n = (1, \cdots, 1)^{\mathrm{T}}$	分量皆为 1 的 n 维列向量
$A \otimes B$	A 与 B 的 Kronecker 乘积
$E(X)$	随机变量或向量 X 的均值
$\text{Var}(X)$	随机变量 X 的方差
$\text{Cov}(X, Y)$	随机变量或向量 X, Y 的协方差
$u \sim N_p(\mu, \Sigma)$	均值为 μ, 协方差阵为 Σ 的 p 维正态向量

第 1 章　引　　言

本章将简要介绍复杂数据分析常用的模型和面临的统计推断问题, 并给出一些例子, 使读者对问题的背景有所了解, 并对后面引进的观点、统计概念和理论方法有更深入理解. 另外, 我们在本章还将提供以后常用到的相关概念和预备知识.

1.1　复杂数据及模型

假设有 n 个样本 $\{(x_i, y_i)\}_{i=1}^n$, 这里 $x_i = (x_{i1}, \cdots, x_{ip})$ 是 p 维的预测变量或称作自变量, $y_i \in \mathbb{R}$ 是对应的响应变量. 经典的简单数据线性模型形式为

$$y = X\beta + \varepsilon, \quad E(\varepsilon) = 0, \quad \mathrm{Cov}(\varepsilon) = \sigma^2 I, \tag{1.1.1}$$

其中 $y = (y_1, \cdots, y_n)^{\mathrm{T}}$ 为 $n \times 1$ 的响应变量观测向量, X 是第 i 行为 x_i 的 $n \times p$ 矩阵, β 为 $p \times 1$ 的固定未知参数向量, ε 是随机误差向量, I 为 $n \times n$ 的单位阵. 从某种意义上说, 数据若不满足模型 (1.1.1) 中的某些假设条件则代表不同类型的复杂数据. 如 $\mathrm{Cov}(\varepsilon) = \mathrm{diag}(\sigma_1^2, \cdots, \sigma_n^2)$ 表示异方差数据; β 中含有随机分量则可以建模分层数据、重复观测数据或面板数据等; 而 $n < p$ 则代表当今流行的高维数据问题. 下面我们简要介绍本书将要研究的几类复杂数据模型.

1.1.1　Behrens-Fisher 问题

最简单的一类复杂数据是带有异方差的两个总体比较问题的观测数据. 假设 $y_{i1}, \cdots, y_{in_i}$ 是来自正态总体 $N(\mu_i, \sigma_i^2)$ 的简单随机样本, $i = 1, 2$. 我们常感兴趣的问题是去检验假设 H_0 : $\mu_1 = \mu_2$ 或寻找 $\mu_1 - \mu_2$ 的置信区间. 当总体方差任意且未知时, 文献中称该问题为 Behrens-Fisher 问题. 虽然此问题形式简单, 但至今没有一个标准解法, 已有许多学者提出各种解法. 为了以后的方便, 我们可以列出该数据的模型

$$\begin{aligned} y_1 &= 1_{n_1}\mu_1 + \varepsilon_1, \quad \varepsilon_1 \sim N(0, \sigma_1^2 I_{n_1}), \\ y_2 &= 1_{n_2}\mu_2 + \varepsilon_2, \quad \varepsilon_2 \sim N(0, \sigma_2^2 I_{n_2}). \end{aligned} \tag{1.1.2}$$

模型 (1.1.2) 至少可以向两类复杂数据模型拓展, 一类是异方差回归模型, 另一类则是异方差的方差分析模型.

1.1.2　异方差回归模型

在诸如稳定性研究、刑侦学和变点分析等应用领域中, 许多学者考虑了正态线性模型回归系数的相等性检验问题. 若做模型的误差方差齐性假设, 该问题存在精确的 F 检验. 但是, 在许多应用中齐性假设不可能成立或者难以验证. 一个自然的选择是下面的异方差回归模型:

$$\begin{aligned} y_1 &= X_1\beta_1 + \varepsilon_1, \quad \varepsilon_1 \sim N(0, \sigma_1^2 I_{n_1}), \\ y_2 &= X_2\beta_2 + \varepsilon_2, \quad \varepsilon_2 \sim N(0, \sigma_2^2 I_{n_2}). \end{aligned} \tag{1.1.3}$$

这里 X_i 是 $n_i \times p$ 的矩阵, β_i 为 $p \times 1$ 的固定回归系数向量, ε_i 是随机误差向量, $i = 1, 2$. 对于该模型, 我们感兴趣的问题是去检验假设 $H_0:\ \beta_1 = \beta_2$, 参见 Weerahandi(1987). 模型 (1.1.3) 还可以进一步推广到多个异方差回归模型和多元异方差的回归模型.

1.1.3　异方差的方差分析模型

异方差的方差分析是两个总体比较的 Behrens-Fisher 问题向多个总体比较的推广, 如异方差的单向方差分析模型、异方差的两向方差分析模型等. 常见的异方差单向方差分析模型为

$$y_{ij} = \mu + \alpha_i + \varepsilon_{ij}, \quad \varepsilon_{ij} \sim N(0, \sigma_i^2), \quad i = 1, \cdots, k; j = 1, \cdots, n_i, \tag{1.1.4}$$

这里 μ 是总平均值, α_i 为第 i 个小总体的效应, 且 $\sum_{i=1}^{k} \alpha_i = 0$, ε_{ij} 是随机误差. 对于该模型, 我们感兴趣的问题是去检验假设 $H_0:\ \alpha_1 = \alpha_2 = \cdots = \alpha_k = 0$.

1.1.4　生长曲线模型

生长曲线 (growth-curve) 模型广泛应用于重复观测数据建模研究. 生物学家欲研究白鼠的某个特征随时间变化情况, 随机选用 n 只小白鼠做试验. 设第 i 只小白鼠的 T 次观测值为 $y_{i1}, \cdots, y_{iT}$, τ_i 是和第 i 个小白鼠相联系的个体随机效应, X_t^{T} 是 t 时刻协变量的观测值向量, 例如, 对于 p 阶多项式生长曲线模型, $X_t^{\mathrm{T}} = (1, t, \cdots, t^p), i = 1, \cdots, n$. 令 β 是未知的系数向量, ε_{it} 是误差项, 则

$$y_{it} = X_t^{\mathrm{T}}\beta + \tau_i + \varepsilon_{it}, \quad i = 1, \cdots, N;\ t = 1, \cdots, T. \tag{1.1.5}$$

这就是所谓的理论生长曲线, 其中 $\tau_i \sim N(0,\ \sigma_\tau^2)$, $\varepsilon_i \sim N(0,\ \sigma_\varepsilon^2)$. 生物学家的目的是估计 $\beta_0, \beta_1, \cdots, \beta_{p-1}$, 以得到经验生长曲线.

1.1.5　Panel 数据模型

这类模型被广泛用于计量经济学中 (Baltagi, 2013). 假设对 N 个个体 (如个

人、家庭、公司、城市或国家) 进行了 T 个时刻的观测, 观测数据可表示为

$$y_{it}=x_{it}^{\mathrm{T}}\beta+\xi_i+\varepsilon_{it},\quad i=1,\cdots,N;\ t=1,\cdots,T, \tag{1.1.6}$$

其中 y_{it} 表示第 i 个个体第 t 个时刻的某项经济指标, x_{it} 是 $p\times 1$ 的已知向量, 它刻画了第 i 个个体在第 t 个时刻的一些自身特征, ξ_i 是第 i 个个体的个体效应, ε_{it} 是随机误差项.

若我们的目的是研究整个市场的运行规律, 而不是关心这特定的 N 个个体, 这 N 个个体只不过是从总体中抽取的随机样本, 这时个体效应就是随机的. 我们假定所有 ξ_i 和 ε_{it} 互相独立, 且 $\xi_i\sim N(0,\ \sigma_\xi^2)$, $\varepsilon_i\sim N(0,\ \sigma_\varepsilon^2)$. 记

$$\begin{aligned}&y=(y_{11},\cdots,y_{1T},y_{21},\cdots,y_{NT})^{\mathrm{T}},\quad X=(x_{11},\cdots,x_{1T},x_{21},\cdots,x_{NT})^{\mathrm{T}},\\&\xi=(\xi_1,\cdots,\xi_N)^{\mathrm{T}},\quad \varepsilon=(\varepsilon_{11},\cdots,\varepsilon_{1T},\varepsilon_{21},\cdots,\varepsilon_{NT})^{\mathrm{T}},\quad U_1=I_N\otimes 1_T,\end{aligned}$$

则模型 (1.1.6) 可以表示成

$$y=X\beta+U_1\xi+\varepsilon.$$

由上面的假设可知

$$\mathrm{Cov}(y)=\sigma_\xi^2U_1U_1^{\mathrm{T}}+\sigma_\varepsilon^2I_{NT},$$

这里 σ_ξ^2 和 σ_ε^2 即为方差分量. 模型 (1.1.6) 有时也称为纵向数据 (longitudinal data) 模型, 常用于生物医药统计的研究领域中.

在上述问题中, 若把时间效应也考虑进来, 则模型 (1.1.6) 可以改写为

$$y_{it}=x_{it}^{\mathrm{T}}\beta+\xi_i+\eta_t+\varepsilon_{it},\quad i=1,\cdots,N;\ t=1,\cdots,T,$$

其中 η_t 表示与第 t 个时刻相联系的时间效应, 若把其看成随机的, 并且假设 $\mathrm{Var}(\eta_t)=\sigma_\eta^2$, η_t 与所有的 ξ_i 和 ε_{it} 相互独立, 记 $U_2=1_N\otimes I_T$, $\eta=(\eta_1,\cdots,\eta_T)^{\mathrm{T}}$, 则可得如下模型

$$y=X\beta+U_1\xi+U_2\eta+\varepsilon.$$

此时, 观测向量的协方差阵为

$$\mathrm{Cov}(y)=\sigma_\xi^2U_1U_1^{\mathrm{T}}+\sigma_\eta^2U_2U_2^{\mathrm{T}}+\sigma_\varepsilon^2I_{NT},$$

其中 $\sigma_\xi^2,\sigma_\eta^2$ 和 σ_ε^2 为方差分量.

上述的生长曲线模型和带有随机效应的 Panel 数据模型都是混合效应模型的特例, 其一般形式为

$$y=X\beta+Z\xi+\varepsilon, \tag{1.1.7}$$

这里 y 为 $n\times 1$ 的观测向量, β 为 $p\times 1$ 的非随机参数向量, 称为固定效应, X 为对应于固定效应的设计阵; ξ 为 $q\times 1$ 的随机向量, 称为随机效应, Z 为对应于随机效应的设计阵; ε 是随机误差向量. 一般假设 $E(\xi)=0, E(\varepsilon)=0$, ξ 和 ε 互不相关且

$$\mathrm{Cov}(\xi)=G,\quad \mathrm{Cov}(\varepsilon)=R.$$

于是 $\mathrm{Cov}(y)=\Sigma=ZGZ^{\mathrm{T}}+R$, 这里 G 和 R 分别为已知或未知的非负定和正定阵, 在它们未知时, 它们可以依赖于一个未知参数向量 θ. 即此时模型 (1.1.7) 的随机部分 $Z\xi+\varepsilon$ 可以分解为 $Z\xi+\varepsilon=U_1\xi_1+U_2\xi_2+\cdots+U_k\xi_k$, 则得到一般的方差分量模型

$$y=X\beta+U_1\xi_1+U_2\xi_2+\cdots+U_k\xi_k, \tag{1.1.8}$$

其中 ξ_i 为 $q_i\times 1$ 的随机效应向量, U_i 为 $n\times q_i$ 的已知设计阵, 我们常常假设

$$E(\xi_i)=0,\ \ \mathrm{Cov}(\xi_i)=\sigma_i^2 I_{q_i},\ \ \mathrm{Cov}(\xi_i,\xi_j)=0,\ \ i\neq j.$$

于是

$$E(y)=X\beta,\ \ \mathrm{Cov}(y)=\sum_{i=1}^{k}\sigma_i^2 U_i U_i^{\mathrm{T}},$$

σ_i^2 称为方差分量, 最后一个随机效应向量 ξ_k 是通常的随机误差向量 ε, 而 $U_k=I_n$. 模型 (1.1.8) 包含多类具有广泛应用背景的线性模型, 如 Panel 数据模型、单向 (两向、多向) 分类混合模型、套分类混合模型, 参见 Searle(1987), Rao 和 Kleffe(1988), Searle, Casella 和 McCulloch(1992), Diggle, Liang 和 Zeger(1994), Khuri 和 Mathew(1998), Verbeke 和 Molenberghs(2000) 以及 Baitagi(2013) 等.

1.1.6 高维数据模型

高维数据分析与建模是目前统计领域研究的热点之一 (Hastie, Tibshirani, Wainwright, 2015). 计算机技术的快速发展为人们存储数据带来了极大的便利, 所搜集数据的维数也呈几何级数的速度增长, 经常远远大于样本量的个数. 海量的数据为我们提供了更多的信息, 但与此同时, 也为如何进行数据分析提炼有效的信息带来了极大的挑战. 对于多元统计分析而言, 高维问题一般指如下两种情形: 一种是变量个数 p 较大而样本量 n 相对较小, 另一种是变量个数不大但是样本个数 n 较多, 例如一项全国调查牵涉到大量的调查对象, 而观测指标个数相对较少. 面板数据高维问题较一般的多元高维问题更为复杂, 因为面板数据至少包括两个维度: 时间和横截面. 在实际应用中, 不同个体在不同时间进行观测时可以获得多个指标值. 可以用 p 表示指标个数, T 表示观测期长度, N 表示个体个数. 统计学中所提到的高维问题, 通常是指个体数 N、时期长度 T 或指标个数 p 这三个变量中的一个或多个可以趋向于无穷, 描述该类问题的统计模型自然称为高维数据模型.

1.2 复杂数据模型的相关研究进展

针对复杂数据, 由于相应的模型假设条件放宽, 给实际的统计建模和统计推断带来不同程度的困难, 这些问题也推动复杂数据分析研究在许多方面取得新的进展, 获得了丰富多彩的研究成果. 下面仅对上述几类模型中的研究作简要介绍.

1.2.1 统计推断模式演化

随着处理数据的复杂程度的增加, 人们不断拓展经典的推断方式和看待参数的角度. 设随机变量 X 是我们感兴趣总体的某个指标, 其分布函数记为 $F(x;\theta)$, $\theta\in\Theta\subseteq\mathbb{R}^p$, p 是参数维数, θ 是 p 维参数, Θ 是参数空间. 若 $(x_1,\cdots,x_n)$ 是来自总体 $F(y;\theta)$ 的容量为 n 的样本, 我们基于这些样本该如何推断参数? 杨振海 (2014) 指出, 基于看待参数的观点不同, 可以将文献中的推断模式概括为三种模式: 经典频率学派、Bayes 学派和信仰推断.

经典频率学派将参数看做固定常数. 样本 $x=(x_1,\cdots,x_n)$ 包含了参数 θ 的信息, 样本的分布函数是由参数 θ 确定的. 不过, 样本 x 包含的信息无法精确确定参数 θ 的真实值, 但可以给出它的估计值, 如点估计和区间估计. 另外, 也可以根据区间估计, 在一定显著性水平下做出是否接受某参数 θ 等于某些值的决策, 即构造出合适的假设检验. 这些内容也是最常见的统计学方法.

Bayes 统计的基本观点如下. 设 $X\sim f(x;\theta)$, 其中 θ 是参数, 由于不同的 θ 值, $f(x;\theta)$ 对应着不同的密度函数, 从 Bayes 的观点看, 它是在给定 θ 值后的一个条件密度, 因此, 把 $f(x;\theta)$ 记为 $f(x\mid\theta)$ 更恰当些, 而 $f(x\mid\theta)$ 中关于 θ 的信息即为总体信息. 当 θ 给定后, 从总体 $f(x\mid\theta)$ 中随机地抽取一组样本 $X=(X_1,\cdots,X_n)$, 该样本中含有大量关于 θ 的信息, 这就是样本信息. 于是, 样本分布

$$f(x\mid\theta)=\prod_{i=1}^{n}f(x_i\mid\theta)$$

综合了总体和样本的信息.

我们对参数 θ 已经积累了一些资料, 经过加工整理后, 可以获得一些关于 θ 的有用信息, 这种信息称为 θ 的先验信息, 由于 θ 不是定值, 从 Bayes 观点看, 把 θ 当做一个随机变量. 关于 θ 的分布可以从先验信息中归纳出来, 故其分布称为先验分布, 用 $\pi(\theta)$ 表示其密度.

综合前面几点, 我们可以给出样本 $X=(X_1,\cdots,X_n)$ 和 θ 的联合密度

$$f(x,\theta)=f(x\mid\theta)\pi(\theta). \tag{1.2.1}$$

接下来的目的是, 利用联合分布, 即三方面的信息来推断 θ. 当有了样本之后, 我们可以得到 θ 的条件分布:

$$\pi(\theta \mid x)=\frac{f(x,\theta)}{f(x)}=\frac{f(x \mid \theta)\pi(\theta)}{\displaystyle\int f(x \mid \theta)\pi(\theta)\mathrm{d}\theta}, \tag{1.2.2}$$

我们称之为 θ 的后验密度, 而 $f(x)=\displaystyle\int f(x \mid \theta)\pi(\theta)\mathrm{d}\theta$ 为样本 $X=(X_1,\cdots,X_n)$ 的边缘分布或样本的无条件分布.

可见, θ 的后验分布归纳了 θ 的先验信息、总体中和样本提供的信息. 于是, θ 的推断就应从后验分布入手. 常用的 Bayes 估计方法有:

取后验分布 $\pi(\theta \mid x)$ 的最大值点, 即众数作为 θ 估计, 称之为众数型 Bayes 估计.

取后验分布 $\pi(\theta \mid x)$ 的中位数作为 θ 估计, 称之为中位数型 Bayes 估计.

取后验分布 $\pi(\theta \mid x)$ 的期望作为 θ 估计, 称之为期望型 Bayes 估计.

除了占统治地位的频率学派和影响较大的 Bayes 学派, 近年来信仰推断也逐渐活跃, 并逐渐发展成现在的随机估计方法.

信仰推断是 Fisher 在极大似然估计思想的基础上提出来的. 极大似然估计方法是在有了样本 x 之后, 用最大可能产生该样本的总体对应的参数值 $\hat{\theta}$ 去估计 θ. Fisher(1930) 发展了这种思想, 认为观测到样本 x 之后, 除了知道参数 θ 的可能取值外, 还确定出 θ 取这些值的可能性大小. 即此时又把参数 θ 看成了随机变量, 和经典统计产生了不一致, 也是大家广为争论的焦点. 但是, 换一种观点看待经典统计, 即将信仰推断归为分布推断, 则和 Bayes 推断一样, 都是用分布函数推断参数, 简称分布推断 (杨振海, 2014). 这也是现在部分学者提出置信分布 (confidence distribution, CD) 的基础.

1.2.2 分布推断方法的发展

最近, Xie, Singh 和 Strawderman(2011) 针对简单的参数模型, 提出了组合独立研究的框架, 并在此基础上只针对单个感兴趣参数, 发展出一个稳健的 Meta 分析方法, 其能有效地降低奇异研究 (outlying studies) 的影响. 他们提供组合方法时使用的工具就是置信分布. 置信分布指的是感兴趣参数空间上一个依赖于样本的分布函数, 作为感兴趣参数的分布估计, 能够提供感兴趣参数的点估计、所有水平的假设检验和置信区间. Singh, Xie 和 Strawderman(2005) 还给出了渐近 CD(asympotic confidence distribution, aCD) 的概念, 如非常有用的 bootstrap 分布就是一种 aCD. 事实上, CD 已经有了很长的历史 (Fisher, 1973; Efron, 1993). 但是, 最近的发展已经重新定义 CD 作为一个纯粹的频率学派的概念, 用来回答一个简单但重要的问题: 我们是否也能以类似 Bayes 后验分布推断的方式, 在频率推断中使用一个分布函数 (分布估计) 去估计感兴趣参数. 答案是肯定的.

历史上, CD 曾被理解成信仰分布 (fiducial distribution), 没有在频率推断框架下得到完全发展. 最近, CD 又重新受到高度关注, 几项最新研究已经显示出其作为一种有效推断工具所蕴含的潜能, 参见 Schweder 和 Hjort(2002), Singh, Xie 和 Strawderman(2005), Xie, Singh 和 Strawderman(2011) 等. 他们的工作表明, CD 是参数信息的载体, 推断参数的依据和基础. CD 和信仰推断、Bayes 分析都是用分布函数推断参数. 另外, 因为在给定样本后, CD 就是感兴趣参数空间上一个完全已知的分布函数, 所以我们可以构造一个定义在样本空间和感兴趣参数空间乘积空间上的随机变量, 其在给定样本后的条件分布函数就是 CD. 该随机变量被称作待估参数的随机化估计, 简称随机估计, 如常见的 bootstrap 估计 (Xie, Singh, 2013). Xie 和 Singh(2013) 指出 CD 能够统一许多不同的概念, 包括信仰分布、bootstrap 分布、显著性 (significance) 或 p 值函数、正规化似然函数以及某些情形下的 Bayes 先验和后验分布. 可以说, CD 给出了推断单参数的简单统一范式. 但是, 在试图将其推广到多维参数推断时, 遇到了难以克服的困难, 成为一个公开的问题. 杨振海 (2014) 指出, 用随机估计推断参数就不会存在这一问题, 并在此基础上结合垂直密度表示 (vertical density representation, VDR) 理论, 给出了一个通用的 VDR 检验方法. 虽然随机估计不是为了解决 CD 概念多维参数下的推广问题, 但却为我们提供了一类非常有用的分析工具.

上述统计推断思想和随机估计推断工具潜在的一个重要应用领域是现今流行的各类复杂数据模型的统计推断, 如非平衡、异方差、序列相关和空间面板数据回归模型 (Baltagi, 2013), 纵向数据混合效应模型 (Chen, Dunson, 2003; Vaida, Blanchard, 2005; Bondell, Krishna, Ghosh, 2010; Ni, Zhang, Zhang, 2010; Ibrahim, Zhu, Garcia, Guo, 2011; Fan, Li, 2012) 以及小域估计和预测 (Hall, Maiti, 2006; Jiang, Nguyen, Rao, 2011). 这些数据和模型一般具有复杂、多水平和分层异质性的结构, 不同水平之间以及同一水平内的观测都可能是相关的, 例如空间 (spatial) 数据等. 关于这些数据模型的回归建模、变量选择问题已经受到了广泛关注. 现在研究的热点之一是线性混合效应模型中固定效应和随机效应的选择问题, 并有许多学者进一步研究了广义线性混合效应模型、非线性混合效应模型和非参数、半参数混合效应模型等中的模型选择问题. 如 Bondell, Krishna 和 Ghosh(2010) 考虑了固定和随机效应的联合选择; Ibrahim 等 (2011) 使用了一种新颖的再参数化方法, 将混合效应的选择看成模型中具有很多缺失数据的分组变量选择, 其中的缺失数据代表随机效应; Ni(2010) 等提出了面板数据半参数混合模型中同时进行变量选择和模型估计的双惩罚似然方法. Fan 和 Li(2012) 则主要考虑在线性混合效应模型中选择显著的固定效应. Müller, Scealy 和 Welsh(2013) 综述了线性混合效应模型近期的大量研究, 概括了其中的四种主要方法: 信息准则方法, 如 AIC 或 BIC; 基于惩罚损失函数的压缩方法, 如 Lasso、Fence 方法和 Bayes 技术.

以上变量选择没有关注一个重要问题, 就是由于模型选择步骤中产生的变异性, 可能给出一个不稳定 (erratic)、具有跳跃性 (jumpy) 的选择后估计. Efron(2014) 则及时地关注了这一问题, 并使用 bootstrap 光滑方法 (也称 bagging) 在考虑变量选择下提供了一种计算标准差和置信区间的一般方法. 我们注意到, CD 和随机估计的研究多是针对较简单经典数据模型的统计推断, 没有对复杂数据统计模型考虑发展合适的统计推断理论和方法, 进而提供相应的置信分布或随机估计理论以及有效的 Meta 分析方案. 因而, 对于实际应用中常见的重复观测数据、复杂面板 (panel) 数据或纵向 (longitudinal) 数据、具有复杂分层结构的时空数据和聚类数据等海量复杂数据, 如何构造出适合的置信分布和随机估计, 开发出相应的 Meta 分析组合技术, 还有许多问题值得研究.

1.3 Bootstrap 统计推断

1.3.1 Bootstrap 方法简介

Bootstrap 方法是一种为确定估计值精确性的基于计算机的方法, 其基本思想十分简单, 但非常有用.

设 $x=(x_1,\cdots,x_n)$ 是来自分布 F 的一组独立同分布的数据, 分布 F 的均值为 μ, 方差为 σ^2. 由 $\bar{x}\sim\left(\mu,\dfrac{\sigma^2}{n}\right)$, 可知均值的标准差为 $se(\bar{x})=\sqrt{\dfrac{\sigma^2}{n}}$. 该标准误差常见估计为

$$\widehat{se}(\bar{x})=\sqrt{\frac{s^2}{n}},\quad 这里\quad s^2=\frac{1}{n-1}\sum_{i=1}^{n}(x_i-\bar{x})^2. \tag{1.3.1}$$

估计的标准误差是一个估计最常用的精确性的度量. 例如, 我们可以粗略地认为 $|\bar{x}-\mu|\leqslant\widehat{se}(\bar{x})$ 有 68% 的机会发生, $|\bar{x}-\mu|\leqslant 2\widehat{se}(\bar{x})$ 有 95% 的机会发生.

问题　设总体 $F\to x=(x_1,\cdots,x_n)$ 是一组独立同分布的数据, 对于总体某个参数 θ 更复杂的估计量 $\hat{\theta}=T(x)$(如中位数的估计), 如何求 $\hat{\theta}$ 的标准差 $se_F(\hat{\theta})$ 的估计?

定义 1.3.1 (Bootstrap 方法)　令

$$\hat{F}\to x^*=(x_1^*,\cdots,x_n^*) \tag{1.3.2}$$

是一个容量为 n 的 bootstrap 样本, 而 $\hat{F}$ 是原始样本的经验分布. 根据一个 bootstrap 样本, 可以得到 $\hat{\theta}=T(x)$ 的一个 bootstrap 复制: $\hat{\theta}^*=T(x^*)$. $\hat{\theta}$ **的标准差** $\boldsymbol{se_F(\hat{\theta})}$ **的 bootstrap 估计**, 就是它的插入 (plug-in) 估计: $se_{\hat{F}}(\hat{\theta})=se_{\hat{F}}(\hat{\theta}^*)$, 也称为 $se_F(\hat{\theta})$ 理想的 bootstrap 估计 (ideal bootstrap estimate).

例如, 用样本均值 $\hat{\theta}=T(x)=\bar{x}$ 来估计总体均值 $\theta=\mu$. 此时, $se_F(\hat{\theta})=se_F(\bar{x})=\sqrt{\sigma_F^2/n}$ 的插入估计为

$$se_{\hat{F}}(\hat{\theta})=se_{\hat{F}}(\hat{\theta}^*)=se_{\hat{F}}(\bar{x}^*)=\sqrt{\frac{\sigma_{\hat{F}}^2}{n}}, \tag{1.3.3}$$

这里 $\hat{\theta}^*=\hat{\theta}(x^*)=T(x^*)$, $\sigma_{\hat{F}}^2=\sum_{i=1}^n\frac{1}{n}(x_i-\bar{x})^2$ 是总体 $\hat{F}$ 的方差, $\bar{x}=\sum_{i=1}^n\frac{1}{n}x_i$ 是总体 $\hat{F}$ 的均值.

假设 无法得到 $se_F(\bar{x})$ 的显式表达式, 如何求插入估计呢?

想法 用模拟的方法给出总体 $\bar{x}$ 的标准差 $se_F(\bar{x})$ 的估计.

算法 产生很多 $\bar{x}$ 的可能取值 $(\bar{x}^1,\cdots,\bar{x}^B)$, 即 $\bar{x}$ 的样本, 然后用样本的标准差估计总体 $\bar{x}$ 的标准差 $se_F(\bar{x})$.

具体地, 若 F 已知, 由 $F\to(x_1,\cdots,x_n)^b\to\bar{x}^b$, $b=1,\cdots,B$ 即可. 实际的 F 一般是未知的, 只能由 $\hat{F}\to(x_1^*,\cdots,x_n^*)^b\to\bar{x}^{*b}$.

上面的思想进一步拓展: 当考虑的是其他一般的 $\hat{\theta}$ 的标准差 $se_F(\hat{\theta})$(一般没有表达式) 的估计时, 如何得到 $se_{\hat{F}}(\hat{\theta})$, 或者说 $se_{\hat{F}}(\hat{\theta}^*)$?

同样解决方法: 把随机变量 $\hat{\theta}^*$ 看成一个新的总体, 用重抽样模拟的方法给出总体 $\hat{\theta}^*$ 的标准差 $se_{\hat{F}}(\hat{\theta}^*)$ 的估计 (这里用 $\hat{\theta}^*$ 的样本标准差).

回忆标准差估计的 bootstrap 算法: 总体 $X\sim(\mu,\sigma^2)$ 的样本标准差得到的过程为: ① 先抽取容量为 n 的一个样本 $(X_1,\cdots,X_n)$; ② 再由样本标准差

$$\left\{\frac{1}{n-1}\sum_{i=1}^n(X_i-\bar{X})^2\right\}^{1/2}$$

作为总体标准差 σ 的估计.

同样, 总体 $\hat{\theta}^*$ 样本标准差估计得到的过程为:

1) 先抽取容量为 B 的样本 $(\hat{\theta}_1^*,\cdots,\hat{\theta}_B^*)$; 分两步进行:

(1) 从 $\hat{F}=(x_1,\cdots,x_n)$ 中抽取 B 个独立的 $(x^{*1},\cdots,x^{*B})$, 这里 $x^{*1}=(x_1^{*1},\cdots,x_n^{*1})$ 是从 $(x_1,\cdots,x_n)$ 中有放回抽样得到的, 其余同理.

(2) 由 $\hat{\theta}_b^*=T(x^{*b})$, $b=1,\cdots,B$, 得到 $(\hat{\theta}_1^*,\cdots,\hat{\theta}_B^*)$ 为总体 $\hat{\theta}^*$ 的独立的样本.

2) 再由样本标准差 $\widehat{se}_B=\left\{\frac{1}{B-1}\sum_{i=1}^B(\hat{\theta}_i^*-\hat{\theta}_{(\cdot)}^*)^2\right\}^{1/2}$ 作为总体 $\hat{\theta}^*$ 的标准差 $se_{\hat{F}}(\hat{\theta}^*)$ 的估计, 其中 $\hat{\theta}_{(\cdot)}^*=\frac{1}{B}\sum_{i=1}^B\hat{\theta}_i^*$.

非参数 bootstrap 估计 理想 bootstrap 估计 $se_{\hat{F}}(\hat{\theta}^*)$ 和它的近似 $\widehat{se}_B$ 被称为非参数 bootstrap 估计, 它们是基于经验分布 $\hat{F}$ 得到的, 而经验分布 $\hat{F}$ 是 F 的一个非参数估计.

参数 bootstrap 估计　若使用某种参数 (parametric) 估计方法得到的总体分布 F 的估计 $\hat{F}_{\text{par}}$, 然后基于 $\hat{F}_{\text{par}}$ 得到的 bootstrap 估计, 则称为参数 bootstrap 估计.

例 1.3.1　设总体 $X \sim N(\mu, \sigma^2)$, $X \to x = (x_1, \cdots, x_n)$ 是一组独立同分布的数据, 总体 X 的分布 $N(\mu, \sigma^2)$ 的一个参数估计可以表示为: $N(\bar{x}, s^2)$.

基于 $N(\bar{x}, s^2)$, 某个感兴趣参数 (如 S^2 的标准差 $se(S^2)$) 的 bootstrap 估计可以称为**参数 bootstrap 估计**.

1.3.2　Bootstrap *p* 值检验

设 $X_{11}, \cdots, X_{1n_1} \overset{\text{iid}}{\sim} N(\mu_1, \sigma_1^2)$, $X_{21}, \cdots, X_{2n_2} \overset{\text{iid}}{\sim} N(\mu_2, \sigma_2^2)$, 且所有样本是独立的. 两个总体的样本均值和样本方差分别记为

$$\bar{X}_i = \frac{1}{n_i}\sum_{j=1}^{n_i} X_{ij}, \quad S_i^2 = \frac{1}{n_i - 1}\sum_{j=1}^{n_i}(X_{ij} - \bar{X}_j)^2, \quad i = 1, 2.$$

我们感兴趣的假设是

$$H_0: \mu_1 = \mu_2 \ \text{对}\ H_1: \mu_1 \neq \mu_2. \tag{1.3.4}$$

若 σ_1^2, σ_2^2 已知, 一个自然的统计量为

$$T(\bar{X}_1, \bar{X}_2; \sigma_1^2, \sigma_2^2) = \frac{(\bar{X}_1 - \bar{X}_2)^2}{\sigma_1^2/n_1 + \sigma_2^2/n_2}. \tag{1.3.5}$$

当 $H_0: \mu_1 = \mu_2$ 成立时, $T(\bar{X}_1, \bar{X}_2; \sigma_1^2, \sigma_2^2) \sim \chi_1^2$. 令 $(\bar{x}_1, \bar{x}_2)$ 表示 $(\bar{X}_1, \bar{X}_2)$ 的观测值, 则 $T(\bar{x}_1, \bar{x}_2; \sigma_1^2, \sigma_2^2) > \chi_{1,\alpha}^2$ 就拒绝原假设 H_0 的检验是一个水平为 α 检验.

一般 σ_1^2, σ_2^2 是未知的, 可以用 S_1^2, S_2^2 替代它们, 得到下面的检验统计量:

$$T(\bar{X}_1, \bar{X}_2; S_1^2, S_2^2) = \frac{(\bar{X}_1 - \bar{X}_2)^2}{S_1^2/n_1 + S_2^2/n_2}. \tag{1.3.6}$$

不过, 原假设成立时 $T(\bar{X}_1, \bar{X}_2; S_1^2, S_2^2)$ 的精确分布无法给出, 无法得到精确的检验. 此时可以使用参数 bootstrap 方法给出检验的 p 值. 详细内容参见下一章内容.

1.3.3　Bootstrap 置信区间

设 $X_{11}, \cdots, X_{1n_1} \overset{\text{iid}}{\sim} N(\mu_1, \sigma_1^2)$, $X_{21}, \cdots, X_{2n_2} \overset{\text{iid}}{\sim} N(\mu_2, \sigma_2^2)$, 且所有样本是独立的. 两个总体的样本均值和样本方差分别记为

$$\bar{X}_i = \frac{1}{n_i}\sum_{j=1}^{n_i} X_{ij}, \quad S_i^2 = \frac{1}{n_i - 1}\sum_{j=1}^{n_i}(X_{ij} - \bar{X}_j)^2, \quad i = 1, 2.$$

我们现在感兴趣的是用充分统计量 $(\bar{X}_1, \bar{X}_2, S_1^2, S_2^2)$ 去构造两个正态总体均值之差 $\mu_1 - \mu_2$ 的置信区间.

若 σ_1^2, σ_2^2 已知, 一个自然的枢轴量为

$$T_1(\bar{X}_1, \bar{X}_2; \sigma_1^2, \sigma_2^2) = \frac{\bar{X}_1 - \bar{X}_2 - (\mu_1 - \mu_2)}{\sqrt{\sigma_1^2/n_1 + \sigma_2^2/n_2}}. \tag{1.3.7}$$

显然, 我们有 $T_1(\bar{X}_1, \bar{X}_2; \sigma_1^2, \sigma_2^2) \sim N(0,1)$. 用 $(\bar{x}_1, \bar{x}_2)$ 表示 $(\bar{X}_1, \bar{X}_2)$ 的观测值, 则

$$\left[\bar{x}_1 - \bar{x}_2 - u_{\alpha/2}\sqrt{\sigma_1^2/n_1 + \sigma_2^2/n_2}, \bar{x}_1 - \bar{x}_2 + u_{\alpha/2}\sqrt{\sigma_1^2/n_1 + \sigma_2^2/n_2}\right]$$

是 $\mu_1 - \mu_2$ 的一个置信水平为 $1-\alpha$ 置信区间.

一般 σ_1^2, σ_2^2 是未知的, 可以用 S_1^2, S_2^2 替代它们, 得到下面的枢轴量:

$$T_1(\bar{X}_1, \bar{X}_2; S_1^2, S_2^2) = \frac{\bar{X}_1 - \bar{X}_2 - (\mu_1 - \mu_2)}{\sqrt{S_1^2/n_1 + S_2^2/n_2}}. \tag{1.3.8}$$

同样, 此枢轴量 $T_1(\bar{X}_1, \bar{X}_2; S_1^2, S_2^2)$ 的精确分布无法给出, 无法得到精确的置信区间. 在下一章, 我们将提供 PB 方法来构造合适的置信区间.

1.3.4 Bootstrap 光滑方法

Bagging(Breiman, 1996), 或称作 bootstrap 光滑 (bootstrap smoothing) 是一种能减少因模型选择带来的估计与预测变异性和消除不连续性的模型平均方法, 其已成为统计机器学习和预测文献中的重要技术. 该技术的基本思想如下:

有一个数据集 $\mathcal{D}$ 包含容量为 n 的数据 $\{(x_i, y_i),\ i = 1, 2, \cdots, n\}$. 设我们有某种方法利用该数据集构造一个预测 $\mathcal{P}(x, \mathcal{D})$, 即如果输入变量为 x, 我们用 $\mathcal{P}(x, \mathcal{D})$ 预测 y. 假设我们能得到一系列的数据集 $\{\mathcal{D}_k\}$, 每个数据集包含 n 个独立的观测, 且和 $\mathcal{D}$ 有相同分布. 现在的任务是使用 $\{\mathcal{D}_k\}$ 得到一个优于基于单个数据集 $\mathcal{P}(x, \mathcal{D})$ 的预测. 这里的限制条件是只能使用 $\{\mathcal{P}(x, \mathcal{D}_k)\}$. 若 y 是数值型的, 一个显然的方法是利用平均预测 $\sum_k \mathcal{P}(x, \mathcal{D}_k)$.

但是, 实际中我们只有单个数据集 $\mathcal{D}$ 而没有 $\{\mathcal{D}_k\}$. 因此, 我们可以使用 $\mathcal{D}$ 的 bootstrap 复制 $\{\mathcal{D}^b\}$ 得到 $\{\mathcal{P}(x, \mathcal{D}^b)\}$. 然后, 再得到平均预测

$$\varphi_B(x) = \sum_b \mathcal{P}(x, \mathcal{D}^b).$$

上述方法即称为 bootstrap 光滑方法. 从中可以看出该方法具有很好的一般性, 既适应非参数也适应参数模型预测.

1.4 广义推断

广义推断方法是经典 p 值检验和置信区间方法的拓展. 为适应本书需要, 我们简单介绍广义推断中的广义 p 值和广义置信区间概念.

1.4.1 广义 p 值

文献中利用广义 p 值方法对 Behrens-Fisher 问题、异方差回归模型系数的比较、异方差的方差分析问题以及面板数据模型中固定效应和方差分量的精确性检验问题进行了研究, 取得了一系列有用的结果. 其主要考虑的问题是: 在参数的统计推断中, 很多重要的问题中会出现讨厌参数, 此时用经典方法不再能给出精确的检验. 因而, Tsui 和 Weerahandi(1989) 通过推广检验统计量的概念, 对这类问题给出了有效的解决方法. 广义 p 值的定义如下: 设 X 是一可观测的随机变量, 它的分布依赖于 (θ,δ), 其中 θ 是感兴趣参数, δ 表示讨厌参数向量. 若我们要检验假设:

$$H_0:\ \theta \leqslant \theta_0 \ 对\ H_1:\ \theta > \theta_0, \tag{1.4.1}$$

这里 θ_0 为某一具体给定的值. 令 x 表示 X 的观测值.

定义 1.4.1 称 $T(X,x;\theta,\delta)$ 为广义检验变量, 它不仅是 X 也是 x 和参数 (θ,δ) 的函数, 且满足下列条件:

(a) $T(X,x;\theta,\delta)$ 的分布与讨厌参数 δ 无关;

(b) $T(X,x;\theta,\delta)$ 的观测值, 即 $T(x,x;\theta,\delta)$ 与 δ 无关;

(c) 对固定的 x 和 δ, $T(X,x;\theta,\delta)$ 关于 θ 是随机单调增 (stochastically increasing), 也就是说, $P\{T(X,x;\theta,\delta)\geqslant a\}$ 是 θ 的一个单调增函数. 记 $t=T(x,x;\theta,\delta)$, 则关于假设 (1.4.1) 的广义 p 值定义为

$$p=\sup_{H_0} P\{T(X,x;\theta,\delta)\geqslant t\}=P\{T(X,x;\theta_0,\delta)\geqslant t\}. \tag{1.4.2}$$

从广义检验变量的定义可知, 这样定义的广义 p 值是可以实际计算的. 从以上可以看出, 广义检验变量更具灵活性, 有利于我们对较为复杂的问题做出合理有效的推断.

1.4.2 广义置信区间

类似于广义 p 值方法, 广义置信区间的提出是为了克服多余参数出现时无法构造出感兴趣参数的精确的置信区间. 如上述的 Behrens-Fisher 问题、异方差的多个正态总体的共同均值的置信区间, 以及面板数据模型中固定效应和方差分量的置信区间等. 因而, Weerahandi(1993) 通过推广经典枢轴量的概念, 对这类问题给出了一种解决方法.

广义置信区间的定义如下: 设 X 是一可观测的随机变量, 它的分布依赖于 (θ,δ), 其中 θ 是感兴趣参数, δ 表示讨厌参数向量. 令 χ 表示 X 的所有可能取值构成的样本空间, Θ 表示 θ 的参数空间. 令 x 表示 X 的观测值, 我们感兴趣的问题是利用观测值 x 去构造 θ 的广义置信区间. 接下来就给出广义置信区间的概念.

定义 1.4.2 称 $R(X,x;\theta,\delta)$ 为广义枢轴量, 若它不仅是 X 也可能是 x 和参数 (θ,δ) 的函数, 且满足下列条件:

(a) $R(X,x;\theta,\delta)$ 的分布与所有参数 (θ,δ) 无关;

(b) $R(X,x;\theta,\delta)$ 的观测值, 即 $R(x,x;\theta,\delta)$ 与讨厌参数 δ 无关.

给定一个广义枢轴量 $R(X,x;\theta,\delta)$ 和一个置信系数 γ, 定义 $R(X,x;\theta,\delta)$ 的样本空间的一个子集 C_γ 满足

$$P\{R\in C_\gamma\}=\gamma,$$

那么 θ 的一个广义置信区间定义为

$$\Theta_C=\{\theta\in\Theta\mid R(x,x;\theta,\delta)\in\Theta_\gamma\}. \tag{1.4.3}$$

第 2 章　Behrens-Fisher 问题的 bootstrap 解

2.1 引　　言

当总体的方差任意且未知时, 两个正态总体均值的比较一直是统计学的理论和应用研究中感兴趣的问题, 称为 Behrens-Fisher 问题 (Fisher, 1935). 在正态总体异方差下均值相等性检验的文献中, 一种流行的方法是 Welch(1936, 1938) 给出的基于近似 t 分布的检验, 这种方法因其具有简单性和较好的精确性得到广泛运用. 但是这种方法是建立在随机自由度近似 t 分布基础上的, 自由度不仅和样本方差相关, 还依赖样本容量. 金华、郑圣听和陈伟权 (2009) 提出了一种结合极大似然思想的检验方法, 称作得分 (Score) 检验. 在原假设下构造的 U 统计量逼近标准正态分布, 从而使得检验的操作只依赖于标准正态分布表, 操作也比较简单, 并显示出在控制第一类错误标准下优于 Welch 的近似 t 检验. 但是这种方法运用了极限分布理论, 从而对样本量的要求相对严格, 样本量不能太小, 且在样本量相差较大时, Score 检验与 Welch 近似 t 检验都受到总体间方差比率的影响比较明显. Behrens-Fisher 问题的困难之处在于冗余 (讨厌) 参数的存在, 使得我们一般无法构造出零分布已知的检验统计量. 因此, Tsui 和 Weerahandi(1989) 通过拓展检验统计量的概念, 提出了广义检验变量的概念, 得到了 Behrens-Fisher 问题的一个广义 p 值 (generalized p-value, GP) 检验方法. 通过提前的模拟研究发现在样本容量较小且两总体方差接近时, GP 检验和 Welch 近似 t 检验的第一类错误都过于保守, 距离给定的名义水平较远.

本章的目的是提供 Behrens-Fisher问题新的参数 bootstrap(parametric bootstrap, PB) 检验. 参数 bootstrap 方法已经被广泛应用于许多传统方法难以或无法给出精确检验的问题中. 基于金华、郑圣听和陈伟权 (2009) 构造的 U 统计量和其中涉及的 T 统计量, 我们不是利用正态逼近和近似 t 分布的理论, 而是提出了新的参数 bootstrap 方法来改进已有的检验, 为消除已有检验方法受样本量的影响和方差比率的影响, 从而提高检验的有效性.

2.2 Behrens-Fisher 问题的参数 bootstrap 检验

本节主要考虑 Behrens-Fisher 问题的 bootstrap 检验问题. 2.2.1 小节描述了 Behrens-Fisher 问题的 Welch 近似 t 检验、Score 检验、GP 检验和新的 PB 检验.

2.2.2 小节使用 Monte Carlo 随机模拟比较方法, 研究了 Welch 近似 t 检验、Score 检验、GP 检验、PB 检验的第一类错误和检验势函数的表现, 并给出了结果与讨论.

2.2.1 均值相等性检验

设 $X_{11},\cdots,X_{1n_1}\overset{\text{iid}}{\sim}N(\mu_1,\sigma_1^2)$, $X_{21},\cdots,X_{2n_2}\overset{\text{iid}}{\sim}N(\mu_2,\sigma_2^2)$, 且所有样本是独立的. 两个总体的样本均值和样本方差分别记为

$$\bar{X}_i=\frac{1}{n_i}\sum_{j=1}^{n_i}X_{ij},\quad S_i^2=\frac{1}{n_i-1}\sum_{j=1}^{n_i}(X_{ij}-\bar{X}_j)^2,\quad i=1,2. \tag{2.2.1}$$

我们感兴趣的假设是

$$H_0:\mu_1=\mu_2,\ \text{对}\ H_1:\mu_1\neq\mu_2, \tag{2.2.2}$$

且我们想用充分统计量 $(\bar{X}_1,\bar{X}_2,S_1^2,S_2^2)$ 构造检验.

若 σ_1^2,σ_2^2 已知, 一个自然的统计量为

$$T(\bar{X}_1,\bar{X}_2;\sigma_1^2,\sigma_2^2)=\frac{\bar{X}_1-\bar{X}_2}{\sqrt{\sigma_1^2/n_1+\sigma_2^2/n_2}}. \tag{2.2.3}$$

当 $H_0:\mu_1=\mu_2$ 成立时, $T(\bar{X}_1,\bar{X}_2;\sigma_1^2,\sigma_2^2)\sim N(0,1)$. 令 $(\bar{x}_1,\bar{x}_2)$ 表示 $(\bar{X}_1,\bar{X}_2)$ 的观测值, 则 $|T(\bar{x}_1,\bar{x}_2;\sigma_1^2,\sigma_2^2)|>u_\alpha$ 就拒绝原假设 H_0 的检验是一个水平为 α 检验, 其中 u_α 表示标准正态分布的上侧 α 分位数点.

一般 σ_1^2,σ_2^2 是未知的, 可以用 S_1^2,S_2^2 替代它们, 得到下面的检验统计量:

$$T(\bar{X}_1,\bar{X}_2;S_1^2,S_2^2)=\frac{\bar{X}_1-\bar{X}_2}{\sqrt{S_1^2/n_1+S_2^2/n_2}}. \tag{2.2.4}$$

不过, 原假设成立时 $T(\bar{X}_1,\bar{X}_2;S_1^2,S_2^2)$ 的精确分布无法给出, 无法得到精确的检验. 接下来, 我们分别描述 Welch 近似 t 检验、Score 检验、GP 检验和我们提供的 PB 检验.

1. Welch 近似 t 检验

Welch(1938) 指出, 在 $H_0:\mu_1=\mu_2$ 成立时, 近似地有

$$T(\bar{X}_1,\bar{X}_2;S_1^2,S_2^2)=\frac{\bar{X}_1-\bar{X}_2}{\sqrt{S_1^2/n_1+S_2^2/n_2}}\sim t(df), \tag{2.2.5}$$

其中自由度 $df=\dfrac{(S_1^2/n_1+S_2^2/n_2)^2}{S_1^4/[n_1^2(n_1-1)]+S_2^4/[n_2^2(n_2-1)]}$.

对于给定的显著性水平 α 和统计量 $(\bar{X}_1,\bar{X}_2,S_1^2,S_2^2)$ 的一个观测值 $(\bar{x}_1,\bar{x}_2,s_1^2,s_2^2)$, 该检验的法则为: 当 p 值 $P\{|t(df)|>|T(\bar{x}_1,\bar{x}_2,s_1^2,s_2^2)|\}<\alpha$ 时, 拒绝原假设.

2. Score 检验

金华、郑圣听和程伟权 (2009) 考虑了一种基于极大似然思想的检验方法, 称作得分检验. 为了比较研究, 我们简要给出该方法的基本内容.

两总体间均值可以用关系式 $\mu_1=\mu_2+\mu$ 表示, 相应对数似然函数表示成:

$$\log L=-\frac{n_1}{2}\left[\log(2\pi\sigma_1^2)+\frac{V_1^2+(\bar{X}_1-\mu_2-\mu)^2}{\sigma_1^2}\right]$$
$$-\frac{n_2}{2}\left[\log(2\pi\sigma_2^2)+\frac{V_2^2+(\bar{X}_2-\mu_2)^2}{\sigma_2^2}\right].$$

此处与金华、郑圣听和程伟权 (2009) 中的表达式略有不同, 上式写成关于 μ,μ_2,σ_i^2 以及 σ_i^2 的极大似然估计 $V_i^2=\dfrac{1}{n_i}\sum_{j=1}^{n_i}(X_{ij}-\bar{X}_j)^2$ 的函数, 方便于后面的随机模拟. 这里, μ 是感兴趣参数, μ_2,σ_1,σ_2 是讨厌参数. 在 H_0 下, 即 $\mu=0$, 通过对数似然关于冗余参数求偏导, 并令偏导数等于 0, 然后解似然方程得到冗余参数的 (条件下) 极大似然估计值, 记为 $\tilde{\mu}_2,\tilde{\sigma}_1,\tilde{\sigma}_2$. 令 $s(0,\tilde{\mu}_2,\tilde{\sigma}_1,\tilde{\sigma}_2)=\left.\dfrac{\partial\log L}{\partial\mu}\right|\mu=0$ 可以得到 Score 检验统计量 U, 且近似地有

$$U(\bar{X}_1,\bar{X}_2;S_1^2,S_2^2)=\frac{\bar{X}_1-\bar{X}_2}{\sqrt{\tilde{\sigma}_1^2/n_1+\tilde{\sigma}_2^2/n_2}}\sim N(0,1). \tag{2.2.6}$$

Score 检验法则为: 对于给定的显著性水平 α, 当 $|u|>u_{\alpha/2}$ 时拒绝原假设, 这里 u 是 U 的一个观测值, $u_{\alpha/2}$ 表示标准正态分布的上侧 $\alpha/2$ 分位数点.

3. GP 检验

Tsui 和 Weerahandi(1989) 通过拓展检验统计量的概念, 给出如下广义检验变量

$$GV=(\bar{X}_1-\bar{X}_2)\left(\frac{\sigma_1^2}{n_1}+\frac{\sigma_2^2}{n_2}\right)^{-1/2}\times\left(\frac{\sigma_1^2v_1^2}{n_1V_1^2}+\frac{\sigma_2^2v_2^2}{n_2V_2^2}\right)^{-1/2},$$

它不仅是随机样本的函数, 还是样本观测值和参数 $\eta=(\sigma_1^2,\sigma_2^2)$ 的函数, 这里 $V_i^2=\dfrac{1}{n_i}\sum_{j=1}^{n_i}(X_{ij}-\bar{X}_j)^2$, $v_i^2=\dfrac{1}{n_i}\sum_{j=1}^{n_i}(x_{ij}-\bar{x}_j)^2$ 是 V_i^2 的观测值, $i=1,2$. 易见:

(1) 广义检验变量 GV 的观测值为: $gv=\bar{x}_1-\bar{x}_2$, 它和任何未知参数无关.

(2) 在 H_0 成立时, 广义检验变量 GV 和 $Z\left[\dfrac{s_1^2}{U_1}+\dfrac{s_2^2}{U_2}\right]^{1/2}$ 同分布, 其中 $Z\sim N(0,1)$, $U_i\sim\chi^2_{n_i-1}$, 且 Z, U_1 和 U_2 之间相互独立, s_1^2 和 s_2^2 分别表示 S_1^2 和 S_2^2 的观测值.

广义 p 值定义如下:

$$\begin{aligned} p &= P_{H_0}\{|GV| > |gv|\} \\ &= P\left\{\left|T(n_1+n_2-2)^{-1/2}\left(\frac{s_1^2}{B}+\frac{s_2^2}{1-B}\right)^{1/2}\right| \geqslant |\bar{x}_1-\bar{x}_2|\right\}, \end{aligned}$$

其中 $T = Z\left[\dfrac{U_1+U_2}{(n_1+n_2-2)}\right]^{-1/2}$ 服从自由度为 n_1+n_2-2 的 t 分布, $B = \dfrac{U_1}{U_1+U_2} \sim beta((n_1-1)/2, (n_2-1)/2)$, 二者相互独立.

GP 检验法则为: 对于给定的显著性水平 α, 当 $p < \alpha$ 时, 拒绝原假设.

4. PB-t 检验

参数 bootstrap 方法涉及从估计的模型中抽样. 也就是说, 要从估计的模型中产生 bootstrap 样本或统计量. 注意到式 (2.2.4) 中的统计量具有位置变换不变性, 可以在原假设成立时, 设定共同均值为零. 徐礼文和梅波 (2015) 提供了如下的参数 bootstrap 检验枢轴量构造步骤:

对于观测到的 $(\bar{x}_1, \bar{x}_2, s_1^2, s_2^2)$, 令 $\bar{X}_{Bi} \sim N\left(0, \dfrac{s_i^2}{n_i}\right)$, $S_{Bi}^2 \sim s_i^2\dfrac{\chi^2_{n_i-1}}{n_i-1}$, 那么基于 (2.2.4) 式中统计量 $T(\bar{X}_1, \bar{X}_2, S_1^2, S_2^2)$ 的 PB-t 检验枢轴量为

$$T_B = \frac{\bar{X}_{B1}-\bar{X}_{B2}}{\sqrt{S_{B1}^2/n_1+S_{B2}^2/n_2}}. \tag{2.2.7}$$

PB-t 检验的法则为: 对于给定的显著性水平 α, 当 p 值 $P\{|T_B| \geqslant |T(\bar{x}_1, \bar{x}_2, s_1^2, s_2^2)|\} < \alpha$ 时, 拒绝原假设.

5. PB-S 检验

徐礼文和梅波 (2015)还提供了另一个参数 bootstrap 检验枢轴量构造方法: 对于观测到的 $(\bar{x}_1, \bar{x}_2, s_1^2, s_2^2)$, 令 $\bar{X}_{Bi} \sim N\left(0, \dfrac{s_i^2}{n_i}\right)$, $S_{Bi}^2 \sim s_i^2\dfrac{\chi^2_{n_i-1}}{n_i-1}$, 那么基于 (2.2.4) 式中统计量 $U(\bar{X}_1, \bar{X}_2, S_1^2, S_2^2)$ 的 PB-S 检验枢轴量为

$$U_B = \frac{\bar{X}_{B1}-\bar{X}_{B2}}{\sqrt{\tilde{\sigma}_{B1}^2/n_1+\tilde{\sigma}_{B2}^2/n_2}}. \tag{2.2.8}$$

这里, $\tilde{\sigma}_{B1}^2, \tilde{\sigma}_{B2}^2$ 是在给定 $\bar{X}_{Bi}, S_{Bi}^2$ 下通过条件极大似然估计得到的条件似然估计量, 其不依赖冗余参数.

PB-S 检验的法则为: 对于给定的显著性水平 α, 当 p 值 $P\{|U_B| \geqslant |U(\bar{x}_1, \bar{x}_2, s_1^2, s_2^2)|\} < \alpha$ 时, 拒绝原假设, 这里 $U(\bar{x}_1, \bar{x}_2, s_1^2, s_2^2)$ 是 $U(\bar{X}_1, \bar{X}_2, S_1^2, S_2^2)$ 的观测值.

2.2.2　模拟研究

上一小节已经描述了 Behrens-Fisher 问题的五种检验方法, 下面通过 Monte Carlo 随机模拟的方法, 比较五种检验方法在控制第一类错误和检验功效方面的优劣. 使用 Monte Carlo 方法模拟计算 PB-S 检验的 p 值算法如下.

注意到上述检验具有位置变换下的不变性, 不失一般性, 我们在计算第一类错误时设定 $\mu_1 = \mu_2 = 0$; $\sigma_1^2 = 1$, 而 σ_2^2 在区间 $[0.01, 1.8]$ 内取各种可能的值.

算法 2.2.1　(1) 在给定的各种参数和样本容量的假设下, 独立地产生样本统计量 $\bar{x}_i \sim N\left(0, \dfrac{\sigma_i^2}{n_i}\right)$ 和 $s_i^2 \sim \sigma_i^2 \dfrac{\chi^2_{n_i-1}}{n_i-1}, i = 1, 2$;

(2) 对给定 $(\bar{x}_1, \bar{x}_2, s_1^2, s_2^2)$, 利用式 (2.2.6) 计算 U, 记为 U_0;

(3) 对于 $j = 1, 2, \cdots, m$, 产生自助样本 $\bar{X}_{Bi} \sim N\left(0, \dfrac{s_i^2}{n_i}\right)$, $S_{Bi}^2 \sim s_i^2 \dfrac{\chi^2_{n_i-1}}{n_i-1}$, 利用式 (2.2.8) 计算 U_B, 如果 $|U_B| > |U_0|$, 记 $l_j = 1$; 结束循环.

则 $\dfrac{1}{m}\sum_{j=1}^{m} l_j$ 即为 bootstrap p 值 $P\{|U_B| > |U_0|\}$ 的 Monte Carlo 估计. 而检验的势可以用同样的算法计算.

注意到, GP 检验、PB-t 检验、PB-S 检验的模拟算法中涉及内循环 (计算 p 值) 和外循环 (计算经验水平). 外循环从设置参数模型中产生模拟样本, 计算第一类错误概率; 内循环从估计的模型中产生 bootstrap 样本, 用 Monte Carlo 方法计算值. 而 Welch 近似 t 检验和 Score 检验分别利用近似 t 分布和近似正态分布, 只需外循环计算第一类错误即可. 相应的循环次数设定见表 2.2.1.

表 2.2.1　第一类错误概率的模拟次数

	Welch-t	Score	GP	PB-t	PB-S
外循环次数	5000	5000	3000	2500	2500
内循环次数	—	—	3000	3000	3000

本小节结果是在 R 软件环境下进行的, 为方便起见, Welch-t 检验、Score 检验、GP 检验、PB-t 检验和 PB-S 检验五种方法分别用 $M1, M2, M3, M4, M5$ 表示; 总体方差向量表示为 $v(\sigma_1^2, \sigma_2^2)$, 样本容量向量表示为 $n(n_1, n_2)$. 具体模拟结果见表 2.2.2 和表 2.2.3. 在表 2.2.3 中, 为显示势函数随着两个总体均值差异增大的变化情况, 我们选取总体均值向量 $\mu_1 = 0$, 而 μ_2 分别等于 0.0, 0.3, 0.6, 1.0, 1.5, 2.0 六个逐渐增大的取值.

表 2.2.2 中的第一类错误结果显示, 在小样本下样本量相等时, Welch 近似 t 检验、PB-t 检验和 PB-S 检验控制第一类错误基本稳定在名义水平 0.05 上, 受方差比率的影响不是很明显. 值得注意的是, 随样本量的减小, Score 检验和 GP 检验将

变得相当保守, 使用的该检验时样本量的选取须相当注意. 当样本量不等时, Welch 近似 t 检验和 PB-t 检验犯第一类错误概率有所上升, 横向可以看出 GP 检验要想达到同样的控制第一类错误的能力, 所需的样本量大一些. 而 PB-S 检验犯第一类错误的结果相对稳定得多, 在所有样本量和总体方差参数设置下, PB-S 检验受样本量和方差比率影响最小, 整体检验效果也最优. 在样本量不断变大时, 四种检验方法在控制第一类错误能力方面逐渐趋于相同.

表 2.2.3 中检验势函数的结果表明, 在两组样本量相等时, Welch-t 检验、PB-t 检验和 PB-S 检验具有十分相似的检验功效; Score 检验与 GP 检验的势受总体方差比率影响明显, Score 检验的势随着方差比率变大而变大, GP 检验的势则相反, 这点与第一类错误概率相似. 在两组样本量不相等时, Welch-t 检验和 PB-t 检验的势时而表现突出, 但同时不可避免它们犯第一类错误概率也偏大; Score 检验和 GP 检验受总体方差比率影响更加明显, 二者控制第一类错误都偏向保守, 检验势也劣于其他三种检验. PB-S 检验具有稳定且较好的势.

表 2.2.2 模拟的第一类错误概率

样本容量	$n=(5,5)$					$n=(4,8)$				
总体方差	$M1$	$M2$	$M3$	$M4$	$M5$	$M1$	$M2$	$M3$	$M4$	$M5$
$v(1,0.01)$	0.05	0.02	0.06	0.05	0.05	0.05	0.01	0.05	0.05	0.04
$v(1,0.05)$	0.05	0.03	0.04	0.06	0.05	0.06	0.01	0.04	0.06	0.04
$v(1,0.1)$	0.05	0.03	0.04	0.05	0.04	0.06	0.02	0.04	0.07	0.03
$v(1,0.2)$	0.05	0.03	0.03	0.06	0.05	0.06	0.02	0.03	0.06	0.04
$v(1,0.3)$	0.05	0.03	0.03	0.05	0.05	0.06	0.03	0.04	0.07	0.04
$v(1,0.4)$	0.05	0.03	0.03	0.05	0.05	0.06	0.03	0.04	0.06	0.05
$v(1,0.5)$	0.04	0.04	0.02	0.06	0.06	0.06	0.04	0.04	0.07	0.04
$v(1,0.6)$	0.04	0.03	0.03	0.05	0.06	0.06	0.03	0.03	0.06	0.05
$v(1,0.7)$	0.05	0.03	0.03	0.05	0.06	0.06	0.03	0.03	0.05	0.05
$v(1,0.8)$	0.05	0.03	0.02	0.04	0.05	0.05	0.03	0.02	0.05	0.05
$v(1,0.9)$	0.04	0.03	0.02	0.05	0.05	0.05	0.03	0.03	0.05	0.04
$v(1,1.0)$	0.04	0.03	0.02	0.05	0.05	0.05	0.04	0.02	0.05	0.05
$v(1,1.1)$	0.04	0.03	0.02	0.05	0.05	0.05	0.04	0.03	0.05	0.04
$v(1,1.2)$	0.04	0.03	0.03	0.05	0.06	0.05	0.03	0.03	0.06	0.05
$v(1,1.3)$	0.05	0.03	0.02	0.04	0.05	0.05	0.04	0.03	0.05	0.05
$v(1,1.4)$	0.05	0.03	0.02	0.04	0.05	0.05	0.04	0.03	0.05	0.04
$v(1,1.5)$	0.05	0.03	0.03	0.04	0.04	0.05	0.03	0.03	0.05	0.06
$v(1,1.6)$	0.04	0.03	0.02	0.05	0.05	0.05	0.04	0.03	0.06	0.05
$v(1,1.7)$	0.05	0.03	0.03	0.04	0.06	0.05	0.03	0.03	0.05	0.05
$v(1,1.8)$	0.05	0.03	0.02	0.05	0.04	0.04	0.03	0.03	0.05	0.06

续表

样本容量	$n=(5,5)$					$n=(4,8)$				
总体方差	$M1$	$M2$	$M3$	$M4$	$M5$	$M1$	$M2$	$M3$	$M4$	$M5$
$v(1,0.01)$	0.05	0.04	0.05	0.05	0.05	0.05	0.03	0.05	0.05	0.05
$v(1,0.05)$	0.05	0.04	0.04	0.06	0.05	0.05	0.04	0.05	0.04	0.05
$v(1,0.1)$	0.06	0.04	0.04	0.06	0.05	0.05	0.05	0.04	0.05	0.04
$v(1,0.2)$	0.05	0.04	0.04	0.05	0.05	0.05	0.05	0.05	0.05	0.05
$v(1,0.3)$	0.05	0.04	0.04	0.05	0.05	0.06	0.05	0.04	0.04	0.05
$v(1,0.4)$	0.05	0.05	0.04	0.04	0.05	0.05	0.05	0.04	0.05	0.05
$v(1,0.5)$	0.05	0.05	0.04	0.06	0.05	0.05	0.05	0.04	0.05	0.05
$v(1,0.6)$	0.05	0.05	0.03	0.06	0.05	0.05	0.05	0.04	0.05	0.05
$v(1,0.7)$	0.05	0.05	0.03	0.04	0.05	0.05	0.05	0.04	0.05	0.05
$v(1,0.8)$	0.05	0.05	0.04	0.04	0.05	0.05	0.05	0.04	0.05	0.05
$v(1,0.9)$	0.05	0.05	0.03	0.05	0.05	0.05	0.05	0.04	0.04	0.04
$v(1,1.0)$	0.05	0.05	0.02	0.06	0.04	0.05	0.05	0.03	0.05	0.05
$v(1,1.1)$	0.05	0.05	0.04	0.05	0.05	0.05	0.05	0.04	0.05	0.05
$v(1,1.2)$	0.05	0.05	0.03	0.05	0.05	0.05	0.05	0.04	0.05	0.05
$v(1,1.3)$	0.05	0.05	0.03	0.05	0.05	0.05	0.05	0.04	0.06	0.06
$v(1,1.4)$	0.05	0.05	0.04	0.05	0.05	0.05	0.05	0.04	0.05	0.05
$v(1,1.5)$	0.05	0.05	0.03	0.04	0.06	0.05	0.05	0.04	0.05	0.06
$v(1,1.6)$	0.04	0.05	0.04	0.05	0.05	0.05	0.05	0.04	0.05	0.04
$v(1,1.7)$	0.05	0.04	0.04	0.05	0.05	0.05	0.05	0.03	0.05	0.05
$v(1,1.8)$	0.05	0.05	0.03	0.05	0.05	0.05	0.05	0.04	0.05	0.05

综上比较, 可以发现 PB-S 检验可以较好地控制第一类错误概率, 具有不亚于传统检验的势, 并且检验效果受总体方差差异和样本差异影响较小, 其次是 PB-t 检验. Welch 近似 t 检验、Score 检验和 GP 检验各有自己的缺陷, 本书提出的 PB-S 检验对样本量和总体方差的要求更加宽松, 提高了异方差下均值检验的精确性, 在实际应用中更有意义.

当存在异方差性和样本容量较小情形下, 已有检验无法保证第一类错误概率的问题没有得到足够的重视. 本节提出使用参数 bootstrap 方法构造 Behrens-Fisher 问题的有效检验模拟比较研究结果显示, 参数 bootstrap 方法在保证第一类错误概率和势函数方面均有满意的表现. 参数 bootstrap 检验即使在小样本情形下适用范围也比较广, 这对于很多实际应用领域只存在小样本的问题提供了帮助, 如医学、法庭科学等. 也就是说, 此时我们依然可以使用参数 bootstrap 方法提供可信赖的检验报告. 而 Welch 近似 t 检验受样本量和总体方差之间关系的影响, 以及 Score 检验和广义 p 值检验在小样本情形下第一类错误概率表现保守的问题, 应提醒我们谨慎选择适合实际情况的检验方法.

表 2.2.3 模拟的势函数

	样本容量	$n=(8,8)$						$n=(5,10)$					
总体方差	检验方法	0.0	0.3	0.6	1.0	1.5	2.0	0.0	0.3	0.6	1.0	1.5	2.0
	$M1$	0.05	0.12	0.30	0.67	0.95	1.00	0.05	0.08	0.18	0.39	0.71	0.90
	$M2$	0.04	0.09	0.26	0.62	0.92	1.00	0.03	0.04	0.09	0.24	0.50	0.76
$v(1,0.01)$	$M3$	0.05	0.11	0.31	0.67	0.95	1.00	0.04	0.07	0.17	0.38	0.70	0.90
	$M4$	0.05	0.11	0.32	0.68	0.95	1.00	0.05	0.08	0.18	0.39	0.72	0.90
	$M5$	0.05	0.11	0.31	0.66	0.95	1.00	0.05	0.07	0.17	0.40	0.71	0.90
	$M1$	0.05	0.12	0.31	0.68	0.94	1.00	0.05	0.09	0.19	0.39	0.69	0.90
	$M2$	0.05	0.10	0.26	0.63	0.93	0.99	0.02	0.04	0.10	0.24	0.51	0.76
$v(1,0.05)$	$M3$	0.05	0.11	0.30	0.66	0.95	0.99	0.04	0.08	0.16	0.37	0.67	0.89
	$M4$	0.06	0.12	0.31	0.69	0.94	1.00	0.06	0.10	0.21	0.43	0.71	0.89
	$M5$	0.05	0.11	0.32	0.67	0.94	1.00	0.04	0.07	0.16	0.38	0.70	0.90
	$M1$	0.06	0.11	0.27	0.61	0.91	0.99	0.06	0.09	0.18	0.41	0.71	0.90
	$M2$	0.05	0.11	0.26	0.58	0.90	0.99	0.04	0.06	0.12	0.27	0.54	0.79
$v(1,0.3)$	$M3$	0.04	0.07	0.24	0.55	0.89	0.99	0.03	0.05	0.15	0.35	0.65	0.89
	$M4$	0.05	0.10	0.27	0.61	0.92	0.99	0.05	0.09	0.19	0.45	0.74	0.92
	$M5$	0.05	0.12	0.27	0.60	0.91	0.99	0.04	0.08	0.15	0.34	0.65	0.88
	$M1$	0.05	0.08	0.21	0.46	0.81	0.96	0.05	0.08	0.17	0.37	0.67	0.89
	$M2$	0.05	0.09	0.20	0.47	0.81	0.97	0.04	0.06	0.15	0.30	0.56	0.79
$v(1,0.9)$	$M3$	0.03	0.06	0.16	0.39	0.76	0.94	0.03	0.05	0.12	0.28	0.59	0.83
	$M4$	0.04	0.08	0.20	0.47	0.82	0.96	0.05	0.08	0.17	0.38	0.69	0.89
	$M5$	0.05	0.09	0.20	0.46	0.81	0.96	0.04	0.08	0.14	0.35	0.61	0.85
	$M1$	0.05	0.07	0.15	0.33	0.64	0.87	0.05	0.07	0.14	0.30	0.59	0.83
	$M2$	0.05	0.07	0.15	0.33	0.64	0.86	0.04	0.06	0.13	0.29	0.54	0.78
$v(1,1.8)$	$M3$	0.03	0.05	0.12	0.29	0.58	0.84	0.03	0.04	0.10	0.23	0.49	0.75
	$M4$	0.05	0.08	0.15	0.34	0.65	0.87	0.05	0.07	0.15	0.30	0.57	0.83
	$M5$	0.05	0.08	0.16	0.33	0.64	0.86	0.05	0.07	0.14	0.33	0.57	0.82

2.3 两个正态总体均值差的 PB 区间估计

当误差方差任意且未知时，两个正态总体均值之差的区间估计是 Behrens-Fisher(BF) 问题之一. 尽管该问题形式十分简单，但到目前为止已有大量文献对此进行了广泛的研究，参见 Fisher(1935), Welch(1936, 1938), Scheffé(1944) 和 Bellon(2008). 文献中对假设检验的关注相对更多，原因之一是有时直接找一个检验要比构造合适的置信区间更容易. 针对均值差的区间估计问题，Scheffé构造了服从 t 分布的一个枢轴量，提供了该问题的一个有较好精确性的解法. 但其不足之处在于构造的枢轴量不是样本的对称函数. Welch(1938) 则提供了该问题一个流行的近似解，这种方法因具有简单性和较好的精确性得到更广泛的运用. 但是这种方法是建立在具有随机自由度近似 t 分布基础上的，自由度不仅和样本方差相关，还有赖于样本容量. BF 问题的困难之处在于讨厌参数的存在, 使得我们一般无法构造出既是样本对称函数, 又分布已知的枢轴量. 因此, Weerahandi(1993) 通过拓展枢轴量的概念, 提出了广义枢轴量 (generalized pivotal quantity, GPQ) 的概念, 得到了 BF 问题的一个广义置信区间 (generalized confidence interval, GCI). 通过预先的模拟研究发现 Welch 近似解和 GPQ 解均不能在各种样本容量和参数设置下都保证置信区间的覆盖率和估计精度. 在上一节的基础上, 本节目的是介绍徐礼文和瞿开毅 (2015) 对该问题提供的参数 bootstrap 置信区间.

设 $X_{11},\cdots,X_{1n_1}\overset{\text{iid}}{\sim}N(\mu_1,\sigma_1^2)$, $X_{21},\cdots,X_{2n_2}\overset{\text{iid}}{\sim}N(\mu_2,\sigma_2^2)$, 且所有样本是独立的. 两个总体的样本均值和样本方差分别记为

$$\bar{X}_i=\frac{1}{n_i}\sum_{j=1}^{n_i}X_{ij},\quad S_i^2=\frac{1}{n_i-1}\sum_{j=1}^{n_i}(X_{ij}-\bar{X}_j)^2,\quad i=1,2.$$

我们现在感兴趣的是用充分统计量 $(\bar{X}_1,\bar{X}_2,S_1^2,S_2^2)$ 去构造两个正态总体均值之差 $\mu_1-\mu_2$ 的置信区间.

若 σ_1^2,σ_2^2 已知, 一个自然的枢轴量为

$$T_1(\bar{X}_1,\bar{X}_2;\sigma_1^2,\sigma_2^2)=\frac{\bar{X}_1-\bar{X}_2-(\mu_1-\mu_2)}{\sqrt{\sigma_1^2/n_1+\sigma_2^2/n_2}}.\tag{2.3.1}$$

显然, 我们有 $T_1(\bar{X}_1,\bar{X}_2;\sigma_1^2,\sigma_2^2)\sim N(0,1)$. 用 $(\bar{x}_1,\bar{x}_2)$ 表示 $(\bar{X}_1,\bar{X}_2)$ 的观测值, 则

$$\left[\bar{x}_1-\bar{x}_2-u_{\alpha/2}\sqrt{\sigma_1^2/n_1+\sigma_2^2/n_2},\bar{x}_1-\bar{x}_2+u_{\alpha/2}\sqrt{\sigma_1^2/n_1+\sigma_2^2/n_2}\right]$$

是 $\mu_1-\mu_2$ 的一个置信水平为 $1-\alpha$ 置信区间.

一般 σ_1^2,σ_2^2 是未知的, 可以用 S_1^2,S_2^2 替代它们, 得到下面的枢轴量:

$$T_1(\bar{X}_1,\bar{X}_2;S_1^2,S_2^2)=\frac{\bar{X}_1-\bar{X}_2-(\mu_1-\mu_2)}{\sqrt{S_1^2/n_1+S_2^2/n_2}}.\tag{2.3.2}$$

同样, $T_1(\bar{X}_1,\bar{X}_2;S_1^2,S_2^2)$ 的精确分布无法给出, 无法得到精确的置信区间. 接下来, 我们描述 PB 置信区间.

注意到 $\bar{X}_i\sim N\left(\mu_i,\dfrac{\sigma_i^2}{n_i}\right)$, $S_i^2\sim\sigma_i^2\dfrac{\chi^2_{n_i-1}}{n_i-1}$, 参数 bootstrap 枢轴量构造步骤如下:

对于观测到的 $(\bar{x}_1,\bar{x}_2,s_1^2,s_2^2)$, 令 $\bar{X}_{Bi}\sim N\left(\bar{x}_i,\dfrac{s_i^2}{n_i}\right)$, $S_{Bi}^2\sim s_i^2\dfrac{\chi^2_{n_i-1}}{n_i-1}$, 那么基于 (2.3.2) 式中枢轴量 $T_1(\bar{X}_1,\bar{X}_2,S_1^2,S_2^2)$ 的 PB 枢轴量为

$$T_{1B}=\frac{\bar{X}_{B1}-\bar{X}_{B2}-(\bar{x}_1-\bar{x}_2)}{\sqrt{S_{B1}^2/n_1+S_{B2}^2/n_2}}.\tag{2.3.3}$$

注意到 T_{1B} 的分布是不依赖于任何的未知参数, 可以基于 PB 枢轴量 T_{1B} 构造 $\mu_1-\mu_2$ 的 PB 置信区间. 具体地, 令 $T_{1B}(\gamma)$ 表示 T_{1B} 的上侧 γ 分位数, 那么 $\mu_1-\mu_2$ 的一个置信水平近似为 $1-\alpha$ 的 PB 置信区间为

$$\left[\bar{x}_1-\bar{x}_2-T_{1B}(\alpha/2)\sqrt{\sigma_1^2/n_1+\sigma_2^2/n_2}, \bar{x}_1-\bar{x}_2-T_{1B}(1-\alpha/2)\sqrt{\sigma_1^2/n_1+\sigma_2^2/n_2}\right]. \tag{2.3.4}$$

该置信区间与其他几种方法优良性比较的模拟研究可以参见徐礼文和瞿开毅 (2015) 中的结果, 这里略去.

2.4 多个正态总体共同均值的参数 bootstrap 推断

2.4.1 引言

异方差情形下的共同均值 μ 的推断问题在许多应用领域常常碰到. 例如, 对同一个目标使用几种工具获得测量数据的测量误差问题和涉及单个因子的试验设计问题等 (Tsao, Wu, 2006). 如果这些总体的方差假设相等, 那么存在共同均值 μ 的统计推断的最优解. 但是, 当方差未知且不相等时, 共同均值 μ 的任何组合估计的分布包含总体方差. 这使得标准的方法在构造精确的置信区间时有严重的不足. 因此, 该问题已吸引了众多的关注, 并且产生了一些有用的解 (Cochran, Carroll, 1953; Meier, 1953; Bement 和 Williams, 1969). Meier(1953), Maric 和 Graybill(1979), Pagurova 和 Gurskii(1979), Sinha(1985), 以及 Eberhardt 等 (1989) 基于著名的 Graybill-deal(1959)估计 $\mu_{GD}=\left(\sum_{i=1}^{k} n_i\bar{Y}_i/S_i^2\right)\Big/\left(\sum_{i=1}^{k} n_i/S_i^2\right)$ 提供了 μ 的近似置信区间, 这里 $\bar{Y}_i$ 和 S_i^2 分别是第 i 个总体的样本均值和样本方差, $i=1,\cdots,k$. Fairweather(1972) 以及 Jordan 和 Krishnamoorthy(1996) 分别基于 t 统计量和 F 统计量的逆加权线性组合提供了 μ 的精确置信区间. Krishnamoorthy 和 Lu(2003) 则考虑了广义枢轴量的逆加权线性组合方法, 其和 Lin 和 Lee(2005) 的思想类似, 即他们都使用了广义推断的概念, 只是使用了不同的广义枢轴量.

上述这些方法通常都只能在某些情况下表现良好, 不能在各种样本容量和参数设置下提供稳定的解. 本节目标是提供共同均值问题的新的参数 bootstrap(parametric bootstrap, PB) 推断方法. PB 方法因为其灵活有效的特点已经被广泛应用于许多复杂数据分析中. 选择合适的枢轴量是 PB 方法成功的关键, 我们对著名的点估计进行加工, 构造出 PB 枢轴变量, 提供了新的参数 bootstrap 方法来推断共同均值, 为减少已有推断方法易受异方差性的影响, 从而提供稳定有效的检验和置信区间. 本节以下内容安排是: 2.4.2 小节提供了我们关于共同均值问题的 PB 推断方法, 并简要介绍了广义推断方法和经典的近似解. 2.4.3 小节使用 Monte Carlo 方法, 研究了一个近似解、广义推断和 PB 推断各种方法精度上的表现. 2.4.4 小节给出了

讨论.

2.4.2 共同均值的推断

设 $Y_{i1}, Y_{i2}, \cdots, Y_{in_i}$ 是来自正态总体 $N(\mu, \sigma_i^2)$ 的简单随机样本, $y_{i1}, y_{i2}, \cdots, y_{in_i}$ 表示它们的观测值, $i = 1, \cdots, k$. 本节将基于 PB 枢轴量提供 k 个总体共同均值 μ 的 PB 推断方法, 并且简要描述 Lin 和 Lee(2005) 中的广义推断方法和经典的近似解. 上述 k 个总体对应的样本均值和样本方差及其分布分别为

$$\bar{Y}_i = \frac{1}{n_i}\sum_{j=1}^{n_i} Y_{ij} \sim N\left(\mu, \frac{\sigma_i^2}{n_i}\right) \quad 和 \quad S_i^2 = \frac{1}{n_i - 1}\sum_{j=1}^{n_i}(Y_{ij} - \bar{Y}_i)^2 \sim \frac{\sigma_i^2 \chi_{n_i-1}^2}{n_i - 1}, \tag{2.4.1}$$

且它们之间都是相互独立的, 令 $\bar{y}_i$ 和 s_i^2 分别表示它们的观测值, $i = 1, \cdots, k$. 我们将利用充分统计量 $(\bar{Y}_1, \cdots, \bar{Y}_k, S_1^2, \cdots, S_k^2)$ 去构造共同均值 μ 的置信区间和假设检验.

如果 σ_i^2 已知, 共同均值 μ 的广义最小二乘 (GLS) 估计是

$$\bar{Y}_G = \frac{\sum\limits_{i=1}^{k} n_i \bar{Y}_i / \sigma_i^2}{\sum\limits_{i=1}^{k} n_i / \sigma_i^2}, \tag{2.4.2}$$

且 $\bar{Y}_G \sim N\left(\mu, 1/\left(\sum_{i=1}^{k} n_i/\sigma_i^2\right)\right)$, 其也是 μ 的最佳线性无偏 (BLU) 估计, 那么一个自然的枢轴量是

$$Z = \sqrt{\sum_{i=1}^{k} \frac{n_i}{\sigma_i^2}} \cdot (\bar{Y}_G - \mu) \sim N(0, 1). \tag{2.4.3}$$

用 $\bar{y}_G$ 表示 $\bar{Y}_G$ 的观测值, 则

$$\left[\bar{y}_G - \frac{u_{1-\alpha/2}}{\sqrt{\sum\limits_{i=1}^{k} \frac{n_i}{\sigma_i^2}}}, \bar{y}_G + \frac{u_{1-\alpha/2}}{\sqrt{\sum\limits_{i=1}^{k} \frac{n_i}{\sigma_i^2}}}\right]$$

是 μ 的一个置信水平为 $1 - \alpha$ 的精确置信区间, 其中 $u_{1-\alpha/2}$ 表示标准正态分布的下侧 $1 - \alpha/2$ 分位数点.

一般 σ_i^2 是未知的, 此时用样本方差 S_i^2 代替总体方差 σ_i^2, 得到枢轴量:

$$\tilde{Z} = \sqrt{\sum_{i=1}^{k} \frac{n_i}{S_i^2}} \cdot (\tilde{Y}_G - \mu), \tag{2.4.4}$$

这里 $\tilde{Y}_G = \dfrac{\sum_{i=1}^{k} n_i\bar{Y}_i/S_i^2}{\sum_{i=1}^{k} n_i/S_i^2}$ 是引言中提及的著名 Graybill-deal 估计. 但是 $\tilde{Z}$ 的精确分布无法得知, 接下来将提供我们的 PB 推断、Lin 和 Lee(2005) 的广义推断方法及经典近似解.

1. PB 解

注意到 (2.4.1) 式, 参数 bootstrap 枢轴量构造步骤如下: 对于观测到的 $(\bar{y}_1, \bar{y}_2, \cdots, \bar{y}_k; s_1^2, s_2^2, \cdots, s_k^2)$, 令

$$\bar{Y}_{Bi} \sim N(\tilde{y}_G, s_i^2/n_i) \quad 和 \quad S_{Bi}^2 \sim s_i^2\chi_{n_i-1}^2/(n_i-1), \quad i=1,\cdots,k,$$

这里 $\tilde{y}_G$ 是 $\tilde{Y}_G$ 的观测值. 那么基于枢轴量 (2.4.4) 的 PB 枢轴量为

$$\tilde{Z}_B = \sqrt{\sum_{i=1}^{k}\frac{n_i}{S_{Bi}^2}}\cdot(\tilde{Y}_B - \tilde{y}_G), \tag{2.4.5}$$

这里 $\tilde{Y}_B = \dfrac{\sum_{i=1}^{k} n_i\bar{Y}_{Bi}/S_{Bi}^2}{\sum_{i=1}^{k} n_i/S_{Bi}^2}$. 注意到对于给定的 $(\bar{y}_1, \bar{y}_2, \cdots, \bar{y}_k; s_1^2, s_2^2, \cdots, s_k^2)$, (2.4.5) 式中的分布是不依赖于任何的未知参数, 可以基于 PB 枢轴量 $\tilde{Z}_B$ 的分布构造共同均值 μ 的 PB 置信区间. 具体地, 令 $\tilde{Z}_B(\gamma)$ 表示 $\tilde{Z}_B$ 的下侧 γ 分位数, 那么 μ 的一个置信水平近似为 $1-\alpha$ 的 PB 置信区间为

$$\left[\tilde{y}_G - \frac{\tilde{Z}_B(1-\alpha/2)}{\sqrt{\sum_{i=1}^{k} n_i/s_i^2}}, \tilde{y}_G - \frac{\tilde{Z}_B(\alpha/2)}{\sqrt{\sum_{i=1}^{k} n_i/s_i^2}}\right]. \tag{2.4.6}$$

接下来, 考虑共同均值的假设检验问题:

$$H_0: \mu = \mu_0 \quad 对 \quad H_1: \mu \neq \mu_0, \tag{2.4.7}$$

这里 μ_0 是事先给定的值. 一个自然的检验统计量是

$$\tilde{Z}_0 = \sqrt{\sum_{i=1}^{k}\frac{n_i}{S_i^2}}\cdot(\tilde{Y}_G - \mu_0). \tag{2.4.8}$$

注意到在 $H_0: \mu = \mu_0$ 下, $\bar{Y}_i \sim N(\mu_0, \sigma_i^2/n_i)$ 和 $S_i^2 \sim \sigma_i^2\chi_{n_i-1}^2/(n_i-1), i=1,\cdots,k$. 令

$$\bar{Y}_{B0i} \sim N(\mu_0, s_i^2/n_i) \quad 和 \quad S_{Bi}^2 \sim s_i^2\chi_{n_i-1}^2/(n_i-1), \quad i=1,\cdots,k.$$

那么基于统计量 (2.4.8) 的 PB 枢轴量为

$$\tilde{Z}_{B0}=\sqrt{\sum_{i=1}^{k}\frac{n_i}{S_{Bi}^2}}\cdot(\tilde{Y}_{B0}-\mu_0),\tag{2.4.9}$$

这里 $\tilde{Y}_{B0}=\dfrac{\sum_{i=1}^{k}n_i\bar{Y}_{B0i}/S_{Bi}^2}{\sum_{i=1}^{k}n_i/S_{Bi}^2}$.

令 $\tilde{z}_0$ 是 $\tilde{Z}_0$ 的观测值, 则检验问题 (2.4.7) 的 PB p 值可以定义为

$$p_1=2\min\left\{P\left(\tilde{Z}_{B0}>\tilde{z}_0\right),P\left(\tilde{Z}_{B0}<\tilde{z}_0\right)\right\}.\tag{2.4.10}$$

类似地, 考虑下面单边假设检验问题:

$$H_0:\mu\leqslant\mu_0\quad 对\quad H_1:\ \mu>\mu_0;\tag{2.4.11}$$

$$H_0:\mu\geqslant\mu_0\quad 对\quad H_1:\ \mu<\mu_0.\tag{2.4.12}$$

它们相应的 PB p 值可以定义为

$$p_2=P\left(\tilde{Z}_{B0}>\tilde{z}_0\right);\tag{2.4.13}$$

$$p_3=P\left(\tilde{Z}_{B0}<\tilde{z}_0\right).\tag{2.4.14}$$

2. *广义推断方法*

Lin 和 Lee(2005) 基于共同均值 μ 的最佳线性无偏估计 (2.4.2) 定义了一个广义枢轴量

$$T=\frac{\displaystyle\sum_{i=1}^{k}\frac{n_iU_i}{v_i}\bar{y}_i-Z\sqrt{\sum_{i=1}^{k}\frac{n_iU_i}{v_i}}}{\displaystyle\sum_{i=1}^{k}\frac{n_iU_i}{v_i}},\tag{2.4.15}$$

这里 $V_i=(n_i-1)S_i^2$, $U_i=V_i^2/\sigma_i^2$, v_i 和 $\bar{y}_i$ 分别是 V_i 和 $\bar{Y}_i$ 的观测值. 根据 (2.4.3), 可知 $Z,U_1,\cdots,U_k$ 相互独立, 且 $U_i\sim\chi_{n_i-1}^2$, $i=1,\cdots,k$.

注意到 T 的观测值为 μ. 记 $T(\gamma)$ 表示 T 的下侧 γ 分位数, 那么 μ 的一个置信水平为 $1-\alpha$ 的广义置信区间为

$$[T(\alpha/2),T(1-\alpha/2)].\tag{2.4.16}$$

根据广义枢轴量 (2.4.15), 可以直接导出假设 (2.4.7), (2.4.11) 和 (2.4.12) 的广义 p 值. 具体而言, 检验问题 (2.4.7) 的广义 p 值为

$$p_4=2\min\left\{P\left(T<\mu_0\right),P\left(T>\mu_0\right)\right\}.\tag{2.4.17}$$

单边假设检验问题 (2.4.11) 和 (2.4.12) 的广义 p 值分别为

$$p_5 = P\left(T < \mu_0\right); \tag{2.4.18}$$

$$p_6 = P\left(T > \mu_0\right). \tag{2.4.19}$$

3. 经典近似解

为描述该经典方法, 定义一个枢轴量

$$\tilde{T} = \frac{\bar{Y} - \mu}{S_{pool}/\sqrt{\tilde{n}}}, \tag{2.4.20}$$

这里 $\bar{Y} = \sum_{i=1}^{k} n_i \bar{Y}_i / \tilde{n}$, $S_{pool}^2 = \sum_{i=1}^{k} (n_i - 1) S_i^2 / (\tilde{n} - k)$, $\tilde{n} = \sum_{i=1}^{k} n_i$.

在所有 k 个总体方差相等的情形下, 有 $\tilde{T} \sim t_{\tilde{n}-k}$, 这里 t_n 表示自由度为 n 的中心 t 分布. 令 $\bar{y}$ 和 s_{pool} 分别表示 $\bar{Y}$ 和 S_{pool} 的观测值, 那么在一般情形下

$$\left[\bar{y} - t_{\tilde{n}-k}(1-\alpha/2) s_{pool}/\sqrt{\tilde{n}}, \bar{y} + t_{\tilde{n}-k}(1-\alpha/2) s_{pool}/\sqrt{\tilde{n}}\right]$$

是 μ 的一个置信水平近似为 $1-\alpha$ 置信区间, 这里 $t_n(\gamma)$ 表示 t_n 的下侧 γ 分位数. 记 $\tilde{t}_0$ 是检验统计量 $\tilde{T}_0 = \dfrac{\bar{Y} - \mu_0}{S_{pool}/\sqrt{\tilde{n}}}$ 的观测值, 那么假设 (2.4.7) 的经典 p 值可以定义为

$$p = 2P\left(\tilde{T}_0 > \tilde{t}_0\right) = 2[1 - F(\tilde{t}_0)], \tag{2.4.21}$$

这里 F 表示自由度为 $\tilde{n} - k$ 的 t 分布的分布函数. 对于给定的水平 α, 若 $p < \alpha$ 则拒绝 (2.4.7) 中的原假设 H_0.

2.4.3 随机模拟研究

在前面我们提供和描述了共同均值问题的三种推断方法, 本节目的是通过 Monte Carlo 随机模拟, 比较我们提供的 PB 解和其他两种解在检验的势函数 (功效)、控制覆盖率和区间平均长度方面的表现. 为节省空间, 下面只提供使用 Monte Carlo 方法模拟计算 PB 置信区间的覆盖率和区间平均长度的算法.

算法 2.4.1 第 1 步: 对一组给定的 $(n_1, n_2, \cdots, n_k)$ 和 $(\mu, \sigma_1^2, \sigma_2^2, \cdots, \sigma_k^2)$, 独立生成 $(\bar{y}_1, \bar{y}_2, \cdots, \bar{y}_k)$ 和 $(s_1^2, s_2^2, \cdots, s_k^2)$.

第 2 步: 独立地生成 $\bar{Y}_{Bi} \sim N(\tilde{y}_G, s_i^2/n_i)$ 和 $S_{Bi}^2 \sim s_i^2 \chi_{n_i-1}^2/(n_i - 1)$, $i = 1, \cdots, k$. 使用这些值分别计算 (2.4.5) 式中 $\tilde{Z}_B$ 的值. 对固定的 $(\bar{y}_1, \bar{y}_2, \cdots, \bar{y}_k)$ 和 $(s_1^2, s_2^2, \cdots, s_k^2)$, 重复产生 $\tilde{Z}_B$ 值的过程 m 次.

第 3 步: 根据 $\tilde{Z}_B$ 的值, 计算 (2.4.6) 式中 μ 的水平近似为 $1-\alpha$ 的 PB 置信区间.

第 4 步: 对 q 组不同的 $(\bar{y}_1, \bar{y}_2, \cdots, \bar{y}_k)$ 和 $(s_1^2, s_2^2, \cdots, s_k^2)$, 重复第 1 步~第 3 步 q 次, 我们共算出 q 个 μ 的 PB 置信区间.

第 5 步: 此时这 q 个区间中包含 μ 的比例给出了覆盖率的一个 Monte Carlo 估计值; 而这 q 个区间的平均长度是 PB 置信区间平均长度的一个 Monte Carlo 估计值.

广义置信区间和经典近似置信区间的 Monte Carlo 估计可以类似计算得到.

在实际模拟中, 每个置信区间和检验分别是在名义置信水平为 95%和名义显著性水平为 5%的设定下进行计算的. 计算经典推断方法的覆盖率、置信区间平均长度和检验功效时, 我们使用了 5000 次循环. 而对于计算 PB 推断和广义推断时涉及内外两个循环. 根据算法 2.4.1, 我们设定的内循环次数 $m = 2500$, 外循环次数 $q = 5000$ 和经典方法一致. 本节的计算是在 MATLAB 软件环境下进行的. 为了方便, 在方差和样本容量的设定表示中, 我们使用记号 a_r 表示数 a 重复 r 次, 例如, $(5)_2 = (5, 5)$ 和 $(1, 2_3, 3_2) = (1, 2, 2, 2, 3, 3)$.

为了度量置信区间在保证名义水平 95%上的整体表现, 我们使用了平均相对误差, 其记号为 $\eta = M^{-1}\sum_{m=1}^{M}|\widehat{cp}_m - 0.95|/0.95 \times 100$, 这里 $\widehat{cp}_m$ 表示第 m 个经验覆盖率, M 是所考虑的覆盖率的数目. η 越小表明相应的置信区间方法表现越好. 类似地, 度量检验在保证名义显著性水平 5%上的整体表现, 我们使用平均相对误差 $\tau = M^{-1}\sum_{m=1}^{M}|\hat{\alpha}_m - \alpha|/\alpha \times 100$, 这里 $\hat{\alpha}_m$ 表示第 m 个经验水平, M 是所考虑的经验水平的数目. τ 越小表明相应的检验方法表现越好. 具体模拟结果分别见表 2.4.1~表 2.4.3, 其中用 CLI, GCI 和 PBI 分别表示经典置信区间、广义置信区间和 PB 置信区间, CLT, GCT 和 PBT 分别表示经典检验、GP 检验和 PB 检验.

表 2.4.1　置信区间覆盖率的 Monte Carlo 估计值 ($\mu = 1$)

$k = 2$	$n = (5, 5)$			$n = (9, 6)$			$n = (10, 10)$			$n = (15, 20)$		
σ^2	CLI	GCI	PBI	CLI	GCI	PBI	CLI	GCI	PBI	CLI	GCI	PBI
$(1, 1)$	0.9494	0.9256	0.9520	0.9446	0.9208	0.9536	0.9500	0.9280	0.9396	0.9488	0.9432	0.9472
$(1, 2)$	0.9468	0.9376	0.9484	0.9290	0.9380	0.9520	0.9472	0.9384	0.9468	0.9634	0.9488	0.9460
$(1, 5)$	0.9366	0.9356	0.9440	0.9012	0.9328	0.9552	0.9452	0.9436	0.9456	0.9672	0.9436	0.9488
$(1, 10)$	0.9316	0.9416	0.9496	0.8784	0.9416	0.9472	0.9444	0.9436	0.9532	0.9670	0.9448	0.9560
$(1, 20)$	0.9274	0.9492	0.9516	0.8698	0.9392	0.9452	0.9364	0.9452	0.9424	0.9662	0.9424	0.9432
$k = 6$	n_1			n_2			n_3			n_4		
σ^2	CLI	GCI	PBI	CLI	GCI	PBI	CLI	GCI	PBI	CLI	GCI	PBI
σ_1^2	0.9542	0.9312	0.9492	0.9492	0.9364	0.9488	0.9462	0.9416	0.9496	0.9461	0.9492	0.9540
σ_2^2	0.9512	0.9368	0.9480	0.9474	0.9360	0.9512	0.9498	0.9424	0.9484	0.9658	0.9420	0.9504
σ_3^2	0.9486	0.9416	0.9472	0.9380	0.9348	0.9484	0.9578	0.9380	0.9488	0.9682	0.9368	0.9524
σ_4^2	0.9540	0.9476	0.9508	0.9406	0.9304	0.9524	0.9478	0.9492	0.9496	0.9668	0.9504	0.9516
σ_5^2	0.9502	0.9380	0.9504	0.9318	0.9468	0.9416	0.9554	0.9488	0.9504	0.9646	0.9424	0.9488

续表

$k=10$	n_5			n_6			n_7			n_8		
σ^2	CLI	GCI	PBI	CLI	GCI	PBI	CLI	GCI	PBI	CLI	GCI	PBI
σ_6^2	0.9504	0.9392	0.9580	0.9456	0.9380	0.9488	0.9568	0.9356	0.9544	0.9430	0.9432	0.9500
σ_7^2	0.9514	0.9324	0.9552	0.9482	0.9368	0.9508	0.9474	0.9352	0.9524	0.9588	0.9444	0.9352
σ_8^2	0.9460	0.9336	0.9484	0.9454	0.9396	0.9540	0.9516	0.9366	0.9652	0.9622	0.9396	0.9564
σ_9^2	0.9510	0.9352	0.9452	0.9418	0.9452	0.9508	0.9520	0.9420	0.9548	0.9684	0.9396	0.9532
σ_{10}^2	0.9488	0.9440	0.9468	0.9442	0.9344	0.9460	0.9522	0.9480	0.9540	0.9692	0.9428	0.9484
η	4.4173	4.2905	1.44									

注: $\sigma_1^2=(1)_6$, $\sigma_2^2=(1_2,2_2,5_2)$, $\sigma_3^2=(1,2,4,6,8,10)$, $\sigma_4^2=(1,4,7,10,13,15)$, $\sigma_5^2=(1,6,10,12,15,20)$, $\sigma_6^2=(1)_{10}$, $\sigma_7^2=(1_5,5_5)$, $\sigma_8^2=(1,2,3,4,5,6,7,8,9,10)$, $\sigma_9^2=(1_5,15_5)$, $\sigma_{10}^2=(1,2,4,6,10,12,14,16,18,20)$; $n_1=(15)_6$, $n_2=(20,15)_3$, $n_3=(20)_6$, $n_4=(20,22,24,26,28,30)$, $n_5=(15)_{10}$, $n_6=(20,15)_5$, $n_7=(20)_{10}$, $n_8=(20,24,26,30,32,35,26,30,32,35)$.

表 2.4.2 置信区间平均长度的 Monte Carlo 估计值 ($\mu=1$)

$k=2$	$n=(5,5)$			$n=(9,6)$			$n=(10,10)$			$n=(15,20)$		
σ^2	CLI	GCI	PBI	CLI	GCI	PBI	CLI	GCI	PBI	CLI	GCI	PBI
$(1,1)$	1.4132	1.3597	1.7037	1.0920	1.0793	1.2316	0.9293	0.9130	0.9954	0.6838	0.6792	0.7047
$(1,2)$	1.7291	1.6052	1.9907	1.2814	1.2200	1.3703	1.1306	1.0640	1.1535	0.8610	0.8109	0.8402
$(1,5)$	2.4114	1.9139	2.2424	1.7177	1.3655	1.4798	1.5864	1.2294	1.2798	1.2345	0.9382	0.9633
$(1,10)$	3.2280	2.0737	2.3517	2.2706	1.4286	1.4846	2.1643	1.3069	1.3497	1.6888	1.0098	1.0176
$(1,20)$	4.4658	2.2287	2.3632	3.1044	1.4612	1.5121	2.9611	1.3439	1.3743	2.3497	1.0491	1.0464
$k=6$	n_1			n_2			n_3			n_4		
σ^2	CLI	GCI	PBI	CLI	GCI	PBI	CLI	GCI	PBI	CLI	GCI	PBI
σ_1^2	0.4183	0.4184	0.4487	0.3869	0.3850	0.4113	0.3613	0.3607	0.3796	0.3221	0.3220	0.3353
σ_2^2	0.6830	0.5579	0.5956	0.6302	0.5170	0.5449	0.5888	0.4810	0.5042	0.5478	0.4475	0.4642
σ_3^2	0.9488	0.7059	0.7470	0.8671	0.6402	0.6711	0.8218	0.6084	0.6363	0.7627	0.5737	0.5963
σ_4^2	1.2046	0.8171	0.8567	1.1003	0.7268	0.7531	1.0405	0.7003	0.7271	0.9675	0.6671	0.6911
σ_5^2	1.3655	0.8696	0.9052	1.2406	0.7680	0.7889	1.1763	0.7440	0.7682	1.0934	0.7145	0.7338
$k=10$	n_5			n_6			n_7			n_8		
σ^2	CLI	GCI	PBI	CLI	GCI	PBI	CLI	GCI	PBI	CLI	GCI	PBI
σ_6^2	0.3228	0.3246	0.3495	0.2983	0.2991	0.3185	0.2785	0.2793	0.2950	0.2310	0.2310	0.2395
σ_7^2	0.5582	0.4196	0.4508	0.5108	0.3835	0.4073	0.4821	0.3605	0.3796	0.4121	0.3087	0.3196
σ_8^2	0.7545	0.6012	0.6426	0.6950	0.5466	0.5773	0.6531	0.5166	0.5439	0.5586	0.4559	0.4730
σ_9^2	0.9095	0.4446	0.4773	0.8316	0.4046	0.4285	0.7869	0.3830	0.4034	0.6787	0.3306	0.3426
σ_{10}^2	1.0333	0.6764	0.7204	0.9514	0.6122	0.6439	0.8933	0.5797	0.6091	0.7692	0.5250	0.5450

注: $\sigma_1^2=(1)_6$, $\sigma_2^2=(1_2,2_2,5_2)$, $\sigma_3^2=(1,2,4,6,8,10)$, $\sigma_4^2=(1,4,7,10,13,15)$, $\sigma_5^2=(1,6,10,12,15,20)$, $\sigma_6^2=(1)_{10}$, $\sigma_7^2=(1_5,5_5)$, $\sigma_8^2=(1,2,3,4,5,6,7,8,9,10)$, $\sigma_9^2=(1_5,15_5)$, $\sigma_{10}^2=(1,2,4,6,10,12,14,16,18,20)$; $n_1=(15)_6$, $n_2=(20,15)_3$, $n_3=(20)_6$, $n_4=(20,22,24,26,28,30)$, $n_5=(15)_{10}$, $n_6=(20,15)_5$, $n_7=(20)_{10}$, $n_8=(20,24,26,30,32,35,26,30,32,35)$.

根据表 2.4.1~表 2.4.3 这三个表总体来看, 当考虑方差相等或者轻微的异方差下的平衡数据时, 经典方法是相当稳健的. 但是, 和预料一致的是当异方差程度加大时, 经典方法的表现变得很差. 而后两者方法则在较短的区间平均长度和较高的势的意义下有更好的表现. 进一步, 从表 2.4.1 覆盖率的估计值可以看出, PB 区间估计表现一般优于经典近似解法和广义置信区间方法的覆盖率表现.

表 2.4.3　模拟的第一类错误概率及功效 ($\mu_0 = 0$)

$k=2$		检验	μ				
			0	0.2	0.4	0.6	0.8
n_1	σ_1^2	CLT	0.0494	0.1112	0.2822	0.5510	0.7852
		GPT	0.0588	0.1272	0.3424	0.5924	0.8380
		PBT	0.0488	0.1004	0.2720	0.5300	0.7732
	σ_2^2	CLT	0.0526	0.0864	0.1728	0.3170	0.5076
		GPT	0.0640	0.1192	0.2636	0.4988	0.7064
		PBT	0.0496	0.0912	0.2404	0.4604	0.6816
	σ_3^2	CLT	0.0552	0.0764	0.1262	0.2052	0.3208
		GPT	0.0504	0.0928	0.2372	0.4468	0.6732
		PBT	0.0480	0.0936	0.2376	0.4172	0.6416
n_2	σ_1^2	CLT	0.0426	0.1116	0.3162	0.6162	0.8710
		GPT	0.0612	0.1384	0.3708	0.6556	0.8744
		PBT	0.0512	0.1196	0.3228	0.6024	0.8604
	σ_2^2	CLT	0.0316	0.0620	0.1654	0.3324	0.5504
		GPT	0.0596	0.1196	0.2888	0.5316	0.7588
		PBT	0.0544	0.0992	0.2572	0.5016	0.7272
	σ_3^2	CLT	0.0318	0.0432	0.0872	0.1826	0.3000
		GPT	0.0612	0.1076	0.2384	0.4700	0.7044
		PBT	0.0496	0.0848	0.2332	0.4456	0.6892
$k=6$		检验	μ				
			0	0.2	0.4	0.6	0.8
n_3	σ_4^2	CLT	0.0480	0.2114	0.6158	0.9358	0.9968
		GPT	0.0684	0.3124	0.7928	0.9800	1.0000
		PBT	0.0508	0.2404	0.7612	0.9744	0.9988
	σ_5^2	CLT	0.0538	0.1354	0.3908	0.6888	0.9040
		GPT	0.0688	0.2032	0.5988	0.9068	0.9908
		PBT	0.0540	0.1720	0.5560	0.8848	0.9892
	σ_6^2	CLT	0.0482	0.0954	0.2474	0.4876	0.7360
		GPT	0.0644	0.1688	0.4836	0.8352	0.9712
		PBT	0.0536	0.1516	0.4468	0.7936	0.9528

续表

$k=6$		检验	μ				
			0	0.2	0.4	0.6	0.8
n_4	σ_4^2	CLT	0.0310	0.2344	0.7764	0.9844	1.0000
		GPT	0.0564	0.3760	0.8816	0.9948	1.0000
		PBT	0.0460	0.3348	0.8584	0.9968	1.0000
	σ_5^2	CLT	0.0270	0.1238	0.4786	0.8246	0.9792
		GPT	0.0620	0.2440	0.6784	0.9548	0.9976
		PBT	0.0484	0.1996	0.6532	0.9444	0.9952
	σ_6^2	CLT	0.0254	0.0886	0.2852	0.6096	0.8710
		GPT	0.0600	0.2020	0.5464	0.8664	0.9824
		PBT	0.0440	0.1664	0.5204	0.8524	0.9828

$k=10$		检验	μ				
			0	0.2	0.4	0.6	0.8
n_5	σ_7^2	CLT	0.0318	0.1962	0.6604	0.9506	0.9986
		GPT	0.0556	0.2876	0.8164	0.9832	0.9996
		PBT	0.0488	0.2744	0.7664	0.9780	0.9996
	σ_8^2	CLT	0.0222	0.1176	0.4534	0.8290	0.9762
		GPT	0.0660	0.4704	0.9620	0.9996	1.0000
		PBT	0.0556	0.4376	0.9508	1.0000	1.0000
	σ_9^2	CLT	0.0294	0.1000	0.3724	0.7278	0.9414
		GPT	0.0588	0.2424	0.6860	0.9512	0.9968
		PBT	0.0536	0.2136	0.6184	0.9328	0.9960
n_6	σ_7^2	CLT	0.0270	0.2094	0.7054	0.9716	0.9998
		GPT	0.0572	0.3368	0.8436	0.9944	1.0000
		PBT	0.0528	0.3188	0.8016	0.9904	1.0000
	σ_8^2	CLT	0.0220	0.1424	0.5202	0.8916	0.9908
		GPT	0.0652	0.5236	0.9720	1.0000	1.0000
		PBT	0.0504	0.4900	0.9740	1.0000	1.0000
	σ_9^2	CLT	0.0260	0.1128	0.4216	0.7958	0.9686
		GPT	0.0656	0.2688	0.7296	0.9596	0.9988
		PBT	0.0540	0.2196	0.6856	0.9612	0.9984
	τ	CLT	29.800				
		GPT	22.622				
		PBT	5.244				

注: $n_1=(10)_2$, $n_2=(10,15)$, $n_3=(15)_6$, $n_4=(15,18,20,23,25,30)$, $n_5=(15_3,20_3,25_4)$, $n_6=(15,17,19,21,23,25,27,29,31,33)$; $\sigma_1^2=(1,2)$, $\sigma_2^2=(1,5)$, $\sigma_3^2=(1,10)$, $\sigma_4^2=(1_2,2_2,5_5)$, $\sigma_5^2=(1,2,4,6,8,10)$, $\sigma_6^2=(1,4,7,10,13,15)$, $\sigma_7^2=(1,2,3,4,5,6,7,8,9,10)$, $\sigma_8^2=(1_5,15_5)$, $\sigma_9^2=(1,2,4,6,10,12,14,16,18,20)$.

就 PB 置信区间和广义置信区间比较而言, PB 置信区间是明显优于广义置信区间方法的覆盖率表现. 同时, 从表 2.4.1 和表 2.4.2 看到, PB 置信区间有几乎精确的 95%的覆盖率, 且有合理的平均区间长度. 相对而言, 广义置信区间在很多情形下表现得更为自由. 例如, 在名义置信水平为 95%的设定下, 广义置信区间可能取值 92.08%. 在不少情形下, 广义置信区间似乎要精确一些, 但这正是由其较小的覆盖率造成的. 因此, 如果我们的试验主要考虑控制覆盖率, PB 置信区间是更合适的.

在表 2.4.3 中, 我们再次看到 PB 检验能更好地控制第一类错误概率. 根据模拟的第一类错误概率和相应的 τ 值可以看出 PB 检验比广义 p 值检验能更好地控制第一类错误概率. 当名义显著性水平为 5%时, 广义 p 值检验的模拟值可能达到 6.88%. 虽然, 广义 p 值检验的势稍大, 这主要是其超过 5%的第一类错误造成的.

2.4.4 结论

本节提供了一种有效而灵活的参数 bootstrap 方法来考虑几个正态总体共同均值的统计推断问题. 通过简单的几个模拟步骤, 我们可以容易地提供置信区间和检验的 p 值. 总的结论是 PB 推断方法在各种样本和参数设置下都是一种具有竞争性的实用工具, 能保证良好的稳定性, 包括在维持检验的第一类错误概率和置信区间覆盖率方面的满意表现. 在这两方面都明显优于广义推断方法和经典的近似解. 因此, 在实际应用当中, 如果我们关心的是控制第一类错误概率或者区间估计的覆盖率精度时, 则使用 PB 推断方法是一个很好的选择.

第3章 异方差回归模型中的 bootstrap 推断

3.1 引　言

在上一章, 我们已经对 Behrens-Fisher 型问题作了较系统的研究, 得到了两个和多个正态总体中的均值的 bootstrap 检验和置信区间的构造方法和相应算法. 本章内容可以看成上述问题的拓展. 我们将考虑比较异方差回归模型系数的参数 bootstrap 检验和共同系数的参数 bootstrap 置信域问题.

在许多的实际应用中, 经常会遇到检验几个正态回归模型的回归系数相等性问题. 对于两个回归模型情形, 此问题已经有了深入和广泛的研究. Siler(1985), Conerly 和 Mansfield(1988), Schmidt 和 Sickles(1977) 和 Toyoda(1974) 提供了一些近似检验. Moreno 等 (2005) 给出了一个 Bayes 解. 而 Weerahandi(1987) 得到了一个广义 p 值检验方法. Oberhelman 和 Kadiya(2007) 则考虑了大样本 F 检验的某些改进. 对于多个回归模型情形, 回归系数向量的相等性检验也得到某种程度的关注, 如 Koschat 和 Weerahandi(1992) 基于广义变量方法提供了广义 p 值检验. 另一方面, 当检验结果接受各回归系数的相等性假设时, 一个自然的问题是这些回归模型的共同回归系数向量的置信域如何构造.

考虑到大样本理论下的检验一般对样本容量有较高的要求, Tian, Ma 和 Vexler (2009) 使用对中等或者小样本也适合的参数 bootstrap 方法研究了回归系数的相等性检验问题. 3.2 节首先介绍 Tian, Ma 和 Vexler(2009) 的 PB 方法和广义检验变量方法及它们之间的比较研究. 在此基础上, 考虑当接受相等性假设下, 共同回归系数向量的参数 bootstrap 置信域的构造问题.

3.2 比较异方差回归模型的 PB 检验

考虑 k 个回归模型

$$Y_i = X_i\beta_i + \varepsilon_i,\quad i = 1, \cdots, k, \tag{3.2.1}$$

这里 X_i 是 $n_i \times p$ 的设计矩阵, β_i 是 p 维的参数向量, $\varepsilon_i \sim N(0, \sigma_i^2 I_{n_i})$ 且所有的 ε_i 是独立的. 第 i 个回归模型有 n_i 个观测 $Y_i = (Y_{i1}, \cdots, Y_{ini})^{\mathrm{T}}$ 和 p 个参数 $\beta_i = (\beta_{i1}, \cdots, \beta_{ip})^{\mathrm{T}}$.

由最小二乘理论, β_i 的最小二乘估计为

$$\hat{\beta}_i = (X_i^{\mathrm{T}} X_i)^{-1} X_i^{\mathrm{T}} Y_i, \tag{3.2.2}$$

且其分布是

$$\hat{\beta}_i \sim N_p\left(\beta_i, \sigma_i^2(X_i^{\mathrm{T}}X_i)^{-1}\right), \quad i=1,\cdots,k. \tag{3.2.3}$$

每个模型对应的残差平方和为

$$RSS_i = (Y_i - X_i\hat{\beta}_i)^{\mathrm{T}}(Y_i - X_i\hat{\beta}_i), \quad i=1,\cdots,k. \tag{3.2.4}$$

且

$$\frac{RSS_i}{\sigma_i^2} \sim \chi^2_{n_i-p}, \quad i=1,\cdots,k. \tag{3.2.5}$$

易见, σ_i^2 的无偏估计为

$$\hat{\sigma}_i^2 = \frac{RSS_i}{n_i-p}, \quad i=1,\cdots,k, \tag{3.2.6}$$

且它们都是相互独立的.

我们感兴趣的假设为

$$H_0:\ \beta_1=\beta_2=\cdots=\beta_k \ \text{对}\ H_1:\ \beta_i\neq\beta_j \ \text{存在某个}\ i\neq j. \tag{3.2.7}$$

如果 σ_i^2 已知, 原假设成立时共同回归系数 β 的广义最小二乘 (GLS) 估计是

$$\tilde{\beta} = \left[\sum_{i=1}^{k}\sigma_i^{-2}(X_i^{\mathrm{T}}X_i)\right]^{-1}\sum_{i=1}^{k}\sigma_i^{-2}(X_i^{\mathrm{T}}X_i)\hat{\beta}_i. \tag{3.2.8}$$

此时, 一个自然的检验统计量是

$$T(X_i,Y_i;\sigma_i^2) = \sum_{i=1}^{k}(\hat{\beta}_i-\tilde{\beta})^{\mathrm{T}}\sigma_i^{-2}(X_i^{\mathrm{T}}X_i)(\hat{\beta}_i-\tilde{\beta}). \tag{3.2.9}$$

当 (3.2.7) 中原假设 H_0 成立时, 易知

$$T(X_i,Y_i;\sigma_i^2) \sim \chi^2_{p(k-1)}. \tag{3.2.10}$$

一般 σ_i^2 是未知的, 此时用 (3.2.6) 中的估计 $\hat{\sigma}_i^2$ 代替 σ_i^2, 得到一个合适的检验统计量为

$$T(X_i,Y_i;\hat{\sigma}_i^2) = \sum_{i=1}^{k}(\hat{\beta}_i-\tilde{\beta})^{\mathrm{T}}\hat{\sigma}_i^{-2}(X_i^{\mathrm{T}}X_i)(\hat{\beta}_i-\tilde{\beta}). \tag{3.2.11}$$

但是 (3.2.7) 中原假设 H_0 成立时, 统计量 $T(X_i,Y_i;\hat{\sigma}_i^2)$ 的精确分布无法得知. 下面介绍 Tian, Ma 和 Vexler(2009) 提供的 PB 检验方法.

注意到 (3.2.9) 中的 $T(X_i,Y_i;\hat{\sigma}_i^2)$ 具有位置变换不变性. 一个基于 $T(X_i,Y_i;\hat{\sigma}_i^2)$ 的参数 PB 枢轴量可以按下面的方法进行构造. 首先, 令

$$\hat{\beta}_{Bi} \sim N_p\left(0, \hat{\sigma}_i^2(X_i^{\mathrm{T}}X_i)^{-1}\right), \tag{3.2.12}$$

$$\hat{\sigma}_{Bi}^2 \sim \frac{\hat{\sigma}_i^2}{n_i - p}\chi_{n_i-p}^2 \tag{3.2.13}$$

和

$$\tilde{\beta}_B = \left[\sum_{i=1}^{k} \hat{\sigma}_{Bi}^{-2}(X_i^{\mathrm{T}} X_i)\right]^{-1} \sum_{i=1}^{k} \hat{\sigma}_{Bi}^{-2}(X_i^{\mathrm{T}} X_i)\hat{\beta}_{Bi}, \tag{3.2.14}$$

则基于 $T(X_i, Y_i; \hat{\sigma}_i^2)$ 的参数 PB 枢轴量定义为

$$T_B = \sum_{i=1}^{k} (\hat{\beta}_{Bi} - \tilde{\beta}_B)^{\mathrm{T}} \hat{\sigma}_{Bi}^{-2}(X_i^{\mathrm{T}} X_i)(\hat{\beta}_{Bi} - \tilde{\beta}_B). \tag{3.2.15}$$

进一步, 相应的 PB p 值定义为

$$p = P\{T_B > T(X_i, Y_i; \hat{\sigma}_i^2) | H_0\}. \tag{3.2.16}$$

显著性水平近似为 α 的 PB 检验法则是: 当 $p < \alpha$ 时拒绝 H_0.

3.3 异方差回归模型共同系数的 PB 置信域

考虑带有相同回归系数的 k 个回归模型

$$Y_i = X_i \beta + \varepsilon_i, \quad i = 1, \cdots, k, \tag{3.3.1}$$

这里 X_i 是 $n_i \times p$ 的设计矩阵, β_i 是 p 维的参数向量, $\varepsilon_i \sim N(0, \sigma_i^2 I_{n_i})$ 且所有的 ε_i 是独立的. 第 i 个回归模型有 n_i 个观测 $Y_i = (Y_{i1}, \cdots, Y_{ini})$ 和 p 个参数 $\beta_i = (\beta_{i1}, \cdots, \beta_{ip})^{\mathrm{T}}$.

对第 i 个回归模型, β 的最小二乘估计为

$$\hat{\beta}_i = (X_i^{\mathrm{T}} X_i)^{-1} X_i^{\mathrm{T}} Y_i, \tag{3.3.2}$$

且其分布是

$$\hat{\beta}_i \sim N_p\left(\beta, \sigma_i^2 (X_i^{\mathrm{T}} X_i)^{-1}\right), \quad i = 1, \cdots, k. \tag{3.3.3}$$

每个模型对应的残差平方和为

$$RSS_i = (Y_i - X_i\hat{\beta}_i)^{\mathrm{T}}(Y_i - X_i\hat{\beta}_i), \quad i = 1, \cdots, k. \tag{3.3.4}$$

且

$$\frac{RSS_i}{\sigma_i^2} \sim \chi_{n_i-p}^2, \quad i = 1, \cdots, k. \tag{3.3.5}$$

易见, σ_i^2 的无偏估计为

$$\hat{\sigma}_i^2 = \frac{RSS_i}{n_i - p}, \quad i = 1, \cdots, k, \tag{3.3.6}$$

且它们都是相互独立的. 类似于上一节, 联合所有模型得到共同回归系数 β 的广义最小二乘估计是

$$\tilde{\beta}=\left[\sum_{i=1}^{k}\sigma_i^{-2}(X_i^{\mathrm{T}}X_i)\right]^{-1}\sum_{i=1}^{k}\sigma_i^{-2}(X_i^{\mathrm{T}}X_i)\hat{\beta}_i,$$

且

$$\tilde{\beta}\sim N_p(\beta,V), \tag{3.3.7}$$

这里 $V=\left[\sum_{i=1}^{k}\sigma_i^{-2}(X_i^{\mathrm{T}}X_i)\right]^{-1}$.

现在我们感兴趣问题为: 基于点估计 $\tilde{\beta}$ 求解共同回归系数 β 的置信域.

如果 σ_i^2 已知, 一个自然的枢轴量是

$$W(X_i,Y_i;\beta,\sigma_i^2)=(\tilde{\beta}-\beta)^{\mathrm{T}}V^{-1}(\tilde{\beta}-\beta)\sim\chi_p^2, \tag{3.3.8}$$

且对任意的 $0<\alpha<1$, 有

$$P\{W(X_i,Y_i;\beta,\sigma_i^2)<\chi_p^2(1-\alpha)\}=1-\alpha, \tag{3.3.9}$$

这里 $\chi_p^2(1-\alpha)$ 是自由度为 p 的中心卡方分布的下侧 $1-\alpha$ 分位数点.

记

$$D=\{\beta\ :\ (\tilde{\beta}-\beta)^{\mathrm{T}}V^{-1}(\tilde{\beta}-\beta)<\chi_p^2(\alpha)\} \tag{3.3.10}$$

是一个中心在 $\tilde{\beta}$ 的椭球. 由 (3.3.9) 可知它是 β 的置信系数为 $1-\alpha$ 的置信椭球.

一般 σ_i^2 是未知的, 将 $W(X_i,Y_i;\beta,\sigma_i^2)$ 中的 σ_i^2 用 $\hat{\sigma}_i^2$ 代替, 得到枢轴量

$$\tilde{W}=W(X_i,Y_i;\beta,\hat{\sigma}_i^2)=(\tilde{\beta}-\beta)^{\mathrm{T}}\tilde{V}^{-1}(\tilde{\beta}-\beta), \tag{3.3.11}$$

这里 $\tilde{V}=\left[\sum_{i=1}^{k}\hat{\sigma}_i^{-2}(X_i^{\mathrm{T}}X_i)\right]^{-1}$.

由于 $\tilde{W}$ 精确分布无法得知, 一个基于 $\tilde{W}$ 的参数 bootstrap 枢轴量构造方法如下.

首先, 令

$$\hat{\beta}_{Bi}\sim N_p\left(\tilde{\beta},\hat{\sigma}_i^2(X_i^{\mathrm{T}}X_i)^{-1}\right), \tag{3.3.12}$$

$$\hat{\sigma}_{Bi}^2\sim\frac{\hat{\sigma}_i^2}{n_i-p}\chi_{n_i-p}^2 \tag{3.3.13}$$

和

$$\tilde{\beta}_B=\left[\sum_{i=1}^{k}\hat{\sigma}_{Bi}^{-2}(X_i^{\mathrm{T}}X_i)\right]^{-1}\sum_{i=1}^{k}\hat{\sigma}_{Bi}^{-2}(X_i^{\mathrm{T}}X_i)\hat{\beta}_{Bi}. \tag{3.3.14}$$

则基于 $\tilde{W}$ 的参数 PB 枢轴量定义为

$$\tilde{W}_B=(\tilde{\beta}_B-\tilde{\beta})^{\mathrm{T}}\tilde{V}_B^{-1}(\tilde{\beta}_B-\tilde{\beta}), \tag{3.3.15}$$

这里 $\tilde{V}_B=\left[\sum_{i=1}^{k}\hat{\sigma}_{Bi}^{-2}(X_i^{\mathrm{T}}X_i)\right]^{-1}$.

注意到对于给定的 $\{X_i,Y_i\}_{i=1}^k$, (3.3.15) 式中的分布是不依赖于任何的未知参数, 可以基于 PB 枢轴量 $\tilde{W}_B$ 的分布构造共同回归系数 β 的 PB 置信域.

具体地, 令 $\tilde{W}_B(\gamma)$ 表示 $\tilde{W}_B$ 的下侧 γ 分位数, 那么 β 的一个置信水平近似为 $1-\alpha$ 的 PB 置信域为

$$\tilde{D}=\{\beta\ :\ (\tilde{\beta}-\beta)^{\mathrm{T}}\tilde{V}^{-1}(\tilde{\beta}-\beta)<\tilde{W}_B(1-\alpha)\}. \tag{3.3.16}$$

第 4 章　方差分析模型中 bootstrap 推断

方差分析 (analysis of variance, ANOVA) 模型是一大类模型的简称, 其主要特点是其自变量为示性变量, 往往表示某种效应的存在与否, 因而只取 0, 1 两个值. 这种模型是研究某种因子是否存在以及比较两个或多个因子效应大小的强有力工具. 经典的方差分析常常因为考虑数学处理上的简单性, 从而作出方差齐性假设. 但在实际当中, 这种假设往往是不合理或无法验证的. 而在经典假设下的许多方差分析方法常常失效给出不精确甚至错误的结论. 因此, 文献中已有许多学者考虑这一问题的不同解决方法. 常见的有大样本下的近似解、广义推断方法以及 bootstrap 重抽样方法等. 本章将针对这一主题, 分别在异方差情形下的单向方差分析模型、两向方差分析模型和套分类模型等模型中着重考虑各种参数 bootstrap 检验方法和其优良性质, 并和近似解和广义推断方法进行比较研究.

4.1　单向方差分析模型

4.1.1　引言

对方差不做相等性假设, 比较多个正态总体均值问题长期以来一直受到人们的关注. 当仅涉及两个总体时, 其被称作 Behrens-Fisher 问题, 在第 2 章我们已经做了深入研究. 另一方面, 单向方差分析模型中的一般线性假设检验问题在许多实验科学, 如生物学、心理学和物理学等学科经常遇到. 它不仅包括比较所有均值的相等性检验问题, 而且包括事后比较和对照检验等, 这些问题都可以写成一般的线性假设检验问题.

在比较所有均值的相等性检验问题时, 尽管中等程度异方差下经典 F 检验常常是有偏的, 该检验还是被盲目地使用. 当前的文献中该问题依然没有一个标准解法. 事实上, 常见的近似解法除了经典 F 检验外, 还有加权 F 检验、Welch 检验和 Brown-Forsythe 检验被广泛使用, 具体参见 Gamage 和 Weerahandi(1998), Welch(1951), Brown 和 Forsythe(1974). Weerahandi(1995) 基于广义 p 值概念提供的 GF 检验. 但是, Krishnamoorthy, Lu 和 Mathew(2007) 发现当考虑总体个数较少或者中到大样本时某些近似检验和 GF 检验才表现满意. 因此, 对单向方差分析模型, 它们提供了一个 PB 解. 正如第 1 章所述, PB 方法能够为传统方法难以或无法解决的很多问题提供一个可行且有效解, 例如可以参见 Efron 和 Tibshirani(1993),

Ma 和 Tian(2009), Tian, Ma 和 Vexler(2009), 以及 Xu 等 (2013). 前面所述的五种检验仅考虑了单向方差分析模型所有均值相等性的检验问题. Zhang(2012) 则通过拓展他们自己在单向方差分析模型中提出的近似自由度 (ADF) 检验, 考虑了异方差的两向方差分析模型中一般线性假设的检验问题. 但是近似自由度 (ADF) 检验, 对小样本情形或者高度非平衡样本表现较差.

本节的目的是对单向方差分析模型中的一般线性假设检验问题, 提供一个精确的 PB 检验. 我们使用了著名的 Wald-型检验统计量. 但是我们可以证明, 对于比较所有均值的相等性问题, Wald-型检验统计量和Krishnamoorthy, Lu 和Mathew(2007) 提供的检验统计量等价. 我们还进一步证明了 PB 检验在仿射变换、对照矩阵的不同选择和均值的不同标记方式下具有不变性. 通过 Monte Carlo 模拟研究, 我们通过经验水平和势函数比较了 PB 检验和 ADF 检验的优良性. 模拟结果显示, 对于各种样本容量和参数设置, 在实际中常遇到的小样本或者高度非平衡样本情形下, PB 检验表现都趋于优于 ADF 检验.

4.1.2 PB 检验和 ADF 检验方法

1. 异方差 ANOVA 模型中的一般线性假设检验问题

考虑带有单因子 A 的一个试验, 因子 A 共有 k 个因子水平 $A_1, \cdots, A_k$ 对应共 k 个处理组. 设从第 i 个处理组获得容量为 n_i 的一个随机样本, $i = 1, \cdots, k$. 令 $Y_{ij}(i = 1, \cdots, k;\ j = 1, \cdots, n_i)$ 表示这些随机变量, y_{ij} 表示它们的观测值. 考虑带有不相等误差方差的单因子方差分析模型:

$$Y_{ij} = \mu + \alpha_i + e_{ij}, \quad e_{ij} \sim N(0, \sigma_i^2), \quad i = 1, \cdots, k; j = 1, \cdots, n_i, \tag{4.1.1}$$

这里 μ 是总平均值, α_i 是因子 A 的第 i 个水平下的因子效应.

对于模型 (4.1.1), 我们考虑下面的检验问题

$$H_{0A}:\ \alpha_1 = \alpha_2 = \cdots = \alpha_k \quad \text{对} \quad H_{1A}:\ \alpha_i \neq \alpha_j \ \text{对某些}\ i \neq j. \tag{4.1.2}$$

令 $\mu_i = \mu + \alpha_i$ 第 i 个处理组对应的小总体均值, $i = 1, \cdots, k$. 检验问题 (4.1.2) 等价于去检验

$$H_{0A}:\ \mu_1 = \mu_2 = \cdots = \mu_k \quad \text{对} \quad H_{1A}:\ \mu_i \neq \mu_j \ \text{对某些}\ i \neq j. \tag{4.1.3}$$

上面的问题常被称作一元 k 样本 BF 问题, 或全体异方差的单向方差分析检验.

令 $\mu = (\mu_1, \cdots, \mu_k)^{\mathrm{T}}$ 是 k 个小总体的均值向量. 简单的代数运算可以证明检验问题 (4.1.3) 可以等价地写成

$$H_{0A}:\ C_k\mu = 0 \ \text{对}\ H_{1A}: C_k\mu \neq 0, \tag{4.1.4}$$

这里 $C_k = (I_{k-1}, -1_{k-1})$, 1_m 表示元素全为 1 的 $m \times 1$ 的向量, I_m 是 m 阶单位阵. 系数矩阵 C_k 是秩为 $k-1$ 的满秩矩阵. 该矩阵每列是一个对照 (即每列所有元素和为 0), 被称为对照矩阵. 众所周知, 对每一个 (4.1.3) 中里这样的零假设, 相联系的对照矩阵是不唯一的. $\tilde{C}_k = (1_{k-1}, -I_{k-1})$ 也是 (4.1.3) 中零假设的一个对照矩阵. 由 Kshirsagar(1972, 第 5 章第 4 节) 我们知道对于确定同样零假设的两个对照矩阵 $\tilde{C}_*$ 和 C_*, 存在一个非奇异矩阵 P 使得

$$\tilde{C}_* = PC_*. \tag{4.1.5}$$

这个关系将用来证明本节的 PB 检验在不同的对照矩阵的选择下是不变的.

利用总体均值向量 μ, 我们可以将单向方差分析模型 (4.1.1) 中的一般线性假设检验问题写成

$$H_0: \ C\mu = c \ \text{对} \ H_1: C\mu \neq c, \tag{4.1.6}$$

这里 $C: q \times k$ 是一个已知的秩为 q 的满秩系数矩阵, $c: q \times 1$ 是一个已知的常向量, 常设定为 0. 注意到上述一般线性假设检验问题具有很好的广泛性, 包括了全体异方差单向方差分析检验和各种事后比较和对照检验, 都可以写成 (4.1.6) 的形式. 例如, 当所有均值相等性的假设被拒绝后, 我们感兴趣的是去进一步检验 $\mu_1 = 1.5\mu_2$, 或者一个对照为 0, 例如 $\mu_1 - 3\mu_2 + 2\mu_3 = 0$.

2. 线性假设的 Wald-型检验统计量

为了去构造一般线性假设检验问题 (4.1.6) 的检验统计量, 令

$$\bar{Y}_i = \frac{1}{n_i}\sum_{j=1}^{n_i} Y_{ij} \ \text{和} \ S_i^2 = \frac{1}{n_i - 1}\sum_{j=1}^{n_i}(Y_{ij} - \bar{Y}_i)^2, \ i = 1, \cdots, k \tag{4.1.7}$$

是第 i 个小总体的样本均值和样本方差. 这些随机变量的观测值分别记为 $\bar{y}_i$, s_i^2, $i = 1, \cdots, k$. 记 $\bar{Y} = (\bar{Y}_1, \cdots, \bar{Y}_k)^{\mathrm{T}}$ 是 μ 的一个无偏估计. 那么 $\bar{Y} \sim N_k(\mu, \Sigma)$, 这里 $\Sigma = \mathrm{diag}(\sigma_1^2/n_1, \cdots, \sigma_k^2/n_k)$. 我们有 $C\bar{Y} - c \sim N_q(C\mu - c, C\Sigma C^{\mathrm{T}})$. 这促使我们可以构造一个 Wald-型检验统计量为

$$T = (C\bar{Y} - c)^{\mathrm{T}}(CSC^{\mathrm{T}})^{-1}(C\bar{Y} - c), \tag{4.1.8}$$

这里 $S = \mathrm{diag}(S_1^2/n_1, \cdots, S_k^2/n_k)$ 是 Σ 的一个无偏估计.

对于检验问题 (4.1.4), Wald-型检验统计量 (4.1.8) 化为 T_W, 具体表达式为

$$T_W = \bar{Y}^{\mathrm{T}} C_k^{\mathrm{T}} (C_k S C_k^{\mathrm{T}})^{-1} C_k \bar{Y}. \tag{4.1.9}$$

对于检验问题 (4.1.4), Krishnamoorthy, Lu 和 Mathew(2007) 也提供了一个自然的检验统计量 T_N, 其表达式为

$$T_N = \bar{Y}^{\mathrm{T}} S^{-1/2}\left(I_k - S^{-1/2}1_k(1_k^{\mathrm{T}}S^{-1}1_k)^{-1}1_k^{\mathrm{T}}S^{-1/2}\right)S^{-1/2}\bar{Y}. \tag{4.1.10}$$

定理 4.1.1 对于检验问题 (4.1.4), 我们有 $T_N = T_W$.

Krishnamoorthy, Lu 和 Mathew(2007) 在各种样本容量和参数设置下, 通过随机模拟研究比较了基于 (4.1.10) 中检验统计量 T_N 的 PB 检验和 Welch 检验, Johansen 检验以及 Weerahandi(1995) 的广义 F 检验. 结果表明他们的 PB 检验表现最佳. 鉴于 PB 检验的优良表现和定理 4.1.1 的结果, 我们预计对于一般线性假设检验问题 (4.1.6) 的 PB 检验也会有满意的表现.

3. 一般线性假设的 PB

注意到 (4.1.8) 中 T 的精确分布是非常复杂的, 在异方差的单向方差分析中其显式的分布难以获得. 接下来, 我们提供一个 PB 检验.

观察到在 (4.1.6) 中 H_0 成立条件下, 有 $C\mu - c = 0$. 利用这个事实, 参数 bootstrap 枢轴量可以如下获得.

对于一个给定的 $(\bar{y}_1, \bar{y}_2, \cdots, \bar{y}_k; s_1^2, s_2^2, \cdots, s_k^2)$, 令

$$(C\bar{Y} - c)_B \sim N_q(0, CsC^{\mathrm{T}}) \quad 和 \quad S_{Bi}^2 \sim s_i^2\chi_{n_i-1}^2/(n_i - 1), \quad i = 1, \cdots, k,$$

这里 $s = \mathrm{diag}(s_1^2/n_1, \cdots, s_k^2/n_k)$ 是 S 的观测值. 基于 Wald-型检验统计量 (4.1.8) 的 PB 枢轴量定义为

$$T_B = (C\bar{Y} - c)_B^{\mathrm{T}}(CS_BC^{\mathrm{T}})^{-1}(C\bar{Y} - c)_B, \tag{4.1.11}$$

这里 $S_B = \mathrm{diag}\left(S_{B1}^2/n_1, S_{B2}^2/n_2, \cdots, S_{Bk}^2/n_k\right)$. 对给定的显著性水平 α, PB 检验法则是: 当

$$P(T_B > t) < \alpha \tag{4.1.12}$$

时拒绝 (4.1.6) 中的 H_0, 这里

$$t = (C\bar{y} - c)^{\mathrm{T}}(CsC^{\mathrm{T}})^{-1}(C\bar{y} - c) \tag{4.1.13}$$

是 $T = (C\bar{Y} - c)^{\mathrm{T}}(CSC^{\mathrm{T}})^{-1}(C\bar{Y} - c)$ 的一个观测值.

对于给定的 $(\bar{y}_1, \bar{y}_2, \cdots, \bar{y}_k; s_1^2, s_2^2, \cdots, s_k^2)$, (4.1.12) 式中的概率不依赖于任何未知参数, 因此它可以使用下面提供的 Monte Carlo 算法给出估计值.

算法 4.1.1 对给定的 $(n_1, n_2, \cdots, n_k), (\bar{y}_1, \bar{y}_2, \cdots, \bar{y}_k), (s_1^2, s_2^2, \cdots, s_k^2)$:

计算 (4.1.8) 式中的 $T = (C\bar{y} - c)^{\mathrm{T}}(CsC^{\mathrm{T}})^{-1}(C\bar{y} - c)$, 记为 t.

对 $l = 1, \cdots, m$, 生成随机数 $(C\bar{Y} - c)_B \sim N_q(0, CsC^{\mathrm{T}})$ 和 $S_{Bi}^2 \sim s_i^2\chi_{n_i-1}^2/(n_i - 1)$, $i = 1, \cdots, k$.

使用 (4.1.11) 式, 计算 $T_B = (C\bar{Y} - c)_B^{\mathrm{T}}(CS_BC^{\mathrm{T}})^{-1}(C\bar{Y} - c)_B$.

若 $T_B > t$, 令 $Q_l = 1$; 否则 $Q_l = 0$.

(结束循环)

则 $(1/m)\sum_{l=1}^{m} Q_l$ 是 (4.1.12) 式中 p 值的一个 Monte Carlo 估计.

4. PB 检验的不变性

在实际的数据分析中, 执行统计推断前的响应变量 Y_{ij} 常常做中心化和尺度变换. 因而中心化和尺度变换下具有不变性的推断才是令人满意的推断方法. 这两种变换是响应变量 Y_{ij} 下面的仿射变换的特例, 该仿射变换定义为

$$Y_{ij}^{\diamond} = aY_{ij} + b, \quad i = 1, \cdots, k; j = 1, \cdots, n_i, \tag{4.1.14}$$

这里 a 和 b 为两个已知常量, 且 $a \neq 0$. 更一般而言, 我们想要使用的推断方法在上面的仿射变换下具有不变性. 下面我们在定理 4.1.2 中提供 PB 检验的仿射变换下的不变性, 其证明在本节最后一部分给出.

定理 4.1.2　上面提供的 PB 检验 (4.1.12) 是仿射不变的, 即 (4.1.13) 中观测的检验统计量 t 和 (4.1.11) 中 PB 枢轴量 T_B 的分布在仿射变换 (4.1.14) 下是不变的.

正如较早时提到的, 对 (4.1.3) 中同样的零假设, 相应的对照矩阵是不唯一的. 但是下面的定理 4.1.3 给出了 PB 检验在不同对照矩阵下的不变性, 其证明在本节最后一部分给出.

定理 4.1.3　当式 (4.1.6) 中的系数矩阵 C 和常量向量 c 分别被

$$\tilde{C} = PC \quad 和 \quad \tilde{c} = Pc \tag{4.1.15}$$

取代时, PB 检验 (4.1.12) 是不变的, 这里 P 是任一非奇异矩阵.

一般而言, 一个好的检验还要求在单元总体均值的不同标号方案下是不变的. 下面的定理 4.1.4 说明 PB 检验满足这个要求, 证明请参见本节最后一小节.

定理 4.1.4　PB 检验在单元总体均值 $\mu_i (i = 1, 2, \cdots, k)$ 的不同标号方案下是不变的.

4.1.3　数值结果

本小节目的是去通过模拟研究去比较检验问题 (4.1.4) 的 PB 检验相对于 ADF 检验的优良性. 为描述 ADF 检验方法, 定义近似自由度为

$$\hat{d} = \frac{q(q+1)/2}{\sum_{i=1}^{k} \hat{\delta}_i^2/(n_i - 1)} \tag{4.1.16}$$

的一个估计量, 这里 $\hat{\delta}_i^2 = \dfrac{s_i^2}{n_i} c_i^{\mathrm{T}} (CsC^{\mathrm{T}})^{-1} c_i$, c_i 是 C 的第 i 个列向量, $i = 1, 2, \cdots, k$. 简言之, ADF 检验是由带有自由度 q 和 $\hat{d}$ 的 Hotelling 随机变量的分布去近似 (4.1.8) 中检验统计量 T 的零分布. 具体是使用通常的 F 分布实施检验, 因为在零假设下近似地有

$$\frac{(\hat{d}-q+1)T}{q\hat{d}} \sim F_{q,\hat{d}-q+1}. \tag{4.1.17}$$

换言之, 对任意名义显著性水平 α, ADF 检验的临界值为 $[q\hat{d}/(\hat{d}-q+1)]F_{q,\hat{d}-q+1}(\alpha)$. 当观测的检验统计量 t 大于该临界值时, 我们拒绝式 (4.1.6) 中的零假设. ADF 检验也可以基于 (4.1.17) 中的近似零分布计算效应的 p 值来执行. 记 $n_{\min}=\min_{1\leqslant i\leqslant k} n_i$. Zhang(2012) 曾指出, 当 $n_{\min}$ 太小时, ADF 检验表现不好. 因此, 我们在比较 PB 和 ADF 检验的模拟研究时也将考虑这种情形.

易见, 检验问题 (4.1.4)PB 检验和 ADF 检验都具有位置-刻度变换不变性, 不失一般性, 我们取 $\mu=(\mu_1,\mu_2,\cdots,\mu_k)^{\mathrm{T}}=0$, $0<\sigma_i^2\leqslant 1$, $i=1,2,\cdots,k$.

在各种样本容量和参数设置下, 我们使用 10000 次循环去估计 ADF 检验的经验水平. 即对于一个给定的 $n=(n_1,n_2,\cdots,n_k)$ 和 $\sigma^2=(\sigma_1^2,\sigma_2^2,\cdots,\sigma_k^2)$, 我们生成 10000 个观测向量 $(\bar{y}_1,\bar{y}_2,\cdots,\bar{y}_k;s_1^2,s_2^2,\cdots,s_k^2)$, 对每个生成的向量, (4.1.9) 式中的观测值 t_W 被计算. t_W 大于 $[q\hat{d}/(\hat{d}-q+1)]F_{q,\hat{d}-q+1}(\alpha)$ 的比率作为 ADF 检验的经验水平.

为估计 PB 检验的经验水平, 我们使用了两步的模拟循环, 具体的 Monte Carlo 估计计算步骤如下. 对给定的样本容量和参数设置, 生成 2500 个观测向量 $(\bar{y}_1,\bar{y}_2,\cdots,\bar{y}_k;s_1^2,s_2^2,\cdots,s_k^2)$, 对每个观测向量, (4.1.9) 式中的观测值 t_W 被计算. 然后, 用算法 4.1.1 中的 5000 次循环去估计 (4.1.12) 式中的 p 值, 这里 $C=C_k$. 最后, 用 2500 个 p 值中小于名义水平 α 的比例来估计 PB 检验的经验水平. 每种检验都是在名义水平为 $\alpha=0.05$ 下执行的.

除了取不同的均值向量 μ 之外, 我们使用了类似的模拟方法去估计 ADF 和 PB, 本节模拟是在 MATLAB 环境中实现的. 为了表述上的简单性, 我们使用和前面章节类似的方法, 即在方差和样本容量调节参数的设定中, 用 a_r 去表示 a 重复 r 次. 例如, $(5)_2=(5,5)$ 和 $(1,0.1_3,0.3_2)=(1,0.1,0.1,0.1,0.3,0.3)$, 下同.

在表 4.1.1 中, 对 $k=3,10,20$ 情形下, 我们提供了 PB 和 ADF 检验的经验水平值, 其中的样本容量从小到中等程度变化. 从表 4.1.1 我们可以观察到如下的结论.

表 4.1.1 PB 和 ADF 检验的经验水平值

$k=3$	$n=(5,5,5)$		$n=(10,10,10)$		$n=(4,6,20)$		$n=(2,3,2)$	
$(\sigma_1^2,\sigma_2^2,\sigma_3^2)$	PB	ADF	PB	ADF	PB	ADF	PB	ADF
(1, 1, 1)	0.05	0.04	0.05	0.05	0.05	0.06	0.03	0.01
(1, 1, 0.5)	0.04	0.04	0.04	0.05	0.05	0.06	0.03	0.01
(1, 1, 0.1)	0.05	0.05	0.05	0.05	0.06	0.05	0.04	0.01
(1, 0.3, 0.6)	0.05	0.04	0.05	0.05	0.05	0.06	0.04	0.01
(1, 0.1, 0.3)	0.05	0.05	0.05	0.05	0.06	0.06	0.04	0.01
(1, 0.05, 0.05)	0.04	0.05	0.05	0.05	0.06	0.05	0.06	0.02

续表

$k=10$	n_1		n_2		n_3		n_4	
$(\sigma_1^2,\cdots,\sigma_{10}^2)$	PB	ADF	PB	ADF	PB	ADF	PB	ADF
σ_1^2	0.05	0.05	0.05	0.05	0.04	0.04	0.05	0.01
σ_2^2	0.04	0.05	0.05	0.05	0.04	0.05	0.05	0.07
σ_3^2	0.05	0.05	0.05	0.05	0.05	0.04	0.05	0.07
σ_4^2	0.04	0.05	0.05	0.05	0.04	0.05	0.05	0.08
σ_5^2	0.05	0.05	0.05	0.05	0.05	0.04	0.05	0.07
σ_6^2	0.04	0.04	0.05	0.06	0.04	0.04	0.06	0.08
$k=20$	n_5		n_6		n_7		n_8	
$(\sigma_1^2,\cdots,\sigma_{20}^2)$	PB	ADF	PB	ADF	PB	ADF	PB	ADF
σ_7^2	0.04	0.05	0.05	0.06	0.04	0.05	0.06	0.10
σ_8^2	0.04	0.05	0.05	0.05	0.04	0.05	0.06	0.09
σ_9^2	0.04	0.06	0.04	0.05	0.05	0.05	0.06	0.10
σ_{10}^2	0.05	0.05	0.04	0.05	0.04	0.05	0.05	0.10
σ_{11}^2	0.05	0.05	0.05	0.05	0.04	0.05	0.05	0.09
σ_{12}^2	0.05	0.05	0.05	0.06	0.05	0.07	0.05	0.11

注: $n_1=(5)_{10}$, $n_2=(15)_{10}$, $n_3=(3_3,4_3,5_3)$, $n_4=(4_3,12_3,15_4)$, $n_5=(5)_{20}$, $n_6=(15)_{20}$, $n_7=(3_3,4_3,5_4,3_3,4_3,5_4)$, $n_8=(4_3,12_3,15_4,4_3,12_3,15_4)$; $\sigma_1^2=(1)_{10}$; $\sigma_2^2=(1,0.1,0.2,0.3,0.4,0.5,0.6,0.7,0.8,0.9)$, $\sigma_3^2=(1,0.1_2,0.2_2,0.3_2,0.4_2,0.5)$, $\sigma_4^2=(1,0.1)_5$, $\sigma_5^2=(1,(0.3,0.6,0.9)_3)$, $\sigma_6^2=(1,0.1_9)$, $\sigma_7^2=(1)_{10}$, $\sigma_8^2=(1,0.1_2,0.2_2,0.3_2,0.4_2,0.5_2,0.6_2,0.7_2,0.8_2,0.9_2,1)$, $\sigma_9^2=(1,(0.1,0.2,0.3,0.4,0.5)_3,0.1,0.2,0.3,0.4)$, $\sigma_{10}^2=(1,0.1_{19})$, $\sigma_{11}^2=(1,0.2_4,0.4_4,0.6_4,0.8_4,1)$, $\sigma_{12}^2=(1,(0.9,0.8,0.7,0.6,0.5,0.4,0.3,0.2,0.1)_2,1)$.

从控制名义水平的角度来看, PB 检验在各种样本容量和参数设置下表现满意, 且在某些小样本或高度非平衡样本情形下趋于优于 ADF 检验. 对于 $k=3$ 和 $n=(2,3,2)$(这里 $n_{\min}=2$), ADF 检验似乎要比 PB 检验更加保守. 而对于 $k=10, n=n_4$ 和 $k=20, n=n_8$, ADF 检验似乎要比 PB 检验更加自由. 最坏情形是在名义水平为 0.05 时, ADF 检验的经验水平是 0.11.

在表 4.1.2 中, 我们提供了 $k=3,10,20$ 时两种检验的势函数的值. 这两种检验总体上显示了类似的势函数表现. 从模拟结果可以看出 PB 检验在保证检验名义水平的前提下具有和 ADF 检验类似的势函数的表现, 从而是实际应用中一种值得信赖的检验方法.

表 4.1.2　PB 和 ADF 检验的模拟的势函数

$k=3$ n_1 $(\sigma_1^2,\sigma_2^2,\sigma_3^2)$	检验	$\mu=(\mu_1,\mu_2,\mu_3)$				
		0	μ_1	$2\mu_1$	$3\mu_1$	$4\mu_1$
σ_1^2	PB	0.05	0.11	0.30	0.61	0.86
	ADF	0.04	0.11	0.31	0.61	0.85

续表

$k=3$ n_1 $(\sigma_1^2,\sigma_2^2,\sigma_3^2)$	检验	$\mu=(\mu_1,\mu_2,\mu_3)$				
		0	μ_1	$2\mu_1$	$3\mu_1$	$4\mu_1$
σ_2^2	PB	0.05	0.13	0.41	0.74	0.95
	ADF	0.05	0.13	0.41	0.76	0.95
n_2						
σ_1^2	PB	0.05	0.11	0.35	0.68	0.92
	ADF	0.05	0.11	0.34	0.68	0.91
σ_2^2	PB	0.05	0.14	0.47	0.84	0.98
	ADF	0.05	0.14	0.47	0.84	0.98
$k=10$ n_3 $(\sigma_1^2,\cdots,\sigma_{10}^2)$	检验	$\mu=(\mu_1,\cdots,\mu_{10})$				
		0	μ_2	$2\mu_2$	$3\mu_2$	$4\mu_2$
σ_3^2	PB	0.04	0.09	0.25	0.57	0.84
	ADF	0.05	0.09	0.26	0.58	0.86
σ_4^2	PB	0.04	0.11	0.31	0.69	0.95
	ADF	0.05	0.10	0.33	0.71	0.94
n_4						
σ_3^2	PB	0.05	0.11	0.32	0.71	0.95
	ADF	0.05	0.11	0.33	0.72	0.95
σ_4^2	PB	0.06	0.12	0.43	0.83	0.99
	ADF	0.05	0.12	0.44	0.84	0.99
$k=20$ n_5 $(\sigma_1^2,\cdots,\sigma_{20}^2)$	检验	$\mu=(\mu_1,\cdots,\mu_{20})$				
		0	μ_3	$2\mu_3$	$3\mu_3$	$4\mu_3$
σ_5^2	PB	0.05	0.10	0.41	0.83	0.99
	ADF	0.06	0.12	0.41	0.84	0.99
σ_6^2	PB	0.05	0.28	0.94	1	1
	ADF	0.06	0.30	0.94	0.99	1
n_6						
σ_5^2	PB	0.04	0.12	0.44	0.86	0.99
	ADF	0.06	0.12	0.44	0.88	0.99
σ_6^2	PB	0.05	0.30	0.94	1	1
	ADF	0.05	0.30	0.95	1	1

注: $n_1=(10)_3$, $n_2=(10,5,15)$, $n_3=(15_3,20_3,25_4)$, $n_4=(15,17,19,21,23,25,27,29,31,33)$, $n_5=(15_6,20_6,20_8)$, $n_6=(15_2,16_2,17_2,18_2,19_2,20_2,21,22,23,24,25,26,27,28)$; $\sigma_1^2=(1,0.3,0.9)$, $\sigma_2^2=(1,0.1,0.5)$, $\sigma_3^2=(1,0.1,0.2,0.3,0.4,0.5,0.6,0.7,0.8,0.9)$, $\sigma_4^2=(1,0.1_3,0.3_3,0.7_3)$, $\sigma_5^2=(1,0.1,0.2,0.3,0.4,0.5,0.6,0.7,0.8,0.9)_2$, $\sigma_6^2=(1,0.9_2,0.8_2,0.7_2,0.6_2,0.5_2,0.4_2,0.3_2,0.2_2,0.1_2,1)$; $\mu_1=(0,0.2,0.4)$, $\mu_2=(0_8,0.1,0.2)$, $\mu_3=(0_{16},0.1_2,0.2_2)$.

4.1.4 定理的证明

定理 4.1.1 的证明 首先, (4.1.10) 式中的 T_W 可以重新写成

$$T_W = \bar{Y}^{\mathrm{T}} S^{-1/2} S^{1/2} C_k^{\mathrm{T}} (C_k S C_k^{\mathrm{T}})^{-1} C_k S^{1/2} S^{-1/2} \bar{Y}. \tag{4.1.18}$$

注意到 $T_N = \bar{Y}^{\mathrm{T}} S^{-1/2} \left(I_k - S^{-1/2} 1_k (1_k^{\mathrm{T}} S^{-1} 1_k)^{-1} 1_k^{\mathrm{T}} S^{-1/2}\right) S^{-1/2} \bar{Y}$, 我们只需证明

$$S^{1/2} C_k^{\mathrm{T}} (C_k S C_k^{\mathrm{T}})^{-1} C_k S^{1/2} = I_k - S^{-1/2} 1_k (1_k^{\mathrm{T}} S^{-1} 1_k)^{-1} 1_k^{\mathrm{T}} S^{-1/2} \tag{4.1.19}$$

成立. 由 $C_k 1_k = 0$ 可得

$$(S^{1/2} C_k^{\mathrm{T}})^{\mathrm{T}} S^{-1/2} 1_k = 0, \quad \mathrm{rank}(S^{1/2} C_k^{\mathrm{T}}) = k-1 \quad 和 \quad \mathrm{rank}(S^{-1/2} 1_k) = 1. \tag{4.1.20}$$

记 $\mathbb{R}^k$ 为 k 维欧氏空间. 那么

$$\mathbb{R}^k = \mathscr{M}(S^{1/2} C_k^{\mathrm{T}}) \oplus \mathscr{M}(S^{-1/2} 1_k), \tag{4.1.21}$$

这里 $\mathscr{M}(A)$ 表示矩阵 A 的列空间, $\oplus$ 表示直和. 因为 $S^{-1/2} 1_k (1_k^{\mathrm{T}} S^{-1} 1_k)^{-1} 1_k^{\mathrm{T}} S^{-1/2}$ 是 $\mathscr{M}(S^{-1/2} 1_k)$ 上的正交投影矩阵, 根据 (4.1.20) 和 (4.1.21) 式可知 $I_k - S^{-1/2} 1_k (1_k^{\mathrm{T}} S^{-1} 1_k)^{-1} 1_k^{\mathrm{T}} S^{-1/2}$ 是 $\mathscr{M}(S^{1/2} C_k^{\mathrm{T}})$ 上的正交投影阵. 注意到 $S^{1/2} C_k^{\mathrm{T}} (C_k S C_k^{\mathrm{T}})^{-1} C_k S^{1/2}$ 也是 $\mathscr{M}(S^{1/2} C_k^{\mathrm{T}})$ 上的正交投影阵. 因此, 由 $\mathscr{M}(S^{1/2} C_k^{\mathrm{T}})$ 上的正交投影阵的唯一性可得 (4.1.19) 式成立. 证毕.

定理 4.1.2 的证明 因为我们用 μ_i 和 σ_i^2 分别表示 Y_{ij} 的均值和方差, 令 $\mu_i^\diamond$ 和 $\sigma_i^{2\diamond}$ 表示 (4.1.14) 中经仿射变换得到的 $Y_{ij}^\diamond$ 的均值和方差, 那么我们有 $\mu_i^\diamond = a\mu_i + b$ 和 $\sigma_i^{2\diamond} = a^2 \sigma_i^2$. 易见 $\mu_i = a^{-1}(\mu_i^\diamond - b)$ 成立. 类似于 4.1.1 小节中均值向量 μ 和协方差矩阵 Σ 的定义, 我们可以同样方式定义均值向量 $\mu^\diamond$ 和协方差矩阵 $\Sigma^\diamond$, 且我们有 $\mu = a^{-1}(\mu^\diamond - b 1_k)$ 和 $\Sigma = a^{-2} \Sigma^\diamond$. 一般线性假设检验问题 (4.1.6) 可以等价地表示为

$$H_0^\diamond: \ C^\diamond \mu^\diamond = c^\diamond \quad 对 \quad H_1: C^\diamond \mu^\diamond \neq c^\diamond,$$

这里 $C^\diamond = a^{-1} C$, $c^\diamond = (b/a) C 1_k + c$.

令 $y_{ij}^\diamond$ 表示仿射变换响应变量 $Y_{ij}^\diamond$ 的观测值, 则有 $y_{ij}^\diamond = a y_{ij} + b$. 另一方面, 我们得到第 i 个仿射变换小总体的样本均值和样本方差分别为 $\bar{Y}_i^\diamond = a\bar{Y}_i + b$ 和 $S_i^{2\diamond} = a^2 S_i^2$, $i = 1, \cdots, k$, $j = 1, \cdots, n_i$, 且 $\bar{Y}^\diamond = a\bar{Y} + b$ 和 $S^\diamond = a^2 S$ 成立. 这些随机变量的观测值为 $\bar{y}_i^\diamond = a\bar{y}_i + b$, $s_i^{2\diamond} = a^2 s_i^2$, $\bar{y}^\diamond = a\bar{y} + b$ 和 $s^\diamond = a^2 s$. 利用上面的推导, 我们得到 $C^\diamond \bar{y}^\diamond - c^\diamond = C\bar{y} - c$ 和 $C^\diamond s^\diamond C^{\diamond'} = C s C^{\mathrm{T}}$. 因此, $C\bar{y} - c$ 和 $C s C^{\mathrm{T}}$ 都是仿射不变的, 从而 (4.1.13) 式中的观测的检验统计量是仿射不变的.

对于一个给定的 $(\bar{y}_1^\diamond, \bar{y}_2^\diamond, \cdots, \bar{y}_k^\diamond; s_1^{2\diamond}, s_2^{2\diamond}, \cdots, s_k^{2\diamond})$, 令

$$(C^\diamond \bar{Y}^\diamond - c^\diamond)_B \sim N_q(0, C^\diamond s^\diamond C^{\diamond'}) \quad 和 \quad S_{Bi}^{2\diamond} \sim s_i^{2\diamond} \chi_{n_i - 1}^2 / (n_i - 1), \quad i = 1, \cdots, k,$$

那么, 基于仿射变换后的 Wald-型检验统计量的 PB 枢轴量为

$$T_B^\diamond = (C\bar{Y} - c)_B^{\diamond'} (C^\diamond S_B^\diamond C^{\diamond'})^{-1} (C^\diamond \bar{Y}^\diamond - c)_B^\diamond, \tag{4.1.22}$$

这里 $S_B^{\diamond} = \text{diag}\left(S_{B1}^{2\diamond}/n_1, S_{B2}^{2\diamond}/n_2, \cdots, S_{Bk}^{2\diamond}/n_k\right)$. 从而, PB 枢轴量 T_B 的分布的仿射不变性成立. 证毕.

定理 4.1.3 和定理 4.1.4 的证明类似于 Zhang(2012) 中的命题 4 和命题 5 的证明, 这里略去.

4.2 两向方差分析模型 (无交互效应)

4.2.1 引言

考虑带有因子 A 和 B 的两向方差分析模型, 因子的水平分别为 $A_1, \cdots, A_g$ 和 $B_1, \cdots, B_b$. 本节考虑因子 A 和 B 之间无交互效应情形下, 因子 A 和 B 的效应存在性检验问题. 在异方差的情形下, 基于传统的 Neyman Pearson 理论的精确检验是不存在的. 此时, 经典的 F 检验只是提供了近似解. Weerahandi(1995) 则基于广义 p 值方法提供了一个广义 F 检验.

对于检验交互效应的存在性问题, Bao 和 Ananda(2001) 曾在因子 A 和 B 的水平数较小时通过一个模拟研究去比较了广义 F 检验和经典 F 检验的表现, 发现广义 F 检验表现要优于经典 F 检验. 但如前面所指出的, 在因子 A 或 B 的水平数较大时, 广义 F 检验的第一类错误概率可能会远远超过名义水平. 另一方面, 当因子 A 和 B 的交互效应存在时, 第 i 个主效应不能反映 A_i 的影响, 因为它还依赖于因子 B 处在何种水平下. 因此, 首先我们将在 4.2.2 小节考虑异方差的两向方差分析模型中无交互效应情形下因子 A 和 B 的固定主效应存在性的 PB 检验方法, 并且通过大量 Monte Carlo 模拟研究比较 PB 检验和广义 F 检验关于第一类错误概率和势函数的表现. 进一步, 我们在 4.2.3 小节考虑了异方差的两向混合效应模型, 提出了检验随机效应方差分量显著性的问题. 这样的模型常被使用去分析多实验室研究的数据, 参见 Rukhin 和 Vangel(1998) 及 Vangel 和 Rukhin(1999). 结果表明检验固定效应的 PB 检验也可以被应用到检验随机效应方差分量的显著性检验中.

另外一点值得强调的是, 本节内容不是上节单向方差分析模型的平凡推广, 本节涉及的模型及检验问题需要考虑某种约束条件, 进而需要解决权重选择的问题. 对此, 文献中一直没有给出标准的权重的选择方法, 而我们的方法表明其不依赖于约束条件中权重的选择, 这是我们的方法的特点之一.

4.2.2 固定效应模型检验

考虑带有因子 A 和 B 的两向方差分析模型, 因子的水平分别为 $A_1, \cdots, A_g$ 和 $B_1, \cdots, B_b$. 这些因子水平共给出了 gb 水平组合或者说处理组. 在异方差情形下, 假设在第 (i, j) 个处理下获得容量为 n_{ij} 的样本, $i = 1, \cdots, g$; $j = 1, \cdots, b$. 令

$Y_{ijk}(i=1,\cdots,g;\ j=1,\cdots,b;\ k=1,\cdots,n_{ij})$ 表示这些随机变量, y_{ijk} 表示它们相应的样本观测值. 假设 $n_{ij}>1$ 使得每个处理单元的样本可以计算样本方差.

第 ij 个处理组的样本均值和样本方差分别记为 $\bar{Y}_{ij}$ 和 S_{ij}^2, $i=1,\cdots,g$; $j=1,\cdots,b$, 这里

$$\bar{Y}_{ij}=\frac{1}{n_{ij}}\sum_{k=1}^{n_{ij}}Y_{ijk} \quad 和 \quad S_{ij}^2=\frac{1}{n_{ij}-1}\sum_{k=1}^{n_{ij}}(Y_{ijk}-\bar{Y}_{ij})^2.$$

这些随机变量的观测值分别记为 $\bar{y}_{ij}$ 和 s_{ij}^2, $i=1,\cdots,g$; $j=1,\cdots,b$. 考虑带有异方差性无交互效应的两向方差分析模型:

$$\begin{aligned}&Y_{ijk}=\mu+\alpha_i+\beta_j+e_{ijk}, \quad e_{ijk}\sim N(0,\sigma_{ij}^2),\\&i=1,\cdots,g;\ j=1,\cdots,b;\ k=1,\cdots,n_{ij},\end{aligned} \tag{4.2.1}$$

这里 μ 是总平均, α_i 是因子 A 的第 i 个水平下的效应, β_j 是因子 B 的第 j 个水平下的效应.

为了使 μ, α_i, 和 β_j 有唯一定义, 我们需要有另外的约束条件. 令 $w_1,\cdots,w_g$ 和 $v_1,\cdots,v_b$ 是非负的权重, 满足 $\sum_{i=1}^{g}w_i>0$ 和 $\sum_{j=1}^{b}v_j>0$. 考虑如下的约束

$$\sum_{i=1}^{g}w_i\alpha_i=0, \quad \sum_{j=1}^{b}v_j\beta_j=0. \tag{4.2.2}$$

我们主要感兴趣的是检验下面的假设

$$H_{0A}:\alpha_1=\alpha_2=\cdots=\alpha_g=0, \tag{4.2.3}$$

$$H_{0B}:\beta_1=\beta_2=\cdots=\beta_b=0 \tag{4.2.4}$$

对它们自然的备择假设. 这里仅考虑 H_{0A} 的检验, H_{0B} 的检验可以完全类似地导出.

由 (4.2.1), $\bar{Y}_{ij}$ 服从的模型为

$$\begin{aligned}&\bar{Y}_{ij}=\mu+\alpha_i+\beta_j+\bar{e}_{ij},\\&\bar{e}_{ij}\sim N\left(0,\sigma_{ij}^2/n_{ij}\right), \quad i=1,\cdots,g;\ j=1,\cdots,b,\end{aligned} \tag{4.2.5}$$

这里 $\bar{e}_{ij}=\dfrac{1}{n_{ij}}\sum_{k=1}^{n_{ij}}e_{ijk}$.

记 $\bar{Y}=(\bar{Y}_{11},\bar{Y}_{12},\cdots,\bar{Y}_{gb})^{\mathrm{T}}$, $\bar{e}=(\bar{e}_{11},\bar{e}_{12},\cdots,\bar{e}_{gb})^{\mathrm{T}}$, 则模型 (4.2.5) 可以重新写成

$$\bar{Y}=1_{gb}\mu+(I_g\otimes 1_b)\alpha+(1_g\otimes I_b)\beta+\bar{e}, \quad \bar{e}\sim N\left(0,\Sigma\right), \tag{4.2.6}$$

这里 $\Sigma=\text{diag}\left(\sigma_{11}^2/n_{11},\sigma_{12}^2/n_{12},\cdots,\sigma_{gb}^2/n_{gb}\right)$, 1_k 表示 $k\times 1$ 的元素皆为 1 的向量, I_k 表示 k 阶单位阵, $V\otimes W$ 矩阵 V 和 W 的 Kronecker 乘积, $\alpha=(\alpha_1,\cdots,\alpha_g)^{\mathrm T}$, $\beta=(\beta_1,\cdots,\beta_b)^{\mathrm T}$, $\text{diag}(a_1,\cdots,a_m)$ 表示对角元素为 $(a_1,\cdots,a_m)$ 的对角矩阵. 为了描述检验 H_{0A} 的检验方法, 定义关于因子 A 的标准化的平方和

$$\tilde S_A\left(\bar Y_{11},\bar Y_{12},\cdots,\bar Y_{gb};\sigma_{11}^2,\sigma_{12}^2,\cdots,\sigma_{gb}^2\right)=\sum_{i=1}^{g}\sum_{j=1}^{b}\frac{n_{ij}}{\sigma_{ij}^2}\left(\bar Y_{ij}-\hat\mu-\hat\beta_j\right)^2, \tag{4.2.7}$$

这里 $\hat\mu$ 和 $\hat\beta_j$ 是在约束条件 (4.2.2) 下 μ 和 β_j 极小化下面的二次式的解:

$$\tilde S\left(\bar Y_{11},\bar Y_{12},\cdots,\bar Y_{gb};\sigma_{11}^2,\sigma_{12}^2,\cdots,\sigma_{gb}^2\right)=\sum_{i=1}^{g}\sum_{j=1}^{b}\frac{n_{ij}}{\sigma_{ij}^2}\left(\bar Y_{ij}-\mu-\beta_j\right)^2. \tag{4.2.8}$$

事实上, 若记 $\theta=(\mu,\beta_1,\cdots,\beta_b)^{\mathrm T}$ 和 $\hat\theta=(\hat\mu,\hat\beta_1,\cdots,\hat\beta_b)^{\mathrm T}$, 由 Wang 和 Chow(1994) 中的定理 5.2.5 可得

$$\hat\theta=(\hat\mu,\hat\beta_1,\cdots,\hat\beta_b)^{\mathrm T}=(X^{\mathrm T}\Sigma^{-1}X+L^{\mathrm T}L)^{-1}X^{\mathrm T}\Sigma^{-1}\bar Y, \tag{4.2.9}$$

这里 $X=(1_{gb},1_g\otimes I_b)$ 和 $L=(0,v_1,\cdots,v_b)$. 可以证明

$$\begin{aligned}&\tilde S_A\left(\bar Y_{11},\bar Y_{12},\cdots,\bar Y_{gb};\sigma_{11}^2,\sigma_{12}^2,\cdots,\sigma_{gb}^2\right)\\&=\sum_{i=1}^{g}\sum_{j=1}^{b}\frac{n_{ij}}{\sigma_{ij}^2}\left(\bar Y_{ij}-\hat\mu-\hat\beta_j\right)^2\\&=\bar Y^{\mathrm T}\Sigma^{-1/2}\left(I-\Sigma^{-1/2}X(X^{\mathrm T}\Sigma^{-1}X)^{-}X^{\mathrm T}\Sigma^{-1/2}\right)\Sigma^{-1/2}\bar Y.\end{aligned} \tag{4.2.10}$$

该结论是下一章两向多元方差分析模型中的特殊情形, 详细证明过程可参见下一章相应内容. 注意到 $\tilde S_A\left(\bar Y_{11},\bar Y_{12},\cdots,\bar Y_{gb};\sigma_{11}^2,\sigma_{12}^2,\cdots,\sigma_{gb}^2\right)$ 和权重矩阵 L 无关. 若 σ_{ij}^2 是已知的, 那么检验 (4.2.3) 一个自然的检验统计量为 $\tilde S_A(\bar Y_{11},\bar Y_{12},\cdots,\bar Y_{gb};\sigma_{11}^2,\sigma_{12}^2,\cdots,\sigma_{gb}^2)$.

事实上, $\Sigma^{-1/2}\bar Y\sim N\left(\Sigma^{-1/2}\mu,I_{gb}\right)$, $C=(I-\Sigma^{-1/2}X(X^{\mathrm T}\Sigma^{-1}X)^{-}X^{\mathrm T}\Sigma^{-1/2})$ 是一个秩为 $(g-1)b$ 的幂等矩阵, 我们有

$$\bar Y^{\mathrm T}\Sigma^{-1/2}C\Sigma^{-1/2}\bar Y\sim\chi_{(g-1)b}^2\left(\mu^{\mathrm T}\Sigma^{-1/2}C\Sigma^{-1/2}\mu\right),$$

这里 $\mu=(\mu_{11},\mu_{12},\cdots,\mu_{gb})^{\mathrm T}$, $\mu_{ij}=\mu+\alpha_i+\beta_j$, $\chi_m^2(\delta)$ 表示带有自由度 m 和非中心参数为 δ 的一个非中心卡方随机变量.

当 $\alpha_1=\alpha_2=\cdots=\alpha_g$ 时, 非中心参数

$$\mu^{\mathrm T}\Sigma^{-1/2}C\Sigma^{-1/2}\mu=0.$$

令 $\bar{y}=(\bar{y}_{11},\bar{y}_{12},\cdots,\bar{y}_{gb})^{\mathrm{T}}$ 为 $\bar{Y}$ 的观测值, 则检验 (4.2.3) 的一个检验法则是: 当

$$\tilde{S}_A\left(\bar{y}_{11},\bar{y}_{12},\cdots,\bar{y}_{gb};\sigma_{11}^2,\sigma_{12}^2,\cdots,\sigma_{gb}^2\right)>\chi^2_{(g-1)b,\lambda}$$

时, 拒绝 H_{0A}. 其为一个水平为 λ 的检验, 这里 $\chi^2_{m,\lambda}$ 是自由度为 m 的中心卡方分布的上侧 λ 分位数.

一般方差 σ_{ij}^2 都是未知的. 此时, 可以通过用样本方差 S_{ij}^2 代替 (4.2.10) 中的总体方差 σ_{ij}^2 得到一个合理的检验统计量

$$\begin{aligned}&\tilde{S}_A\left(\bar{Y}_{11},\bar{Y}_{12},\cdots,\bar{Y}_{gb};S_{11}^2,S_{12}^2,\cdots,S_{gb}^2\right)\\&=\bar{Y}^{\mathrm{T}}S^{-1/2}\left(I-S^{-1/2}X(X^{\mathrm{T}}S^{-1}X)^{-}X^{\mathrm{T}}S^{-1/2}\right)S^{-1/2}\bar{Y},\end{aligned}\qquad(4.2.11)$$

这里 $S=\operatorname{diag}\left(S_{11}^2/n_{11},S_{12}^2/n_{12},\cdots,S_{gb}^2/n_{gb}\right)$.

接下来, 我们分别描述 Weerahandi(1995) 的 GF 检验和 PB 检验.

1. *广义 F 检验*

我们首先描述 Weerahandi(1995) 的 GF 检验. 一个广义检验变量定义为

$$\begin{aligned}GV&=\frac{\tilde{S}_A\left(\bar{Y}_{11},\cdots,\bar{Y}_{gb};\sigma_{11}^2,\cdots,\sigma_{gb}^2\right)}{\tilde{S}_A\left(\bar{y}_{11},\cdots,\bar{y}_{gb};\sigma_{11}^2s_{11}^2/S_{11}^2,\cdots,\sigma_{gb}^2s_{gb}^2/S_{gb}^2\right)}\\&=\frac{\tilde{S}_A\left(\bar{Y}_{11},\cdots,\bar{Y}_{gb};\sigma_{11}^2,\cdots,\sigma_{gb}^2\right)}{\tilde{S}_A\left(\bar{y}_{11},\cdots,\bar{y}_{gb};(n_{11}-1)s_{11}^2/U_{11},\cdots,(n_{gb}-1)s_{gb}^2/U_{gb}\right)},\end{aligned}$$

这里 $U_{11},U_{12},\cdots,U_{gb}$ 是独立的随机变量, 带有分布 $U_{ij}=(n_{ij}-1)S_{ij}^2/\sigma_{ij}^2\sim\chi^2_{n_{ij}-1}$, $i=1,\cdots,g;j=1,\cdots,b$. 进一步, $\tilde{S}_A\left(\bar{Y}_{11},\bar{Y}_{12},\cdots,\bar{Y}_{gb};\sigma_{11}^2,\sigma_{12}^2,\cdots,\sigma_{gb}^2\right)\sim\chi^2_{(g-1)b}$, 且和 $U_{11},U_{12},\cdots,U_{gb}$ 相互独立. 变量 GV 的观测值定义为当 $(\bar{Y}_{11},\bar{Y}_{12},\cdots,\bar{Y}_{gb};S_{11}^2,S_{12}^2,\cdots,S_{gb}^2)=\left(\bar{y}_{11},\bar{y}_{12},\cdots,\bar{y}_{gb};s_{11}^2,s_{12}^2,\cdots,s_{gb}^2\right)$ 时 GV 的取值, 且此观测值等于 1. 因此, 对于给定的 $\left(\bar{y}_{11},\bar{y}_{12},\cdots,\bar{y}_{gb};s_{11}^2,s_{12}^2,\cdots,s_{gb}^2\right)$, 广义 p 值定义为

$$\begin{aligned}p&=P\left(GV>1|H_{0A}\right)\\&=P\left(\frac{\chi^2_{(g-1)b}}{\tilde{S}_A\left(\bar{y}_{11},\cdots,\bar{y}_{gb};(n_{11}-1)s_{11}^2/U_{11},\cdots,(n_{gb}-1)s_{gb}^2/U_{gb}\right)}>1\right).\end{aligned}\qquad(4.2.12)$$

GF 检验法则是: 当式 (4.2.12) 中的广义 p 值小于 λ 时就拒绝 (4.2.3) 中的 H_{0A}. 注

意到, 对于给定的 $\left(\bar{y}_{11}, \bar{y}_{12}, \cdots, \bar{y}_{gb}; s_{11}^2, s_{12}^2, \cdots, s_{gb}^2\right)$, (4.2.12) 式中的概率不依赖于任何的未知参数, 所以它可以使用 Monte Carlo模拟或者类似于 Weerahandi(1995) 的积分表达式进行计算.

有一点值得强调的是, 在一般情形下广义 p 值的分布也许不是 $(0,1)$ 上的均匀分布, 广义 F 检验在经典意义上不是精确的, 因而广义 p 值检验的性质需要使用 Monte Carlo 模拟计算来评估.

2. PB 检验 (Xu, Yang, Chen, Yu, 2015)

易见, 在 H_{0A} 成立时, 随机变量 $\bar{Y}$ 有均值 $X\theta$, 这里 $\theta = (\mu, \beta_1, \cdots, \beta_b)^{\mathrm{T}}$. 因为 (4.2.11) 式中的检验统计量在位置变换群 $\mathcal{G} = \{\bar{Y} + X\eta, \eta \in \mathbb{R}^{b+1}\}$下是不变的, 不失一般性, 我们可以取 $X\theta = 0$. 使用这些事实, 参数 bootstrap 枢轴量构造方法如下. 对于给定的 $\left(\bar{y}_{11}, \bar{y}_{12}, \cdots, \bar{y}_{gb}; s_{11}^2, s_{12}^2, \cdots, s_{gb}^2\right)$, 令

$$\bar{Y}_{\mathrm{B}ij} \sim N\left(0, s_{ij}^2/n_{ij}\right) \quad 和 \quad S_{\mathrm{B}ij}^2 \sim s_{ij}^2 \chi_{n_{ij}-1}^2/(n_{ij}-1), \quad i = 1, \cdots, g; j = 1, \cdots, b,$$

那么基于检验统计量 (4.2.11) 的 PB 枢轴量定义为

$$\begin{aligned} &\tilde{S}_{AB}\left(\bar{Y}_{B11}, \bar{Y}_{B12}, \cdots, \bar{Y}_{Bgb}; S_{B11}^2, S_{B12}^2, \cdots, S_{Bgb}^2\right) \\ &= \bar{Y}_B^{\mathrm{T}} S_B^{-1/2}\left(I - S_B^{-1/2} X (X^{\mathrm{T}} S_B^{-1} X)^{-} X^{\mathrm{T}} S_B^{-1/2}\right) S_B^{-1/2} \bar{Y}_B, \end{aligned} \tag{4.2.13}$$

这里 $\bar{Y}_B = (\bar{Y}_{B11}, \bar{Y}_{B12}, \cdots, \bar{Y}_{Bgb})^{\mathrm{T}}$, $S_B = \mathrm{diag}\left(S_{B11}^2/n_{11}, S_{B12}^2/n_{12}, \cdots, S_{Bgb}^2/n_{gb}\right)$. 对于给定的检验水平 λ, PB 检验法则为: 当

$$P\left(\tilde{S}_{AB}\left(\bar{Y}_{B11}, \bar{Y}_{B12}, \cdots, \bar{Y}_{Bgb}; S_{B11}^2, S_{B12}^2, \cdots, S_{Bgb}^2\right) > \tilde{s}_A\right) < \lambda \tag{4.2.14}$$

时, 拒绝 (4.2.3) 中的原假设 H_{0A}, 这里

$$\tilde{s}_A = \tilde{S}_A\left(\bar{y}_{11}, \bar{y}_{12}, \cdots, \bar{y}_{gb}; s_{11}^2, s_{12}^2, \cdots, s_{gb}^2\right)$$

是 (4.2.11) 式中 $\tilde{S}_A\left(\bar{Y}_{11}, \bar{Y}_{12}, \cdots, \bar{Y}_{gb}; S_{11}^2, S_{12}^2, \cdots, S_{gb}^2\right)$ 的观测值. 对于给定的 $\left(\bar{y}_{11}, \bar{y}_{12}, \cdots, \bar{y}_{gb}; s_{11}^2, s_{12}^2, \cdots, s_{gb}^2\right)$, 上面的概率也不依赖于任何未知参数, 故可以用下面 Monte Carlo 算法 4.2.1 得到这一概率的估计值.

算法 4.2.1 对给定的 $(n_{11}, n_{12}, \cdots, n_{gb})$, $(\bar{y}_{11}, \bar{y}_{12}, \cdots, \bar{y}_{gb})$, $(s_{11}^2, s_{12}^2, \cdots, s_{gb}^2)$:

计算式 (4.2.11) 中的 $\tilde{S}_A\left(\bar{y}_{11}, \bar{y}_{12}, \cdots, \bar{y}_{gb}; s_{11}^2, s_{12}^2, \cdots, s_{gb}^2\right)$, 记为 $\tilde{s}_A$.

对 $k = 1, \cdots, m$,

生成 $\bar{Y}_{Bij} \sim N\left(0, s_{ij}^2/n_{ij}\right)$ 和 $S_{\mathrm{B}ij}^2 \sim s_{ij}^2\chi_{n_{ij}-1}^2/(n_{ij}-1)$, $i=1,\cdots,g; j=1,\cdots,b$.

计算式 (4.2.13) 中的 $\tilde{S}_{AB}\left(\bar{Y}_{B11},\bar{Y}_{B12},\cdots,\bar{Y}_{Bgb};S_{B11}^2,S_{B12}^2,\cdots,S_{Bgb}^2\right)$.

若 $\tilde{S}_{AB}\left(\bar{Y}_{B11},\bar{Y}_{B12},\cdots,\bar{Y}_{Bgb};S_{B11}^2,S_{B12}^2,\cdots,S_{Bgb}^2\right)>\tilde{s}_A$ 令 $Q_k=1$.

(结束循环)

则 $(1/m)\sum_{k=1}^{m}Q_k$ 是 (4.2.14) 的 PB p 值的一个 Monte Carlo 估计.

4.2.3 第一类错误概率和势函数性质

前面已经指出 GF 检验比经典 F 检验有更好的经验水平和势函数的表现. 另外, 已有的一些模拟研究主要考虑在较小的处理组数下进行. 因此, 感兴趣的问题是去研究当处理组数目较大时, 经验水平和势函数的表现如何. 本小节将考虑这一问题.

易知, GF 检验和 PB 检验都是在位置变换群和刻度变换群下保持不变的, 因此, 不失一般性, 我们在模拟研究中取 $X\theta=0$, $\alpha_1=\cdots=\alpha_g=0$ 和 $0<\sigma_{ij}^2\leqslant 1$, $i=1,\cdots,g; j=1,\cdots,b$. 因此, 样本统计量 $\bar{y}_{ij}$ 和 s_{ij}^2 独立地由分布 $\bar{y}_{ij}\sim N(0,\sigma_{ij}^2)$ 和 $s_{ij}^2\sim\sigma_{ij}^2\chi_{n_{ij}-1}^2/(n_{ij}-1)$ 生成, $0<\sigma_{ij}^2\leqslant 1$, $i=1,\cdots,g; j=1,\cdots,b$.

我们同样使用两步的模拟步骤去估计 GF 检验和 PB 检验的 p 值. 具体的第一类错误概率的 Monte Carlo 估计计算方法如下. 对给定的样本容量和参数设置, 我们生成 5000 个观测向量 $(\bar{y}_{11},\bar{y}_{12},\cdots,\bar{y}_{gb};s_{11}^2,s_{12}^2,\cdots,s_{gb}^2)$ 和式 (4.2.14) 中相应的观测值 $\tilde{s}_A$. 对生成的每个 $\tilde{s}_A$, 我们使用 2500 次循环去估计 (4.2.14) 式中的 p 值. 最后 PB 检验的第一类错误概率用 5000 个 p 值当中小于名义水平 λ 的比率去估计. GF 检验的第一类错误概率可以类似地获得. 每个检验都在名义水平 $\lambda=0.05$ 下执行的. 具体的计算是在 MATLAB 环境中运行.

在表 4.2.1 中, 我们提供了对于 $g=2,b=3$ 和 $g=6,b=3$ 情形下的第一类错误概率的模拟估计值, 其中样本容量从小到中等情形取值. 我们从表 4.2.1 中可以观测到下面的结论.

表 4.2.1 两种检验模拟的第一类错误概率

$g=2,\ b=3$	$n=(5)_6$		$n=(10)_6$		n_1		n_2	
$\sigma^2=(\sigma_{11}^2,\cdots,\sigma_{23}^2)$	PB	GF	PB	GF	PB	GF	PB	GF
(1.0,1.0,1.0,1.0,1.0,1.0)	0.04	0.03	0.05	0.04	0.05	0.03	0.06	0.05
(0.1,0.1,0.1,0.5,0.5,0.5)	0.05	0.04	0.05	0.05	0.04	0.03	0.05	0.04
(1.0,1.0,1.0,0.5,0.5,0.5)	0.04	0.03	0.05	0.04	0.06	0.04	0.06	0.06
(0.1,0.2,0.3,0.4,0.5,1.0)	0.05	0.04	0.05	0.04	0.04	0.02	0.04	0.03
(0.3,0.9,0.4,0.7,0.5,1.0)	0.04	0.03	0.05	0.04	0.05	0.03	0.05	0.04
(0.01,0.1,0.1,0.1,0.1,1)	0.05	0.05	0.05	0.06	0.05	0.03	0.05	0.03

续表

$g=6,\ b=3$	n_3		n_4		n_5		n_6	
$\sigma^2=(\sigma_{11}^2,\cdots,\sigma_{63}^2)$	PB	GF	PB	GF	PB	GF	PB	GF
σ_1^2	0.04	0.15	0.05	0.10	0.04	0.20	0.06	0.13
σ_2^2	0.05	0.17	0.04	0.10	0.03	0.18	0.05	0.10
σ_3^2	0.05	0.17	0.05	0.10	0.04	0.20	0.06	0.12
σ_4^2	0.05	0.17	0.05	0.10	0.04	0.17	0.05	0.10
σ_5^2	0.05	0.16	0.05	0.09	0.04	0.23	0.06	0.13
σ_6^2	0.05	0.19	0.06	0.09	0.05	0.18	0.05	0.09

注: PB, 参数 bootstrap 检验; GF，广义 F 检验. $n_1=(3_2,4,5,6_2)$, $n_2=(4,6,8,12,16,20)$, $n_3=(5,\cdots,5)$, $n_4=(10,\cdots,10)$, $n_5=(3_5,4_4,5_4,6_5)$, $n_6=(4_3,6_3,8_3,12_3,16_3,20_3)$; $\sigma_1^2=(1.0,\cdots,1.0)$, $\sigma_2^2=(0.1_2,0.2_2,0.3_2,0.4_2,0.5_2,0.6_2,0.7_2,0.8_2,0.9_2)$, $\sigma_3^2=(0.1,0.2,0.3,0.4,0.5,0.1,0.2,0.3,0.4,0.5,0.1,0.2,0.3,0.4,0.5,0.1,0.2,1.0)$, $\sigma_4^2=(0.1_{17},1.0)$, $\sigma_5^2=(0.9,0.8,0.7,0.6,0.5,0.4,0.3,0.2,0.1,0.9,0.8,0.7,0.6,0.5,0.4,0.3,0.2,1.0)$, $\sigma_6^2=(0.01_3,0.05_3,0.1_3,0.5_3,0.6_3,0.8_2,1.0)$.

(1) 对于 $g=2,b=3$, GF 检验和 PB 检验有类似的第一类错误概率. 最坏情形下, 当名义水平为 0.05 时, 两种检验的第一类错误概率大约在 0.06. GF 检验似乎比 PB 检验更保守一些.

(2) 对于 $g=6,b=3$, PB 检验有能很好地控制第一类错误概率. 但另一方面, 我们看到当名义水平为 0.05 时, GF 检验的第一类错误概率达到 0.23. 这表明对于中等大小的 g 值, 广义 F 检验是更自由的.

在表 4.2.2 中, 我们提供了对于 $g=2,b=3$ 和 $g=6,b=3$ 情形下的两种检验的模拟的势函数值. 我们再次观测到 PB 检验能很好地控制第一类错误概率. 两个检验拥有很相似的势函数的表现. 虽然在某些情形下, GF 检验似乎有更好的势函数的表现, 但这主要是因为其自由的第一类错误概率造成的.

表 4.2.2　两种检验模拟的势函数

$g=2,\ b=3$ $n=(10)_6$ $(\sigma_{11}^2,\sigma_{12}^2,\sigma_{13}^2,\sigma_{21}^2,\sigma_{22}^2,\sigma_{23}^2)$	检验	(α_1,α_2)					
		$(0,0)$	$(-0.1,0.1)$	$(0,0.4)$	$(0,0.6)$	$(0,0.8)$	$(0,1)$
$(0.1,0.1,0.1,0.5,0.5,0.5)$	PB	0.05	0.18	0.56	0.92	1	1
	GF	0.06	0.17	0.58	0.93	1	1
$(0.3,0.9,0.4,0.7,0.5,1.0)$	PB	0.05	0.10	0.31	0.62	0.88	0.99
	GF	0.04	0.09	0.28	0.62	0.87	0.98
n=(10,10, 5, 5, 15,15)							
$(0.1,0.1,0.1,0.5,0.5,0.5)$	PB	0.05	0.15	0.53	0.90	0.99	1
	GF	0.06	0.17	0.58	0.93	1	1

续表

$g=2,\ b=3$ $n=(10)_6$ $(\sigma_{11}^2,\sigma_{12}^2,\sigma_{13}^2,\sigma_{21}^2,\sigma_{22}^2,\sigma_{23}^2)$	检验	(α_1,α_2)					
		$(0,0)$	$(-0.1,0.1)$	$(0,0.4)$	$(0,0.6)$	$(0,0.8)$	$(0,1)$
$(0.3,0.9,0.4,0.7,0.5,1.0)$	PB	0.05	0.09	0.25	0.51	0.78	0.94
	GF	0.04	0.08	0.24	0.52	0.79	0.94
$g=6,\ b=3,$ $(\alpha_1,\cdots,\alpha_4)=0$	检验	(α_5,α_6)					
n_1		$(0,0)$	$(-0.1,0.1)$	$(0,0.4)$	$(0,0.6)$	$(0,0.8)$	$(0,1)$
σ_1^2	PB	0.05	0.09	0.50	0.91	1	1
	GF	0.07	0.14	0.56	0.94	1	1
σ_2^2	PB	0.05	0.10	0.56	0.95	1	1
	GF	0.08	0.12	0.64	0.96	1	1
n_2							
σ_1^2	PB	0.05	0.10	0.62	0.97	1	1
	GF	0.06	0.13	0.67	0.98	1	1
σ_2^2	PB	0.05	0.10	0.69	0.99	1	1
	GF	0.06	0.17	0.75	0.99	1	1

注: $n_1=(15_6,20_6,25_6)$, $n_2=(15,16,17,18,19,20,21,22,23,24,25,26,27,28,29,30,31,32)$; $\sigma_1^2=(0.1_2,0.2_2,0.3_2,0.4_2,0.5_2,0.6_2,0.7_2,0.8_2,0.9,1.0)$, $\sigma_2^2=(0.01_3,0.05_3,0.1_3,0.5_3,0.6_3,0.8_2,1.0)$.

4.2.4　混合效应模型的检验

考虑如下两向混合效应模型:

$$Y_{ijk}=\mu+\alpha_i+\beta_j+e_{ijk},$$
$$\alpha_i\sim N(0,\sigma_\alpha^2),\ e_{ijk}\sim N(0,\sigma_{ij}^2),\ i=1,\cdots,g;\ j=1,\cdots,b;\ k=1,\cdots,n_{ij},$$

这里 μ 是总平均, α_i 是对应于因子 A 的第 i 个水平的随机效应, β_j 是对应于因子 B 的第 j 个水平的固定效应, α_i 和 e_{ijk} 是相互独立的随机变量. 此模型下, 较早定义的 $\bar{Y}_{ij}$ 和 S_{ij}^2 是一组充分统计量, 分布为

$$\bar{Y}_{ij}\sim N\left(X\theta,\sigma_\alpha^2+\frac{\sigma_{ij}^2}{n_{ij}}\right)\quad 和\quad S_{ij}^2\sim\frac{\sigma_{ij}^2\chi_{n_{ij}-1}^2}{n_{ij}-1},$$

且所有这些的随机变量是相互独立的.

我们现在提出的问题是去检验

$$H_0:\sigma_\alpha^2=0\quad 对\quad H_1:\sigma_\alpha^2>0.$$

若 H_0 未被拒绝, 我们说对应于因子 A 的第 i 个水平的随机效应是不显著的.

我们将说明 4.2.2 小节提供的固定效应检验也是适合于随机效应方差分量 σ_α^2 的显著性检验.

类似于 Krishnamoorthy, Lu 和 Mathew(2007) 指出的, 我们知道任何随机向量 $\bar{Y}=(\bar{Y}_{11},\bar{Y}_{12},\cdots,\bar{Y}_{gb})^{\mathrm{T}}$ 的非负定二次型的分布关于 σ_α^2 是随机增加的. 易见, 给定 S_{ij}^2, 对应于 4.2.2 小节的广义 F 检验和 PB 检验的检验统计量都是关于 $\bar{Y}$ 的正定二次型, 且这些检验统计量关于 σ_α^2 的随机单调性成立. 显然, 在无条件下同样的随机单调性也成立. 因此, 同样检验可以用来检验 H_0 : $\sigma_\alpha^2=0$. 进而, 相应检验统计量的零分布和对应检验的第一类错误概率和固定效应模型下是相同的. 这样, 参数 bootstrap 检验在混合效应模型中依然有满意的表现.

4.3 两向方差分析模型 (可能存在交互效应)

4.3.1 引言

上一节我们在无交互效应假设下, 考虑了两向方差分析模型中的两个主效应的存在性检验. 在实际问题中这一假设需要通过检验才能判定. 另一方面, 如上一节所指出的, 若因子 A 和 B 确实存在交互效应时, 第 i 个主效应不能反映 A_i 的影响, 因为它还依赖于因子 B 处在何种水平下. 因此, 对于可能存在交互效应的两向方差分析模型的检验, 还有很多问题值得研究.

对于刚提到的这些假设检验问题, 当方差不相等时, 由等方差假设提供的经典 F 检验在检验交互效应问题时, 同样只提供可近似解. 已有的研究指出在平衡数据情形下, 经典的 F 检验对等方差的假设是相当稳健的. 但是, 对于数据存在严重的非平衡性时, 经典 F 检验的检验水平可能远远超过名义水平. 另外, 在中等程度的异方差性下, 经典 F 检验势函数的表现也很差. 考虑到异方差性, 广义 F 检验对经典 F 检验有了一定程度的改进. 但总的来说, 只在处理组数较小或样本容量较大情形下, 才有较好的表现.

因此, 本节将发展一种具有满意的第一类错误概率和势函数表现的 PB 检验, 去检验两向方差分析模型中的交互效应和主效应的存在性.

4.3.2 交互效应的检验

考虑带有因子 A 和 B 的两向方差分析模型, 因子的水平分别为 $A_1,\cdots,A_g$ 和 $B_1,\cdots,B_b$. 这些因子水平共给出了 gb 水平组合或者说处理组. 假设在第 (i,j) 个处理下获得容量为 n_{ij} 的样本, $i=1,\cdots,g$; $j=1,\cdots,b$. 令 $Y_{ijk}(i=1,\cdots,g;$ $j=1,\cdots,b$; $k=1,\cdots,n_{ij})$ 表示这些随机变量, y_{ijk} 表示它们相应的样本观测值. 假设 $n_{ij}>1$ 以使得每个处理单元的样本可以计算样本方差. 第 (i,j) 个处理组的样本均值和样本方差分别记为 $\bar{Y}_{ij}$ 和 S_{ij}^2, $i=1,\cdots,g$; $j=1,\cdots,b$, 这里

$$\bar{Y}_{ij}=\frac{1}{n_{ij}}\sum_{k=1}^{n_{ij}}Y_{ijk} \quad 和 \quad S_{ij}^2=\frac{1}{n_{ij}-1}\sum_{k=1}^{n_{ij}}(Y_{ijk}-\bar{Y}_{ij})^2.$$

这些随机变量的观测值分别记为 $\bar{y}_{ij}$ 和 s_{ij}^2, $i=1,\cdots,g$; $j=1,\cdots,b$. 考虑带有异方差性的可能存在交互效应的两向方差分析模型:

$$\begin{aligned}&Y_{ijk}=\mu+\alpha_i+\beta_j+\gamma_{ij}+e_{ijk},\\&e_{ijk}\sim N(0,\sigma_{ij}^2),\ i=1,\cdots,g;\ j=1,\cdots,b;\ k=1,\cdots,n_{ij},\end{aligned} \tag{4.3.1}$$

这里 μ 是总平均值, α_i 是因子 A 的第 i 个水平下的效应, β_j 是因子 B 的第 j 个水平下的效应, γ_{ij} 表示因子水平 A_i 和 B_j 的交互效应.

记 $Y_{ij}=(Y_{ij1},\cdots,Y_{ijn_{ij}})^{\mathrm{T}}$, $Y=(Y_{11}^{\mathrm{T}},\cdots,Y_{1b}^{\mathrm{T}},Y_{21}^{\mathrm{T}},\cdots,Y_{2b}^{\mathrm{T}},\cdots,Y_{g1}^{\mathrm{T}},\cdots,Y_{gb}^{\mathrm{T}})^{\mathrm{T}}$, $\alpha=(\alpha_1,\cdots,\alpha_g)^{\mathrm{T}}$, $\beta=(\beta_1,\cdots,\beta_b)^{\mathrm{T}}$, $\gamma=(\gamma_{11},\cdots,\gamma_{1b},\gamma_{21},\cdots,\gamma_{2b},\cdots,\gamma_{g1},\cdots,\gamma_{gb})^{\mathrm{T}}$, 模型 (4.3.1) 可以表示为

$$Y=1_{n_{..}}\mu+Z_1\alpha+Z_2\beta+Z_3\gamma+e, \tag{4.3.2}$$

这里 $n_{..}=\sum_{i=1}^{g}\sum_{j=1}^{b}n_{ij}$, e 和 Y 有相似的记号定义. 设计矩阵 Z_1, Z_2 和 Z_3 为

$$\begin{aligned}&Z_1=\mathrm{diag}(1_{n_{1.}},\cdots,1_{n_{g.}}),\\&Z_2=[\mathrm{diag}(1_{n_{11}}^{\mathrm{T}},\cdots,1_{n_{1b}}^{\mathrm{T}})\ ,\ \mathrm{diag}(1_{n_{21}}^{\mathrm{T}},\cdots,1_{n_{2b}}^{\mathrm{T}})\ ,\ \cdots\ ,\ \mathrm{diag}(1_{n_{g1}}^{\mathrm{T}},\cdots,1_{n_{gb}}^{\mathrm{T}})]^{\mathrm{T}},\\&Z_3=\mathrm{diag}(1_{n_{11}},\cdots,1_{n_{1b}},1_{n_{21}},\cdots,1_{n_{2b}},\cdots,1_{n_{g1}},\cdots,1_{n_{gb}}),\end{aligned} \tag{4.3.3}$$

这里 $n_{i.}=\sum_{j=1}^{b}n_{ij}$, 1_k 表示 $k\times 1$ 的元素皆为 1 的向量, $\mathrm{diag}(M_1,\cdots,M_g)$ 表示对角块为 $M_1,\cdots,M_g$ 的块对角矩阵.

同样, 为使得模型中参数 μ, α_i, β_j 和 γ_{ij} 有唯一的定义, 我们需要加上额外的约束条件. 令 $w_1,\cdots,w_g$ 和 $v_1,\cdots,v_b$ 是非负权重, 满足 $\sum_{i=1}^{g}w_i>0$ 和 $\sum_{j=1}^{b}v_j>0$. 我们考虑如下的约束

$$\sum_{i=1}^{g}w_i\alpha_i=0,\quad \sum_{j=1}^{b}v_j\beta_j=0,\quad \sum_{i=1}^{g}w_i\gamma_{ij}=0,\quad \sum_{j=1}^{b}v_j\gamma_{ij}=0. \tag{4.3.4}$$

此处, 我们感兴趣的是检验如下的假设

$$H_{0AB}:\gamma_{ij}=0,\quad i=1,\cdots,g;\ j=1,\cdots,b \tag{4.3.5}$$

对其自然的备择假设. 从 (4.3.1) 可知, $\bar{Y}_{ij}$ 的模型为

$$\begin{aligned}&\bar{Y}_{ij}=\mu+\alpha_i+\beta_j+\gamma_{ij}+\bar{e}_{ij},\\&\bar{e}_{ij}\sim N\left(0,\sigma_{ij}^2/n_{ij}\right),\ i=1,\cdots,g;\ j=1,\cdots,b,\end{aligned} \tag{4.3.6}$$

这里 $\bar{e}_{ij} = \dfrac{1}{n_{ij}} \sum_{k=1}^{n_{ij}} e_{ijk}$. 记 $\bar{Y} = (\bar{Y}_{11}, \bar{Y}_{12}, \cdots, \bar{Y}_{gb})^{\mathrm{T}}$ 和 $\bar{e} = (\bar{e}_{11}, \bar{e}_{12}, \cdots, \bar{e}_{gb})^{\mathrm{T}}$, 模型 (4.3.6) 能够表示成

$$\bar{Y} = 1_{gb}\mu + (I_g \otimes 1_b)\alpha + (1_g \otimes I_b)\beta + \gamma + \bar{e}, \quad \bar{e} \sim N(0, \Sigma), \tag{4.3.7}$$

这里 $\Sigma = \mathrm{diag}\left(\sigma_{11}^2/n_{11}, \sigma_{12}^2/n_{12}, \cdots, \sigma_{gb}^2/n_{gb}\right)$, $\alpha = (\alpha_1, \cdots, \alpha_g)^{\mathrm{T}}$, $\beta = (\beta_1, \cdots, \beta_b)^{\mathrm{T}}$, $\gamma = (\gamma_{11}, \gamma_{12}, \cdots, \gamma_{gb})^{\mathrm{T}}$. 定义标准化的交互效应平方和

$$\tilde{S}_I\left(\bar{Y}_{11}, \bar{Y}_{12}, \cdots, \bar{Y}_{gb}; \sigma_{11}^2, \sigma_{12}^2, \cdots, \sigma_{gb}^2\right) = \sum_{i=1}^{g}\sum_{j=1}^{b} \frac{n_{ij}}{\sigma_{ij}^2}\left(\bar{Y}_{ij} - \hat{\mu} - \hat{\alpha}_i - \hat{\beta}_j\right)^2, \tag{4.3.8}$$

这里 $\hat{\mu}$, $\hat{\alpha}_i$ 和 $\hat{\beta}_j$ 是在式 (4.3.4) 列出的约束下, μ, α_i 和 β_j 的最小化下式的解

$$\tilde{S}\left(\bar{Y}_{11}, \bar{Y}_{12}, \cdots, \bar{Y}_{gb}; \sigma_{11}^2, \sigma_{12}^2, \cdots, \sigma_{gb}^2\right) = \sum_{i=1}^{g}\sum_{j=1}^{b} \frac{n_{ij}}{\sigma_{ij}^2}\left(\bar{Y}_{ij} - \mu - \alpha_i - \beta_j\right)^2. \tag{4.3.9}$$

若记 $\theta = (\mu, \alpha_1, \cdots, \alpha_g, \beta_1, \cdots, \beta_b)^{\mathrm{T}}$ 和 $\hat{\theta} = (\hat{\mu}, \hat{\alpha}_1, \cdots, \hat{\alpha}_g, \hat{\beta}_1, \cdots, \hat{\beta}_b)^{\mathrm{T}}$, 根据 Wang 和 Chow(1994) 中的定理 5.2.5, 可知

$$\hat{\theta} = (\hat{\mu}, \hat{\alpha}_1, \cdots, \hat{\alpha}_g, \hat{\beta}_1, \cdots, \hat{\beta}_b)^{\mathrm{T}} = (X^{\mathrm{T}}\Sigma^{-1}X + L^{\mathrm{T}}L)^{-1}X^{\mathrm{T}}\Sigma^{-1}\bar{Y}, \tag{4.3.10}$$

这里 $X = (1_{gb}, I_g \otimes 1_b, 1_g \otimes I_b)$, $L = (l_1^{\mathrm{T}}, l_2^{\mathrm{T}})^{\mathrm{T}}$, $l_1 = (0, w_1, \cdots, w_g, 0, \cdots, 0)$ 和 $l_2 = (0, 0, \cdots, 0, v_1, \cdots, v_b)$. 可以证明

$$\begin{aligned}
&\tilde{S}_I\left(\bar{Y}_{11}, \bar{Y}_{12}, \cdots, \bar{Y}_{gb}; \sigma_{11}^2, \sigma_{12}^2, \cdots, \sigma_{gb}^2\right) \\
&= \sum_{i=1}^{g}\sum_{j=1}^{b} \frac{n_{ij}}{\sigma_{ij}^2}\left(\bar{Y}_{ij} - \hat{\mu} - \hat{\alpha}_i - \hat{\beta}_j\right)^2 \\
&= \bar{Y}^{\mathrm{T}}\Sigma^{-1/2}\left(I - \Sigma^{-1/2}X(X^{\mathrm{T}}\Sigma^{-1}X)^{-}X^{\mathrm{T}}\Sigma^{-1/2}\right)\Sigma^{-1/2}\bar{Y},
\end{aligned} \tag{4.3.11}$$

即 $\tilde{S}_I\left(\bar{Y}_{11}, \bar{Y}_{12}, \cdots, \bar{Y}_{gb}; \sigma_{11}^2, \sigma_{12}^2, \cdots, \sigma_{gb}^2\right)$ 不依赖于权重矩阵 L.

若 σ_{ij}^2 已知, 检验 (4.2.5) 的一个自然统计量为 $\tilde{S}_I\left(\bar{Y}_{11}, \cdots, \bar{Y}_{gb}; \sigma_{11}^2, \cdots, \sigma_{gb}^2\right)$. 事实上, $\Sigma^{-1/2}\bar{Y} \sim N\left(\Sigma^{-1/2}\mu, I_{gb}\right)$, $C = (I - \Sigma^{-1/2}X(X^{\mathrm{T}}\Sigma^{-1}X)^{-}X^{\mathrm{T}}\Sigma^{-1/2})$ 是一个秩为 $(g-1)(b-1)$ 的对称幂等阵, 我们有

$$\bar{Y}^{\mathrm{T}}\Sigma^{-1/2}C\Sigma^{-1/2}\bar{Y} \sim \chi^2_{(g-1)(b-1)}\left(\mu^{\mathrm{T}}\Sigma^{-1/2}C\Sigma^{-1/2}\mu\right),$$

这里 $\mu = (\mu_{11}, \mu_{12}, \cdots, \mu_{gb})^{\mathrm{T}}$, $\mu_{ij} = \mu + \alpha_i + \beta_j + \gamma_{ij}$. 当 $\gamma_{11} = \gamma_{12} = \cdots = \gamma_{gb}$ 时, 非中心参数

$$\mu^{\mathrm{T}}\Sigma^{-1/2}C\Sigma^{-1/2}\mu = 0.$$

记 $\bar{y}=(\bar{y}_{11},\bar{y}_{12},\cdots,\bar{y}_{gb})^{\mathrm{T}}$ 为 $\bar{Y}$ 的观测值, 则检验法则为

$$\tilde{S}_I\left(\bar{y}_{11},\bar{y}_{12},\cdots,\bar{y}_{gb};\sigma_{11}^2,\sigma_{12}^2,\cdots,\sigma_{gb}^2\right)>\chi^2_{(g-1)(b-1),\lambda}$$

时就拒绝 (4.3.5) 式中的 H_{0AB} 是一个水平为 λ 的检验.

一般由于 σ_{ij}^2 是未知的, 此时, 可以在 (4.3.11) 式中用 S_{ij}^2 替换 $\sigma_{ij}^2, i=1,\cdots,g;$ $j=1\cdots,b$, 从而得到

$$\begin{aligned}&\tilde{S}_I\left(\bar{Y}_{11},\bar{Y}_{12},\cdots,\bar{Y}_{gb};S_{11}^2,S_{12}^2,\cdots,S_{gb}^2\right)\\&=\bar{Y}^{\mathrm{T}}S^{-1/2}\left(I-S^{-1/2}X(X^{\mathrm{T}}S^{-1}X)^{-}X^{\mathrm{T}}S^{-1/2}\right)S^{-1/2}\bar{Y},\end{aligned}\tag{4.3.12}$$

这里 $S=\operatorname{diag}\left(S_{11}^2/n_{11},S_{12}^2/n_{12},\cdots,S_{gb}^2/n_{gb}\right)$.

下面描述 Ananda 和 Weerahandi(1997) 的 GF 检验和 PB 检验.

1. 广义 F 检验

为了提供 Ananda 和 Weerahandi(1997) 的 GF 检验, 定义一个广义检验变量

$$\begin{aligned}GV&=\frac{\tilde{S}_I\left(\bar{Y}_{11},\cdots,\bar{Y}_{gb};\sigma_{11}^2,\cdots,\sigma_{gb}^2\right)}{\tilde{S}_I\left(\bar{y}_{11},\cdots,\bar{y}_{gb};\sigma_{11}^2s_{11}^2/S_{11}^2,,\cdots,\sigma_{gb}^2s_{gb}^2/S_{gb}^2\right)}\\&=\frac{\tilde{S}_I\left(\bar{Y}_{11},\cdots,\bar{Y}_{gb};\sigma_{11}^2,\cdots,\sigma_{gb}^2\right)}{\tilde{S}_I\left(\bar{y}_{11},\cdots,\bar{y}_{gb};(n_{11}-1)s_{11}^2/U_{11},\cdots,(n_{gb}-1)s_{gb}^2/U_{gb}\right)},\end{aligned}$$

这里 $U_{11},U_{12},\cdots,U_{gb}$ 是相互独立的随机变量, 分布为 $U_{ij}=(n_{ij}-1)S_{ij}^2/\sigma_{ij}^2\sim\chi^2_{n_{ij}-1}$, $i=1,\cdots,g;j=1,\cdots,b$. 进一步, $\tilde{S}_I\left(\bar{Y}_{11},\bar{Y}_{12},\cdots,\bar{Y}_{gb};\sigma_{11}^2,\sigma_{12}^2,\cdots,\sigma_{gb}^2\right)\sim\chi^2_{(g-1)(b-1)}$ 和 $U_{11},U_{12},\cdots,U_{gb}$ 也相互独立. 通过代入 $\left(\bar{Y}_{11},\bar{Y}_{12},\cdots,\bar{Y}_{gb};S_{11}^2,S_{12}^2,\cdots,S_{gb}^2\right)=\left(\bar{y}_{11},\bar{y}_{12},\cdots,\bar{y}_{gb};s_{11}^2,s_{12}^2,\cdots,s_{gb}^2\right)$ 的到 GV 的观测值为 1. 因此, 对给定的 $\left(\bar{y}_{11},\bar{y}_{12},\cdots,\bar{y}_{gb};s_{11}^2,s_{12}^2,\cdots,s_{gb}^2\right)$, 广义 p 值定义为

$$\begin{aligned}p&=P\left(GV>1|H_{0AB}\right)\\&=P\left(\frac{\chi^2_{(g-1)(b-1)}}{\tilde{S}_I\left(\bar{y}_{11},\cdots,\bar{y}_{gb};(n_{11}-1)s_{11}^2/U_{11},\cdots,(n_{gb}-1)s_{gb}^2/U_{gb}\right)}>1\right).\end{aligned}\tag{4.3.13}$$

GF 检验法则是: 当 (4.3.13) 式中的广义 p 值小于给定的名义水平 λ 时, 拒绝 (4.3.5) 式中的零假设.

2. PB 检验 (Xu, Yang, Abula, Qin, 2013)

注意到在零假设 H_{0AB} 成立的条件下, 随机变量 $\bar{Y}$ 的均值为 $X\theta$, 这里 $\theta = (\mu, \alpha_1, \cdots, \alpha_g, \beta_1, \cdots, \beta_b)^{\mathrm{T}}$. 因为 (4.3.12) 式中的检验统计量在位置变换群 $\mathcal{G} = \{\bar{Y} + X\eta, \eta \in \mathbb{R}^{g+b+1}\}$ 下具有不变性, 不失一般性, 我们可以取 $X\theta = 0$. 利用这些事实, 该假设检验的 PB 枢轴量构造方法如下.

对给定的 $\left(\bar{y}_{11}, \bar{y}_{12}, \cdots, \bar{y}_{gb}; s_{11}^2, s_{12}^2, \cdots, s_{gb}^2\right)$, 令

$$\bar{Y}_{Bij} \sim N\left(0, s_{ij}^2/n_{ij}\right) \quad 和 \quad S_{\mathrm{B}ij}^2 \sim s_{ij}^2 \chi_{n_{ij}-1}^2/(n_{ij}-1), \quad i = 1, \cdots, g; j = 1, \cdots, b,$$

那么基于 (4.3.12) 式中的检验统计量的 PB 枢轴变量定义为

$$\begin{aligned} &\tilde{S}_{IB}\left(\bar{Y}_{B11}, \bar{Y}_{B12}, \cdots, \bar{Y}_{Bgb}; S_{B11}^2, S_{B12}^2, \cdots, S_{Bgb}^2\right) \\ &= \bar{Y}_B^{\mathrm{T}} S_{\mathrm{B}}^{-1/2}\left(I - S_B^{-1/2} X (X^{\mathrm{T}} S_B^{-1} X)^{-} X^{\mathrm{T}} S_B^{-1/2}\right) S_B^{-1/2} \bar{Y}_B, \end{aligned} \tag{4.3.14}$$

这里 $\bar{Y}_B = (\bar{Y}_{B11}, \bar{Y}_{B12}, \cdots, \bar{Y}_{Bgb})^{\mathrm{T}}$, $S_B = \mathrm{diag}\left(S_{B11}^2/n_{11}, S_{B12}^2/n_{12}, \cdots, S_{Bgb}^2/n_{gb}\right)$. 对于一个给定的水平 λ, PB 检验的法则是: 当

$$P\left(\tilde{S}_{IB}\left(\bar{Y}_{B11}, \bar{Y}_{B12}, \cdots, \bar{Y}_{Bgb}; S_{B11}^2, S_{B12}^2, \cdots, S_{Bgb}^2\right) > \tilde{s}_I\right) < \lambda \tag{4.3.15}$$

时拒绝 (4.3.5) 式中的 H_{0AB}, 这里

$$\tilde{s}_I = \tilde{S}_I\left(\bar{y}_{11}, \bar{y}_{12}, \cdots, \bar{y}_{gb}; s_{11}^2, s_{12}^2, \cdots, s_{gb}^2\right)$$

是 (4.3.12) 式中 $\tilde{S}_I\left(\bar{Y}_{11}, \bar{Y}_{12}, \cdots, \bar{Y}_{gb}; S_{11}^2, S_{12}^2, \cdots, S_{gb}^2\right)$ 的观测值. 给定 $\left(\bar{y}_{11}, \bar{y}_{12}, \cdots, \bar{y}_{gb}; s_{11}^2, s_{12}^2, \cdots, s_{gb}^2\right)$, (4.3.15) 中的概率不依赖于任何未知的参数, 实际当中可以使用下面的 Monte Carlo 模拟得到它的估计值.

算法 4.3.1 对于给定的 $(n_{11}, n_{12}, \cdots, n_{gb})$, $(\bar{y}_{11}, \bar{y}_{12}, \cdots, \bar{y}_{gb})$, $(s_{11}^2, s_{12}^2, \cdots, s_{gb}^2)$:

计算 (4.3.12) 式中的 $\tilde{S}_I\left(\bar{y}_{11}, \bar{y}_{12}, \cdots, \bar{y}_{gb}; s_{11}^2, s_{12}^2, \cdots, s_{gb}^2\right)$, 记其为 $\tilde{s}_I$.

对于 $k = 1, \cdots, m$,

生成 $\bar{Y}_{Bij} \sim N\left(0, s_{ij}^2/n_{ij}\right)$ 和 $S_{Bij}^2 \sim s_{ij}^2 \chi_{n_{ij}-1}^2/(n_{ij}-1), i = 1, \cdots, g; j = 1, \cdots, b$,

然后使用 (4.3.14) 计算 $\tilde{S}_{IB}\left(\bar{Y}_{B11}, \bar{Y}_{B12}, \cdots, \bar{Y}_{Bgb}; S_{B11}^2, S_{B12}^2, \cdots, S_{Bgb}^2\right)$,

若 $\tilde{S}_{IB}\left(\bar{Y}_{B11}, \bar{Y}_{B12}, \cdots, \bar{Y}_{Bgb}; S_{B11}^2, S_{B12}^2, \cdots, S_{Bgb}^2\right) > \tilde{s}_I$, 记 $Q_k = 1$.

(结束循环)

则 $(1/m)\sum_{k=1}^m Q_k$ 是 (4.3.15) 式中 p 值的一个 Monte Carlo 估计值.

4.3.3 主效应的检验

前面提及当 A 和 B 之间存在交互效应, 主效应 α_i 不能反映水平 A_i 的效应, 因为它还依赖于因子 B 处在哪个水平. 该问题一个流行解 (Searle, 1971; Arnold, 1981) 是: 在存在交互效应时, 不是去检验假设 $\alpha_i = 0$, 而是在满足 (4.3.4) 式中关于 β 的约束下, 检验下面的零假设

$$H_{0A*}:\ \alpha_i + \gamma_{ij} = 0, \quad i = 1, \cdots, g;\ j = 1, \cdots, b. \tag{4.3.16}$$

类似地, 在存在交互效应时, 我们还想要在满足 (4.3.4) 式中关于 α 的约束下, 检验下面的零假设

$$H_{0B*}: \beta_j + \gamma_{ij} = 0, \quad i = 1, \cdots, g;\ j = 1, \cdots, b. \tag{4.3.17}$$

我们仅考虑 (4.3.16) 式中的 H_{0A*} 的检验, 零假设 H_{0B*} 可以类似地导出.

对于由于因子 A 和交互作用产生的标准化的平方和

$$\tilde{S}_A\left(\bar{Y}_{11}, \bar{Y}_{12}, \cdots, \bar{Y}_{gb}; \sigma_{11}^2, \sigma_{12}^2, \cdots, \sigma_{gb}^2\right) = \sum_{i=1}^{g}\sum_{j=1}^{b} \frac{n_{ij}}{\sigma_{ij}^2}\left(\bar{Y}_{ij} - \hat{\mu} - \hat{\beta}_j\right)^2, \tag{4.3.18}$$

这里 $\hat{\mu}$ 和 $\hat{\beta}_j$ 是 μ 和 β_j 在满足 (4.3.4) 式中关于 β 的约束下, 最小化下面二次式

$$\tilde{S}_1\left(\bar{Y}_{11}, \bar{Y}_{12}, \cdots, \bar{Y}_{gb}; \sigma_{11}^2, \sigma_{12}^2, \cdots, \sigma_{gb}^2\right) = \sum_{i=1}^{g}\sum_{j=1}^{b} \frac{n_{ij}}{\sigma_{ij}^2}\left(\bar{Y}_{ij} - \mu - \beta_j\right)^2 \tag{4.3.19}$$

的解. 若记 $\theta_1 = (\mu, \beta_1, \cdots, \beta_b)^{\mathrm{T}}$ 和 $\hat{\theta}_1 = (\hat{\mu}, \hat{\beta}_1, \cdots, \hat{\beta}_b)^{\mathrm{T}}$, 则由 Wang 和 Chow(1994) 中的定理 5.2.5, 可得

$$\hat{\theta}_1 = (\hat{\mu}, \hat{\beta}_1, \cdots, \hat{\beta}_b)^{\mathrm{T}} = (X_1^{\mathrm{T}}\Sigma^{-1}X_1 + L_1^{\mathrm{T}}L_1)^{-1}X_1^{\mathrm{T}}\Sigma^{-1}\bar{Y}, \tag{4.3.20}$$

这里 $X_1 = (1_{gb}, 1_g \otimes I_b)$, $L_1 = (0, v_1, \cdots, v_b)$. 可以证明

$$\begin{aligned}
&\tilde{S}_A\left(\bar{Y}_{11}, \bar{Y}_{12}, \cdots, \bar{Y}_{gb}; \sigma_{11}^2, \sigma_{12}^2, \cdots, \sigma_{gb}^2\right)\\
&= \sum_{i=1}^{g}\sum_{j=1}^{b} \frac{n_{ij}}{\sigma_{ij}^2}\left(\bar{Y}_{ij} - \hat{\mu} - \hat{\beta}_j\right)^2\\
&= \bar{Y}^{\mathrm{T}}\Sigma^{-1/2}\left(I - \Sigma^{-1/2}X_1(X_1^{\mathrm{T}}\Sigma^{-1}X_1)^{-}X_1^{\mathrm{T}}\Sigma^{-1/2}\right)\Sigma^{-1/2}\bar{Y}.
\end{aligned} \tag{4.3.21}$$

即 $\tilde{S}_A\left(\bar{Y}_{11}, \bar{Y}_{12}, \cdots, \bar{Y}_{gb}; \sigma_{11}^2, \sigma_{12}^2, \cdots, \sigma_{gb}^2\right)$ 不依赖于 L_1. 当 σ_{ij}^2 已知时, 检验 (4.3.16) 的一个检验统计量可以定义为 $\tilde{S}_A\left(\bar{Y}_{11}, \bar{Y}_{12}, \cdots, \bar{Y}_{gb}; \sigma_{11}^2, \sigma_{12}^2, \cdots, \sigma_{gb}^2\right)$.

当方差 σ_{ij}^2 未知时, 可以在 (4.3.21) 式中用 S_{ij}^2 替换 σ_{ij}^2, $i=1,\cdots,g; j=1,\cdots,b$, 得到一个检验统计量

$$\begin{aligned}&\tilde{S}_A\left(\bar{Y}_{11},\bar{Y}_{12},\cdots,\bar{Y}_{gb};S_{11}^2,S_{12}^2,\cdots,S_{gb}^2\right)\\&=\bar{Y}^{\mathrm{T}}S^{-1/2}\left(I-S^{-1/2}X_1(X_1^{\mathrm{T}}S^{-1}X_1)^{-}X_1^{\mathrm{T}}S^{-1/2}\right)S^{-1/2}\bar{Y},\end{aligned}\qquad(4.3.22)$$

这里 $S=\operatorname{diag}\left(S_{11}^2/n_{11},S_{12}^2/n_{12},\cdots,S_{gb}^2/n_{gb}\right)$.

基于 (4.3.22), 我们描述 (4.3.16) 式中零假设 H_{0A*} 的一个 PB 检验. 注意到在 H_{0A*} 下, 向量 $\bar{Y}$ 的期望为 $X_1\theta_1$, 这里 $\theta_1=(\mu,\beta_1,\cdots,\beta_b)^{\mathrm{T}}$. 因为 (4.3.22) 式中的检验统计量在位置变换群 $\mathcal{G}=\{\bar{Y}+X_1\eta,\eta\in\mathbb{R}^{b+1}\}$ 下具有不变性, 不失一般性, 我们取 $X_1\theta_1=0$. 利用这些事实, 具体的 PB 枢轴量构造过程如下.

对于任一给定的 $\left(\bar{y}_{11},\bar{y}_{12},\cdots,\bar{y}_{gb};s_{11}^2,s_{12}^2,\cdots,s_{gb}^2\right)$, 令

$$\bar{Y}_{Bij}\sim N\left(0,s_{ij}^2/n_{ij}\right)\quad 和\quad S_{Bij}^2\sim s_{ij}^2\chi_{n_{ij}-1}^2/(n_{ij}-1),\quad i=1,\cdots,g;j=1,\cdots,b,$$

那么基于 (4.3.22) 式中检验统计量的 PB 枢轴量定义为

$$\begin{aligned}&\tilde{S}_{AB}\left(\bar{Y}_{B11},\bar{Y}_{B12},\cdots,\bar{Y}_{Bgb};S_{B11}^2,S_{B12}^2,\cdots,S_{Bgb}^2\right)\\&=\bar{Y}_B^{\mathrm{T}}S_B^{-1/2}\left(I-S_B^{-1/2}X_1(X_1^{\mathrm{T}}S_B^{-1}X_1)^{-}X_1^{\mathrm{T}}S_B^{-1/2}\right)S_B^{-1/2}\bar{Y}_B,\end{aligned}\qquad(4.3.23)$$

这里 $\bar{Y}_B=(\bar{Y}_{B11},\bar{Y}_{B12},\cdots,\bar{Y}_{Bgb})^{\mathrm{T}}$, $S_B=\operatorname{diag}\left(S_{B11}^2/n_{11},S_{B12}^2/n_{12},\cdots,S_{Bgb}^2/n_{gb}\right)$. 对给定的显著性水平 λ, PB 检验法则是: 当

$$P\left(\tilde{S}_{AB}\left(\bar{Y}_{B11},\bar{Y}_{B12},\cdots,\bar{Y}_{Bgb};S_{B11}^2,S_{B12}^2,\cdots,S_{Bgb}^2\right)>\tilde{s}_A\right)<\lambda\qquad(4.3.24)$$

时, 我们拒绝 (4.3.16) 中的零假设 H_{0A*}, 这里

$$\tilde{s}_A=\tilde{S}_A\left(\bar{y}_{11},\bar{y}_{12},\cdots,\bar{y}_{gb};s_{11}^2,s_{12}^2,\cdots,s_{gb}^2\right)$$

是 $\tilde{S}_A\left(\bar{Y}_{11},\bar{Y}_{12},\cdots,\bar{Y}_{gb};S_{11}^2,S_{12}^2,\cdots,S_{gb}^2\right)$ 的观测值. 上面概率的 Monte Carlo 模拟算法如下.

算法 4.3.2 对给定的 $(n_{11},n_{12},\cdots,n_{gb})$, $(\bar{y}_{11},\bar{y}_{12},\cdots,\bar{y}_{gb})$, $(s_{11}^2,s_{12}^2,\cdots,s_{gb}^2)$:

计算式 (4.3.22) 中的 $\tilde{S}_A\left(\bar{y}_{11},\bar{y}_{12},\cdots,\bar{y}_{gb};s_{11}^2,s_{12}^2,\cdots,s_{gb}^2\right)$, 并且记为 $\tilde{s}_A$.

对 $k=1,\cdots,m$,

生成 $\bar{Y}_{Bij}\sim N\left(0,s_{ij}^2/n_{ij}\right)$ 和 $S_{Bij}^2\sim s_{ij}^2\chi_{n_{ij}-1}^2/(n_{ij}-1), i=1,\cdots,g, j=1,\cdots,b$,

使用 (4.3.23) 计算 $\tilde{S}_{AB}\left(\bar{Y}_{B11},\bar{Y}_{B12},\cdots,\bar{Y}_{Bgb};S_{B11}^2,S_{B12}^2,\cdots,S_{Bgb}^2\right)$.

若 $\tilde{S}_{AB}\left(\bar{Y}_{B11},\bar{Y}_{B12},\cdots,\bar{Y}_{Bgb};S_{B11}^2,S_{B12}^2,\cdots,S_{Bgb}^2\right)>\tilde{s}_A$, 设置 $Q_k=1$.
(结束循环)
则 $(1/m)\sum_{k=1}^{m}Q_k$ 是 (4.3.24) 式中 p 值的一个 Monte Carlo 估计值.

4.3.4 数值结果

正如 Ananda 和 Weerahandi(1997) 曾指出的, 当存在交互效应时, 两个主效应的检验的确依赖于模型中权重的选择. 文献中在方差齐性假设下考虑存在交互效应时主效应的检验方法. 某些方法直接忽略交互效应的存在. Fujikoshi(1993) 就指出, 该问题的讨论没有形成一致的结论. 这里的争论焦点不是该如何构造检验, 而是该如何选择合适的权重. 很多情形下在一种检验方法中没有一个自然的权重选择方法. Arnold(1981) 对该问题给出了精彩的评述. 基于这些原因, 我们在此考虑交互效应的 PB 检验和 GF 检验的模拟比较研究, 我们的 PB 方法是不依赖于权重的选择的.

因为 GF 检验和 PB 检验都是在位置变换群和刻度变换群下保持不变的, 不失一般性, 我们在模拟研究中取 $X\theta=0$, $\gamma_{11}=\cdots=\gamma_{bg}=0$ 和 $0<\sigma_{ij}^2\leqslant 1$, $i=1,\cdots,g;j=1,\cdots,b$. 因此, 样本统计量 $\bar{y}_{ij}$ 和 s_{ij}^2 独立地由分布 $\bar{y}_{ij}\sim N(0,\sigma_{ij}^2)$ 和 $s_{ij}^2\sim\sigma_{ij}^2\chi_{n_{ij}-1}^2/(n_{ij}-1)$ 生成, $0<\sigma_{ij}^2\leqslant 1$, $i=1,\cdots,g;j=1,\cdots,b$.

我们同样使用两步的模拟步骤去估计 GF 检验和 PB 检验的第一类错误概率. 具体的第一类错误概率的 Monte Carlo 估计计算方法如下. 对给定的样本容量和参数设置, 我们生成 1000 个观测向量 $(\bar{y}_{11},\bar{y}_{12},\cdots,\bar{y}_{gb};s_{11}^2,s_{12}^2,\cdots,s_{gb}^2)$ 和式 (4.3.12) 中相应的观测值 $\tilde{s}_I$. 对生成的每个 $\tilde{s}_I$, 我们使用 1000 次循环去估计 (4.3.15) 式中的 p 值. 最后 PB 检验的第一类错误概率用 1000 个 p 值当中小于名义水平 λ 的比率去估计. 广义 F 检验的第一类错误概率可以类似地获得. 每个检验都是在名义水平 $\lambda=0.05$ 下执行的. 具体的计算是在 MATLAB 环境中运行.

在表 4.3.1, 对于 $g=2,b=3$; $g=6,b=3$ 和 $g=10,b=3$ 分别代表较小处理组、中等处理组和较大处理组三种情形下, 我们提供了两种检验的第一类错误概率的模拟估计值, 样本容量从小样本到中等大小. 从中可以得到如下的观察.

表 4.3.1 两种检验模拟的第一类错误概率

$g=2,\ b=3$	$n=(5)_6$		$n=(10)_6$		n_1		n_2	
$(\sigma_{11}^2,\cdots,\sigma_{23}^2)$	PB	GF	PB	GF	PB	GF	PB	GF
(1.0,1.0,1.0,1.0,1.0,1.0)	0.05	0.02	0.05	0.04	0.05	0.01	0.04	0.03
(0.1,0.1,0.1,0.5,0.5,0.5)	0.05	0.03	0.05	0.03	0.04	0.01	0.04	0.03
(1.0,1.0,1.0,0.5,0.5,0.5)	0.04	0.02	0.04	0.02	0.05	0.01	0.06	0.04
(0.1,0.2,0.3,0.4,0.5,1.0)	0.04	0.02	0.04	0.05	0.03	0.01	0.06	0.03
(0.3,0.9,0.4,0.7,0.5,1.0)	0.04	0.01	0.05	0.02	0.05	0.01	0.04	0.02
(0.01,0.1,0.1,0.1,0.1,1)	0.06	0.02	0.04	0.04	0.05	0.02	0.06	0.04

续表

$g=6,\ b=3$	n_3		n_4		n_5		n_6	
$(\sigma_{11}^2,\cdots,\sigma_{63}^2)$	PB	GF	PB	GF	PB	GF	PB	GF
σ_1^2	0.04	0.05	0.04	0.06	0.04	0.05	0.04	0.06
σ_2^2	0.05	0.05	0.05	0.04	0.03	0.05	0.06	0.03
σ_3^2	0.05	0.05	0.06	0.05	0.05	0.05	0.06	0.05
σ_4^2	0.05	0.03	0.05	0.05	0.03	0.04	0.04	0.05
σ_5^2	0.05	0.06	0.05	0.06	0.05	0.04	0.05	0.06
σ_6^2	0.05	0.04	0.05	0.04	0.05	0.05	0.04	0.03
$g=10,\ b=3$	n_7		n_8		n_9		n_{10}	
$(\sigma_{11}^2,\cdots,\sigma_{10,3}^2)$	PB	GF	PB	GF	PB	GF	PB	GF
σ_7^2	0.05	0.06	0.05	0.07	0.03	0.07	0.04	0.07
σ_8^2	0.04	0.08	0.05	0.07	0.03	0.08	0.05	0.06
σ_9^2	0.04	0.08	0.05	0.08	0.03	0.08	0.05	0.07
σ_{10}^2	0.04	0.07	0.04	0.07	0.03	0.07	0.05	0.06
σ_{11}^2	0.04	0.10	0.04	0.06	0.03	0.10	0.04	0.07
σ_{12}^2	0.04	0.07	0.05	0.07	0.03	0.07	0.05	0.05

注: $n_1=(3_2,4,5,6_2)$, $n_2=(4,6,8,12,16,20)$, $n_3=(5)_{18}$, $n_4=(10)_{18}$, $n_5=(3_5,4_4,5_4,6_5,)$, $n_6=(4_3,6_3,8_3,12_3,16_3,20_3)$, $n_7=(5,\cdots,5)$, $n_8=(10,\cdots,10)$, $n_9=(3_8,4_7,5_7,6_8)$, $n_{10}=(4_5,6_5,8_5,12_5,16_5,20_5,)$; $\sigma_1^2=(1,\cdots,1)$, $\sigma_2^2=(0.1_2,0.2_2,0.3_2,0.4_2,0.5_2,0.6_2,0.7_2,0.8_2,0.9_2)$, $\sigma_3^2=(0.1,0.2,0.3,0.4,0.5,0.1,0.2,0.3,0.4,0.5,0.1,0.2,0.3,0.4,0.5,0.1,0.2,1.0)$, $\sigma_4^2=(0.1_{17},1)$, $\sigma_5^2=(0.9,0.8,0.7,0.6,0.5,0.4,0.3,0.2,0.1,0.9,0.8,0.7,0.6,0.5,0.4,0.3,0.2,1)$, $\sigma_6^2=(0.01_3,0.05_3,0.1_3,0.5_3,0.6_3,0.8_2,1)$, $\sigma_7^2=(1,\cdots,1)$, $\sigma_8^2=(0.1_4,0.2_4,0.3_3,0.4_3,0.5_2,0.6_3,0.7_3,0.8_4,0.9_4,)$, $\sigma_9^2=(0.1,0.2,0.3,0.4,0.5,1,0.1,0.2,0.3,0.4,0.5,1,0.1,0.2,0.3,0.4,0.5,1,0.1,0.2,0.3,0.4,0.5,1,0.1,0.2,0.3,0.4,0.5,1)$, $\sigma_{10}^2=(0.1_{29},1)$, $\sigma_{11}^2=(1,0.9,0.8,0.7,0.6,0.5,0.4,0.3,0.2,0.1,1,0.9,0.8,0.7,0.6,0.5,0.4,0.3,0.2,0.1,1,0.9,0.8,0.7,0.6,0.5,0.4,0.3,0.2,0.1)$, $\sigma_{12}^2=(0.01_5,0.05_5,0.1_5,0.5_5,0.6_5,0.8_4,1)$.

(1) 对 $g=2,b=3$ 的较小处理组数情形下, GF 检验似乎是比 PB 检验在非平衡数据时更加保守. 对 $g=6,b=3$ 的中等处理组数情形下, 广义 F 检验和 PB 检验有类似且较好的第一类错误概率表现. 最差情形下时, 在名义水平为 0.05 下两种检验的经验水平大约在 0.06.

(2) 对 $g=10,b=3$ 的较大处理组数情形下, 我们看到 PB 检验依旧给出了满意的第一类错误概率表现. 而另一方面, 在名义水平 $\lambda=0.05$ 下 GF 检验可能和 0.1 一样大, 因此似乎该检验对较大的 g 值情形有较自由的经验水平值.

在表 4.3.2 中, 我们提供了 $g=6,b=3$ 和 $g=10,b=3$ 两种情形下这两种检验的势函数的表现. 结果表明, PB 检验依然在各种情形下能很好地控制第一类错误概率. 两种检验有相似的势函数的表现. 在某些情形下, GF 检验似乎有更强势函数方面的优势, 但是这里主要是由其膨胀的第一类错误概率引起的.

表 4.3.2　两种检验模拟的势函数值

$g=6,\ b=3$ n_1 $(\sigma_{11}^2,\cdots,\sigma_{63}^2)$	检验	$\gamma=(\gamma_{11},\cdots,\gamma_{63})$ 0	γ_1	$2\gamma_1$	$3\gamma_1$	$4\gamma_1$
σ_1^2	PB	0.05	0.15	0.51	0.91	1
	GF	0.05	0.15	0.49	0.89	1
σ_2^2	PB	0.05	0.08	0.27	0.53	0.85
	GF	0.04	0.10	0.25	0.57	0.87
n_2						
σ_1^2	PB	0.05	0.15	0.61	0.95	1
	GF	0.04	0.12	0.58	0.95	1
σ_2^2	PB	0.06	0.08	0.28	0.66	0.92
	GF	0.06	0.12	0.29	0.66	0.91
$g=10,\ b=3$ n_3 $(\sigma_{11}^2,\cdots,\sigma_{10,3}^2)$	检验	$\gamma=(\gamma_{11},\cdots,\gamma_{10,3})$ 0	γ_2	$2\gamma_2$	$3\gamma_2$	$4\gamma_2$
σ_3^2	PB	0.05	0.08	0.25	0.60	0.90
	GF	0.05	0.11	0.25	0.62	0.90
σ_4^2	PB	0.05	0.08	0.20	0.50	0.84
	GF	0.06	0.10	0.24	0.51	0.86
n_4						
σ_3^2	PB	0.04	0.09	0.29	0.71	0.94
	GF	0.04	0.10	0.31	0.70	0.96
σ_4^2	PB	0.05	0.08	0.23	0.60	0.90
	GF	0.06	0.09	0.26	0.63	0.92

注: $n_1=(15_6,20_6,25_6)$, $n_2=(15,16,17,18,19,20,21,22,23,24,25,26,27,28,29,30,31,32)$, $n_3=(15_{10},20_{10},25_{10})$, $n_4=(15_2,16_2,17_2,18_2,19_2,20_2,21,22,23,24,25,26,27_2,28_2,29_2,30_2,31_2,32_2)$; $\sigma_1^2=(0.1_2,0.2_2,0.3_2,0.4_2,0.5_2,0.6_2,0.7_2,0.8_2,0.9,1.0)$, $\sigma_2^2=(0.9,0.8,0.7,0.6,0.5,0.4,0.3,0.2,0.1,0.9,0.8,0.7,0.6,0.5,0.4,0.3,0.2,0.1)$, $\sigma_3^2=(0.1_4,0.2_4,0.3_3,0.4_3,0.5_3,0.6_3,0.7_3,0.8_4,0.9_4)$, $\sigma_4^2=(1,0.9,0.8,0.7,0.6,0.5,0.4,0.3,0.2,0.1,1,0.9,0.8,0.7,0.6,0.5,0.4,0.3,0.2,0.1,1,0.9,0.8,0.7,0.6,0.5,0.4,0.3,0.2,0.1)$; $\gamma_1=(0_2,-0.1_2,0.1_2,0.2_2,0.3_2,0.4_2,0.5_2,0.6_2,0.7_2)$, $\gamma_2=(0_{12},-0.1_2,0.1_2,0.2_2,0.3_2,0.4_2,0.5_2,0.6_2,0.7_2,0.8_2)$.

4.4 两因子套分类模型

4.4.1 引言

上一节讨论的两向分类模型的特点是, 所涉及的因子 A 和 B 的任意两个水平都会相遇, 故也称之为两向交叉分类模型. 但在另一些情形下, 例如因子 B 的某些水平只在因子 A 的一个水平下出现, 称之为套分类模型. 在许多统计学的实际应用领域, 经常会遇到带有套设计的方差分析问题. 经典的假设也是方差齐性, 则经典 F 检验也是不存在的, 其只能提供近似的解. 因此本节目的是在两级套分类模型中考虑两种套效应的检验问题.

因为根据 Ananda(1995) 对非平衡异方差下两因子套设计分类模型的 GF 检验的模拟研究发现, 其第一类错误概率会远远超过给定的名义水平. 因此, 需要我们进一步提供一种在非平衡异方差情形下也能很好地控制一类错误概率的检验方法. 本节将进一步利用前面 PB 检验构造思想, 提供该模型中的一种有效的 PB 检验方法, 并且通过模拟比较研究和实际数据例子来说明我们的方法的优良性.

4.4.2 检验方法

考虑带有因子 A 和 B 的两因子套设计模型. 假设对应于因子 A 共有 a 个因子水平, 嵌套在因子 A 的第 i 个水平下有因子 B 的 b_i 个水平 $(i=1,\cdots,a)$, 因此对应因子 B 的嵌套效应总共有 $b=\sum_{i=1}^{a} b_i$ 个水平. 令 n_{ij} 表示对应于嵌套在因子 A 的第 i 个水平下因子 B 的第 j 个水平下的随机样本容量, $i=1,\cdots,a$; $j=1,\cdots,b_i$. 而 $Y_{ijk}(i=1,\cdots,a;\ j=1,\cdots,b_i, k=1,\cdots,n_{ij})$ 表示这些随机变量, y_{ijk} 表示这些随机变量的观测值. 为了使每个小单元总体下的样本方差可以计算, 假设 $n_{ij}>1$.

考虑带有异方差的两因子套设计模型:

$$\begin{aligned} Y_{ijk} &= \mu+\alpha_i+\beta_{ij}+e_{ijk}, \\ e_{ijk} &\sim N(0,\sigma_{ij}^2),\ i=1,\cdots,a;\ j=1,\cdots,b_i;\ k=1,\cdots,n_{ij}, \end{aligned} \tag{4.4.1}$$

这里 μ 是总平均值, α_i 是对应于因子 A 的第 i 个水平的效应, β_{ij} 对应于嵌套在因子 A 的第 i 个水平下因子 B 的第 j 个水平的效应, e_{ijk} 是实验的随机误差.

记

$$Y_{ij}=(Y_{ij1},\cdots,Y_{ijn_{ij}})^{\mathrm{T}},\quad Y=(Y_{11}^{\mathrm{T}},\cdots,Y_{1b_1}^{\mathrm{T}},Y_{21}^{\mathrm{T}},\cdots,Y_{2b_2}^{\mathrm{T}},\cdots,Y_{a1}^{\mathrm{T}},\cdots,Y_{ab_a}^{\mathrm{T}})^{\mathrm{T}},$$
$$\alpha=(\alpha_1,\cdots,\alpha_a)^{\mathrm{T}},\quad \beta=(\beta_{11},\cdots,\beta_{1b_1},\cdots,\beta_{a1},\cdots,\beta_{ab_a})^{\mathrm{T}},$$

模型 (4.4.1) 可以写成

$$Y = 1_{n_{..}}\mu + \mathrm{diag}(1_{n_{1.}}, \cdots, 1_{n_{a.}})\alpha + \mathrm{diag}(1_{n_{11}}, \cdots, 1_{n_{1b_1}}, \cdots, 1_{n_{a1}}, \cdots, 1_{n_{ab_a}})\beta + e, \tag{4.4.2}$$

向量 $n_{i.} = \sum_{j=1}^{b_i} n_{ij}$, $n_{..} = \sum_{i=1}^{a}\sum_{j=1}^{b_i} n_{ij}$, e 的定义类似于 Y, $\mathrm{diag}(A_1, \cdots, A_a)$ 表示对角块元为 $A_1, \cdots, A_a$ 的块对角矩阵.

为了使模型中的参数 μ, α_i 和 β_{ij} 被唯一定义, 我们需要有下面的约束

$$\sum_{i=1}^{a} w_i\alpha_i = 0, \quad \sum_{j=1}^{b_i} v_{ij}\beta_{ij} = 0, \tag{4.4.3}$$

向量 $(w_1, \cdots, w_a)$ 和 $(v_{ij}, \cdots, v_{ib_i})$ 是非负权重, 满足 $\sum_{i=1}^{a} w_i > 0$ 和 $\sum_{j=1}^{b_i} v_{ij} > 0$ 对每个 i 都成立.

现在, 我们感兴趣的是检验下面的假设

$$H_{0\beta}: \beta_{ij} = 0,\ i = 1, \cdots, a;\ j = 1, \cdots, b_i \tag{4.4.4}$$

对它的自然的备择假设. 因子 A 的效应将在下一小节考虑.

第 ij 个处理下的样本均值和样本方差分别记为 $\bar{Y}_{ij}$ 和 S_{ij}^2, $i = 1, \cdots, a$; $j = 1, \cdots, b_i$, 其中

$$\bar{Y}_{ij} = \frac{1}{n_{ij}}\sum_{k=1}^{n_{ij}} Y_{ijk} \quad 和 \quad S_{ij}^2 = \frac{1}{n_{ij}-1}\sum_{k=1}^{n_{ij}}(Y_{ijk} - \bar{Y}_{ij})^2.$$

这些随机变量的观测值分别记为 $\bar{y}_{ij}$ 和 s_{ij}^2, $i = 1, \cdots, a$; $j = 1, \cdots, b_i$. 由模型 (4.4.1), $\bar{Y}_{ij}$ 服从下面的模型

$$\begin{aligned} \bar{Y}_{ij} &= \mu + \alpha_i + \beta_{ij} + \bar{e}_{ij}, \\ \bar{e}_{ij} &\sim N\left(0, \sigma_{ij}^2/n_{ij}\right),\ i = 1, \cdots, a;\ j = 1, \cdots, b_i, \end{aligned} \tag{4.4.5}$$

这里 $\bar{e}_{ij} = \frac{1}{n_{ij}}\sum_{k=1}^{n_{ij}} e_{ijk}$.

记 $\bar{Y} = (\bar{Y}_{11}, \cdots, \bar{Y}_{1b_1}, \cdots, \bar{Y}_{a1}, \cdots, \bar{Y}_{ab_a})^{\mathrm{T}}$, $\bar{e} = (\bar{e}_{11}, \cdots, \bar{e}_{1b_1}, \cdots, \bar{e}_{a1}, \cdots, \bar{e}_{ab_a})^{\mathrm{T}}$, 模型 (4.4.5) 可以写成矩阵形式

$$\bar{Y} = 1_b\mu + \mathrm{diag}(1_{b_1}, \cdots, 1_{b_a})\alpha + \beta + \bar{e}, \quad \bar{e} \sim N(0, \Sigma), \tag{4.4.6}$$

这里 $\Sigma = \mathrm{diag}\left(\sigma_{11}^2/n_{11}, \cdots, \sigma_{1b_1}^2/n_{1b_1}, \cdots, \sigma_{a1}^2/n_{a1}, \cdots, \sigma_{ab_a}^2/n_{ab_a}\right)$.

定义对应因子 B 的标准化平方和

$$\tilde{S}_\beta\left(\bar{Y}_{11}, \bar{Y}_{12}, \cdots, \bar{Y}_{ab_a}; \sigma_{11}^2, \sigma_{12}^2, \cdots, \sigma_{ab_a}^2\right) = \sum_{i=1}^{a}\sum_{j=1}^{b_i} \frac{n_{ij}}{\sigma_{ij}^2}\left(\bar{Y}_{ij} - \hat{\mu} - \hat{\alpha}_i\right)^2, \tag{4.4.7}$$

这里 $\hat{\mu}$ 和 $\hat{\alpha}_i$ 是在约束条件 (4.4.3) 下 μ 和 α_i 满足如下二次型

$$\tilde{S}\left(\bar{Y}_{11}, \bar{Y}_{12}, \cdots, \bar{Y}_{ab_a}; \sigma_{11}^2, \sigma_{12}^2, \cdots, \sigma_{ab_a}^2\right) = \sum_{i=1}^{a}\sum_{j=1}^{b_i} \frac{n_{ij}}{\sigma_{ij}^2}\left(\bar{Y}_{ij} - \mu - \alpha_i\right)^2 \tag{4.4.8}$$

的解.

具体地, 记 $\theta = (\mu, \alpha_1, \cdots, \alpha_a)^{\mathrm{T}}$ 和 $\hat{\theta} = (\hat{\mu}, \hat{\alpha}_1, \cdots, \hat{\alpha}_a)^{\mathrm{T}}$, 根据 Wang 和 Chow (1994) 中定理 5.2.5, 我们有

$$\hat{\theta} = (\hat{\mu}, \hat{\alpha}_1, \cdots, \hat{\alpha}_a)^{\mathrm{T}} = (X^{\mathrm{T}}\Sigma^{-1}X + L^{\mathrm{T}}L)^{-1}X^{\mathrm{T}}\Sigma^{-1}\bar{Y}, \tag{4.4.9}$$

这里 $X = (1_b, \mathrm{diag}(1_{b_1}, \cdots, 1_{b_a}))$, $L = (0, w_1, \cdots, w_a)$.

可以证明

$$\begin{aligned}
&\tilde{S}_\beta\left(\bar{Y}_{11}, \bar{Y}_{12}, \cdots, \bar{Y}_{ab_a}; \sigma_{11}^2, \sigma_{12}^2, \cdots, \sigma_{ab_a}^2\right) \\
=&\sum_{i=1}^{a}\sum_{j=1}^{b_i} \frac{n_{ij}}{\sigma_{ij}^2}\left(\bar{Y}_{ij} - \hat{\mu} - \hat{\alpha}_i\right)^2 \\
=&\bar{Y}^{\mathrm{T}}\Sigma^{-1/2}\left(I - \Sigma^{-1/2}X(X^{\mathrm{T}}\Sigma^{-1}X)^{-}X^{\mathrm{T}}\Sigma^{-1/2}\right)\Sigma^{-1/2}\bar{Y}.
\end{aligned} \tag{4.4.10}$$

因此, $\tilde{S}_\beta\left(\bar{Y}_{11}, \bar{Y}_{12}, \cdots, \bar{Y}_{ab_a}; \sigma_{11}^2, \sigma_{12}^2, \cdots, \sigma_{ab_a}^2\right)$ 不依赖于权重矩阵 L.

若 σ_{ij}^2 是已知的, 检验 (4.4.4) 的一个自然统计量为 $\tilde{S}_\beta(\bar{Y}_{11}, \bar{Y}_{12}, \cdots, \bar{Y}_{ab_a}; \sigma_{11}^2, \sigma_{12}^2, \cdots, \sigma_{ab_a}^2)$. 事实上, $\Sigma^{-1/2}\bar{Y} \sim N\left(\Sigma^{-1/2}\mu, I_b\right)$, $C = (I - \Sigma^{-1/2}X(X^{\mathrm{T}}\Sigma^{-1}X)^{-}X^{\mathrm{T}}\Sigma^{-1/2})$ 是秩为 $b-a$ 的对称幂等阵, 则

$$\bar{Y}^{\mathrm{T}}\Sigma^{-1/2}C\Sigma^{-1/2}\bar{Y} \sim \chi_{b-a}^2\left(\mu^{\mathrm{T}}\Sigma^{-1/2}C\Sigma^{-1/2}\mu\right),$$

这里 $\mu = (\mu_{11}, \mu_{12}, \cdots, \mu_{ab_a})^{\mathrm{T}}$, $\mu_{ij} = \mu + \alpha_i + \beta_{ij}$. 当 $\beta_{11} = \beta_{12} = \cdots = \beta_{ab_a}$ 时, 非中心参数

$$\mu^{\mathrm{T}}\Sigma^{-1/2}C\Sigma^{-1/2}\mu$$

等于 0. 记 $\bar{y} = (\bar{y}_{11}, \bar{y}_{12}, \cdots, \bar{y}_{ab_a})^{\mathrm{T}}$ 是 $\bar{Y}$ 的观测值. 那么, 当

$$\tilde{S}_\beta\left(\bar{y}_{11}, \bar{y}_{12}, \cdots, \bar{y}_{ab_a}; \sigma_{11}^2, \sigma_{12}^2, \cdots, \sigma_{ab_a}^2\right) > \chi_{b-a,\lambda}^2$$

时拒绝 (4.4.4) 中的 $H_{0\beta}$ 是一个水平为 λ 的精确检验.

一般情况下, 方差 σ_{ij}^2 是未知的; 此时, 可以分别将 (4.1.0) 式中的 σ_{ij}^2 用样本方差 S_{ij}^2 替换, $i=1,\cdots,a; j=1\cdots,b_i$, 得到检验统计量

$$\begin{aligned}&\tilde{S}_\beta\left(\bar{Y}_{11},\bar{Y}_{12},\cdots,\bar{Y}_{ab_a};S_{11}^2,S_{12}^2,\cdots,S_{ab_a}^2\right)\\=&\bar{Y}^{\mathrm{T}}S^{-1/2}\left(I-S^{-1/2}X(X^{\mathrm{T}}S^{-1}X)^{-}X^{\mathrm{T}}S^{-1/2}\right)S^{-1/2}\bar{Y},\end{aligned}\tag{4.4.11}$$

这里 $S=\operatorname{diag}\left(S_{11}^2/n_{11},S_{12}^2/n_{12},\cdots,S_{ab_a}^2/n_{ab_a}\right)$.

接下来, 我们分别描述 Ananda(1995) 的 GF 检验和 PB 检验.

1. GF 检验

我们首先提供 Ananda(1995) 的 GF 检验. 一个广义检验变量定义为

$$\begin{aligned}GV&=\frac{\tilde{S}_\beta\left(\bar{Y}_{11},\bar{Y}_{12},\cdots,\bar{Y}_{ab_a};\sigma_{11}^2,\sigma_{12}^2,\cdots,\sigma_{ab_a}^2\right)}{\tilde{S}_\beta\left(\bar{y}_{11},\bar{y}_{12},\cdots,\bar{y}_{ab_a};\sigma_{11}^2s_{11}^2/S_{11}^2,\sigma_{12}^2s_{12}^2/S_{12}^2,\cdots,\sigma_{ab_a}^2s_{ab_a}^2/S_{ab_a}^2\right)}\\&=\frac{\tilde{S}_\beta\left(\bar{Y}_{11},\cdots,\bar{Y}_{ab_a};\sigma_{11}^2,\cdots,\sigma_{ab_a}^2\right)}{\tilde{S}_\beta\left(\bar{y}_{11},\cdots,\bar{y}_{ab_a};(n_{11}-1)s_{11}^2/U_{11},\cdots,(n_{ab_a}-1)s_{ab_a}^2/U_{ab_a}\right)},\end{aligned}$$

这里 $U_{11},\cdots,U_{ab_a}$ 是相互独立的随机变量, 有分布 $U_{ij}=(n_{ij}-1)S_{ij}^2/\sigma_{ij}^2\sim\chi_{n_{ij}-1}^2$, $i=1,\cdots,g; j=1,\cdots,b_i$. 进一步, $\tilde{S}_\beta\left(\bar{Y}_{11},\cdots,\bar{Y}_{ab_a};\sigma_{11}^2,\cdots,\sigma_{ab_a}^2\right)\sim\chi_{b-a}^2$, 且和 $U_{11},\cdots,U_{ab_a}$ 相互独立. GV 的观测值定义为 GV 在 $(\bar{Y}_{11},\cdots,\bar{Y}_{ab_a};S_{11}^2,\cdots,S_{ab_a}^2)=(\bar{y}_{11},\cdots,\bar{y}_{ab_a};s_{11}^2,\cdots,s_{ab_a}^2)$ 时的取值, 且该观测值为 1. 因此, 对给定的 $\left(\bar{y}_{11},\cdots,\bar{y}_{ab_a};s_{11}^2,\cdots,s_{ab_a}^2\right)$, 广义 p 值定义为

$$\begin{aligned}p&=P\left(GV>1|H_{0\beta}\right)\\&=P\left(\frac{\chi_{b-a}^2}{\tilde{S}_\beta\left(\bar{y}_{11},\cdots,\bar{y}_{ab_a};(n_{11}-1)s_{11}^2/U_{11},\cdots,(n_{ab_a}-1)s_{ab_a}^2/U_{ab_a}\right)}>1\right).\end{aligned}\tag{4.4.12}$$

GF 检验的法则就是: 当 (4.4.12) 式中的广义 p 值小于给定的名义水平 λ 时, 拒绝 (4.4.4) 式中的零假设.

2. PB 检验 (Xu, Mei, Chen, Guo, Wang, 2014)

注意到在 $H_{0\beta}$ 下, 向量 $\bar{Y}$ 的期望为 $X\theta$, 这里 $\theta=(\mu,\alpha_1,\cdots,\alpha_a)^{\mathrm{T}}$. 因为检验统计量 (4.4.11) 在位置变换群 $\mathcal{G}=\{\bar{Y}+X\eta,\eta\in\mathbb{R}^{a+1}\}$ 下具有不变性, 不失一般性, 我们取 $X\theta=0$. 利用该事实, PB 枢轴量的构造方法如下.

对给定的 $\left(\bar{y}_{11},\cdots,\bar{y}_{ab_a};s_{11}^2,\cdots,s_{ab_a}^2\right)$, 令

$$\bar{Y}_{\mathrm{B}ij}\sim N\left(0,s_{ij}^2/n_{ij}\right)\quad 和\quad S_{\mathrm{B}ij}^2\sim s_{ij}^2\chi_{n_{ij}-1}^2/(n_{ij}-1),\quad i=1,\cdots,a;j=1,\cdots,b_i,$$

那么基于检验统计量 (4.4.11) 的 PB 枢轴量定义为

$$
\begin{aligned}
&\tilde{S}_{\beta B}\left(\bar{Y}_{B11},\bar{Y}_{B12},\cdots,\bar{Y}_{Bab_a};S_{B11}^2,S_{B12}^2,\cdots,S_{Bab_a}^2\right)\\
&=\bar{Y}_B^{\mathrm{T}}S_B^{-1/2}\left(I-S_B^{-1/2}X(X^{\mathrm{T}}S_B^{-1}X)^{-}X^{\mathrm{T}}S_B^{-1/2}\right)S_B^{-1/2}\bar{Y}_B,
\end{aligned}
\tag{4.4.13}
$$

这里 $\bar{Y}_B=(\bar{Y}_{B11},\bar{Y}_{B12},\cdots,\bar{Y}_{Bab_a})^{\mathrm{T}}$, $S_B=\mathrm{diag}\left(S_{B11}^2/n_{11},S_{B12}^2/n_{12},\cdots,S_{Bab_a}^2/n_{ab_a}\right)$.

对给定的显著性水平 λ, PB 检验法则是: 当

$$
P\left(\tilde{S}_{\beta B}\left(\bar{Y}_{B11},\bar{Y}_{B12},\cdots,\bar{Y}_{Bab_a};S_{B11}^2,S_{B12}^2,\cdots,S_{Bab_a}^2\right)>\tilde{s}_\beta\right)<\lambda \tag{4.4.14}
$$

时拒绝 (4.4.4) 式中的 $H_{0\beta}$, 这里

$$
\tilde{s}_\beta=\tilde{S}_\beta\left(\bar{y}_{11},\bar{y}_{12},\cdots,\bar{y}_{ab_a};s_{11}^2,s_{12}^2,\cdots,s_{ab_a}^2\right)
$$

是 $\tilde{S}_\beta\left(\bar{Y}_{11},\bar{Y}_{12},\cdots,\bar{Y}_{ab_a};S_{11}^2,S_{12}^2,\cdots,S_{ab_a}^2\right)$ 的观测值.

对于给定的 $(\bar{y}_{11},\bar{y}_{12},\cdots,\bar{y}_{ab_a};s_{11}^2,s_{12}^2,\cdots,s_{ab_a}^2)$, 上面概率不依赖于任何未知参数, 所以可以使用下面的 Monte Carlo 算法得到其估计值.

算法 4.4.1 对给定的 $(n_{11},n_{12},\cdots,n_{ab_a})$, $(\bar{y}_{11},\bar{y}_{12},\cdots,\bar{y}_{ab_a})$ 和 $(s_{11}^2,s_{12}^2,\cdots,s_{ab_a}^2)$:

计算 (4.4.11) 式中的 $\tilde{S}_\beta\left(\bar{y}_{11},\bar{y}_{12},\cdots,\bar{y}_{ab_a};s_{11}^2,s_{12}^2,\cdots,s_{ab_a}^2\right)$, 并记其为 $\tilde{s}_\beta$.
对 $k=1,\cdots,m$, 生成 $\bar{Y}_{Bij}\sim N\left(0,s_{ij}^2/n_{ij}\right)$ 和
$S_{Bij}^2\sim s_{ij}^2\chi_{n_{ij}-1}^2/(n_{ij}-1),\quad i=1,\cdots,a,j=1,\cdots,b_i$,
利用 (4.4.13) 计算 $\tilde{S}_{\beta B}\left(\bar{Y}_{B11},\bar{Y}_{B12},\cdots,\bar{Y}_{Bab_a};S_{B11}^2,S_{B12}^2,\cdots,S_{Bab_a}^2\right)$.
若 $\tilde{S}_{\beta B}\left(\bar{Y}_{B11},\bar{Y}_{B12},\cdots,\bar{Y}_{Bab_a};S_{B11}^2,S_{B12}^2,\cdots,S_{Bab_a}^2\right)>\tilde{s}_\beta$, 设置 $Q_k=1$.
(结束循环)
那么 $(1/m)\sum_{k=1}^m Q_k$ 是 (4.4.14) 式中的 PB p 值的一个 Monte Carlo 估计值.

4.4.3 因子 A 的效应检验

当因子 B 的套效应存在时, α_i 不能完全反映出因子水平 A_i 的效应, 因为它还依赖于因子 B 处在哪个水平下. 此时如 Searle(1971) 所述, 对该问题的一个流行解法是: 不考虑检验 $\alpha_i=0$, 而是考虑如下的假设检验问题

$$
H_0:\ \alpha_i+\beta_{ij}=0,\quad i=1,\cdots,a;\ j=1,\cdots,b_i. \tag{4.4.15}
$$

下面我们将会看到, 假设 (4.4.15) 的检验问题等价于比较 $b=\sum_{i=1}^a b_i$ 个异方差的正态总体均值的问题 (Krishnamoorthy, Lu, Mathew, 2007).

具体思路是, 若 σ_{ij}^2 是已知的, 检验假设 (4.4.15) 的一个自然检验统计量为

$$
\begin{aligned}
&\tilde{S}_\alpha\left(\bar{Y}_{11},\bar{Y}_{12},\cdots,\bar{Y}_{ab_a};\sigma_{11}^2,\sigma_{12}^2,\cdots,\sigma_{ab_a}^2\right)\\
&=\sum_{i=1}^{a}\sum_{j=1}^{b_i}\frac{n_{ij}}{\sigma_{ij}^2}\left[\bar{Y}_{ij}-\frac{\sum_{i=1}^{a}\sum_{j=1}^{b_i}\left(n_{ij}\bar{Y}_{ij}/\sigma_{ij}^2\right)}{\sum_{i=1}^{a}\sum_{j=1}^{b_i}\left(n_{ij}/\sigma_{ij}^2\right)}\right]^2\\
&=\bar{Y}^{\mathrm{T}}\Sigma^{-1/2}\left(I_b-\Sigma^{-1/2}1_b(1_b^{\mathrm{T}}\Sigma^{-1}1_b)^{-1}1_b^{\mathrm{T}}\Sigma^{-1/2}\right)\Sigma^{-1/2}\bar{Y}. \qquad (4.4.16)
\end{aligned}
$$

因为 $\Sigma^{-1/2}\bar{Y}\sim N\left(\Sigma^{-1/2}\mu,I_b\right)$, $C_1=\left(I_b-\Sigma^{-1/2}1_b(1_b^{\mathrm{T}}\Sigma^{-1}1_b)^{-1}1_b^{\mathrm{T}}\Sigma^{-1/2}\right)$ 是秩为 $b-1$ 的对称幂等阵, 我们有

$$
\bar{Y}^{\mathrm{T}}\Sigma^{-1/2}C_1\Sigma^{-1/2}\bar{Y}\sim\chi_{b-1}^2\left(\mu^{\mathrm{T}}\Sigma^{-1/2}C_1\Sigma^{-1/2}\mu\right),
$$

这里 $\mu=(\mu_{11},\mu_{12},\cdots,\mu_{ab_a})^{\mathrm{T}}$, $\mu_{ij}=\mu+\alpha_i+\beta_{ij}$. 当 $\alpha_i+\beta_{ij}=0$ 时, $i=1,\cdots,a$; $j=1,\cdots,b_i$, 非中心参数

$$
\mu^{\mathrm{T}}\Sigma^{-1/2}C_1\Sigma^{-1/2}\mu=0,
$$

这里 $\bar{y}=(\bar{y}_{11},\bar{y}_{12},\cdots,\bar{y}_{ab_a})^{\mathrm{T}}$ 是 $\bar{Y}$ 的观测值. 那么当

$$
\tilde{S}_\alpha\left(\bar{y}_{11},\bar{y}_{12},\cdots,\bar{y}_{ab_a};\sigma_{11}^2,\sigma_{12}^2,\cdots,\sigma_{ab_a}^2\right)>\chi_{b-1,\lambda}^2
$$

时, 就拒绝 (4.4.15) 式中 H_0 的检验是一个水平为 λ 的精确检验, 这里 $\chi_{m,\lambda}^2$ 表示自由度为 m 的中心卡方分布的上侧 λ 分位数.

在总体方差 σ_{ij}^2 未知时, 在 (4.4.16) 式中用样本方差 S_{ij}^2 代替 σ_{ij}^2, $i=1,\cdots,a$; $j=1\cdots,b_i$, 可以得到检验统计量

$$
\begin{aligned}
&\tilde{S}_\alpha\left(\bar{Y}_{11},\bar{Y}_{12},\cdots,\bar{Y}_{ab_a};S_{11}^2,S_{12}^2,\cdots,S_{ab_a}^2\right)\\
&=\bar{Y}^{\mathrm{T}}S^{-1/2}\left(I_b-S^{-1/2}1_b(1_b^{\mathrm{T}}S^{-1}1_b)^{-1}1_b^{\mathrm{T}}S^{-1/2}\right)S^{-1/2}\bar{Y}, \qquad (4.4.17)
\end{aligned}
$$

这里 $S=\mathrm{diag}\left(S_{11}^2/n_{11},S_{12}^2/n_{12},\cdots,S_{ab_a}^2/n_{ab_a}\right)$.

接下来我们描述 Weerahandi(1995) 的 GF 检验和我们的 PB 检验.

1. GF 检验

一个广义检验变量定义为

$$
\begin{aligned}
GV_1&=\frac{\tilde{S}_\alpha\left(\bar{Y}_{11},\bar{Y}_{12},\cdots,\bar{Y}_{ab_a};\sigma_{11}^2,\sigma_{12}^2,\cdots,\sigma_{ab_a}^2\right)}{\tilde{S}_\alpha\left(\bar{y}_{11},\bar{y}_{12},\cdots,\bar{y}_{ab_a};\sigma_{11}^2s_{11}^2/S_{11}^2,\sigma_{12}^2s_{12}^2/S_{12}^2,\cdots,\sigma_{ab_a}^2s_{ab_a}^2/S_{ab_a}^2\right)}\\
&=\frac{\tilde{S}_\alpha\left(\bar{Y}_{11},\cdots,\bar{Y}_{ab_a};\sigma_{11}^2,\cdots,\sigma_{ab_a}^2\right)}{\tilde{S}_\alpha\left(\bar{y}_{11},\cdots,\bar{y}_{ab_a};(n_{11}-1)s_{11}^2/U_{11},\cdots,(n_{ab_a}-1)s_{ab_a}^2/U_{ab_a}\right)},
\end{aligned}
$$

这里 $U_{11},\cdots,U_{ab_a}$ 都是相互独立的随机变量, 带有分布 $U_{ij}=(n_{ij}-1)S_{ij}^2/\sigma_{ij}^2\sim\chi_{n_{ij}-1}^2$, $i=1,\cdots,a;j=1,\cdots,b_i$. 进一步, $\tilde{S}_\alpha\left(\bar{Y}_{11},\cdots,\bar{Y}_{ab_a};\sigma_{11}^2,\cdots,\sigma_{ab_a}^2\right)\sim\chi_{b-1}^2$ 且和 $U_{11},\cdots,U_{ab_a}$ 相互独立. GV_1 的观测值为 1. 因此, 对给定的 $\Big(\bar{y}_{11},\cdots,\bar{y}_{ab_a};s_{11}^2,\cdots,s_{ab_a}^2\Big)$, 广义 p 值定义为

$$
\begin{aligned}
p&=P\left(GV_1>1|H_0\right)\\
&=P\left(\frac{\chi_{b-1}^2}{\tilde{S}_\alpha\left(\bar{y}_{11},\cdots,\bar{y}_{ab_a};(n_{11}-1)s_{11}^2/U_{11},\cdots,(n_{ab_a}-1)s_{ab_a}^2/U_{ab_a}\right)}>1\right).
\end{aligned}
\tag{4.4.18}
$$

GF 检验法则是: 当式 (4.4.18) 中的广义 p 值小于给定的显著性水平 λ 时, 拒绝 (4.4.16) 式中的零假设. 注意到, 对于给定的 $(\bar{y}_{11},\cdots,\bar{y}_{ab_a};s_{11}^2,\cdots,s_{ab_a}^2)$, (4.4.18) 式中的概率不依赖于任何未知参数, 所以可以用下面的 Monte Carlo 算法来计算此概率值.

2. PB 检验

当 H_0 成立时, $\bar{Y}$ 有期望 $1_b\mu$. 因为 (4.4.17) 式中的检验统计量在变换群 $\mathcal{G}=\{\bar{Y}+1_b\eta,\eta\in\mathbb{R}\}$ 下是位置不变的, 不失一般性, 我们取 $1_b\mu=0$. 利用这些事实, 具体的 PB 枢轴量构造方法如下.

对给定的 $\left(\bar{y}_{11},\bar{y}_{12},\cdots,\bar{y}_{ab_a};s_{11}^2,s_{12}^2,\cdots,s_{ab_a}^2\right)$, 令

$$
\bar{Y}_{\mathrm{B}ij}\sim N\left(0,s_{ij}^2/n_{ij}\right)\quad 和\quad S_{Bij}^2\sim s_{ij}^2\chi_{n_{ij}-1}^2/(n_{ij}-1),\quad i=1,\cdots,a;j=1,\cdots,b_i.
$$

那么基于 (4.4.17) 式中的检验统计量的 PB 枢轴量定义为

$$
\begin{aligned}
&\tilde{S}_{\alpha B}\left(\bar{Y}_{B11},\bar{Y}_{B12},\cdots,\bar{Y}_{Bab_a};S_{B11}^2,S_{B12}^2,\cdots,S_{Bab_a}^2\right)\\
&=\bar{Y}_B^{\mathrm{T}}S_B^{-1/2}\left(I-S_B^{-1/2}X(X^{\mathrm{T}}S_B^{-1}X)^{-}X^{\mathrm{T}}S_B^{-1/2}\right)S_B^{-1/2}\bar{Y}_B,
\end{aligned}
\tag{4.4.19}
$$

这里

$$
\bar{Y}_B=(\bar{Y}_{B11},\bar{Y}_{B12},\cdots,\bar{Y}_{Bab_a})^{\mathrm{T}},\quad S_B=\mathrm{diag}\Big(S_{B11}^2/n_{11},S_{B12}^2/n_{12},\cdots,S_{Bab_a}^2/n_{ab_a}\Big).
$$

对给定的显著性水平 λ, PB 检验法则是: 当

$$
P\left(\tilde{S}_{\alpha B}\left(\bar{Y}_{B11},\bar{Y}_{B12},\cdots,\bar{Y}_{Bab_a};S_{B11}^2,S_{B12}^2,\cdots,S_{Bab_a}^2\right)>\tilde{s}_\alpha\right)<\lambda \tag{4.4.20}
$$

时, 拒绝 (4.4.15) 式中的 H_0, 这里

$$
\tilde{s}_\alpha=\tilde{S}_\alpha\left(\bar{y}_{11},\bar{y}_{12},\cdots,\bar{y}_{ab_a};s_{11}^2,s_{12}^2,\cdots,s_{ab_a}^2\right)
$$

是 $\tilde{S}_\alpha\left(\bar{Y}_{11},\bar{Y}_{12},\cdots,\bar{Y}_{ab_a};S_{11}^2,S_{12}^2,\cdots,S_{ab_a}^2\right)$ 的一个观测值. 对固定的 $(\bar{y}_{11},\bar{y}_{12},\cdots,\bar{y}_{ab_a};s_{11}^2,s_{12}^2,\cdots,s_{ab_a}^2)$, 上面概率不依赖于任何未知参数, 故可以使用下面的 Monte Carlo 模拟算法求出估计值.

算法 4.4.2 对给定的 $(n_{11},n_{12},\cdots,n_{ab_a}),(\bar{y}_{11},\bar{y}_{12},\cdots,\bar{y}_{ab_a})$, $(s_{11}^2,s_{12}^2,\cdots,s_{ab_a}^2)$:

计算 (4.4.17) 式中的 $\tilde{S}_\alpha\left(\bar{y}_{11},\bar{y}_{12},\cdots,\bar{y}_{ab_a};s_{11}^2,s_{12}^2,\cdots,s_{ab_a}^2\right)$, 并记其为 $\tilde{s}_\alpha$.

对 $k=1,\cdots,m$, 生成

$$\bar{Y}_{Bij}\sim N\left(0,s_{ij}^2/n_{ij}\right) \quad 和 \quad S_{Bij}^2\sim s_{ij}^2\chi_{n_{ij}-1}^2/(n_{ij}-1),\quad i=1,\cdots,a;j=1,\cdots,b_i,$$

利用 (4.4.19) 计算 $\tilde{S}_{\alpha B}\left(\bar{Y}_{B11},\bar{Y}_{B12},\cdots,\bar{Y}_{Bab_a};S_{B11}^2,S_{B12}^2,\cdots,S_{Bab_a}^2\right)$,

若 $\tilde{S}_{\alpha B}\left(\bar{Y}_{B11},\bar{Y}_{B12},\cdots,\bar{Y}_{Bab_a};S_{B11}^2,S_{B12}^2,\cdots,S_{Bab_a}^2\right)>\tilde{s}_\alpha$, 设置 $Q_k=1$.

(结束循环)

则 $(1/m)\sum_{k=1}^m Q_k$ 是 (4.4.20) 式中的 PB p 值的一个 Monte Carlo 估计值.

4.4.4 模拟研究

正如我们在 4.4.3 小节指出的, 检验假设 (4.4.15) 等价于比较异方差下 $b=\sum_{i=1}^a b_i$ 个正态总体均值的相等性问题 (Krishnamoorthy, Lu, Mathew, 2007). 由此, 我们将只考虑因子 B 的套效应存在性检验问题的模拟比较研究.

易见, GF 检验和 PB 检验都具有位置-刻度变换不变性, 故在模拟研究中可取 $X\theta=0$, $\gamma_{11}=\cdots=\gamma_{ab_a}=0$ 及 $0<\sigma_{ij}^2\leqslant 1$, $i=1,\cdots,a;j=1,\cdots,b_i$. 因此, 样本统计量 $\bar{y}_{ij}$ 和 s_{ij}^2 将独立地由分布 $\bar{y}_{ij}\sim N(0,\sigma_{ij}^2)$ 和 $s_{ij}^2\sim\sigma_{ij}^2\chi_{n_{ij}-1}^2/(n_{ij}-1)$ 生成, $0<\sigma_{ij}^2\leqslant 1$, $i=1,\cdots,a;j=1,\cdots,b_i$.

为了顾及 F 检验和 PB 检验的第一类错误概率, 我们需要使用两步的模拟计算. 具体实施步骤如下.

对给定的样本容量和参数设置, 我们生成了 5000 个观测向量 $(\bar{y}_{11},\bar{y}_{12},\cdots,\bar{y}_{ab_a};s_{11}^2,s_{12}^2,\cdots,s_{ab_a}^2)$, 对每个向量, 相应的 (4.4.11) 式中的观测值 $\tilde{s}_\beta$ 被计算. 然后对每个计算的 $\tilde{s}_\beta$, 我们再使用 2500 次循环去估计 (4.4.14) 式中的 p 值.

最后, PB 检验的第一类错误概率用 5000 个 p 值中小于给定的名义水平 λ 的比率来估计. GF 检验的第一类错误概率可以类似地估计. 每种检验都是在名义水平 $\lambda=0.05$ 下执行的. 具体的计算是在 MATLAB 环境中实现的.

在表 4.4.1 中, 我们分别在 $a=2$, $b_1=3,b_2=4$; $a=6$, $b_1=3,b_2=4,b_3=5$, $b_1=3,b_2=4,b_3=5$; $a=10$, $b_1=3,b_2=4,b_3=5,b_4=6$, $b_5=3,b_6=4,b_7=5,b_8=6$, $b_9=3,b_{10}=4$ 的情形下提供了两种检验的第一类错误概率, 样本容量从小到中等大小变化取值. 我们可以从表 4.4.1 中观察到下面的结果.

表 4.4.1 两种检验模拟的第一类错误概率

$a=2,\ b_1=3,b_2=4$	n_1		n_2		n_3		n_4	
$\sigma^2=(\sigma_{11}^2,\cdots,\sigma_{24}^2)$	PB	GF	PB	GF	PB	GF	PB	GF
σ_1^2	0.04	0.07	0.05	0.04	0.04	0.05	0.05	0.06
σ_2^2	0.04	0.05	0.05	0.05	0.04	0.05	0.05	0.06
σ_3^2	0.04	0.07	0.05	0.07	0.04	0.07	0.04	0.07
σ_4^2	0.04	0.05	0.05	0.05	0.04	0.05	0.05	0.06
σ_5^2	0.04	0.06	0.05	0.06	0.04	0.06	0.05	0.06
σ_6^2	0.05	0.08	0.05	0.07	0.04	0.08	0.05	0.06
$a=6,\ b_1=3,b_2=4,b_3=5,$ $b_4=3,b_5=4,b_6=5,$	n_5		n_6		n_7		n_8	
$\sigma^2=(\sigma_{11}^2,\cdots,\sigma_{65}^2)$	PB	GF	PB	GF	PB	GF	PB	GF
σ_7^2	0.04	0.15	0.05	0.08	0.03	0.18	0.05	0.11
σ_8^2	0.05	0.14	0.04	0.08	0.03	0.15	0.04	0.10
σ_9^2	0.04	0.15	0.05	0.10	0.04	0.15	0.04	0.11
σ_{10}^2	0.04	0.15	0.05	0.08	0.03	0.18	0.04	0.11
σ_{11}^2	0.04	0.14	0.05	0.08	0.04	0.15	0.05	0.11
σ_{12}^2	0.04	0.16	0.05	0.11	0.03	0.14	0.05	0.11
$a=10,\ b_1=3,b_2=4,b_3=5,$ $b_4=6,b_5=3,b_6=4,b_7=5,$ $b_8=6,b_9=3,b_{10}=4,$	n_9		n_{10}		n_{11}		n_{12}	
$\sigma^2=(\sigma_{11}^2,\cdots,\sigma_{10,3}^2)$	PB	GF	PB	GF	PB	GF	PB	GF
σ_{13}^2	0.03	0.24	0.05	0.11	0.03	0.27	0.04	0.12
σ_{14}^2	0.03	0.22	0.04	0.12	0.03	0.23	0.03	0.13
σ_{15}^2	0.05	0.25	0.05	0.12	0.04	0.27	0.05	0.14
σ_{16}^2	0.03	0.24	0.05	0.13	0.03	0.26	0.04	0.13
σ_{17}^2	0.03	0.23	0.03	0.12	0.03	0.26	0.05	0.15
σ_{18}^2	0.04	0.24	0.05	0.11	0.04	0.24	0.04	0.15

注: $n_1=(5)_7$, $n_2=(10)_7$, $n_3=(3_2,4,5,6,7_2)$, $n_4=(4,6,8,10,12,16,20)$, $n_5=(5)_{24}$, $n_6=(10)_{24}$, $n_7=(3_6,4_6,5_6,6_6)$, $n_8=(4_4,6_4,8_4,12_4,16_4,20_4)$, $n_9=(5_{43})$, $n_{10}=(10_{43})$, $n_{11}=(3_8,4_9,5_9,6_9,7_8)$, $n_{12}=(4_7,6_7,8_8,12_7,16_7,20_7)$; $\sigma_1^2=(1)_7$, $\sigma_2^2=(0.1_3,0.5_4)$, $\sigma_3^2=(1_3,0.5_4)$, $\sigma_4^2=(0.1,0.2,0.3,0.4,0.5,0.6,1)$, $\sigma_5^2=(0.3,0.9,0.4,0.7,0.5,0.8,1)$, $\sigma_6^2=(0.01,0.1_5,1)$, $\sigma_7^2=(1)_{24}$, $\sigma_8^2=(0.1_3,0.2_3,0.3_2,0.4_2,0.5_2,0.6_2,0.7_2,0.8_2,0.9_3,1_3)$, $\sigma_9^2=(0.1,0.2,0.3,0.4,0.5,0.6,0.7,0.8)_3$, $\sigma_{10}^2=(0.1_{23},1)$, $\sigma_{11}^2=(0.9,0.8,0.7,0.6,0.5,0.4)_4$, $\sigma_{12}^2=(0.01_4,0.05_4,0.1_4,0.5_4,0.6_4,0.8_3,1)$, $\sigma_{13}^2=(1)_{43}$, $\sigma_{14}^2=(0.1_5,0.2_5,0.3_4,0.4_5,0.5_5,0.6_4,0.7_3,0.8_4,0.9_4,1_4)$, $\sigma_{15}^2=((0.1,0.2,0.3,0.4,0.5,1)_7,0.1)$, $\sigma_{16}^2=(0.1_{39},1,1,1,1)$, $\sigma_{17}^2=((1,0.9,0.8,0.7,0.6,0.5,0.4,0.3,0.2,0.1)_4,1,0.9,0.8)$, $\sigma_{18}^2=(0.01_6,0.05_6,0.1_6,0.5_6,0.6_6,0.8_6,1_7)$.

(1) 表 4.4.1 的数值结果表明, PB 检验模拟的第一类错误概率在所有情形下都不超过名义水平.

(2) 对于 $a=10,\ b_1=3, b_2=4, b_3=5, b_4=6,\ b_5=3, b_6=4, b_7=5, b_8=6,\ b_9=3, b_{10}=4$, 我们看到 PB 检验能满意地控制第一类错误概率. 而 GF 检验在名义水平 $\lambda=0.05$ 下的第一类错误概率可能和 0.27 一样大, 表明对中等值的 a, GF 检验不能很好地控制第一类错误概率.

4.4.5 两因子套设计模型随机套效应检验

考虑带有随机套效应的两因子套设计模型:

$$\begin{aligned} &Y_{ijk}=\mu+\alpha_i+\beta_{ij}+e_{ijk},\\ &\beta_{ij}\sim N(0,\sigma_\beta^2),\quad e_{ijk}\sim N(0,\sigma_{ij}^2),\\ &i=1,\cdots,a;\ j=1,\cdots,b_i;\ k=1,\cdots,n_{ij}, \end{aligned} \tag{4.4.21}$$

这里 μ 是总平均值, α_i 是对应于因子 A 的第 i 个水平的效应, β_{ij} 对应于嵌套在因子 A 的第 i 个水平下因子 B 的第 j 个水平的随机效应, e_{ijk} 是试验的随机误差, 且 β_{ij} 和 e_{ijk} 是相互独立的随机变量. 前面所带有的样本均值 $\bar{Y}_{ij}$ 和样本方差 S_{ij}^2 组成充分统计量, 带有分布

$$\bar{Y}_{ij}\sim N\left(X\theta,\sigma_\beta^2+\frac{\sigma_{ij}^2}{n_{ij}}\right)\quad 和\quad S_{ij}^2\sim\frac{\sigma_{ij}^2\chi_{n_{ij}-1}^2}{n_{ij}-1},$$

且它们都是相互独立的.

我们将提出的问题是检验假设

$$H_0:\sigma_\beta^2=0\quad \text{vs.}\quad H_1:\sigma_\beta^2>0.$$

若 H_0 被拒绝, 我们说因子 B 的随机套效应是不显著的.

类似于 4.3 节, 可以证明 4.4.2 小节导出的固定效应模型的相应检验也是一个 σ_β^2 的合适的检验. 详细内容可参见 4.3 节.

4.4.6 实例分析

Khuri(1990) 给出了关于几个工厂的生产线工人效率方面的研究. 首先随机地选择三个工厂, 从每个工厂随机地选四个生产线和三名工人. 工人的效率得分可以参见 Khuri 和 Mathew(1998) 的表 5.1. 该数据源于 Milliken 和 Jonhnson(1984). Khuri 和 Mathew(1998) 考虑的模型表达式为

$$\begin{aligned} &Y_{ijls}=\mu+\alpha_i+\beta_{i(j)}+\delta_{i(l)}+(\beta\delta)_{i(jl)}+e_{ijls},\\ &i=1,2,3;\ j=1,2,3,4;\ l=1,2,3;\ s=1,2,\cdots,n_{ijl}, \end{aligned} \tag{4.4.22}$$

这里 μ 是总平均, α_i 是第 i 个工厂的效应, $\beta_{i(j)}$ 是套在第 i 个工厂的第 j 个场地效应, $\delta_{i(l)}$ 套在第 i 个工厂的第 l 个工人的效应, $(\beta\delta)_{i(jl)}$ 套在第 i 个工厂的第 j 个

场地和第 l 个工人的交互效应, $e_{ijls} \sim N(0,\sigma_e^2)$ 表示随机误差项. 在这个模型中, μ 是固定效应, 其余的效应考虑为随机效应, 带有通常正态性和独立性分布假设.

如果目标仅仅是去检验场地效应的存在性, 我们可以从模型 (4.4.22) 得到一个不同的模型. 为了去说明我们的方法, 我们考虑下面的带有随机效应和异方差的两因子套模型:

$$\begin{aligned} &Y_{ijk} = \mu + \alpha_i + \beta_{ij} + e_{ijk}, \\ &\beta_{ij} \sim N(0,\sigma_\beta^2),\ e_{ijk} \sim N(0,\sigma_{ij}^2), \\ &i = 1,2,3;\ j = 1,2,3,4; k = 1,2,\cdots,n_{ij}, \end{aligned} \tag{4.4.23}$$

这里 $n_{ij} = \sum_{l=1}^{3} n_{ijl}$, μ 是总平均值, α_i 是对应于第 i 个工厂的固定效应, β_{ij} 是套在第 i 个工厂的第 j 个场地的随机效应, e_{ijk} 是试验误差项. 注意到模型 (4.4.23) 是一个混合方差分析模型. 关于固定还是随机效应问题的详细讨论可以参见 Searle 和 Casella(2006).

要检验的假设为 H_0 : $\sigma_\beta^2 = 0$. 若 H_0 未被拒绝, 我们说场地对应的随机套效应是不显著的.

通过分析工厂的效率得分数据, 表 4.4.2 提供了相关的统计量值. 本例的目的是显示当观测到的样本方差差异很大时正适合使用提供的 PB 解来做统计推断. 注意到该模型顾及不同场地有不同的观测数, 而样本方差的确是具有非常大差异.

表 4.4.2 样本容量、样本均值和样本方差值

n_{ij}	11	11	7	8	5	14	13	15	10	7	8	9
$\bar{y}_{ij}$	97.29	96.28	97.24	100.11	80.38	85.14	87.78	81.49	100.14	95.86	91.70	96.14
s_{ij}^2	20.90	71.15	24.90	52.91	18.50	127.56	44.87	10.70	55.79	5.69	23.11	62.29

下面我们使用前面提供的两个检验方法去检验零假设 H_0 : $\sigma_\beta^2 = 0$. 在名义水平 $\lambda = 0.05$ 下, 使用 50000 次循环去计算 PB 检验和 GF 检验的 p 值. 计算出的相应的 p 值分别为 $p_{\mathrm{PB}} = 0.068$ 和 $p_{\mathrm{GF}} = 0.030$. 首先, 我们观察到, 根据 PB 检验的 p 值, 我们的决定是不拒绝零假设 H_0 : $\sigma_\beta^2 = 0$. 这个结果和 Khuri Mathew(1998) 报告的结果一致. 但是, GF 检验的则拒绝该零假设. 可见, 它们提供了非常不同的 p 值.

4.5 三因子套分类模型

4.5.1 引言

考虑三个因子 A, B 和 C, 这里因子 B 嵌套在因子 A 中, 因子 C 则嵌套在因子 B 中. 假设因子 A 的第 i 个水平下有因子 B 的 b_i 个水平, 因子 B 的第 ij 个水

平下有因子 C 的 c_{ij} 个水平, 因子 C 的每个水平下抽取 n_{ijk} 个观测. 这是一个三向非平衡的套设计, 常常在科学应用的许多领域中会遇到. 为了数学上处理的简单性, 经常做方差齐性假设. 这时会遇到前面相同的问题. 因此, 本节将利用 PB 检验方法构造无须方差齐性假设下的有效检验方法.

在接下来的内容中, 我们首先三因子非平衡套设计模型中固定嵌套效应存在性的 PB 检验方法, 并和 GF 检验进行比较研究. 另外的一些套效应的 PB 检验、Monte Carlo 模拟研究和实际数据的例子也分别给出.

4.5.2 三因子套设计中固定效应的检验

假设对应于因子 A 的套效应有 a 个因子水平, 假设对应于因子 B 的套效应共有 $b=\sum_{i=1}^{a} b_i$ 个因子水平, 其中 b_i 是因子 B 嵌套在因子 A 的第 i 个水平下的水平数, 因子 C 则嵌套在因子 B 中共有 $c=\sum_{i=1}^{a}\sum_{j=1}^{b_i} c_{ij}$ 个水平, 其中 c_{ij} 是因子 C 嵌套在因子 B 的第 ij 个水平下的水平数, $i=1,\cdots,a;\ j=1,\cdots,b_i$. 进一步, 假设在 C 的每个水平下获得 n_{ijk} 个随机样本. 用 $Y_{ijkm}(i=1,\cdots,a;\ j=1,\cdots,b_i;\ k=1,\cdots,c_{ij};\ m=1,\cdots,n_{ijk})$ 表示这些样本, y_{ijkm} 表示这些样本的观测值. 为了样本方差可以计算, 我们还假设 $n_{ijk}>1$.

考虑异方差非平衡情形下的三因子套模型:

$$Y_{ijkm}=\mu+\alpha_i+\beta_{ij}+\delta_{ijk}+e_{ijkm}, \tag{4.5.1}$$

$$e_{ijkm}\sim N(0,\sigma_{ijk}^2),\ i=1,\cdots,a;\ j=1,\cdots,b_i;\ k=1,\cdots,c_{ij};\ m=1,\cdots,n_{ijk},$$

这里 μ 是总平均, α_i 是因子 A 的第 i 个水平下的效应, β_{ij} 是因子 B 的嵌套在因子 A 的第 i 个水平下的第 j 个效应, δ_{ijk} 因子 C 的嵌套在因子 B 的第 ij 个水平下的第 k 个效应, e_{ijkm} 是随机的试验误差项.

记

$$Y_{ijk}=(Y_{ijk1},\cdots,Y_{ijkn_{ijk}})^{\mathrm{T}},\quad Y_{ij}=(Y_{ij1}^{\mathrm{T}},\cdots,Y_{ijc_{ij}}^{\mathrm{T}})^{\mathrm{T}},$$

$$Y=(Y_{11}^{\mathrm{T}},\cdots,Y_{1b_1}^{\mathrm{T}},Y_{21}^{\mathrm{T}},\cdots,Y_{2b_2}^{\mathrm{T}},\cdots,Y_{a1}^{\mathrm{T}},\cdots,Y_{ab_a}^{\mathrm{T}})^{\mathrm{T}},$$

$$\alpha=(\alpha_1,\cdots,\alpha_a)^{\mathrm{T}},\quad \beta=(\beta_{11},\cdots,\beta_{1b_1},\cdots,\beta_{a1},\cdots,\beta_{ab_a})^{\mathrm{T}},$$

$$\delta=(\delta_{111},\cdots,\delta_{11c_{11}},\cdots,\delta_{ab_a1},\cdots,\delta_{ab_ac_{ab_a}})^{\mathrm{T}},$$

则模型 (4.5.1) 写成矩阵形式为

$$Y=1_{n_{\dots}}\mu+Z_1\alpha+Z_2\beta+Z_3\delta+e, \tag{4.5.2}$$

这里 $Z_1=\mathrm{diag}(1_{n_{1..}},\cdots,1_{n_{a..}}),Z_2=\mathrm{diag}(1_{n_{11.}},\cdots,1_{n_{1b_1.}},\cdots,1_{n_{ab_1.}},\cdots,1_{n_{ab_a.}})$, $Z_3=\mathrm{diag}(1_{n_{111}},\cdots,1_{n_{11c_{11}}},\cdots,1_{n_{ab_a1}},\cdots,1_{n_{ab_ac_{ab_a}}})$, $n_{ij.}=\sum_{k=1}^{c_{ij}} n_{ijk}$, $n_{i..}=$

$\sum_{j=1}^{b_i}\sum_{k=1}^{c_{ij}} n_{ijk}$, $n_{...}=\sum_{i=1}^{a}\sum_{j=1}^{b_i}\sum_{k=1}^{c_{ij}} n_{ijk}$, e 的定义形式类似于 Y.

为了使 μ, α_i, β_{ij} 和 δ_{ijk} 有唯一的定义, 我们需要下面的约束

$$\sum_{i=1}^{a} u_i\alpha_i=0, \quad \sum_{j=1}^{b_i} v_{ij}\beta_{ij}=0 \quad \text{和} \quad \sum_{k=1}^{c_{ij}} w_{ijk}\delta_{ijk}=0, \quad \text{对所有 } i,j, \tag{4.5.3}$$

这里 $u_1,\cdots,u_a$, $v_{ij},\cdots,v_{ib_i}$ 和 $w_{ij1},\cdots,w_{ijc_{ij}}$ 是非负的权重, 满足 $\sum_{i=1}^{a} u_i>0$, $\sum_{j=1}^{b_i} v_{ij}>0$ 和 $\sum_{k=1}^{c_{ij}} w_{ijk}>0$, 对所有的 i 和 j.

本节我们感兴趣的是检验下面的零假设

$$H_{0\delta}:\delta_{ijk}=0,\ i=1,\cdots,a,\ j=1,\cdots,b_i;\ k=1,\cdots,c_{ij}, \tag{4.5.4}$$

对它自然的备择假设. 因子 A 和 B 的检验将在下一小节考虑.

第 ijk 个处理组下的样本均值和样本方差分别记为 $\bar{Y}_{ijk}$ 和 S_{ijk}^2, $i=1,\cdots,a$; $j=1,\cdots,b_i$; $k=1,\cdots,c_{ij}$, 这里

$$\bar{Y}_{ijk}=\frac{1}{n_{ijk}}\sum_{m=1}^{n_{ijk}} Y_{ijkm} \quad \text{和} \quad S_{ijk}^2=\frac{1}{n_{ijk}-1}\sum_{m=1}^{n_{ijk}}(Y_{ijkm}-\bar{Y}_{ijk})^2.$$

这些随机变量的观测值分别记为 $\bar{y}_{ijk}$ 和 s_{ijk}^2, $i=1,\cdots,a$; $j=1,\cdots,b_i$; $k=1,\cdots,c_{ij}$. 由模型 (4.5.1), $\bar{Y}_{ijk}$ 服从的模型是

$$\bar{Y}_{ijk}=\mu+\alpha_i+\beta_{ij}+\delta_{ijk}+\bar{e}_{ijk}, \tag{4.5.5}$$
$$\bar{e}_{ijk}\sim N\left(0,\sigma_{ijk}^2/n_{ijk}\right), \quad i=1,\cdots,a;\ j=1,\cdots,b_i; k=1,\cdots,c_{ij},$$

这里 $\bar{e}_{ijk}=\frac{1}{n_{ijk}}\sum_{m=1}^{n_{ijk}} e_{ijkm}$. 记 $\bar{Y}=(\bar{Y}_{111},\cdots,\bar{Y}_{11c_{11}},\cdots,\bar{Y}_{ab_a1},\cdots,\bar{Y}_{ab_ac_{ab_a}})^{\mathrm{T}}$, 和 $\bar{e}=(\bar{e}_{111},\cdots,\bar{e}_{11c_{11}},\cdots,\bar{e}_{ab_a1},\cdots,\bar{e}_{ab_ac_{ab_a}})^{\mathrm{T}}$, 模型 (4.5.5) 可以写成

$$\bar{Y}=1_c\mu+X_1\alpha+X_2\beta+\delta+\bar{e}, \qquad \bar{e}\sim N(0,\Sigma), \tag{4.5.6}$$

这里 $\Sigma=\mathrm{diag}\left(\sigma_{111}^2/n_{111},\cdots,\sigma_{11c_{11}}^2/n_{11c_{11}},\cdots,\sigma_{ab_a1}^2/n_{ab_a1},\cdots,\sigma_{ab_ac_{ab_a}}^2/n_{ab_ac_{ab_a}}\right)$, $X_1=\mathrm{diag}(1_{c_{1.}},\cdots,1_{c_{a.}})$, $c_{i.}=\sum_{j=1}^{b_i} c_{ij}$, $i=1,2,\cdots,a$, $X_2=\mathrm{diag}(1_{c_{11}},\cdots,1_{c_{1b_1}},\cdots,1_{c_{a1}},\cdots,1_{c_{ab_a}})$.

定义因子 C 的标准化平方和

$$\tilde{S}_\delta\left(\bar{Y}_{111},\cdots,\bar{Y}_{ab_ac_{ab_a}};\sigma_{111}^2,\cdots,\sigma_{ab_ac_{ab_a}}^2\right)=\sum_{i=1}^{a}\sum_{j=1}^{b_i}\sum_{k=1}^{c_{ij}}\frac{n_{ijk}}{\sigma_{ijk}^2}\left(\bar{Y}_{ijk}-\hat{\mu}-\hat{\alpha}_i-\hat{\beta}_{ij}\right)^2, \tag{4.5.7}$$

这里 $\hat{\mu}$, $\hat{\alpha}_i$ 和 $\hat{\beta}_{ij}$ 是在 (4.5.3) 式中的约束下, μ, α_i 和 β_{ij} 极小化下面二次型

$$\tilde{S}\left(\bar{Y}_{111},\cdots,\bar{Y}_{ab_ac_{ab_a}};\sigma^2_{111},\cdots,\sigma^2_{ab_ac_{ab_a}}\right)=\sum_{i=1}^{a}\sum_{j=1}^{b_i}\sum_{k=1}^{c_{ij}}\frac{n_{ijk}}{\sigma^2_{ijk}}\left(\bar{Y}_{ijk}-\mu-\alpha_i-\beta_{ij}\right)^2 \tag{4.5.8}$$

的解.

事实上, 令 $\theta=(\mu,\alpha_1,\cdots,\alpha_a,\beta_{11},\cdots,\beta_{ab_a})^{\mathrm{T}}$ 和 $\hat{\theta}=(\hat{\mu},\hat{\alpha}_1,\cdots,\hat{\alpha}_a,\hat{\beta}_{11},\cdots,\hat{\beta}_{ab_a})^{\mathrm{T}}$, 根据 Wang 和 Chow(1994) 中的定理 5.2.5, 我们有

$$\hat{\theta}=(X^{\mathrm{T}}\Sigma^{-1}X+L^{\mathrm{T}}L)^{-1}X^{\mathrm{T}}\Sigma^{-1}\bar{Y}, \tag{4.5.9}$$

这里 $X=(1_c,X_1,X_2)$ 和

$$L=\begin{pmatrix}0 & u_1 & \cdots & u_a & 0 & \cdots & 0 & 0 & \cdots & 0 & 0 & \cdots & 0\\ 0 & 0 & \cdots & 0 & v_{11} & \cdots & v_{1b_1} & 0 & \cdots & 0 & 0 & \cdots & 0\\ \vdots & \vdots & & \vdots & \vdots & & \vdots & \vdots & & \vdots & \vdots & & \vdots\\ 0 & 0 & \cdots & 0 & 0 & \cdots & 0 & 0 & \cdots & 0 & v_{a1} & \cdots & v_{ab_a}\end{pmatrix}.$$

可以证明

$$\begin{aligned}&\tilde{S}_\delta\left(\bar{Y}_{111},\cdots,\bar{Y}_{ab_ac_{ab_a}};\sigma^2_{111},\cdots,\sigma^2_{ab_ac_{ab_a}}\right)\\ =&\sum_{i=1}^{a}\sum_{j=1}^{b_i}\sum_{k=1}^{c_{ij}}\frac{n_{ijk}}{\sigma^2_{ijk}}\left(\bar{Y}_{ijk}-\hat{\mu}-\hat{\alpha}_i-\hat{\beta}_{ij}\right)^2\\ =&\bar{Y}^{\mathrm{T}}\Sigma^{-1/2}\left(I-\Sigma^{-1/2}X(X^{\mathrm{T}}\Sigma^{-1}X)^{-}X^{\mathrm{T}}\Sigma^{-1/2}\right)\Sigma^{-1/2}\bar{Y}.\end{aligned} \tag{4.5.10}$$

因此, $\tilde{S}_\delta\left(\bar{Y}_{111},\cdots,\bar{Y}_{ab_ac_{ab_a}};\sigma^2_{111},\cdots,\sigma^2_{ab_ac_{ab_a}}\right)$ 不依赖于权重矩阵 L. 若 σ^2_{ijk} 已知, 则检验 (4.5.4) 的一个自然的检验统计量是 $\tilde{S}_\delta\left(\bar{Y}_{111},\cdots,\bar{Y}_{ab_ac_{ab_a}};\sigma^2_{111},\cdots,\sigma^2_{ab_ac_{ab_a}}\right)$.

因为实际当中 σ^2_{ijk} 一般是未知的; 此时我们可以在 (4.5.10) 式中用样本方差 S^2_{ijk} 去替换总体方差 σ^2_{ijk}, , $i=1,\cdots,a;j=1,\cdots,b_i;k=1,\cdots,c_{ij}$ 得到一个检验统计量

$$\begin{aligned}&\tilde{S}_\delta\left(\bar{Y}_{111},\cdots,\bar{Y}_{ab_ac_{ab_a}};S^2_{111},\cdots,S^2_{ab_ac_{ab_a}}\right)\\ =&\bar{Y}^{\mathrm{T}}S^{-1/2}\left(I-S^{-1/2}X(X^{\mathrm{T}}S^{-1}X)^{-}X^{\mathrm{T}}S^{-1/2}\right)S^{-1/2}\bar{Y},\end{aligned} \tag{4.5.11}$$

这里 $S=\mathrm{diag}\left(S^2_{111}/n_{111},\cdots,S^2_{ab_ac_{ab_a}}/n_{ab_ac_{ab_a}}\right)$.

接下来, 我们分别描述 Ananda(1995) 的 GF 检验和我们的 PB 检验.

1. GF 检验

我们现在描述 Ananda(1995) 的 GF 检验. 一个广义检验变量定义为

$$
\begin{aligned}
&GV\\
&=\frac{\tilde{S}_\delta\left(\bar{Y}_{111},\cdots,\bar{Y}_{ab_ac_{ab_a}};\sigma_{111}^2,\cdots,\sigma_{ab_ac_{ab_a}}^2\right)}{\tilde{S}_\delta\left(\bar{y}_{111},\cdots,\bar{y}_{ab_ac_{ab_a}};\sigma_{111}^2 s_{111}^2/S_{111}^2,\cdots,\sigma_{ab_ac_{ab_a}}^2 s_{ab_ac_{ab_a}}^2/S_{ab_ac_{ab_a}}^2\right)}\\
&=\frac{\tilde{S}_\delta\left(\bar{Y}_{111},\cdots,\bar{Y}_{ab_ac_{ab_a}};\sigma_{111}^2,\cdots,\sigma_{ab_ac_{ab_a}}^2\right)}{\tilde{S}_\delta\left(\bar{y}_{111},\cdots,\bar{y}_{ab_ac_{ab_a}};(n_{111}-1)s_{111}^2/U_{111},\cdots,(n_{ab_ac_{ab_a}}-1)s_{ab_ac_{ab_a}}^2/U_{ab_ac_{ab_a}}\right)},
\end{aligned}
$$

这里 $U_{111},\cdots,U_{ab_ac_{ab_a}}$ 是相互独立的随机变量, 有分布 $U_{ijk}=(n_{ijk}-1)S_{ijk}^2/\sigma_{ijk}^2\sim\chi_{n_{ijk}-1}^2$, $i=1,\cdots,a,j=1,\cdots,b_i,k=1,\cdots,c_{ij}$. 进一步, $\tilde{S}_\delta\left(\bar{Y}_{111},\cdots,\bar{Y}_{ab_ac_{ab_a}};\sigma_{111}^2,\cdots,\sigma_{ab_ac_{ab_a}}^2\right)\sim\chi_{c-b}^2$ 且和 $U_{111},\cdots,U_{ab_ac_{ab_a}}$ 相互独立. GV 的观测值定义为 GV 的变量 $\left(\bar{Y}_{111},\cdots,\bar{Y}_{ab_ac_{ab_a}};S_{111}^2,\cdots,S_{ab_ac_{ab_a}}^2\right)=\left(\bar{y}_{111},\cdots,\bar{y}_{ab_ac_{ab_a}};s_{111}^2,\cdots,s_{ab_ac_{ab_a}}^2\right)$ 时的函数取值, 且该值等于 1. 因此, 对给定的 $\left(\bar{y}_{111},\cdots,\bar{y}_{ab_ac_{ab_a}};s_{111}^2,\cdots,s_{ab_ac_{ab_a}}^2\right)$, 广义 p 值定义为

$$
\begin{aligned}
p&=P\left(GV>1|H_{0\delta}\right)\\
&=P\Big(\chi_{c-b}^2>\tilde{S}_\delta(\bar{y}_{111},\cdots,\bar{y}_{ab_ac_{ab_a}};(n_{111}-1)s_{111}^2/U_{111},\cdots,\\
&\qquad(n_{ab_ac_{ab_a}}-1)s_{ab_ac_{ab_a}}^2/U_{ab_ac_{ab_a}})\Big).
\end{aligned}\tag{4.5.12}
$$

GF 检验法则是: 当 (4.5.13) 式中的广义 p 值小于给定的名义水平 λ 时拒绝 (4.5.4) 式中的零假设.

注意到, 对给定的观测值 $\left(\bar{y}_{111},\cdots,\bar{y}_{ab_ac_{ab_a}};s_{111}^2,\cdots,s_{ab_ac_{ab_a}}^2\right)$, (4.5.13) 式中的概率不依赖于任何未知参数, 我们可以使用 Monte Carlo 模拟计算该值. 关于该广义 p 值的其他细节以及一些实例请参见 Ananda(1995).

2. PB 检验 (Xu et al., 2014)

在 $H_{0\delta}$ 下, 随机变量 $\bar{Y}$ 有均值 $X\theta$, 这里 $\theta=(\mu,\alpha_1,\cdots,\alpha_a,\beta_{11},\cdots,\beta_{ab_a})^{\mathrm{T}}$. 注意到 (4.5.11) 式中的检验统计量具有在位置变换群 $\mathcal{G}=\{\bar{Y}+X\zeta,\zeta\in\mathbb{R}^{a+b+1}\}$ 下的不变性, 不失一般性, 我们可以取 $X\theta=0$. 利用这些事实, 参数 bootstrap 枢轴量构造步骤如下.

对给定的一个观测值 $\left(\bar{y}_{111},\cdots,\bar{y}_{ab_ac_{ab_a}};s_{111}^2,\cdots,s_{ab_ac_{ab_a}}^2\right)$, 令

$$
\begin{gathered}
\bar{Y}_{Bijk}\sim N\left(0,s_{ijk}^2/n_{ijk}\right)\quad\text{和}\quad S_{Bijk}^2\sim s_{ijk}^2\chi_{n_{ijk}-1}^2/(n_{ijk}-1),\\
i=1,\cdots,a,j=1,\cdots,b_i,k=1,\cdots,c_{ij}.
\end{gathered}
$$

那么, 基于 (4.5.11) 式中的检验统计量的 PB 枢轴变量定义为

$$\begin{aligned}&\tilde{S}_{\delta B}\left(\bar{Y}_{B111},\cdots,\bar{Y}_{Bab_ac_{ab_a}};S^2_{B111},\cdots,S^2_{Bab_ac_{ab_a}}\right)\\&=\bar{Y}_B^{\mathrm{T}}S_B^{-1/2}\left(I-S_B^{-1/2}X(X^{\mathrm{T}}S_B^{-1}X)^{-}X^{\mathrm{T}}S_B^{-1/2}\right)S_B^{-1/2}\bar{Y}_B,\end{aligned}\tag{4.5.13}$$

这里 $\bar{Y}_B=(\bar{Y}_{B111},\cdots,\bar{Y}_{Bab_ac_{ab_a}})^{\mathrm{T}}$, $S_B=\mathrm{diag}\left(S^2_{B111}/n_{111},\cdots,\ S^2_{Bab_ac_{ab_a}}/n_{ab_ac_{ab_a}}\right)$.

对一个给定的显著性水平 λ, PB 检验法则是: 当

$$P\left(\tilde{S}_{\delta B}\left(\bar{Y}_{B111},\cdots,\bar{Y}_{Bab_ac_{ab_a}};S^2_{B111},\cdots,S^2_{Bab_ac_{ab_a}}\right)>\tilde{s}_\delta\right)<\lambda\tag{4.5.14}$$

成立时, 拒绝 (4.5.4) 式中的 $H_{0\delta}$, 这里

$$\tilde{s}_\delta=\tilde{S}_\delta\left(\bar{y}_{111},\cdots,\bar{y}_{ab_ac_{ab_a}};s^2_{111},\cdots,s^2_{ab_ac_{ab_a}}\right)$$

是 (4.5.11) 式中的检验统计量 $\tilde{S}_\delta\left(\bar{Y}_{111},\cdots,\bar{Y}_{ab_ac_{ab_a}};S^2_{111},\cdots,S^2_{ab_ac_{ab_a}}\right)$ 的观测值. 对于固定的 $(\bar{y}_{111},\cdots,\bar{y}_{ab_ac_{ab_a}};s^2_{111},\cdots,s^2_{ab_ac_{ab_a}})$, 上面概率不依赖于任何未知参数, 从而可以使用下面的 Monte Carlo 模拟算法给出估计值.

算法 4.5.1　对于一个给定的 $(n_{111},\cdots,n_{ab_ac_{ab_a}})$, $(\bar{y}_{111},\cdots,\bar{y}_{ab_ac_{ab_a}})$ 和 $(s^2_{111},\cdots,s^2_{ab_ac_{ab_a}})$:

计算 (4.5.11) 式中的检验统计量 $\tilde{S}_\delta\left(\bar{y}_{111},\cdots,\bar{y}_{ab_ac_{ab_a}};s^2_{111},\cdots,s^2_{ab_ac_{ab_a}}\right)$, 记其为 $\tilde{s}_\delta$.

对于 $g=1,\cdots,h$, 生成 $\bar{Y}_{Bijk}\sim N\left(0,s^2_{ijk}/n_{ijk}\right)$,

以及 $S^2_{Bijk}\sim s^2_{ijk}\chi^2_{n_{ijk}-1}/(n_{ijk}-1)$, $i=1,\cdots,a;j=1,\cdots,b_i;k=1,\cdots,c_{ij}$,

使用 (4.5.4) 式计算 $\tilde{S}_{\delta B}\left(\bar{Y}_{B111},\cdots,\bar{Y}_{Bab_ac_{ab_a}};S^2_{B111},\cdots,S^2_{Bab_ac_{ab_a}}\right)$,

若 $\tilde{S}_{\delta B}\left(\bar{Y}_{B111},\cdots,\bar{Y}_{Bab_ac_{ab_a}};S^2_{B111},\cdots,S^2_{Bab_ac_{ab_a}}\right)>\tilde{s}_\delta$, 设置 $Q_g=1$.

(结束循环)

那么, $(1/h)\sum_{g=1}^{h}Q_g$ 是 (4.5.1) 式中的 p 值的一个 Monte Carlo 估计值.

4.5.3　因子 A 和 B 的效应检验

当因子 C 的嵌套效应是存在的, 效应 β_{ij} 不能反映因子 B 的影响, 因为它还依赖于因子 C 处在何种水平下. 类似于前面的讨论, 一个流行的解决办法是, 我们在因子 C 的嵌套效应是存在时, 不考虑 $\beta_{ij}=0$ 的检验, 而是考虑去检验下面的零假设

$$H_0:\ \beta_{ij}+\delta_{ijk}=0,\quad i=1,\cdots,a;\ j=1,\cdots,b_i;k=1,\cdots,c_{ij}.\tag{4.5.15}$$

下面的讨论将会表明, 检验 (4.5.16) 式中的零假设问题等价于异方差性两因子套设计模型中的 $c=\sum_{i=1}^{a}\sum_{j=1}^{b_i}c_{ij}$ 个嵌套效应的存在性检验问题.

定义由因子 B 和它的嵌套效应 C 产生的标准化的平方和

$$\tilde{S}_\beta\left(\bar{Y}_{111},\cdots,\bar{Y}_{ab_ac_{ab_a}};\sigma_{111}^2,\cdots,\sigma_{ab_ac_{ab_a}}^2\right)=\sum_{i=1}^{a}\sum_{j=1}^{b_i}\sum_{k=1}^{c_{ij}}\frac{n_{ijk}}{\sigma_{ijk}^2}\left(\bar{Y}_{ijk}-\hat{\mu}-\hat{\alpha}_i\right)^2,$$

这里 $\hat{\mu}$ 和 $\hat{\alpha}_i$ 是在 (4.5.3) 式中的约束下, μ 和 α_i 最小化下面二次型

$$\tilde{S}_1\left(\bar{Y}_{111},\cdots,\bar{Y}_{ab_ac_{ab_a}};\sigma_{111}^2,\cdots,\sigma_{ab_ac_{ab_a}}^2\right)=\sum_{i=1}^{a}\sum_{j=1}^{b_i}\sum_{k=1}^{c_{ij}}\frac{n_{ijk}}{\sigma_{ijk}^2}\left(\bar{Y}_{ijk}-\mu-\alpha_i\right)^2$$

的解.

事实上, 若记 $\theta_1=(\mu,\alpha_1,\cdots,\alpha_a)^{\mathrm{T}}$ 和 $\hat{\theta}_1=(\hat{\mu},\hat{\alpha}_1,\cdots,\hat{\alpha}_a)^{\mathrm{T}}$, 根据 Wang 和 Chow(1994) 中的定理 5.2.5, 我们有

$$\hat{\theta}_1=(\hat{\mu},\hat{\alpha}_1,\cdots,\hat{\alpha}_a)^{\mathrm{T}}=(X_{c1}^{\mathrm{T}}\Sigma^{-1}X_{c1}+L_1^{\mathrm{T}}L_1)^{-1}X_{c1}^{\mathrm{T}}\Sigma^{-1}\bar{Y}, \tag{4.5.16}$$

这里 $X_{c1}=(1_c,X_1)$, $L_1=(0,u_1,\cdots,u_a)$. 可以证明

$$\begin{aligned}&\tilde{S}_\beta\left(\bar{Y}_{111},\cdots,\bar{Y}_{ab_ac_{ab_a}};\sigma_{111}^2,\cdots,\sigma_{ab_ac_{ab_a}}^2\right)\\=&\sum_{i=1}^{a}\sum_{j=1}^{b_i}\sum_{k=1}^{c_{ij}}\frac{n_{ijk}}{\sigma_{ijk}^2}\left(\bar{Y}_{ijk}-\hat{\mu}-\hat{\alpha}_i\right)^2\\=&\bar{Y}^{\mathrm{T}}\Sigma^{-1/2}\left(I_c-\Sigma^{-1/2}X_{c1}(X_{c1}^{\mathrm{T}}\Sigma^{-1}X_{c1})^{-}X_{c1}^{\mathrm{T}}\Sigma^{-1/2}\right)\Sigma^{-1/2}\bar{Y}.\end{aligned} \tag{4.5.17}$$

即 $\tilde{S}_\beta\left(\bar{Y}_{111},\cdots,\bar{Y}_{ab_ac_{ab_a}};\sigma_{111}^2,\cdots,\sigma_{ab_ac_{ab_a}}^2\right)$ 不依赖于权重矩阵 L_1. 若 σ_{ijk}^2 已知, 检验 (4.5.16) 式中零假设的一个自然检验统计量为 $\tilde{S}_\beta\left(\bar{Y}_{111},\cdots,\bar{Y}_{ab_ac_{ab_a}};\sigma_{111}^2,\cdots,\sigma_{ab_ac_{ab_a}}^2\right)$.

类似于前面, 一般总体方差 σ_{ijk}^2 是未知的; 此时, 用 S_{ijk}^2 替换 (4.5.18) 式中的 σ_{ijk}^2, $i=1,\cdots,a,j=1\cdots,b_i,k=1,\cdots,c_{ij}$, 得到一个合适的检验统计量

$$\begin{aligned}&\tilde{S}_\beta\left(\bar{Y}_{111},\cdots,\bar{Y}_{ab_ac_{ab_a}};S_{111}^2,\cdots,S_{ab_ac_{ab_a}}^2\right)\\=&\bar{Y}^{\mathrm{T}}S^{-1/2}\left(I_c-S^{-1/2}X_{c1}(X_{c1}^{\mathrm{T}}S^{-1}X_{c1})^{-}X_{c1}^{\mathrm{T}}S^{-1/2}\right)S^{-1/2}\bar{Y},\end{aligned} \tag{4.5.18}$$

这里 $S=\mathrm{diag}\left(S_{111}^2/n_{111},\cdots,S_{ab_ac_{ab_a}}^2/n_{ab_ac_{ab_a}}\right)$.

接下来, 我们给出 GF 检验和我们的 PB 检验.

1. GF 检验

一个广义检验变量定义为

$$
\begin{aligned}
&GV_1\\
&=\frac{\tilde{S}_\beta\left(\bar{Y}_{111},\cdots,\bar{Y}_{ab_ac_{ab_a}};\sigma_{111}^2,\cdots,\sigma_{ab_ac_{ab_a}}^2\right)}{\tilde{S}_\beta\left(\bar{y}_{111},\cdots,\bar{y}_{ab_ac_{ab_a}};\sigma_{111}^2 s_{111}^2/S_{111}^2,\cdots,\sigma_{ab_ac_{ab_a}}^2 s_{ab_ac_{ab_a}}^2/S_{ab_ac_{ab_a}}^2\right)}\\
&=\frac{\tilde{S}_\beta\left(\bar{Y}_{111},\cdots,\bar{Y}_{ab_ac_{ab_a}};S_{111}^2,\cdots,S_{ab_ac_{ab_a}}^2\right)}{\tilde{S}_\beta\left(\bar{y}_{111},\cdots,\bar{y}_{ab_ac_{ab_a}};(n_{111}-1)s_{111}^2/U_{111},\cdots,(n_{ab_ac_{ab_a}}-1)s_{ab_ac_{ab_a}}^2/U_{ab_ac_{ab_a}}\right)},
\end{aligned}
$$

这里 $U_{111},\cdots,U_{ab_ac_{ab_a}}$ 都是相互独立的随机变量, 且有分布 $U_{ijk}=(n_{ijk}-1)S_{ijk}^2/\sigma_{ijk}^2\sim\chi_{n_{ijk}-1}^2$, $i=1,\cdots,a,j=1,\cdots,b_i,k=1,\cdots,c_{ij}$. 进一步, $\tilde{S}_\beta\Big(\bar{Y}_{111},\cdots,\bar{Y}_{ab_ac_{ab_a}};S_{111}^2,\cdots,S_{ab_ac_{ab_a}}^2\Big)\sim\chi_{c-a}^2$, 且和 $U_{111},\cdots,U_{ab_ac_{ab_a}}$ 相互独立. GV_1 观测值也为 1. 因此, 对于给定的 $\left(\bar{y}_{111},\cdots,\bar{y}_{ab_ac_{ab_a}};s_{111}^2,\cdots,s_{ab_ac_{ab_a}}^2\right)$, 广义 p 值定义为

$$
\begin{aligned}
p&=P\left(GV_1>1|H_0\right)\\
&=P\Big(\chi_{c-a}^2>\tilde{S}_\beta(\bar{y}_{111},\cdots,\bar{y}_{ab_ac_{ab_a}};(n_{111}-1)s_{111}^2/U_{111},\cdots,\\
&\qquad(n_{ab_ac_{ab_a}}-1)s_{ab_ac_{ab_a}}^2/U_{ab_ac_{ab_a}})\Big).
\end{aligned}
\tag{4.5.19}
$$

GF 检验法则是: 当 (4.5.21) 式中的 p 值小于给定的显著性水平 λ 时, 拒绝 (4.5.16) 式中的零假设. 注意到, 对给定的 $\left(\bar{y}_{111},\cdots,\bar{y}_{ab_ac_{ab_a}};s_{111}^2,\cdots,s_{ab_ac_{ab_a}}^2\right)$, (4.5.21) 式中的概率不依赖于任何未知参数, 实际中可以使用与前面类似的 Monte Carlo 模拟算法求出其估计值.

2. PB 检验

因为在 (4.5.16) 式中的 H_0 下, $\bar{Y}$ 的均值为 $X_{c1}\theta_{c1}$, 这里 $\theta_{c1}=(\mu,\alpha_1,\cdots,\alpha_a)^{\mathrm{T}}$. 因为 (4.5.19)式中的检验统计量在位置变换群 $\mathcal{G}=\{\bar{Y}+X_{c1}\nu,\nu\in\mathbb{R}^{a+1}\}$ 下具有变换不变性, 不失一般性, 我们取 $X_{c1}\theta_{c1}=0$. 因此, 该问题的参数 bootstrap 枢轴量构造步骤如下. 对给定的 $\left(\bar{y}_{111},\cdots,\bar{y}_{ab_ac_{ab_a}};s_{111}^2,\cdots,s_{ab_ac_{ab_a}}^2\right)$, 令

$$
\begin{aligned}
&\bar{Y}_{Bijk}\sim N\left(0,s_{ijk}^2/n_{ijk}\right),\\
&S_{Bijk}^2\sim s_{ijk}^2\chi_{n_{ijk}-1}^2/(n_{ijk}-1),\quad i=1,\cdots,a,j=1,\cdots,b_i,k=1,\cdots,c_{ij}.
\end{aligned}
$$

那么, 基于 (4.5.19) 式中的检验统计量的 PB 枢轴变量定义为

$$\begin{aligned}&\tilde{S}_{\beta B}\left(\bar{Y}_{B111},\cdots,\bar{Y}_{Bab_ac_{ab_a}};S_{B111}^2,\cdots,S_{Bab_ac_{ab_a}}^2\right)\\&=\bar{Y}_B^{\mathrm{T}}S_B^{-1/2}\left(I_c-S_B^{-1/2}X_{c1}(X_{c1}^{\mathrm{T}}S_B^{-1}X_{c1})^{-}X_{c1}^{\mathrm{T}}S_B^{-1/2}\right)S_B^{-1/2}\bar{Y}_B,\end{aligned}\tag{4.5.20}$$

这里 $\bar{Y}_B=(\bar{Y}_{B111},\cdots,\bar{Y}_{Bab_ac_{ab_a}})^{\mathrm{T}}$, $S_B=\mathrm{diag}\left(S_{111}^2/n_{111},\cdots,S_{ab_ac_{ab_a}}^2/n_{ab_ac_{ab_a}}\right)$. 对于给定的显著性水平 λ, PB 检验法则是: 当

$$P\left(\tilde{S}_{\beta B}\left(\bar{Y}_{B111},\cdots,\bar{Y}_{Bab_ac_{ab_a}};S_{B111}^2,\cdots,S_{Bab_ac_{ab_a}}^2\right)>\tilde{s}_\beta\right)<\lambda \tag{4.5.21}$$

时, 拒绝 (4.5.16) 式中的 H_0, 这里

$$\tilde{s}_\beta=\tilde{S}_\beta\left(\bar{y}_{111},\cdots,\bar{y}_{ab_ac_{ab_a}};s_{111}^2,\cdots,s_{ab_ac_{ab_a}}^2\right)$$

是 (4.5.19) 式中的检验统计量$\tilde{S}_\beta\left(\bar{Y}_{111},\cdots,\bar{Y}_{ab_ac_{ab_a}};S_{111}^2,\cdots,S_{ab_ac_{ab_a}}^2\right)$ 的观测值. 给定 $(\bar{y}_{111},\cdots,\bar{y}_{ab_ac_{ab_a}};s_{111}^2,\cdots,s_{ab_ac_{ab_a}}^2)$, 此概率不依赖于任何的未知参数, 实际中可以用下面的 Monte Carlo 模拟算法提供估计值.

算法 4.5.2 对给定的 $(n_{111},\cdots,n_{ab_ac_{ab_a}}),(\bar{y}_{111},\cdots,\bar{y}_{ab_ac_{ab_a}})$ 和 $(s_{111}^2,\cdots,s_{ab_ac_{ab_a}}^2)$:

计算 (4.5.19) 式中的检验统计量 $\tilde{S}_\beta\left(\bar{y}_{111},\cdots,\bar{y}_{ab_ac_{ab_a}};s_{111}^2,\cdots,s_{ab_ac_{ab_a}}^2\right)$, 记其为 $\tilde{s}_\beta$.

对 $g=1,\cdots,h$, 生成 $\bar{Y}_{Bijk}\sim N\left(0,s_{ijk}^2/n_{ijk}\right)$,

及 $S_{Bijk}^2\sim s_{ijk}^2\chi_{n_{ijk}-1}^2/(n_{ijk}-1),\ \ i=1,\cdots,a,j=1,\cdots,b_i,k=1,\cdots,c_{ij}$,

使用 (4.5.22) 计算 $\tilde{S}_{\beta B}\left(\bar{Y}_{B111},\cdots,\bar{Y}_{Bab_ac_{ab_a}};S_{B111}^2,\cdots,S_{Bab_ac_{ab_a}}^2\right)$,

若 $\tilde{S}_{\beta B}\left(\bar{Y}_{B111},\cdots,\bar{Y}_{Bab_ac_{ab_a}};S_{B111}^2,\cdots,S_{Bab_ac_{ab_a}}^2\right)>\tilde{s}_\beta$, 设置 $Q_g=1$.

(结束循环)

那么, $(1/h)\sum_{g=1}^h Q_g$ 是 (4.5.23) 式中的 p 值的一个 Monte Carlo 估计值.

类似地, 当因子 B 或 C 的效应存在时, 效应 α_i 也不能反映出因子的影响, 因为它依赖于因子 B 和 C 处在何种水平下. 如前所述, 此时我们不是去检验 $\alpha_i=0$, 而是去检验下面的零假设

$$H_0:\ \alpha_i+\beta_{ij}+\delta_{ijk}=0,\quad i=1,\cdots,a,\ j=1,\cdots,b_i,k=1,\cdots,c_{ij}. \tag{4.5.22}$$

可以知道, 检验 (4.5.24) 式中的零假设等价于比较异方差情形下 $c=\sum_{i=1}^a\sum_{j=1}^{b_i}c_{ij}$ 个正态总体均值的相等性问题.

4.5.4 模拟研究

如 4.5.3 小节指出的, 检验问题 (4.5.16) 等价于两因子非平衡套设计情形下检验 $c=\sum_{i=1}^{a}\sum_{j=1}^{b_i} c_{ij}$ 个嵌套效应. 而检验问题 (4.5.24) 等价于比较 $c=\sum_{i=1}^{a}\sum_{j=1}^{b_i} c_{ij}$ 个正态总体均值相等性问题. 由于这些原因, 我们仅仅研究因子 C 的嵌套效应的检验. 我们一般感兴趣的是研究较大处理组情形下, 两种检验的第一类错误概率和势函数的表现如何. 根据模拟研究显示此时的 GF 检验非常大的第一类错误概率取值, 导致其势函数的模拟没有意义. 因此, 本节只考虑这两种检验的第一类错误概率的模拟比较研究.

易见, GF 检验和 PB 检验都是具有位置-刻度变换不变性的, 因此不失一般性, 在模拟研究中我们可以设定 $X\theta = 0$, $\delta_{111} = \cdots = \delta_{ab_ac_{ab_a}} = 0$, $0 < \sigma_{ijk}^2 \leqslant 1$, $i = 1, \cdots, a; j = 1, \cdots, b_i, k = 1, \cdots, c_{ij}$. 统计量 $\bar{y}_{ijk}$ 和 s_{ijk}^2 由分布 $\bar{y}_{ijk} \sim N(0, \sigma_{ijk}^2)$ 和 $s_{ijk}^2 \sim \sigma_{ijk}^2\chi_{n_{ijk}-1}^2/(n_{ijk}-1)$ 独立地生成, $0 < \sigma_{ijk}^2 \leqslant 1, i = 1, \cdots, a; j = 1, \cdots, b_i, k = 1, \cdots, c_{ij}$.

为了估计 GF 检验和 PB 检验, 我们已使用了两步模拟程序. 具体的 Monte Carlo 估计计算如下.

对给定的样本容量和参数设置, 我们生成 5000 个观测向量值 $\left(\bar{y}_{111}, \cdots, \bar{y}_{ab_ac_{ab_a}}; s_{111}^2, \cdots, s_{ab_ac_{ab_a}}^2\right)$, 得到 (4.5.11) 式中的相应观测值 $\tilde{s}_\delta$. 对生成的每一个 $\tilde{s}_\delta$, 我们再使用 2500 次循环去估计 (4.5.13) 式中的 p 的估计值. 最后, 用这 5000 个 p 值中小于显著性水平 λ 的比率作为 PB 检验的第一类错误概率的估计值. GF 检验的第一类错误概率的估计值可以用相同的步骤求得. 每个检验都是在名义水平 $\lambda = 0.05$ 下执行的. 计算使用的是 MATLAB 软件环境.

在表 4.5.1 中, 我们分别提供了两种检验的第一类错误概率值, 样本容量从小到中等大小变化:

Case(1): $a = 2; b_1 = 2, b_2 = 3; c_{11} = 2, c_{12} = 3, c_{21} = 2, c_{22} = 3, c_{23} = 2.$

Case(2): $a = 4; b_1 = 2, b_2 = 3, b_3 = 4, b_4 = 2; c_{11} = 3, c_{12} = 4, c_{21} = 2, c_{22} = 3, c_{23} = 4, c_{31} = 2, c_{32} = 3, c_{33} = 4, c_{34} = 2, c_{41} = 3, c_{42} = 4.$

Case(3): $a = 6; b_1 = 2, b_2 = 3, b_3 = 2, b_4 = 3, b_5 = 2, b_6 = 3; c_{11} = 2, c_{12} = 5, c_{21} = 2, c_{22} = 3, c_{23} = 2, c_{31} = 2, c_{32} = 5, c_{41} = 2, c_{42} = 3, c_{43} = 2, c_{51} = 2, c_{52} = 5, c_{61} = 2, c_{62} = 3, c_{63} = 2.$

从表 4.5.1 中的数值模拟结果, 我们得到下面的结论.

(1) PB 检验在各种情形下都能有不超过名义水平的第一类错误概率的表现.

表 4.5.1 两种检验模拟的第一类错误概率

Case (1)	n_1		n_2		n_3		n_4	
$\sigma^2=(\sigma_{111}^2,\cdots,\sigma_{232}^2)$	PB	GF	PB	GF	PB	GF	PB	GF
σ_1^2	0.04	0.04	0.04	0.05	0.04	0.05	0.05	0.05
σ_2^2	0.04	0.05	0.05	0.06	0.04	0.05	0.05	0.05
σ_3^2	0.04	0.05	0.05	0.05	0.04	0.05	0.04	0.05
σ_4^2	0.05	0.05	0.05	0.05	0.04	0.05	0.05	0.05
σ_5^2	0.05	0.05	0.05	0.05	0.04	0.05	0.05	0.05
σ_6^2	0.04	0.05	0.04	0.05	0.04	0.06	0.05	0.05
Case (2)	n_5		n_6		n_7		n_8	
$\sigma^2=(\sigma_{111}^2,\cdots,\sigma_{424}^2)$	PB	GF	PB	GF	PB	GF	PB	GF
σ_7^2	0.03	0.13	0.05	0.07	0.03	0.14	0.04	0.09
σ_8^2	0.02	0.13	0.03	0.08	0.02	0.11	0.03	0.10
σ_9^2	0.04	0.12	0.05	0.09	0.03	0.12	0.05	0.10
σ_{10}^2	0.03	0.11	0.04	0.07	0.02	0.14	0.04	0.08
σ_{11}^2	0.03	0.12	0.04	0.09	0.03	0.15	0.03	0.10
σ_{12}^2	0.04	0.14	0.05	0.08	0.04	0.15	0.05	0.09
Case (3)	n_9		n_{10}		n_{11}		n_{12}	
$\sigma^2=(\sigma_{111}^2,\cdots,\sigma_{632}^2)$	PB	GF	PB	GF	PB	GF	PB	GF
σ_{13}^2	0.03	0.13	0.05	0.08	0.03	0.15	0.04	0.10
σ_{14}^2	0.03	0.13	0.04	0.08	0.02	0.14	0.04	0.10
σ_{15}^2	0.04	0.13	0.05	0.08	0.03	0.15	0.04	0.10
σ_{16}^2	0.03	0.12	0.04	0.08	0.03	0.15	0.04	0.09
σ_{17}^2	0.03	0.15	0.04	0.08	0.03	0.18	0.05	0.10
σ_{18}^2	0.04	0.16	0.05	0.08	0.03	0.15	0.04	0.11

注: $n_1=(5)_{12}$, $n_2=(10)_{12}$, $n_3=(3_3,4_2,5_2,6_2,7_3)$, $n_4=(4_2,6_2,8,10,12,14,16_2,20_2)$, $n_5=(5)_{34}$, $n_6=(10)_{34}$, $n_7=(3_7,4_7,5_6,6_7,7_7)$, $n_8=(4_5,6_5,8_4,10_3,12_3,14_4,16_5,20_5)$, $n_9=(5)_{42}$, $n_{10}=(10)_{42}$, $n_{11}=(3_9,4_9,5_6,6_9,7_9)$, $n_{12}=(4_7,6_7,8_4,10_3,12_3,14_4,16_7,20_7)$; $\sigma_1^2=(1)_{12}$, $\sigma_2^2=(0.1_6,0.5_6)$, $\sigma_3^2=(1_6,0.5_6)$, $\sigma_4^2=(0.1_2,0.2,0.3,0.4,0.5,0.6,0.7,0.8,0.9,1.0_2)$, $\sigma_5^2=(0.3,0.9,0.4,0.7,0.5,0.8,0.2,0.6,0.1_2,1.0_2)$, $\sigma_6^2=(0.01_2,0.1_8,1.0_2)$, $\sigma_7^2=(1)_{34}$, $\sigma_8^2=(0.1_{17},0.5_{17})$, $\sigma_9^2=(1_{17},0.5_{17})$, $\sigma_{10}^2=(0.1_5,0.2_3,0.3_3,0.4_3,0.5_3,0.6_3,0.7_3,0.8_3,0.9_3,1.0_5)$, $\sigma_{11}^2=(0.3_3,0.9_3,0.4_3,0.7_3,0.5_3,0.8_3,0.2_3,0.6_3,0.1_5,1.0_5)$, $\sigma_{12}^2=(0.01_5,0.1_{24},1.0_5)$, $\sigma_{13}^2=(1)_{42}$, $\sigma_{14}^2=(0.1_{21},0.5_{21})$, $\sigma_{15}^2=(1_{21},0.5_{21})$, $\sigma_{16}^2=(0.1_5,0.2_4,0.3_4,0.4_4,0.5_4,0.6_4,0.7_4,0.8_4,0.9_4,1.0_5)$, $\sigma_{17}^2=(0.3_3,0.9_4,0.4_4,0.7_4,0.5_4,0.8_4,0.2_4,0.6_4,0.1_6,1.0_5)$, $\sigma_{18}^2=(0.01_8,0.1_{26},1.0_8)$.

(2) 在 Case(3) 中样本容量的设计下, PB 检验在各种情形下都有满意的经验水平的表现. 而 GF 检验在显著性水平 $\lambda=0.05$ 下, 经验水平可能达到 0.18. 这显示了 GF 检验对于中等大小的处理组数情形会有较自由的经验水平表现. 这个结果也和前面各节保持一致. 这时, 一个自然的问题是, PB 检验为何有优于 GF 检验的表现. 接下来, 我们给出某些解释.

为此, 我们首先考察一下基于广义 p 值 (4.5.12) 的 GF 检验.

若 σ_{ijk}^2 是已知的, 检验 (4.5.4) 的一个自然统计量应该是 $\tilde{S}_\delta(\bar{Y}_{111},\cdots,\bar{Y}_{ab_ac_{ab_a}};\sigma_{111}^2,\cdots,\sigma_{ab_ac_{ab_a}}^2)$. 进一步, 基于统计量 $\tilde{S}_\delta\left(\bar{Y}_{111},\cdots,\bar{Y}_{ab_ac_{ab_a}};\sigma_{111}^2,\cdots,\sigma_{ab_ac_{ab_a}}^2\right)$ 的通常 p 值应该是

$$\begin{aligned}&P\Big[\tilde{S}_\delta(\bar{Y}_{111},\cdots,\bar{Y}_{ab_ac_{ab_a}};\sigma_{111}^2,\cdots,\sigma_{ab_ac_{ab_a}}^2)\\&\quad>\tilde{S}_\delta(\bar{y}_{111},\cdots,\bar{y}_{ab_ac_{ab_a}};\sigma_{111}^2,\cdots,\sigma_{ab_ac_{ab_a}}^2)|H_{0\delta}\Big]\\&=P\left[\chi_{c-b}^2>\tilde{S}_\delta(\bar{y}_{111},\cdots,\bar{y}_{ab_ac_{ab_a}};\sigma_{111}^2,\cdots,\sigma_{ab_ac_{ab_a}}^2)\right]\end{aligned}\tag{4.5.23}$$

广义 p 值 (4.5.13) 可以重写为

$$\begin{aligned}&P\left(GV>1|H_{0\delta}\right)\\=&P\Big(\tilde{S}_\delta(\bar{Y}_{111},\cdots,\bar{Y}_{ab_ac_{ab_a}};\sigma_{111}^2,\cdots,\sigma_{ab_ac_{ab_a}}^2)\\&>\tilde{S}_\delta(\bar{y}_{111},\cdots,\bar{y}_{ab_ac_{ab_a}};\sigma_{111}^2s_{111}^2/S_{111}^2,\cdots,\sigma_{ab_ac_{ab_a}}^2s_{ab_ac_{ab_a}}^2/S_{ab_ac_{ab_a}}^2)\Big)\\=&P\left(\chi_{c-b}^2>\tilde{S}_\delta(\bar{y}_{111},\cdots,\bar{y}_{ab_ac_{ab_a}};\sigma_{111}^2s_{111}^2/S_{111}^2,\cdots,\sigma_{ab_ac_{ab_a}}^2s_{ab_ac_{ab_a}}^2)/S_{ab_ac_{ab_a}}^2\right)\end{aligned}\tag{4.5.24}$$

广义 p 值 (4.5.26) 和通常的 p 值 (4.5.25) 有很大的不同. 这是因为广义 p 值 (4.5.26) 是通过将 (4.5.25) 中检验统计量的观测值 $\tilde{S}_\delta(\bar{y}_{111},\cdots,\bar{y}_{ab_ac_{ab_a}};\ \sigma_{111}^2,\cdots,\sigma_{ab_ac_{ab_a}}^2)$ 用一个随机变量

$$\tilde{S}_\delta(\bar{y}_{111},\cdots,\bar{y}_{ab_ac_{ab_a}};\sigma_{111}^2s_{111}^2/S_{111}^2,\cdots,\sigma_{ab_ac_{ab_a}}^2s_{ab_ac_{ab_a}}^2/S_{ab_ac_{ab_a}}^2)$$

替换了. 因为这个替换过程, 该广义 p 值一般不总是具有通常的 p 值拥有的性质. 因此 GF 检验在经典意义下不是精确的检验.

另一方面, 当 σ_{ijk}^2 未知时, 某种意义上式 (4.5.11) 是检验 (4.5.4) 的优良的检验统计量 (如具有位置-刻度变换不变性). 基于式 (4.5.11) 的通常 p 值定义为

$$\begin{aligned}&P\Big[\tilde{S}_\delta(\bar{Y}_{111},\cdots,\bar{Y}_{ab_ac_{ab_a}};S_{111}^2,\cdots,S_{ab_ac_{ab_a}}^2)\\&\quad>\tilde{S}_\delta(\bar{y}_{111},\cdots,\bar{y}_{ab_ac_{ab_a}};s_{111}^2,\cdots,s_{ab_ac_{ab_a}}^2)|H_{0\delta}\Big].\end{aligned}\tag{4.5.25}$$

注意到 (4.5.27) 式中的观测值 $\tilde{S}_\delta(\bar{y}_{111},\cdots,\bar{y}_{ab_ac_{ab_a}};s_{111}^2,\cdots,s_{ab_ac_{ab_a}}^2)$ 是可以精确计算的. 与此同时, 参数 bootstrap 能够为检验统计量 $\tilde{S}_\delta(\bar{Y}_{111},\cdots,\bar{Y}_{ab_ac_{ab_a}};\ S_{111}^2,\cdots,S_{ab_ac_{ab_a}}^2)$ 的零分布提供一个很好的近似. 因此, 基于 PB p 值的 PB 检验能够很好地控制经验水平.

4.5.5 三因子套设计中随机套效应检验

考虑带有随机套效应的三因子套设计模型:

$$Y_{ijkm}=\mu+\alpha_i+\beta_{ij}+\delta_{ijk}+e_{ijkm},\quad \delta_{ijk}\sim N(0,\sigma_\delta^2),\quad e_{ijkm}\sim N(0,\sigma_{ijk}^2),$$
$$i=1,\cdots,a;\ j=1,\cdots,b_i;\ k=1,\cdots,c_{ij};\ m=1,\cdots,n_{ijk},\qquad(4.5.26)$$

μ 是总平均值, α_i 是因子 A 的第 i 个水平下的一个固定效应, β_{ij} 是因子 B 的嵌套在因子 A 的第 i 个水平下的第 j 个固定效应, δ_{ijk} 因子 C 的嵌套在因子 B 的第 ij 个水平下的第 k 个随机效应, e_{ijkm} 是随机的试验误差项, δ_{ijk} 和 e_{ijkm} 是相互独立的. 稍早定义的统计量 $\bar{Y}_{ijk}$ 和 S_{ijk}^2 构成一组充分统计量, 分布为

$$\bar{Y}_{ijk}\sim N\left(X\theta,\sigma_\delta^2+\frac{\sigma_{ijk}^2}{n_{ijk}}\right)\quad 和\quad S_{ijk}^2\sim\frac{\sigma_{ijk}^2\chi_{n_{ijk}-1}^2}{n_{ijk}-1},$$

且所有这些随机变量都是相互独立的. 我们提出考虑检验下面的假设

$$H_0:\ \sigma_\delta^2=0\quad 对\quad H_1:\ \sigma_\delta^2>0.$$

若 H_0 没有被拒绝, 我们说因子 C 的随机套效应是不显著的.

可以证明, 对相应固定效应的检验方法可以同样用于该随机效应的检验, 这里略去.

4.5.6 一个实例

本例的数据来源和最初的模型已在 (4.4.22) 中给出了描述. 为方便起见, 该模型重写为

$$Y_{ijkm}=\mu+\alpha_i+\beta_{i(j)}+\gamma_{i(k)}+(\beta\gamma)_{i(jk)}+e_{ijk(m)},$$
$$i=1,2,3;\ j=1,2,3;\ k=1,2,3,4;\ m=1,2,\cdots,n_{ijk},\qquad(4.5.27)$$

这里 μ 是总平均, α_i 是第 i 个工厂的效应, $\beta_{i(j)}$ 是嵌套在第 i 个工厂的第 j 个工人的效应, $\gamma_{i(k)}$ 是嵌套在第 i 个工厂的第 k 个场地的效应, $(\beta\gamma)_{i(jk)}$ 是嵌套在第 i 个工厂的第 j 个工人和第 k 个场地的交互效应, $e_{ijkm}\sim N(0,\sigma_e^2)$ 是试验的随机误差项. 此模型中, μ 是一个固定效应, 其余都设为随机效应, 带有通常的正态性和独立性假设.

Khuri 和 Mathew(1998) 的检验报告指出, 套在第 i 个工厂的第 k 个场地的效应 $\gamma_{i(k)}$ 是不显著的. 因此, $\gamma_{i(k)}+(\beta\gamma)_{i(jk)}$ 可以看成嵌套在第 i 个工厂和第 j 个工人下的场地效应. 如果目标仅仅是检验这些场地效应的存在性, 我们提供一个不同

于 (4.5.27) 的模型. 注意到因为异方差性, PB 检验和 GF 检验需要假设 $n_{ijk} > 1$. 为了说明我们的方法, 考虑项目带有随机套效应和异方差的三因子套模型:

$$Y_{ijkm} = \mu + \alpha_i + \beta_{ij} + \delta_{ijk} + e_{ijkm},\ \delta_{ijk} \sim N(0, \sigma_\delta^2),\ e_{ijkm} \sim N(0, \sigma_{ijk}^2),$$
$$i = 1, 2, 3;\ j = 1, 2, 3;\ k = 1, \cdots, c_{ij};\ m = 1, 2, \cdots, n_{ijk}, \tag{4.5.28}$$

这里 $c_{ij} = 2$ 或者 3 或者 4, μ 是总平均, α_i 是第 i 个工厂的固定效应, β_{ij} 是嵌套在第 i 个工厂的第 j 个工人的固定效应, γ_{ik} 是嵌套在第 i 个工厂的第 k 个场地的效应, $(\beta\gamma)_{ijk}$ 是嵌套在第 i 个工厂的第 j 个工人和第 k 个场地的随机效应, e_{ijkm} 是试验的随机误差项, 且 δ_{ijk} 和 e_{ijkm} 是相互独立的. 注意到模型 (4.5.28) 是一个混合的方差分析模型.

我们要检验假设 $H_0: \sigma_\delta^2 = 0$. 若 H_0 被拒绝, 我们说对应于场地的随机套效应是显著的.

通过分析工厂的效率得分数据, 表 4.5.2 提供了相关的统计量值.

我们将这两种方法应用到检验零假设 $H_0: \sigma_\delta^2 = 0$. 使用 50000 次循环来计算 PB 检验和 GF 检验的 p 值. 得到相应的 p 值分别是 $p_{\rm PB} = 0.0048$ 和 $p_{\rm GF} = 0$. 我们首先观察到, 根据 PB 检验和 GF 检验的 p 值, 在显著性水平 $\lambda = 0.05$ 下我们的决定是拒绝 $H_0: \sigma_\delta^2 = 0$. 这和 Khuri 和 Mathew(1998) 的发现报告是相一致的. 另一方面, GF 检验似乎比 PB 检验有更大的功效, 这主要是如 4.5.4 小节模拟研究指出的, 其有太大的第一类错误概率.

表 4.5.2　样本容量、样本均值和样本方差

n_{ijk}	3	2	5	2	5	4	3	3	5	3	5	4	5	4
$\bar{y}_{ijk}$	102.7	107.9	99.5	98.9	93.7	100.4	108.3	97.9	88.3	92.8	98.5	90.8	84.9	71.9
s_{ijk}^2	12.8	8.8	3.5	0.8	4.4	5.1	0.3	6.3	8.6	2.9	6.3	7.8	7.4	0.2
n_{ijk}	5	5	3	5	4	5	5	4	4	5	4	2	2	4
$\bar{y}_{ijk}$	80.3	81	82.2	82.4	94.1	78.6	107.6	96.1	97.1	88	89.7	97.8	95.9	101.4
s_{ijk}^2	5.9	2.9	0.1	1.7	5	1.6	3.3	4.6	11.6	6.2	5.4	1.8	19.2	2.6

4.5.7　讨论

当异方差性存在或者处理组数较大时, 经典的 F 检验和 GF 检验有无法控制第一类错误概率的严重问题. 本章在各种设计下, 考虑异方差和较大处理数情形下的 PB 检验的构造和优良性问题. 一方面, 证明了提供的 PB 检验在一般情形下具有常见的变换不变性、不依赖于定义参数唯一性的权重等. 另一方面, 数值模拟研究显示 PB 检验在各种情形下能够有满意的第一类错误概率和势函数的优良表现.

第 5 章 多元方差分析模型中 bootstrap 推断

多元方差分析 (multivariate analysis of variance, MANOVA) 模型是一元方差分析模型的多元推广. 常见的比较几个多元正态总体均值向量相等性是其中最基本的问题之一. 当总体协方差矩阵假设是相等的, 已有某些流行的检验可以运用. 例如, 常用的有 Roy (1945) 的最大根方法、Lawley (1938) 和 Hotelling (1951) 的 Lawley-Hotelling 迹方法、Wilks (1932) 的似然比方法, 以及 Bartlett (1939) 和 Pillai (1955) 的 Pillai-Bartlett 迹方法. 总体带有不相等的协方差矩阵时, Olson (1974,1979) 推荐使用 Pillai-Bartlett 迹方法, 因为其关于异方差性具有相对的稳健性. 但是, 已有的研究表明, 即使对于两总体的均值向量比较问题, 当协方差矩阵相等性假设不成立时, 著名的 Hotelling T^2 检验也会变得严重有偏, 造成严重的误判. 另一方面, 实际当中的方差齐性假设大多不满足. 因此, 异方差性的多元方差分析问题受到了大量的关注. 文献中已经出现了丰富的研究内容, 例如对于多元 Behrens-Fisher 问题, 我们可以参见 Bennett (1951), Brown 和 Forsythe (1974), James (1954), Yao (1980), Johansen (1980), Nel 和 van der Merwe (1986) 和 Kim (1992) 等. 当考虑带有不相等协方差矩阵下的多个均值向量的比较问题时, 问题变得更为复杂, 仅有近似解可获得. 例如, 可以参见 James (1954) 和 Yao (1980), Johansen (1980) 以及 Gamage, Mathew 和 Weerahandi (2004) 等. 但是, Krishnamoorthy 和 Lu (2010) 指出随着比较的总体个数增大时, 近似解存在严重的不足, 并提出一种参数 bootstrap 方法来研究该问题. 徐礼文等 (2015) 将该方法推广到两向多元方差分析模型中, 并证明了检验的优良性. 本章将针对异方差情形下的 MANOVA 模型, 分别在单向方差分析模型、两向方差分析模型和套分类模型等模型中着重考虑各种参数 bootstrap 检验方法和其优良性质, 并和近似解及广义推断方法进行比较研究.

5.1 单向 MANOVA

Krishnamoorthy 和 Lu (2010) 考虑到比较的总体个数较大时, 近似解的第一类错误概率没有满意的表现, 提出一种参数 bootstrap 方法来研究该问题, 将该方法与文献中常见的其他几种检验方法进行了模拟比较. 本节通过介绍 Krishnamoorthy 和 Lu (2010) 的 PB 检验方法, 为后面的两向多元方差分析模型分析奠定基础.

5.1.1 模型及预备知识

考虑只带有一个因子 A 的单向试验模型, 且因子 A 有 a 个水平 $A_1,\cdots,A_a$. 设从 i 个水平下可获得容量为 n_i 的 r 维的随机样本, $i=1,\cdots,a$. 用 Y_{ij} $(i=1,\cdots,a,$ $j=1,\cdots,n_i)$ 表示这些随机向量, 而 y_{ijk} 表示它们的观测值. 假设 $n_i>r$, 以便在每个水平下正定的样本协方差矩阵可以计算. 设 Y_{ij} 满足如下的模型:

$$\begin{gathered} Y_{ij}=\mu_i+e_{ij},\quad e_{ij}\sim N_r(0,\Sigma_i), \\ i=1,\cdots,a;j=1,\cdots,n_i, \end{gathered} \tag{5.1.1}$$

这里 $\mu_i: r\times 1$ 和 $\Sigma_i: r\times r$ 分别是第 i 个水平下的总体均值向量和总体协方差矩阵, e_{ij} 是试验误差向量. 所有这些样本都假设是相互独立的.

在单向 MANOVA 模型中, 均值向量 μ_i 可以分解成

$$\mu_i=\mu_0+\alpha_i,\quad i=1,2,\cdots,a,$$

这里 μ_0 是总平均值向量, α_i 是因子 A 的第 i 个水平下的效应向量, 从而模型 (5.1.1) 进一步写成:

$$\begin{gathered} Y_{ij}=\mu_0+\alpha_i+e_{ij},\quad e_{ij}\sim N_r(0,\Sigma_i), \\ i=1,\cdots,a;\ j=1,\cdots,n_i, \end{gathered} \tag{5.1.2}$$

我们感兴趣的是检验下面的假设

$$H_0:\quad \alpha_1=\alpha_2=\cdots=\alpha_a=0, \tag{5.1.3}$$

对它自然的备择假设.

第 i 组样本均值向量和样本协方差矩阵分别记为 $\bar{Y}_i$ 和 S_i, 这里

$$\bar{Y}_i=\frac{1}{n_i}\sum_{j=1}^{n_i}Y_{ij}\quad 和\quad S_i=\frac{1}{n_i-1}\sum_{j=1}^{n_i}(Y_{ij}-\bar{Y}_i)(Y_{ij}-\bar{Y}_i)^{\mathrm{T}},$$

这里 $i=1,\cdots,a$. 这些随机向量和矩阵的观测值分别记为 $\bar{y}_i$ 和 s_i, $i=1,\cdots,a$. 注意到 $\bar{Y}_i$ 和 S_i 是相互独立的, 有分布 $(n_{ij}-1)S_{ij}\sim W_r\left(n_{ij}-1,\Sigma_{ij}\right)$ 和 $\bar{Y}_{ij}$ 服从的模型为

$$\bar{Y}_i=\mu_0+\alpha_i+\bar{e}_i,\quad \bar{e}_i\sim N_r\left(0,\frac{1}{n_i}\Sigma_i\right),\quad i=1,\cdots,a, \tag{5.1.4}$$

这里 $\bar{e}_i=\dfrac{1}{n_i}\sum_{j=1}^{n_i}e_{ij}$, $W_r\left(m,\Gamma\right)$ 表示带有自由度为 m 和刻度参数矩阵为 Γ 的 r

维的 Wishart 分布.

记 $\bar{Y} = (\bar{Y}_1^{\mathrm{T}}, \cdots, \bar{Y}_a^{\mathrm{T}})$, $\bar{e} = (\bar{e}_1^{\mathrm{T}}, \cdots, \bar{e}_a^{\mathrm{T}})$, 模型 (5.1.4) 可以写成

$$\bar{Y} = (1_a \otimes I_r)\mu_0 + (I_a \otimes I_r)\alpha + \bar{e}, \quad \bar{e} \sim N_{ar}(0, \Sigma), \tag{5.1.5}$$

这里 $\alpha = (\alpha_1^{\mathrm{T}}, \cdots, \alpha_a^{\mathrm{T}})^{\mathrm{T}}$, $\Sigma = \mathrm{diag}\left(\frac{1}{n_1}\Sigma_1, \cdots, \frac{1}{n_a}\Sigma_a\right)$.

在 (5.1.3) 式中的 H_0 成立的条件下, 若 Σ_i 已知, μ_0 的最佳线性无偏估计为

$$\hat{\mu}_0 = (X^{\mathrm{T}}\Sigma^{-1}X)^{-1}X^{\mathrm{T}}\Sigma^{-1}\bar{Y} = \left(\sum_{i=1}^{a}\Sigma_i^{-1}\right)^{-1}\sum_{i=1}^{a}\Sigma_i^{-1}\bar{Y}_i, \tag{5.1.6}$$

这里 $X = (1_a \otimes 1_b)$. 那么, 一个自然的检验统计量为

$$\tilde{S}\left(\bar{Y}_1, \cdots, \bar{Y}_a; \Sigma_1, \cdots, \Sigma_a\right) = \sum_{i=1}^{a}\left(\bar{Y}_i - \hat{\mu}_0\right)^{\mathrm{T}}\left(n_{ij}\Sigma_i^{-1}\right)\left(\bar{Y}_i - \hat{\mu}_0\right). \tag{5.1.7}$$

若 Σ_i 是未知的, 可以在 (5.1.7) 式中用样本协方差矩阵 S_i 来替换总体协方差矩阵 Σ_i, 得到检验统计量

$$\tilde{S}\left(\bar{Y}_1, \cdots, \bar{Y}_a; S_1, \cdots, S_a\right) = \sum_{i=1}^{a}\left(\bar{Y}_i - \tilde{\mu}_0\right)^{\mathrm{T}}\left(n_{ij}S_i^{-1}\right)\left(\bar{Y}_i - \tilde{\mu}_0\right), \tag{5.1.8}$$

这里 $\tilde{\mu}_0 = \left(\sum_{i=1}^{a} S_i^{-1}\right)^{-1}\sum_{i=1}^{a} S_i^{-1}\bar{Y}_i$.

5.1.2 PB 检验

因为 (5.1.8) 式中的检验统计量的零分布未知, PB 检验就是要从估计的模型中生成 bootstrap 样本去逼近检验统计量的零分布. 注意到在 H_0 下所有的 $\bar{Y}_i$ 有相同的均值向量. 又因为 (5.1.8) 式中的检验统计量在位置变换群下具有不变性, 不失一般性, 我们在逼近该统计量零分布时可以取这个共同的均值向量等于 0. 具体的 PB 枢轴量构造方法如下.

对给定的 $(\bar{y}_1, \cdots, \bar{y}_a; s_1, \cdots, s_a)$, 令

$$\bar{Y}_{Bi} \sim N_r\left(0, \frac{1}{n_i}s_i\right), \quad S_{Bi} \sim W_r\left(n_i - 1, \frac{1}{n_i - 1}s_i\right), \quad i = 1, \cdots, a,$$

那么, 基于 (5.1.8) 式中的检验统计量的 PB 枢轴量定义为

$$\tilde{S}_B\left(\bar{Y}_{B1}, \cdots, \bar{Y}_{Ba}; S_{B1}, \cdots, S_{Ba}\right) = \sum_{i=1}^{a}\left(\bar{Y}_{Bi} - \tilde{\mu}_{B0}\right)^{\mathrm{T}}\left(n_{ij}S_{Bi}^{-1}\right)\left(\bar{Y}_{Bi} - \tilde{\mu}_{B0}\right), \tag{5.1.9}$$

这里 $\tilde{\mu}_{B0}=\left(\sum_{i=1}^{a}S_{Bi}^{-1}\right)^{-1}\sum_{i=1}^{a}S_{Bi}^{-1}\bar{Y}_{Bi}$. 对于一个给定的显著性水平 λ, PB 检验法则是: 当

$$P\left(\tilde{S}_{\mathbf{B}}\left(\bar{Y}_{B1},\cdots,\bar{Y}_{Ba};S_{B1},\cdots,S_{Ba}\right)>\tilde{s}\right)<\lambda \tag{5.1.10}$$

时, 拒绝 (5.1.3) 式中的 H_0, 这里 $\tilde{s}=\tilde{S}(\bar{y}_1,\cdots,\bar{y}_a;s_1,\cdots,s_a)$ 是 $\tilde{S}(\bar{Y}_1,\cdots,\bar{Y}_a;S_1,\cdots,S_a)$ 的观测值. 对于给定的 $(\bar{y}_1,\cdots,\bar{y}_a;s_1,\cdots,s_a)$, 上面的概率不依赖于任何未知参数, 因此可以使用 Krishnamoorthy 和 Lu (2010) 中的 Monte Carlo 模拟算法求解估计, 这里略去.

Krishnamoorthy 和 Lu (2010) 使用 Monte Carlo 模拟比较了 PB 检验方法和 Johansen (1980) 检验及 Gamage, Mathew 和 Weerahandi (2004) 的广义变量检验, 结果显示只有 PB 检验能在各种样本容量和参数设置有满意的表现, 详细情况请参见 Krishnamoorthy 和 Lu (2010).

5.2 两向 MANOVA(无交互效应)

5.2.1 引言

在多元统计分析研究中, 检验两个因子 A 和 B 的效应的显著性称作两向多元方差分析 (multivariate analysis of variance, MANOVA). 它在生物学、心理学和物理学等实验科学中被广泛地使用; 这样的例子可以参见 Zhang (2011), Harrar 和 Bathke (2012) 以及其中的参考文献. 当协方差矩阵已知是相等的时候, 有经典的 Wilks 似然比 (Wilks likelihood ratio, WLR), Lawley-Hotelling 迹 (Lawley-Hotelling trace, LHT), Bartlett-Nanda-Pillai (BNP) 和 Roy 的最大根检验可以使用, 具体内容可参见 Anderson (2003). 如果处理单元的协方差矩阵是未知且任意的, 检验两个因子 A 和 B 的效应的显著性是更为复杂的, 仅有近似解可以使用. 而在异方差情形下, 上面的经典 MANOVA 检验存在严重的第一类错误问题. 最近, Harrar 和 Bathke (2012) 通过修改 WLR, LHT 和 BNP 检验来处理这个问题. 注意到 Harrar 和 Bathke (2012) 修改的检验方法中的三个主要的不足, Zhang (2011) 利用 Wald-型检验统计量并借助只带有一个参数的 Hotelling T^2 分布近似该统计量零分布的方法, 提供了一个近似 Hotelling T^2 (AHT) 检验. 他们进一步证明了 AHT 检验在几种变换下的不变性. 但是, 当处理单元的样本容量不相等时, 该检验方法依赖于模型中参数向量的约束权重, 而在实际当中权重的选择没有一个自然的选择方法. Vallejo 和 Ato (2012) 最近为适应异方差性的数据, 通过调整 Brunner, Dette 和 Munk (BDM; 1997), Vallejo 和 Ato (modified Brown-Forsythe, MBF, 2006) 中结果并考虑了相应的检验稳健性, 发现只有修改的 BDM 和 MBF 检验才具有较好的稳健性.

正如 Krishnamoorthy 和 Lu (2010) 所指出的, 广义检验变量方法的经验水平也许会远远超出名义水平. 另外, 当因子 A 和 B 的交互效应存在时, 因子 A 的第 i 个主效应无法反映 A_i 的影响, 因为其还依赖于因子 B 处在哪种水平. Vallejo 和 Ato (2012) 指出重抽样方法, 如 bootstrap 方法可以提供有竞争力的结果. 因此, 我们将在 5.2.2 小节关于无交互效应的两向 MANOVA 模型发展一个参数 bootstrap (PB) 方法, 并且和 MBF 检验及 AHT 检验进行比较.

5.2.2 固定效应模型检验

考虑带有 A 和 B 的两向试验模型, 分别具有因子水平 $A_1, \cdots, A_a$ 和 $B_1, \cdots, B_b$, 给出共 ab 个因子水平组合或者说处理单元. 设从第 ij 个单元得到容量为 n_{ij} 的一个 r 维随机样本, $i = 1, \cdots, a; j = 1, \cdots, b$. 令 Y_{ijk} $(i = 1, \cdots, a; j = 1, \cdots, b; k = 1, \cdots, n_{ij})$ 表示这些随机向量, 而 y_{ijk} 表示它们的观测值. 为使每个单元样本协方差矩阵可以计算, 假设 $n_{ij} > r$. 设 Y_{ijk} 满足下面的模型:

$$
\begin{aligned}
Y_{ijk} = \mu_{ij} + e_{ijk}, \quad e_{ijk} \sim N_r(0, \Sigma_{ij}), \\
i = 1, \cdots, a; j = 1, \cdots, b; k = 1, \cdots, n_{ij},
\end{aligned}
\tag{5.2.1}
$$

这里 $\mu_{ij} : r \times 1$ 和 $\Sigma_{ij} : r \times r$ 分别表示第 ij 个单元的单元均值向量和单元协方差矩阵, e_{ijk} 是试验误差项. 所有的 ab 个样本假设是相互独立同分布的.

在无交互的两向 MANOVA 模型中, 单元均值向量 μ_{ij} 可以分解成

$$
\mu_{ij} = \mu_0 + \alpha_i + \beta_j, \quad i = 1, 2, \cdots, a; j = 1, 2, \cdots, , b,
$$

这里 μ_0 是总平均值向量, α_i 表示因子 A 的第 i 个水平下的效应向量, β_j 表示因子 B 的第 j 个水平下的效应向量, 故 (5.2.1) 可以进一步写成带有不相等误差协方差矩阵的两向 MANOVA 模型:

$$
\begin{gathered}
Y_{ijk} = \mu_0 + \alpha_i + \beta_j + e_{ijk}, \\
e_{ijk} \sim N_r(0, \Sigma_{ij}),\ i = 1, \cdots, a;\ j = 1, \cdots, b;\ k = 1, \cdots, n_{ij},
\end{gathered}
\tag{5.2.2}
$$

为使 μ_0, α_i 和 β_j 有唯一定义, 我们加入下面的约束条件. 令 $u_1, \cdots, u_a$ 和 $v_1, \cdots, v_b$ 是非负的权重, 满足 $\sum_{i=1}^{a} u_i > 0$, $\sum_{j=1}^{b} v_j > 0$. 考虑下面形式的约束

$$
\sum_{i=1}^{a} u_i \alpha_i = 0, \quad \sum_{j=1}^{b} v_j \beta_j = 0, \quad i = 1, \cdots, a,\ j = 1, \cdots, b. \tag{5.2.3}
$$

我们感兴趣的问题是检验下面的假设

$$H_{0A}:\alpha_1=\alpha_2=\cdots=\alpha_a=0, \tag{5.2.4}$$

$$H_{0B}:\beta_1=\beta_2=\cdots=\beta_b=0, \tag{5.2.5}$$

分别对它们自然的备择假设. 零假设 (5.2.4) 和 (5.2.5) 是为了检验这两个因子的效应是否显著. 我们仅仅考虑 H_{0A} 的检验, H_{0B} 的检验可以类似地得到.

第 (i,j) 个单元的样本均值向量和样本协方差矩阵分别记为 $\bar{Y}_{ij}$ 和 S_{ij}, 这里

$$\bar{Y}_{ij}=\frac{1}{n_{ij}}\sum_{k=1}^{n_{ij}}Y_{ijk}\quad 和\quad S_{ij}=\frac{1}{n_{ij}-1}\sum_{k=1}^{n_{ij}}(Y_{ijk}-\bar{Y}_{ij})(Y_{ijk}-\bar{Y}_{ij})^{\mathrm{T}},$$

这里 $i=1,\cdots,a,j=1,\cdots,b$. 这些随机变量的观测值分别记为 $\bar{y}_{ij}$ 和 s_{ij}, $i=1,\cdots,a$, $j=1,\cdots,b$. 注意到 $\bar{Y}_{ij}$ 和 S_{ij} 是相互独立的, 且 $(n_{ij}-1)S_{ij}\sim W_r(n_{ij}-1,\Sigma_{ij})$, $\bar{Y}_{ij}$ 服从模型

$$\begin{aligned}&\bar{Y}_{ij}=\mu_0+\alpha_i+\beta_j+\bar{e}_{ij},\\&\bar{e}_{ij}\sim N_r\left(0,\frac{1}{n_{ij}}\Sigma_{ij}\right),\ i=1,\cdots,a;\ j=1,\cdots,b,\end{aligned} \tag{5.2.6}$$

这里 $\bar{e}_{ij}=\dfrac{1}{n_{ij}}\sum\limits_{k=1}^{n_{ij}}e_{ijk}$, $W_r(m,\Gamma)$ 表示自由度为 m 且刻度参数矩阵为 Γ 的 r 维 Wishart 分布. 记 $\bar{Y}=(\bar{Y}_{11}^{\mathrm{T}},\cdots,\bar{Y}_{1b}^{\mathrm{T}},\cdots,\bar{Y}_{a1}^{\mathrm{T}},\cdots,\bar{Y}_{ab}^{\mathrm{T}})^{\mathrm{T}}$, $\bar{e}=(\bar{e}_{11}^{\mathrm{T}},\cdots,\bar{e}_{1b}^{\mathrm{T}},\cdots,\bar{e}_{a1}^{\mathrm{T}},\cdots,\bar{e}_{ab}^{\mathrm{T}})^{\mathrm{T}}$, 模型 (5.2.6) 可以写成

$$\bar{Y}=(1_a\otimes 1_b\otimes I_r)\mu_0+(I_a\otimes 1_b\otimes I_r)\alpha+(1_a\otimes I_b\otimes I_r)\beta+\bar{e},\quad \bar{e}\sim N_{abr}(0,\Sigma), \tag{5.2.7}$$

这里 $\alpha=(\alpha_1^{\mathrm{T}},\cdots,\alpha_a^{\mathrm{T}})^{\mathrm{T}}$, $\beta=(\beta_1^{\mathrm{T}},\cdots,\beta_b^{\mathrm{T}})^{\mathrm{T}}$, $\Sigma=\mathrm{diag}\left(\dfrac{1}{n_{11}}\Sigma_{11},\dfrac{1}{n_{12}}\Sigma_{12},\cdots,\dfrac{1}{n_{ab}}\Sigma_{ab}\right)$.

定义因子 A 对应的标准化平方和

$$\begin{aligned}&\tilde{S}_A\left(\bar{Y}_{11},\cdots,\bar{Y}_{ab};\Sigma_{11},\cdots,\Sigma_{ab}\right)\\=&\sum_{i=1}^{a}\sum_{j=1}^{b}\left(\bar{Y}_{ij}-\hat{\mu}_0-\hat{\beta}_j\right)^{\mathrm{T}}(n_{ij}\Sigma_{ij}^{-1})\left(\bar{Y}_{ij}-\hat{\mu}_0-\hat{\beta}_j\right),\end{aligned} \tag{5.2.8}$$

这里 $\hat{\mu}_0$ 和 $\hat{\beta}_j$ 分别是 μ_0 和 β_j 的在约束条件 (5.2.3) 下最小化二次型

$$\begin{aligned}&\tilde{S}\left(\bar{Y}_{11},\cdots,\bar{Y}_{ab};\Sigma_{11},\cdots,\Sigma_{ab}\right)\\=&\sum_{i=1}^{a}\sum_{j=1}^{b}\left(\bar{Y}_{ij}-\mu_0-\beta_j\right)^{\mathrm{T}}(n_{ij}\Sigma_{ij}^{-1})\left(\bar{Y}_{ij}-\mu_0-\beta_j\right)\end{aligned} \tag{5.2.9}$$

的解. 若记 $\theta=(\mu_0^{\mathrm{T}}.\ \beta_1^{\mathrm{T}},\cdots,\beta_b^{\mathrm{T}})^{\mathrm{T}}$, $\hat{\theta}=(\hat{\mu}_0^{\mathrm{T}},\hat{\beta}_1^{\mathrm{T}},\cdots,\hat{\beta}_b^{\mathrm{T}})^{\mathrm{T}}$, 根据 Wang 和 Chow (1994) 中的定理 5.2.5, 可知

$$\hat{\theta}=(\hat{\mu}_0^{\mathrm{T}},\hat{\beta}_1^{\mathrm{T}},\cdots,\hat{\beta}_b^{\mathrm{T}})^{\mathrm{T}}=(X^{\mathrm{T}}\Sigma^{-1}X+L^{\mathrm{T}}L)^{-1}X^{\mathrm{T}}\Sigma^{-1}\bar{Y}, \tag{5.2.10}$$

这里 $X=(1_a\otimes 1_b,1_a\otimes I_b)\otimes I_r$, $L=(0,v_1,\cdots,v_b)\otimes I_r$. 那么

$$\begin{aligned}&\tilde{S}_A\left(\bar{Y}_{11},\cdots,\bar{Y}_{ab};\Sigma_{11},\cdots,\Sigma_{ab}\right)\\ =&\sum_{i=1}^{a}\sum_{j=1}^{b}\left(\bar{Y}_{ij}-\hat{\mu}_0-\hat{\beta}_j\right)^{\mathrm{T}}(n_{ij}\Sigma_{ij}^{-1})\left(\bar{Y}_{ij}-\hat{\mu}_0-\hat{\beta}_j\right)\\ =&(\bar{Y}-X\hat{\theta})^{\mathrm{T}}\Sigma^{-1}(\bar{Y}-X\hat{\theta}).\end{aligned}$$

从表达式看, $\hat{\theta}$ 依赖于权重矩阵 L. 但是可以证明, (5.2.8) 式中的平方和其实不依赖于权重 L, 且有

$$\begin{aligned}&\tilde{S}_A\left(\bar{Y}_{11},\cdots,\bar{Y}_{ab};\Sigma_{11},\cdots,\Sigma_{ab}\right)\\ =&\sum_{i=1}^{a}\sum_{j=1}^{b}\left(\bar{Y}_{ij}-\hat{\beta}_j\right)^{\mathrm{T}}(n_{ij}\Sigma_{ij}^{-1})\left(\bar{Y}_{ij}-\hat{\mu}_0-\hat{\beta}_j\right)\\ =&\bar{Y}^{\mathrm{T}}\Sigma^{-1/2}\left(I_{abr}-\Sigma^{-1/2}X(X^{\mathrm{T}}\Sigma^{-1}X)^{-}X^{\mathrm{T}}\Sigma^{-1/2}\right)\Sigma^{-1/2}\bar{Y},\end{aligned} \tag{5.2.11}$$

这里 M^{-} 表示矩阵 M 的任一广义逆.

注意到 $\tilde{S}_A(\bar{Y}_{11},\cdots,\bar{Y}_{ab};\Sigma_{11},\cdots,\Sigma_{ab})$ 不依赖于权重矩阵 L. 当 Σ_{ij} 是已知的, 检验 (5.2.4) 中 H_{0A} 的一个自然检验统计量为 $\tilde{S}_A(\bar{Y}_{11},\cdots,\bar{Y}_{ab};\Sigma_{11},\cdots,\Sigma_{ab})$. 事实上, $\Sigma^{-1/2}\bar{Y}\sim N_{abr}\left(\Sigma^{-1/2}\mu,I_{abr}\right)$, $D=I_{abr}-\Sigma^{-1/2}X(X^{\mathrm{T}}\Sigma^{-1}X)^{-}X^{\mathrm{T}}\Sigma^{-1/2}$ 是秩为 $r(a-1)b$ 的幂等阵, 故有

$$\bar{Y}^{\mathrm{T}}\Sigma^{-1/2}D\Sigma^{-1/2}\bar{Y}\sim\chi^2_{r(a-1)b}\left(\mu^{\mathrm{T}}\Sigma^{-1/2}D\Sigma^{-1/2}\mu\right),$$

这里 $\mu=(\mu_{11}^{\mathrm{T}},\cdots,\mu_{1b}^{\mathrm{T}},\cdots,\mu_{a1}^{\mathrm{T}},\cdots,\mu_{ab}^{\mathrm{T}})^{\mathrm{T}}$, $\chi^2_m(\delta)$ 表示自由度为 m 的非中心参数为 δ 的非中心卡方分布. 当 $\alpha_1=\alpha_2=\cdots=\alpha_a=0$ 时, 非中心参数

$$\mu^{\mathrm{T}}\Sigma^{-1/2}D\Sigma^{-1/2}\mu=0.$$

令 $\bar{y}=(\bar{y}_{11}^{\mathrm{T}},\cdots,\bar{y}_{1b}^{\mathrm{T}},\cdots,\bar{y}_{a1}^{\mathrm{T}},\cdots,\bar{y}_{ab}^{\mathrm{T}})^{\mathrm{T}}$ 是 $\bar{Y}$ 的观测值, 则此时的检验法则是: 当

$$\tilde{S}_A\left(\bar{Y}_{11},\cdots,\bar{Y}_{ab};\Sigma_{11},\cdots,\Sigma_{ab}\right)>\chi^2_{r(a-1)b,\lambda}$$

时, 拒绝 (5.2.4) 中的 H_{0A}, 这里 $\chi^2_{m,\lambda}$ 中心卡方分布的上侧 λ 分位数.

一般地, 协方差矩阵 Σ_{ij} 是未知的, 此时通过用样本协方差矩阵 S_{ij} 替换 (5.2.11) 式中的 Σ_{ij}, $i=1,\cdots,a, j=1,\cdots,b$, 可得到一个检验统计量

$$\begin{aligned}&\tilde{S}_A\left(\bar{Y}_{11},\cdots,\bar{Y}_{ab};S_{11},\cdots,S_{ab}\right)\\=&\bar{Y}^{\mathrm{T}}S^{-1/2}\left(I_{abr}-S^{-1/2}X(X^{\mathrm{T}}S^{-1}X)^{-}X^{\mathrm{T}}S^{-1/2}\right)S^{-1/2}\bar{Y},\end{aligned}\tag{5.2.12}$$

这里 $S=\operatorname{diag}\left(\frac{1}{n_{11}}S_{11},\cdots,\frac{1}{n_{1b}}S_{1b},\cdots,\frac{1}{n_{a1}}S_{a1},\cdots,\frac{1}{n_{ab}}S_{ab}\right)$.

Zhang (2011) 曾经指出, 检验 (5.2.4) 中的零假设问题可以等价地表示成一般的线性假设 $H_{0A}: C\mu=0$, 这里 $C=H_aA_a\otimes I_r$, $H_a=(I_{a-1},-1_{a-1})$, $A_a=(I_a-1_au^{\mathrm{T}})\otimes v^{\mathrm{T}}$, $u=(u_1,\cdots,u_a)^{\mathrm{T}}$, $v=(v_1,\cdots,v_b)^{\mathrm{T}}$. 那么对应的 Wald-型检验统计量为

$$T=(C\hat{\mu})^{\mathrm{T}}(CSC^{\mathrm{T}})^{-1}(C\hat{\mu}),\tag{5.2.13}$$

这里 S 同式 (5.2.12) 中的定义. 接下来, 我们描述三种检验方法.

1. AHT 检验

Zhang (2011) 提供了一种称为 AHT 的检验, 其基于下面的检验统计量

$$\frac{(\hat{d}-q+1)T}{q\hat{d}},\tag{5.2.14}$$

这里 $q=\operatorname{rank}(C)=r(a-1)$,

$$\hat{d}=\frac{q(q+1)}{\sum_{i=1}^{a}\sum_{j=1}^{b}(n_{ij}-1)^{-1}[\operatorname{tr}^2(\hat{\Omega}_{ij})+\operatorname{tr}(\hat{\Omega}_{ij}^2)]},$$

$\hat{\Omega}_{ij}=n_{ij}^{-1}\hat{H}_{ij}S_{ij}\hat{H}_{ij}^{\mathrm{T}}$, $\hat{H}_{ij}=(CSC^{\mathrm{T}})^{-1/2}C_{ij}$, $C=(C_{11},C_{12},\cdots,C_{ab})$, C_{ij} 是 C 的第 ij 块 $q\times r$ 的矩阵. Zhang (2011) 证明了在零假设 H_{0A} 下, $(\hat{d}-q+1)T/q\hat{d}$ 是服从近似分布为 $F_{q,\hat{d}-q+1}$ 的随机变量. 因此, AHT 检验法则是: 在名义水平为 λ 时, 当 (5.2.13) 式中的检验统计量 T 大于临界值 $\frac{q\hat{d}}{\hat{d}-q+1}F_{q,\hat{d}-q+1}(1-\lambda)$ 时拒绝 (5.2.4) 式中的零假设. AHT 检验也可以通过计算基于近似零分布的 p 值来执行.

2. 修改的多元 Brown-Forsythe 检验

Vallejo 和 Ato (2012) 提供了一个修改的多元 Brown-Forsythe 检验 (MBF). 零假设 (5.2.4) 对应的检验问题可以等价地表示成一般的线性假设检验问题 $H_{0A}: R_A\mu_*=0$, 这里 $R_A=C_A\otimes I_r$, $C_A=(1_{a-1},-I_{a-1})\otimes(1/b)1_b^{\mathrm{T}}$, $\mu_*=(\mu_{11},\cdots,$

$\mu_{1b},\cdots,\mu_{a1},\cdots,\mu_{ab})^{\mathrm{T}}$. 那么检验 H_{0A} 的 Wilks 的 λ 准则可以表示成下面的两个行列式的比

$$\Lambda=|E_A^*|/|H_A+H_A^*|, \tag{5.2.15}$$

这里假设矩阵 H_A 和误差矩阵 E_A^* 是通过将 Vallejo 和 Ato (2012) 的 475 页的式 (9) 和 (10) 中的 t 用 A 替代得到的. 利用 Wilks 的 λ 准则到 F 统计量的变换, 若

$$F_{\mathrm{MBF}}=\frac{1-\Lambda^{1/\hat{s}}}{\Lambda^{1/\hat{s}}}\frac{\hat{f}_2}{\hat{f}_1}\geqslant F_{1-\alpha}\left(\hat{f}_1,\hat{f}_2\right),$$

则拒绝 $H_{0A}:R_A\mu_*=0$, 这里的记号解释请参见 Vallejo 和 Ato (2012) 中的 (13) 式.

3. **参数 bootstrap (PB) 检验** (Xu et al., 2015)

注意到在 H_{0A} 下, $\bar{Y}$ 的期望值为 $X\theta$, 这里 $\theta=(\mu_0^{\mathrm{T}},\beta_1^{\mathrm{T}},\cdots,\beta_b^{\mathrm{T}})^{\mathrm{T}}$. 根据 (5.2.12) 式中的检验统计量在位置变换群 $\mathcal{G}=\{\bar{Y}\to\bar{Y}+X\eta,\eta\in\mathbb{R}^{r(b+1)}\}$ 下具有的变换不变性, 不失一般性, 我们可以取 $X\theta=0$. 因此, 参数 bootstrap 枢轴变量构造步骤如下. 对一个给定的 $(\bar{y}_{11},\cdots,\bar{y}_{ab};s_{11},\cdots,s_{ab})$, 令

$$\bar{Y}_{Bij}\sim N_r\left(0,\frac{1}{n_{ij}}s_{ij}\right)\quad 和\quad S_{Bij}\sim W_r\left(n_{ij}-1,\frac{1}{n_{ij}-1}s_{ij}\right),$$

这里 $i=1,\cdots,a;j=1,\cdots,b$. 那么基于检验统计量 (5.2.12) 的 PB 枢轴量定义为

$$\begin{aligned}&\tilde{S}_{AB}\left(\bar{Y}_{B11},\bar{Y}_{B12},\cdots,\bar{Y}_{Bab};S_{B11},S_{B12},\cdots,S_{Bab}\right)\\=&\bar{Y}_B'S_B^{-1/2}\left(I_{abr}-S_B^{-1/2}X(X'S_B^{-1}X)^-X'S_B^{-1/2}\right)S_B^{-1/2}\bar{Y}_B,\end{aligned} \tag{5.2.16}$$

这里 $\bar{Y}_B=(\bar{Y}_{B11},\bar{Y}_{B12},\cdots,\bar{Y}_{Bab})^{\mathrm{T}}$, $S_B=\mathrm{diag}\left(\frac{1}{n_{11}}S_{B11},\frac{1}{n_{12}}S_{B12},\cdots,\frac{1}{n_{ab}}S_{Bab}\right)$. 对于一个给定的显著性水平 λ, PB 检验法则是：当

$$P\left(\tilde{S}_{AB}\left(\bar{Y}_{B11},\bar{Y}_{B12},\cdots,\bar{Y}_{Bab};S_{B11},S_{B12},\cdots,S_{Bab}\right)>\tilde{s}_A\right)<\lambda \tag{5.2.17}$$

时拒绝 (5.2.4) 式中的 H_{0A}, 这里 $\tilde{s}_A=\tilde{S}_A(\bar{y}_{11},\cdots,\bar{y}_{ab};s_{11},\cdots,s_{ab})$ 是 $\tilde{S}_A(\bar{Y}_{11},\cdots,\bar{Y}_{ab};S_{11},\cdots,S_{ab})$ 的观测值. 对于固定的 $(\bar{y}_{11},\cdots,\bar{y}_{ab};s_{11},\cdots,s_{ab})$, 此概率值不依赖于任何的未知参数, 故可以使用下面的算法 5.2.1 来计算.

算法 5.2.1 对于给定的 $(n_{11},n_{12},\cdots,n_{ab})$, $(\bar{y}_{11},\bar{y}_{12},\cdots,\bar{y}_{ab})$ 和 $(s_{11},s_{12},\cdots,s_{ab})$:

计算 (5.2.12) 式中的 $\tilde{S}_A\left(\bar{y}_{11},\bar{y}_{12},\cdots,\bar{y}_{ab};s_{11},s_{12},\cdots,s_{ab}\right)$ 并记为 $\tilde{s}_A$.

对 $h=1,\cdots,m$,

生成 $\bar{Y}_{Bij} \sim N_r\left(0, \frac{1}{n_{ij}} s_{ij}\right)$ 和 $S_{Bij} \sim W_r\left(n_{ij}-1, \frac{1}{n_{ij}-1} s_{ij}\right), i=1,\cdots,a;$ $j=1,\cdots,b.$

利用 (5.2.16) 式计算 $\tilde{S}_{AB}\left(\bar{Y}_{B11}, \bar{Y}_{B12}, \cdots, \bar{Y}_{Bab}; S_{B11}, S_{B12}, \cdots, S_{Bab}\right)$.

若 $\tilde{S}_{AB}\left(\bar{Y}_{B11}, \bar{Y}_{B12}, \cdots, \bar{Y}_{Bab}; S_{B11}, S_{B12}, \cdots, S_{Bab}\right) > \tilde{s}_A$, 设置 $Q_h = 1$. (结束循环)

则 $(1/m)\sum_{h=1}^{m} Q_h$ 是 (5.2.17) 式中的 p 值的一个 Monte Carlo 估计值.

5.2.3 数值结果

在 Vallejo 和 Ato (2012) 的比较研究中, 他们证明了在所比较的方法中, MBF 方法提供了有竞争力的表现. 另一方面, Zhang (2011) 通过某些模拟研究证明了 AHT 检验在经验水平和势函数方面一般优于 LHT 和 LHT_m 检验. 本小节为了去比较 PB 检验和 AHT 检验及 MBF 检验, 将使用 Monte Carlo 模拟估计这些 MANOVA 的水平和势函数. 为了节省空间, 我们只报告检验因子 A 的效应的模拟结果, 检验因子 B 的效应的模拟结果可以类似地给出.

设定因子 A 和 B 分别有 a 和 b 个水平. 令 $n=(n_{11}, n_{12}, \cdots, n_{ab})$ 表示单元处理组的样本容量. 对给定的 n 和协方差矩阵 $\Sigma_{ij}, i=1,2,\cdots,a;\ j=1,2,\cdots,b,$ 我们首先生成 ab 个多元样本

$$y_{ijk} = \mu_{ij} + \Sigma_{ij}^{1/2} e_{ijk}, \quad k=1,2,\cdots,n_{ij}, \tag{5.2.18}$$

这里单元均值向量 $\mu_{ij} = \mu_{11} + i\delta h/(ab)$, 其中 μ_{11} 是第一个处理单元的均值向量, h 是常向量, 设定了均值向量差的方向, δ 是一个调节参数, 用来控制均值向量差的大小. 我们使用两种方案独立地生成误差项 e_{ijk} 的 r 个元素: ①从标准正态分布 $N(0,1)$; ② 从分布 $t_4/\sqrt{2}$, 使得我们总有 $E(e_{ijk})=0$ 和 $\text{Cov}(e_{ijk}) = I_r$, 这里 t_4 表示自由度为 4 的中心 t 分布. 这意味着 (5.2.18) 式将会产生第 ijk 多元正态或者非正态的样本 $y_{ijk}, k=1,2,\cdots,n_{ij}$, 带有均值向量 μ_{ij} 和协方差矩阵 Σ_{ij}. 不失一般性, 我们设定 $\mu_{11}=0$ 和 $h = h_0/\|h_0\|$, 这里 $h_0 = [1,2,\cdots,r]^{\mathrm{T}}$, $\|h_0\|$ 表示 h_0 的通常的 L^2-范数. 注意到为估计 PB 检验的经验水平和势函数需要两个循环. 我们使用 2500 次外循环去产生数据, 对每组产生的数据使用 5000 次循环去估计 bootstrap p 值. 为估计 AHT 检验和 MBF 检验, 我们也使用了 2500 次循环, 并记录相应的 p 值, 以便模拟结果和 PB 检验结果进行比较. 这三个检验的经验水平值 (当 $\delta=0$) 和势函数值 (当 $\delta>0$) 是拒绝零假设, 即 p 值小于给定的显著性水平 λ 的比例. 在所有的模拟研究中, 我们设定了 $\lambda=5\%$.

注意到此处提供的 PB 检验是不依赖于选择的权重, 这一点可以参考下一节中的证明. 这里我们仅报告等权重情形下的比较研究结果. 在表 5.2.1~ 表5.2.3 中, 对

不同的调节参数取值, 我们提供了因子 A 的主效应三种检验的经验水平和势函数值. 检验方法分别用 MBF, AHT 和 PB 来表示, 调节参数分别取 $\delta = 0$ 和 $\delta > 0$ 等情形. 从表中可以看到, 共考虑了单元协方差矩阵的调节参数的三种情形. 其中第一种情形设定的是方差齐性. 另外设定了四种处理单元的样本容量, 其中前两种考虑的是平衡情形. 为简单起见, 在协方差和样本容量的调节参数的表示方法上, 我们使用 (u_t) 去表示 "u 重复 t 次". 为节省空间, 按照 Wilcox (1989) 和 Zhang (2011) 中的表示方法, 我们设定因子 B 的 b 个水平下的单元样本容量是相同的, 但是因子 A 的 a 个水平下的单元样本容量可以是不同的. 也就是说, 对每个 $i = 1, 2, \cdots, a$, 我们有 $n_{ij} = n_{i1}$, $j = 1, 2, \cdots, b$. 另一方面, 单元协方差矩阵设定为 $(\Sigma_{11}, \Sigma_{12}, \cdots, \Sigma_{ab}) = 1_a^{\mathrm{T}} \otimes (\Sigma_{11}, \Sigma_{12}, \cdots, \Sigma_{1b})$, 这里不失一般性取 $a > b$. 所有计算在 MATLAB 软件环境中实现.

表 5.2.1 考虑了二元情形下因子水平分别为 $a = 20$ 和 $b = 2$ 的这些检验的经验水平和势函数值. 正如 Zhang (2011) 所指出的, 设定 $a = 20$, 我们可以检查因子之一有较大的水平数时三种检验方法的表现如何. 表 5.2.2 和表 5.2.3 分别显示了三元且因子水平数分别为 $a = 10$ 和 $b = 3$ 时以及十元且因子水平数分别为 $a = 5$ 和 $b = 3$ 时三种检验的表现. 这两个表则允许我们考察高维的正态和非正态数据模型中三种检验的比较.

在表 5.2.1 中, 我们在样本容量从小到中等情形下分别提供了三种检验的经验水平和势函数值. 容易看到 PB 检验, MBF 检验和 AHT 检验有相似的经验水平表现, 在各种样本容量和参数设置下都能保持良好的名义水平. 从势函数表现的角度来看, AHT 检验对 $\lambda_1 = (1, 1)$ 和 $\lambda_2 = (1, 5)$ 情形总体上是优于 PB 检验的, 但是随着异方差性和单元样本容量的增加, PB 检验的表现在改善, 特别是在 $\lambda_3 = (1, 10)$ 情形下, PB 检验则还要优于 AHT 检验.

从表 5.2.2 的三元情形和表 5.2.3 的十元情形可以看到, MBF 检验表现是稳健的, 甚至当样本容量是中等大小时. 就检验的经验水平而言, PB 检验和 AHT 检验还像之前表现一样好. 我们还从表 5.2.2 和表 5.2.3 注意到, 在齐次情形下 AHT 检验的势函数表现总的来说要优于 PB 检验. 但是在异方差情形下, PB 趋于在几乎所有考虑的异方差设定下表现要优于 AHT 检验.

通过总结所有的模拟结果, 我们可以得出如下的结论. 就检验的水平而言, PB, MBF 和 AHT 这三种检验在各种样本容量、单元协方差矩阵和比较的效应数目下有非常相似的表现. 所有这三种检验都对模型的假设具有较好的稳健性. 模拟结果显示当方差齐性假设确实成立或者模型假设近似正确时, PB 检验没有损失太多的势. 因此, PB 检验方法在实际应用中能够成为有竞争力的选择.

表 5.2.1　二元的两向 MANOVA 中因子 A 三种检验的经验水平和势函数值

$[a=20, b=2, (\Sigma_{11}, \Sigma_{12}, \cdots, \Sigma_{ab}) = 1_{20}^{\mathrm{T}} \otimes (I_2, \mathrm{diag}(\lambda))]$

$N(0,1)$		$\delta=0$			$\delta=1$			$\delta=2$			$\delta=3$		
λ	n	MBF	AHT	PB	MBF	AHT	PB	MBF	AHT	PB	MBF	AHT	PB
λ_1	n_1	0.042	0.036	0.043	0.074	0.114	0.076	0.254	0.528	0.240	0.674	0.956	0.637
	n_2	0.044	0.040	0.047	0.087	0.149	0.088	0.324	0.662	0.335	0.874	0.991	0.811
	n_3	0.047	0.046	0.058	0.134	0.191	0.125	0.474	0.840	0.514	0.944	0.999	0.956
	n_4	0.046	0.055	0.043	0.374	0.494	0.340	0.976	0.998	0.987	0.999	1.000	1.000
λ_2	n_1	0.049	0.046	0.044	0.061	0.077	0.063	0.156	0.224	0.154	0.376	0.559	0.389
	n_2	0.046	0.050	0.044	0.067	0.100	0.066	0.199	0.299	0.200	0.519	0.770	0.525
	n_3	0.049	0.048	0.043	0.097	0.106	0.092	0.346	0.412	0.334	0.803	0.854	0.779
	n_4	0.041	0.053	0.044	0.251	0.194	0.234	0.932	0.765	0.936	1.000	0.996	1.000
λ_3	n_1	0.047	0.044	0.047	0.070	0.064	0.067	0.151	0.153	0.150	0.390	0.381	0.367
	n_2	0.048	0.047	0.041	0.072	0.077	0.067	0.251	0.235	0.240	0.524	0.573	0.482
	n_3	0.049	0.051	0.054	0.083	0.077	0.089	0.311	0.299	0.314	0.737	0.671	0.747
	n_4	0.045	0.064	0.044	0.235	0.136	0.228	0.564	0.584	0.514	0.979	0.968	1.000
$t_4/\sqrt{2}$													
λ_1	n_1	0.033	0.021	0.030	0.068	0.100	0.066	0.239	0.630	0.224	0.637	0.987	0.608
	n_2	0.034	0.020	0.037	0.076	0.145	0.079	0.299	0.779	0.314	0.852	0.998	0.798
	n_3	0.037	0.030	0.049	0.107	0.195	0.112	0.474	0.902	0.514	0.915	1.000	0.923
	n_4	0.041	0.040	0.040	0.360	0.536	0.324	0.926	1.000	0.926	0.989	1.000	1.000
λ_2	n_1	0.039	0.025	0.034	0.059	0.056	0.058	0.243	0.245	0.145	0.656	0.666	0.367
	n_2	0.037	0.022	0.039	0.079	0.078	0.074	0.378	0.362	0.389	0.801	0.873	0.803
	n_3	0.039	0.038	0.041	0.085	0.103	0.086	0.423	0.466	0.314	0.884	0.925	0.902
	n_4	0.030	0.034	0.035	0.213	0.192	0.217	0.901	0.848	0.914	0.945	0.999	0.998
λ_3	n_1	0.037	0.032	0.037	0.058	0.046	0.053	0.139	0.160	0.144	0.371	0.476	0.332
	n_2	0.038	0.030	0.031	0.065	0.059	0.069	0.232	0.258	0.219	0.507	0.686	0.459
	n_3	0.042	0.039	0.044	0.075	0.072	0.081	0.296	0.325	0.302	0.705	0.782	0.721
	n_4	0.035	0.038	0.046	0.221	0.139	0.203	0.532	0.688	0.498	0.945	0.990	1.000

注: $\lambda_1=(1,1)$, $\lambda_2=(1,5)$, $\lambda_3=(1,10)$; $n_1=(7,7)_{20}$, $n_2=(7,10)_{20}$, $n_3=(10,10)_{20}$, $n_4=(30,15)_{20}$.

表 5.2.2　三元的两向 MANOVA 中因子 A 三种检验的经验水平和势函数值

$[a=10, b=3, (\Sigma_{11}, \Sigma_{12}, \cdots, \Sigma_{ab}) = 1_{10}^{\mathrm{T}} \otimes (I_3, \mathrm{diag}(\lambda), (1-\rho)I_3+\rho 1_3 1_3^{\mathrm{T}})]$

$N(0,1)$		$\delta=0$			$\delta=1$			$\delta=2$			$\delta=3$		
(λ,ρ)	n	MBF	AHT	PB	MBF	AHT	PB	MBF	AHT	PB	MBF	AHT	PB
(λ_1,ρ_1)	n_1	0.053	0.049	0.052	0.085	0.094	0.072	0.241	0.348	0.142	0.447	0.783	0.326
	n_2	0.046	0.047	0.039	0.126	0.140	0.082	0.498	0.611	0.258	0.872	0.977	0.651
	n_3	0.051	0.046	0.040	0.139	0.159	0.078	0.634	0.663	0.341	0.919	0.986	0.846
	n_4	0.053	0.050	0.045	0.156	0.163	0.087	0.668	0.670	0.334	0.989	0.985	0.841

续表

$N(0,1)$		$\delta=0$			$\delta=1$			$\delta=2$			$\delta=3$		
(λ,ρ)	n	MBF	AHT	PB	MBF	AHT	PB	MBF	AHT	PB	MBF	AHT	PB
(λ_2,ρ_2)	n_1	0.049	0.051	0.050	0.108	0.097	0.110	0.387	0.362	0.406	0.884	0.798	0.895
	n_2	0.046	0.052	0.048	0.178	0.142	0.181	0.759	0.595	0.771	0.983	0.968	0.996
	n_3	0.052	0.050	0.043	0.176	0.167	0.178	0.845	0.677	0.892	1.000	0.979	1.000
	n_4	0.053	0.050	0.052	0.197	0.155	0.200	0.903	0.641	0.914	1.000	0.980	1.000
(λ_3,ρ_3)	n_1	0.051	0.044	0.044	0.089	0.090	0.093	0.379	0.338	0.395	0.858	0.775	0.883
	n_2	0.049	0.053	0.056	0.171	0.140	0.170	0.746	0.559	0.760	0.989	0.962	0.999
	n_3	0.053	0.054	0.053	0.189	0.157	0.195	0.882	0.631	0.884	1.000	0.978	1.000
	n_4	0.052	0.050	0.048	0.196	0.148	0.199	0.907	0.603	0.914	1.000	0.972	1.000
$t_4/\sqrt{2}$													
(λ_1,ρ_1)	n_1	0.038	0.036	0.039	0.082	0.095	0.071	0.235	0.402	0.140	0.438	0.845	0.324
	n_2	0.043	0.040	0.036	0.121	0.139	0.080	0.491	0.658	0.255	0.865	0.983	0.636
	n_3	0.041	0.041	0.038	0.133	0.161	0.075	0.630	0.741	0.336	0.908	0.991	0.842
	n_4	0.042	0.039	0.041	0.149	0.159	0.084	0.654	0.742	0.331	0.976	0.992	0.834
(λ_2,ρ_2)	n_1	0.047	0.035	0.052	0.104	0.088	0.107	0.385	0.410	0.399	0.879	0.858	0.887
	n_2	0.039	0.040	0.045	0.175	0.149	0.175	0.752	0.667	0.762	0.973	0.986	0.989
	n_3	0.045	0.045	0.040	0.171	0.175	0.176	0.839	0.742	0.856	1.000	0.990	0.996
	n_4	0.043	0.036	0.042	0.196	0.144	0.199	0.897	0.746	0.902	1.000	0.989	1.000
(λ_3,ρ_3)	n_1	0.044	0.040	0.041	0.088	0.097	0.090	0.370	0.387	0.384	0.836	0.827	0.876
	n_2	0.046	0.046	0.052	0.166	0.126	0.168	0.743	0.632	0.751	0.976	0.970	0.981
	n_3	0.039	0.038	0.050	0.183	0.168	0.191	0.876	0.716	0.874	1.000	0.988	1.000
	n_4	0.045	0.039	0.043	0.192	0.157	0.196	0.904	0.685	0.905	1.000	0.982	1.000

注: $(\lambda_1,\rho_1)=(1_3,0)$, $(\lambda_2,\rho_2)=(1,15,0.1,0.1)$, $(\lambda_3,\rho_3)=(1,10,0.1,0.5)$; $n_1=(10,10,10)_{10}$, $n_2=(15,15,15)_{10}$, $n_3=(10,20,40)_{10}$, $n_4=(40,20,10)_{10}$.

表 5.2.3 十元的两向 MANOVA 中因子 A 三种检验的经验水平和势函数值

$[a=3, b=5,\ (\Sigma_{11},\Sigma_{12},\cdots,\Sigma_{ab})=1_{10}^{\mathrm{T}}\otimes(I_3,\mathrm{diag}(\lambda),\mathrm{diag}(\eta))]$

$N(0,1)$		$\delta=0$			$\delta=1$			$\delta=2$			$\delta=3$		
(λ,η)	n	MBF	AHT	PB	MBF	AHT	PB	MBF	AHT	PB	MBF	AHT	PB
(λ_1,η_1)	n_1	0.042	0.041	0.042	0.129	0.127	0.060	0.497	0.523	0.148	0.616	0.958	0.372
	n_2	0.038	0.053	0.055	0.181	0.178	0.084	0.548	0.739	0.232	0.723	0.996	0.616
	n_3	0.041	0.046	0.057	0.241	0.234	0.103	0.787	0.884	0.363	0.927	1.000	0.859
	n_4	0.039	0.054	0.053	0.262	0.263	0.103	0.845	0.931	0.415	0.997	1.000	0.898
(λ_2,η_2)	n_1	0.042	0.052	0.051	0.083	0.087	0.075	0.197	0.191	0.191	0.447	0.425	0.496
	n_2	0.038	0.048	0.045	0.092	0.080	0.088	0.316	0.243	0.327	0.542	0.569	0.819
	n_3	0.043	0.049	0.047	0.101	0.100	0.103	0.425	0.358	0.438	0.782	0.797	0.920
	n_4	0.046	0.061	0.048	0.124	0.104	0.117	0.527	0.397	0.539	0.839	0.854	0.970
(λ_3,η_3)	n_1	0.049	0.054	0.043	0.061	0.062	0.053	0.082	0.073	0.080	0.102	0.103	0.136
	n_2	0.039	0.044	0.052	0.065	0.058	0.059	0.097	0.089	0.095	0.177	0.171	0.182

续表

$N(0,1)$		$\delta=0$			$\delta=1$			$\delta=2$			$\delta=3$		
(λ,η)	n	MBF	AHT	PB	MBF	AHT	PB	MBF	AHT	PB	MBF	AHT	PB
	n_3	0.045	0.064	0.049	0.076	0.054	0.071	0.146	0.083	0.164	0.465	0.130	0.428
	n_4	0.038	0.050	0.044	0.079	0.058	0.068	0.157	0.091	0.151	0.473	0.188	0.376
$t_4/\sqrt{2}$													
(λ_1,η_1)	n_1	0.037	0.043	0.042	0.118	0.130	0.058	0.485	0.556	0.137	0.604	0.964	0.367
	n_2	0.035	0.046	0.057	0.175	0.170	0.079	0.532	0.766	0.226	0.717	0.996	0.716
	n_3	0.043	0.044	0.046	0.229	0.244	0.101	0.774	0.909	0.356	0.906	1.000	0.847
	n_4	0.034	0.054	0.039	0.245	0.289	0.107	0.827	0.949	0.403	0.959	1.000	0.879
(λ_2,η_2)	n_1	0.039	0.034	0.048	0.078	0.072	0.072	0.185	0.189	0.187	0.432	0.465	0.488
	n_2	0.037	0.036	0.041	0.089	0.073	0.087	0.309	0.256	0.311	0.737	0.638	0.812
	n_3	0.045	0.046	0.043	0.092	0.101	0.094	0.416	0.401	0.428	0.768	0.845	0.908
	n_4	0.041	0.051	0.055	0.112	0.100	0.109	0.511	0.418	0.523	0.840	0.886	0.961
(λ_3,η_3)	n_1	0.043	0.038	0.052	0.059	0.047	0.051	0.080	0.075	0.072	0.103	0.105	0.124
	n_2	0.035	0.046	0.045	0.071	0.057	0.055	0.095	0.086	0.090	0.168	0.160	0.175
	n_3	0.043	0.051	0.047	0.073	0.049	0.067	0.137	0.088	0.158	0.416	0.146	0.418
	n_4	0.036	0.043	0.046	0.076	0.053	0.066	0.145	0.102	0.145	0.427	0.180	0.364

注: $\lambda_1=(1_{10})_5$, $\eta_1=(1_{10})_5$; $\lambda_2=(12_3,1_3,24_3,1)_5$, $\eta_2=(1_3,0.1_3,2_2,24,21)_5$; $\lambda_3=(1_3,3_3,9_3,20)_5$, $\eta_3=(5_3,15_3,45_3,100)_5$; $n_1=(25_3)_5$, $n_2=(25,35,50)_5$, $n_3=(70,40,35)_5$, $n_4=(50_3)_5$.

5.2.4 多元混合效应模型的检验

考虑一个两向多元混合效应模型:

$$\begin{gathered} Y_{ijk}=\mu_0+\alpha_i+\beta_j+e_{ijk},\quad \alpha_i\sim N_r(0,\Sigma_\alpha), \\ e_{ijk}\sim N_r(0,\Sigma_{ij}),\ i=1,\cdots,a;\ j=1,\cdots,b;\ k=1,\cdots,n_{ij}, \end{gathered} \tag{5.2.19}$$

这里 μ_0 是总平均向量, α_i 是 Y_{ijk} 中对应于因子 A 的第 i 个水平的随机效应向量, β_j 是对应于因子 B 的第 j 个水平的固定效应向量, α_i 和 e_{ijk} 是相互独立的随机向量. 较早前定义的 $\bar{Y}_{ij}$ 和 S_{ij} 构成了一组充分统计量, 分布为

$$\bar{Y}_{ij}\sim N_r\left(X\theta,\Sigma_\alpha+\frac{1}{n_{ij}}\Sigma_{ij}\right)\ \ 和\ \ S_{ij}\sim W_r\left(n_{ij}-1,\frac{1}{n_{ij}-1}\Sigma_{ij}\right),$$

且所有的随机量相互独立. 我们感兴趣的问题是检验下面的假设

$$H_0:\ \Sigma_\alpha=0\quad 对\quad H_1:\ \Sigma_\alpha\geqslant 0\ 和\ \Sigma_\alpha\neq 0.$$

若 H_0 没有被拒绝, 我们说因子 A 的随机效应是不显著的.

我们将说明, 上一小节中关于固定效应的检验也是检验 Σ_α 的显著性的一个合适的检验. 如同 Krishnamoorthy, Lu 和 Mathew (2007) 指出的, 任何 $\bar{Y} = (\bar{Y}_{11}, \bar{Y}_{12}, \cdots, \bar{Y}_{ab})^{\mathrm{T}}$ 的非负定的二次型在 H_1 下的值随机大于 H_0 下的值. 易见, 给定 S_{ij} 的值, 上一小节中定义的对应于 MBF 和 PB 检验的统计量都是关于 $\bar{Y}$ 的正定二次型. 换句话说, 给定 S_{ij} 的值, 这些检验统计量在 H_1 下的值随机大于 H_0 下的值; 显然, 无条件下的随机单调性也成立. 所以, 固定效应检验同样可以用来检验 $H_0 : \Sigma_\alpha = 0$. 而且, 这些检验统计量也与固定效应模型中有相同的零分布. 因此, 参数 bootstrap 检验在多元混合效应模型继续有着满意的表现.

至此, 我们将 Krishnamoorthy 和 Lu (2010) 的单向多元 MANOVA 的结果拓展到了两向 MANOVA, 并且证明了 PB 在异方差情形下比已有的检验更具优势, 而 MBF 检验具有较好的稳健性. 值得注意的是, 我们的 PB 在两向 MANOVA 中不依赖于权重的选择, 为实际的应用带来方便.

5.3 两向 MANOVA (可能存在交互效应)

5.3.1 引言

上一节考虑了当两个因子 A 和 B 之间不存在交互效应时这两个因子效应的显著性检验问题. 因子 A 和 B 之间是否存在交互效应本身就是一个需要解决的问题. 另外, 若交互效应确实不存在, 则可以直接使用前面的方法对因子 A 和 B 的效应显著性进行检验. 若存在交互效应, 则不可以直接使用前面的方法. 因此本节将在更一般的模型下考虑两向 MANOVA.

当然, 在协方差矩阵齐性假设下, 有许多经典的检验方法可以使用. 但当齐性假设不成立时, 这些经典的检验方法有严重的第一类错误问题. 例如, Zhang (2011) 在他的研究中发现, 对于名义水平 5%下的交互效应的 LHT 检验的经验水平可能和 75%一样大, 或者也可能和 0%一样小. 最近, 有下面几种方法被提出来解决这个问题. Harrar 和 Bathke (2012) 通过修改经典的 WLR, LHT 和 BNP 检验得到所谓修改的 WLR, LHT 和 BNP 检验来处理该问题. 当一个因子的水平数趋于无穷大时, 这些修改的检验的渐近性被研究. 但是他们通过模拟研究证明了在有限样本情形下, 这些渐近性结论没有太大用处. 为克服这个困难, Harrar 和 Bathke (2012) 提出用某些 Wishart 分布去逼近修改的 MANOVA 检验统计量中的两个矩阵的零分布的方法, 详情也可参见 Zhang (2012) . 注意到 Harrar 和 Bathke (2012) 中涉及的检验的三个主要不足, Zhang (2011) 提供的第二种方法是提出了 AHT 检验. 其中的思想类似于上节无交互效应两向 MANOVA 模型中的 AHT 检验. Zhang (2011) 执行的模型模拟研究证明了 AHT 检验要优于 Harrar 和 Bathke (2012) 中修改的

LHT 检验. 这也同时表明修改的 MANOVA 检验可以进一步被改进. 第三种方法来自 Zhang (2012), 其主要研究如何用更好的方法估计随机矩阵自由度从而使得这些修改的 MANOVA 检验具有仿射不变性.

尽管后两种方法的确是改进了修改的 MANOVA 检验, 它们依旧有下面两个问题: ①当处理单元的样本容量不相等时, 这两种方法需要考虑权重的选择; ②AHT 检验在两种情形表现不够满意, 详情可以参见 Zhang (2011) 的 2.6 节. 而且, AHT 检验中估计的自由度和单元样本协方差矩阵之间的关系非常复杂.

对于非正态和协方差异方差性假设, Vallejo 和 Ato (2012) 提出采用 Brunner, Dette 和 Munk (BDM) (1997) 及 Vallejo 和 Ato (2006) 的结果. 他们通过模拟研究比较了这些方法和 Welch-James 的近似自由度方法. 模拟结果显示仅仅 BDM 和 MBF 方法的修改版本具有稳健性.

本节我们将针对可能存在交互效应的异方差两向 MANOVA 模型, 提出一种合适而有效的 PB 检验方法. 我们使用了标准的效应平方和及一个自然的检验统计量. PB 检验具有下面几个优良性: ①它可以通过常规的 Monte Carlo 算法来执行检验; ②它被证明在置换变换和仿射变换下具有不变性; ③PB 检验与定义模型参数唯一性的权重选择无关; ④它也是有效的.

5.3.2 检验方法

1. **两向 MANOVA 模型**

考虑带有 A 和 B 的两向试验模型, 分别具有因子水平 $A_1, \cdots, A_a$ 和 $B_1, \cdots, B_b$, 给出共 ab 个因子水平组合或者说处理单元. 设从第 (i,j) 个单元得到容量为 n_{ij} 的一个 r 维随机样本, $i=1,\cdots,a;\ j=1,\cdots,b$. 令 Y_{ijk} $(i=1,\cdots,a;\ j=1,\cdots,b;\ k=1,\cdots,n_{ij})$ 表示这些随机向量, 而 y_{ijk} 表示它们的观测值. 为使每个单元样本协方差矩阵可以计算, 假设 $n_{ij}>r$. 设 Y_{ijk} 满足下面的模型:

$$
\begin{aligned}
&Y_{ijk}=\mu_{ij}+e_{ijk},\quad e_{ijk}\sim N_r(0,\Sigma_{ij}),\\
&i=1,\cdots,a;j=1,\cdots,b;k=1,\cdots,n_{ij},
\end{aligned}
\tag{5.3.1}
$$

这里 $\mu_{ij}:r\times 1$ 和 $\Sigma_{ij}:r\times r$ 分别表示第 ij 个单元的单元均值向量和单元协方差矩阵, e_{ijk} 是试验误差项. 所有的 ab 个样本假设是相互独立同分布的.

在可能带有交互效应的两向 MANOVA 模型中, 单元均值向量 μ_{ij} 可以分解成

$$
\mu_{ij}=\mu_0+\alpha_i+\beta_j+\gamma_{ij},\quad i=1,2,\cdots,a;j=1,2,\cdots,b,
$$

这里 μ_0 是总平均向量, α_i 因子 A 的第 i 个水平下的效应向量, β_j 因子 B 的第 j 个水平下的效应向量, γ_{ij} 表示因子水平 A_i 和 B_j 的交互效应, 从而 (5.3.1) 式可以

写成著名的带有不相等误差协方差矩阵的两向 MANOVA 模型:

$$Y_{ijk} = \mu_0 + \alpha_i + \beta_j + \gamma_{ij} + e_{ijk},$$
$$e_{ijk} \sim N_r(0, \Sigma_{ij}),\ i = 1, \cdots, a;\ j = 1, \cdots, b;\ k = 1, \cdots, n_{ij}. \tag{5.3.2}$$

为了使 μ_0, α_i, β_j 和 γ_{ij} 有唯一的定义, 我们需要加上另外的约束条件. 令 $u_1, \cdots, u_a$ 和 $v_1, \cdots, v_b$ 是非负权重, 满足 $\sum_{i=1}^a u_i > 0$ 和 $\sum_{j=1}^b v_j > 0$. 我们考虑下面的约束

$$\Sigma_{i=1}^a u_i \alpha_i = 0,\quad \Sigma_{j=1}^b v_j \beta_j = 0,\quad \Sigma_{i=1}^a u_i \gamma_{ij} = 0,\quad \Sigma_{j=1}^b v_j \gamma_{ij} = 0,$$
$$i = 1, \cdots, a;\ j = 1, \cdots, b. \tag{5.3.3}$$

第 (i,j) 个处理单元的样本均值向量和样本协方差矩阵分别记为 $\bar{Y}_{ij}$ 和 S_{ij}, 这里

$$\bar{Y}_{ij} = \frac{1}{n_{ij}} \sum_{k=1}^{n_{ij}} Y_{ijk} \quad 和 \quad S_{ij} = \frac{1}{n_{ij} - 1} \sum_{k=1}^{n_{ij}} (Y_{ijk} - \bar{Y}_{ij})(Y_{ijk} - \bar{Y}_{ij})^{\mathrm{T}},$$

$i = 1, \cdots, a; j = 1, \cdots, b$. 这些随机变量的观测值分别记为 $\bar{y}_{ij}$ 和 s_{ij}, $i = 1, \cdots, a$, $j = 1, \cdots, b$. 我们注意到 $\bar{Y}_{ij}$ 和 S_{ij} 都是相互独立的, 且 $(n_{ij} - 1)S_{ij} \sim W_r(n_{ij} - 1, \Sigma_{ij})$, $\bar{Y}_{ij}$ 服从下面的模型

$$\bar{Y}_{ij} = \mu_0 + \alpha_i + \beta_j + \gamma_{ij} + \bar{e}_{ij},$$
$$\bar{e}_{ij} \sim N_r\left(0, \frac{1}{n_{ij}} \Sigma_{ij}\right),\ i = 1, \cdots, a;\ j = 1, \cdots, b, \tag{5.3.4}$$

这里 $\bar{e}_{ij} = \dfrac{1}{n_{ij}} \Sigma_{k=1}^{n_{ij}} e_{ijk}$, $W_r(m, \Gamma)$ 表示 r 维 Wishart 分布, 自由度为 m, 刻度参数矩阵为 Γ. 记 $\bar{Y} = (\bar{Y}_{11}^{\mathrm{T}}, \cdots, \bar{Y}_{1b}^{\mathrm{T}}, \cdots, \bar{Y}_{a1}^{\mathrm{T}}, \cdots, \bar{Y}_{ab}^{\mathrm{T}})^{\mathrm{T}}$, $\bar{e} = (\bar{e}_{11}^{\mathrm{T}}, \cdots, \bar{e}_{1b}^{\mathrm{T}}, \cdots, \bar{e}_{a1}^{\mathrm{T}}, \cdots, \bar{e}_{ab}^{\mathrm{T}})^{\mathrm{T}}$, 则模型 (5.3.4) 可以写成矩阵形式

$$\bar{Y} = (1_a \otimes 1_b \otimes I_r)\mu_0 + (I_a \otimes 1_b \otimes I_r)\alpha + (1_a \otimes I_b \otimes I_r)\beta + \gamma + \bar{e}, \tag{5.3.5}$$

这里 $\alpha = (\alpha_1^{\mathrm{T}}, \cdots, \alpha_a^{\mathrm{T}})^{\mathrm{T}}$, $\beta = (\beta_1^{\mathrm{T}}, \cdots, \beta_b^{\mathrm{T}})^{\mathrm{T}}$, $\gamma = (\gamma_{11}^{\mathrm{T}}, \cdots, \gamma_{1b}^{\mathrm{T}}, \cdots, \gamma_{a1}^{\mathrm{T}}, \cdots, \gamma_{ab}^{\mathrm{T}})^{\mathrm{T}}$, $\bar{e} \sim N_{abr}(0, \Sigma)$, $\Sigma = \mathrm{diag}\left(\dfrac{1}{n_{11}}\Sigma_{11}, \dfrac{1}{n_{12}}\Sigma_{12}, \cdots, \dfrac{1}{n_{ab}}\Sigma_{ab}\right)$.

2. 假设

我们感兴趣的假设如下.

$$\begin{aligned}
&H_{0A}: \alpha_1 = \alpha_2 = \cdots = \alpha_a = 0.\\
&H_{0B}: \beta_1 = \beta_2 = \cdots = \beta_b = 0.\\
&H_{0A|B}: \alpha_i + \gamma_{ij} = 0;\quad i = 1, \cdots, a,\ j = 1, \cdots, b.\\
&H_{0B|A}: \beta_j + \gamma_{ij} = 0;\quad i = 1, \cdots, a,\ j = 1, \cdots, b.\\
&H_{0AB}: \gamma_{ij} = 0;\quad i = 1, \cdots, a,\ j = 1, \cdots, b.
\end{aligned} \tag{5.3.6}$$

对它们自然的备择假设. 前两个零假设目标是检验两个因子的主效应是否存在统计意义上的显著性. 第三、四个零假设是为了分别检验因子 A 和 B 的水平的简单效应是否存在统计意义上的显著性, 而最后一个零假设是为了检验两个因子的交互效应是否存在统计意义上的显著性.

3. 处理效应的估计

为了去构造 (5.3.6) 式中零假设 H_{0AB} 的检验统计量, 令 $\hat{\mu}_0$, $\hat{\alpha}_i$ 和 $\hat{\beta}_j$ 是 μ_0, α_i 和 β_j 的在 (5.2.3) 约束条件下最小化二次型

$$\begin{aligned}&\tilde{S}\left(\bar{Y}_{11},\cdots,\bar{Y}_{ab};\Sigma_{11},\cdots,\Sigma_{ab}\right)\\=&\sum_{i=1}^{a}\sum_{j=1}^{b}\left(\bar{Y}_{ij}-\mu_0-\alpha_i-\beta_j\right)^{\mathrm{T}}\left(n_{ij}\Sigma_{ij}^{-1}\right)\left(\bar{Y}_{ij}-\mu_0-\alpha_i-\beta_j\right)\end{aligned}\tag{5.3.7}$$

的解. 事实上, 记 $\theta=(\mu_0^{\mathrm{T}},\alpha_1^{\mathrm{T}},\cdots,\alpha_a^{\mathrm{T}},\beta_1^{\mathrm{T}},\cdots,\beta_b^{\mathrm{T}})^{\mathrm{T}}$ 和 $\hat{\theta}=(\hat{\mu}_0^{\mathrm{T}},\hat{\alpha}_1^{\mathrm{T}},\cdots,\hat{\alpha}_a^{\mathrm{T}},\hat{\beta}_1^{\mathrm{T}},\cdots,\hat{\beta}_b^{\mathrm{T}})^{\mathrm{T}}$, 由 Wang 和 Chow (1994) 中的定理 5.2.5 可得

$$\hat{\theta}=(\hat{\mu}_0^{\mathrm{T}},\hat{\alpha}_1^{\mathrm{T}},\cdots,\hat{\alpha}_a^{\mathrm{T}},\hat{\beta}_1^{\mathrm{T}},\cdots,\hat{\beta}_b^{\mathrm{T}})^{\mathrm{T}}=(X^{\mathrm{T}}\Sigma^{-1}X+L^{\mathrm{T}}L)^{-1}X^{\mathrm{T}}\Sigma^{-1}\bar{Y},\tag{5.3.8}$$

这里 $X=(1_a\otimes 1_b,I_a\otimes 1_b,1_a\otimes I_b)\otimes I_r$, $L=(L_{*1}^{\mathrm{T}},L_{*2}^{\mathrm{T}})^{\mathrm{T}}$, $L_{*1}=(0,u_1,\cdots,u_a,0,\cdots,0)\otimes I_r$, $L_{*2}=(0,0,\cdots,0,v_1,\cdots,v_b)\otimes I_r$. 那么标准化的交互效应平方和为

$$\begin{aligned}&\tilde{S}_I\left(\bar{Y}_{11},\cdots,\bar{Y}_{ab};\Sigma_{11},\cdots,\Sigma_{ab}\right)\\=&\Sigma_{i=1}^{a}\Sigma_{j=1}^{b}\left(\bar{Y}_{ij}-\hat{\mu}_0-\hat{\alpha}_i-\hat{\beta}_j\right)^{\mathrm{T}}\left(n_{ij}\Sigma_{ij}^{-1}\right)\left(\bar{Y}_{ij}-\hat{\mu}_0-\hat{\alpha}_i-\hat{\beta}_j\right)\\=&(\bar{Y}-X\hat{\theta})^{\mathrm{T}}\Sigma^{-1}(\bar{Y}-X\hat{\theta}).\end{aligned}\tag{5.3.9}$$

注意到 (5.3.8) 式中的 $\hat{\theta}$ 的确是依赖于权重矩阵 L. 但是我们可以证明, (5.3.9) 式中的标准化的交互效应平方和与权重的选择无关, 即有下面的结果.

定理 5.3.1　式 (5.3.9) 中的标准化的交互效应平方和 $\tilde{S}_I(\bar{Y}_{11},\cdots,\bar{Y}_{ab};\Sigma_{11},\cdots,\Sigma_{ab})$ 与权重的选择无关, 且

$$\begin{aligned}&\tilde{S}_I\left(\bar{Y}_{11},\cdots,\bar{Y}_{ab};\Sigma_{11},\cdots,\Sigma_{ab}\right)\\=&\bar{Y}^{\mathrm{T}}\Sigma^{-1/2}\left(I_{abr}-\Sigma^{-1/2}X(X^{\mathrm{T}}\Sigma^{-1}X)^{-}X^{\mathrm{T}}\Sigma^{-1/2}\right)\Sigma^{-1/2}\bar{Y},\end{aligned}\tag{5.3.10}$$

这里 M^{-} 表示矩阵 M 的任一广义逆. 定理的证明将在下一节给出.

4. 交互效应的检验统计量

根据定理 5.3.1, 若 Σ_{ij} 是已知的, 那么检验 (5.3.6) 式中 H_{0AB} 的一个自然的检验统计量是 $\tilde{S}_I\left(\bar{Y}_{11},\cdots,\bar{Y}_{ab};\Sigma_{11},\cdots,\Sigma_{ab}\right)$. 事实上, $\Sigma^{-1/2}\bar{Y}\sim N_{abr}\left(\Sigma^{-1/2}\mu,I_{abr}\right)$,

$C=I_{abr}-\Sigma^{-1/2}X(X^{\mathrm{T}}\Sigma^{-1}X)^{-}X^{\mathrm{T}}\Sigma^{-1/2}$ 是一个秩为 $r(a-1)(b-1)$ 的对称幂等阵, 我们有

$$\bar{Y}^{\mathrm{T}}\Sigma^{-1/2}C\Sigma^{-1/2}\bar{Y}\sim\chi^2_{r(a-1)(b-1)}\left(\mu^{\mathrm{T}}\Sigma^{-1/2}C\Sigma^{-1/2}\mu\right),$$

这里 $\mu=(\mu_{11}^{\mathrm{T}},\cdots,\mu_{1b}^{\mathrm{T}},\cdots,\mu_{a1}^{\mathrm{T}},\cdots,\mu_{ab}^{\mathrm{T}})^{\mathrm{T}}$, $\chi^2_m(\delta)$ 表示自由度为 m 非中心参数为 δ 的非中心卡方分布. 当 $\gamma_{11}=\gamma_{12}=\cdots=\gamma_{ab}$ 时, 非中心参数

$$\mu^{\mathrm{T}}\Sigma^{-1/2}C\Sigma^{-1/2}\mu=0.$$

令 $\bar{y}=(\bar{y}_{11}^{\mathrm{T}},\cdots,\bar{y}_{1b}^{\mathrm{T}},\cdots,\bar{y}_{a1}^{\mathrm{T}},\cdots,\bar{y}_{ab}^{\mathrm{T}})^{\mathrm{T}}$ 是 $\bar{Y}$ 的观测值. 那么, 当

$$\tilde{S}_I\left(\bar{y}_{11},\cdots,\bar{y}_{ab};\Sigma_{11},\cdots,\Sigma_{ab}\right)>\chi^2_{r(a-1)(b-1),\alpha}$$

时拒绝 (5.3.6) 式中的 H_{0AB} 是一个水平为 α 的检验, 这里 $\chi^2_{m,\alpha}$ 是中心卡方分布的上侧 α 分位数.

一般地, 协方差矩阵 Σ_{ij} 在实际中是未知的, 此时可以用 S_{ij} 来替换 (5.3.10) 式中的 Σ_{ij}, $i=1,\cdots,a, j=1,\cdots,b$, 得到一个检验统计量

$$\begin{aligned}&\tilde{S}_I\left(\bar{Y}_{11},\cdots,\bar{Y}_{ab};S_{11},\cdots,S_{ab}\right)\\=&\bar{Y}^{\mathrm{T}}S^{-1/2}\left(I_{abr}-S^{-1/2}X(X^{\mathrm{T}}S^{-1}X)^{-}X^{\mathrm{T}}S^{-1/2}\right)S^{-1/2}\bar{Y},\end{aligned}\tag{5.3.11}$$

这里 $S=\mathrm{diag}\left(\dfrac{1}{n_{11}}S_{11},\cdots,\dfrac{1}{n_{1b}}S_{1b},\cdots,\dfrac{1}{n_{a1}}S_{a1},\cdots,\dfrac{1}{n_{ab}}S_{ab}\right)$.

5. **交互效应的 PB 检验** (Xu, 2015a)

接下来, 基于检验统计量 (5.3.11) 我们给出一个 PB 检验方法. 注意到在 H_{0AB} 成立条件下, 随机向量 $\bar{Y}$ 的期望是 $X\theta$, 这里 $\theta=(\mu_0^{\mathrm{T}},\alpha_1^{\mathrm{T}},\cdots,\alpha_a^{\mathrm{T}},\beta_1^{\mathrm{T}},\cdots,\beta_b^{\mathrm{T}})^{\mathrm{T}}$. 因为检验统计量 (5.3.11) 在位置变换群 $\mathcal{G}=\{\bar{Y}\to\bar{Y}+X\eta,\eta\in\mathbb{R}^{r(a+b+1)}\}$ 下具有变换不变性, 不失一般性, 我们可以取 $X\theta=0$. 此时, 相应的参数 bootstrap 枢轴量构造步骤如下.

对一个给定的 $(\bar{y}_{11},\cdots,\bar{y}_{ab};s_{11},\cdots,s_{ab})$, 令 $\bar{Y}_{Bij}\sim N_r\left(0,\dfrac{1}{n_{ij}}s_{ij}\right)$ 和 $S_{Bij}\sim W_r\left(n_{ij}-1,\dfrac{1}{n_{ij}-1}s_{ij}\right)$, $i=1,\cdots,a;j=1,\cdots,b$, 那么基于检验统计量 (5.3.11) 的 PB 枢轴量定义为

$$\begin{aligned}&\tilde{S}_{IB}\left(\bar{Y}_{B11},\cdots,\bar{Y}_{Bab};S_{B11},\cdots,S_{Bab}\right)\\=&\bar{Y}_B^{\mathrm{T}}S_B^{-1/2}\left(I_{abr}-S_B^{-1/2}X(X^{\mathrm{T}}S_B^{-1}X)^{-}X^{\mathrm{T}}S_B^{-1/2}\right)S_B^{-1/2}\bar{Y}_B,\end{aligned}\tag{5.3.12}$$

这里 $\bar{Y}_B = (\bar{Y}_{B11}^{\mathrm{T}}, \cdots, \bar{Y}_{B1b}^{\mathrm{T}} \cdots, \bar{Y}_{Ba1}^{\mathrm{T}}, \cdots, \bar{Y}_{Bab}^{\mathrm{T}})^{\mathrm{T}}$, $S_B = \mathrm{diag}\left(\frac{1}{n_{11}} S_{B11}, \cdots, \frac{1}{n_{1b}} S_{B1b}, \cdots, \frac{1}{n_{a1}} S_{Ba1}, \cdots, \frac{1}{n_{ab}} S_{Bab}\right)$. 对于给定的显著性水平 α, PB 检验法则是: 当

$$P\left(\tilde{S}_{IB}\left(\bar{Y}_{B11}, \cdots, \bar{Y}_{Bab}; S_{B11}, \cdots, S_{Bab}\right) > \tilde{s}_I\right) < \alpha \tag{5.3.13}$$

时, 拒绝 (5.3.6) 式中的 H_{0AB}, 这里

$$\tilde{s}_I = \tilde{S}_I\left(\bar{y}_{11}, \cdots, \bar{y}_{ab}; s_{11}, \cdots, s_{ab}\right) \tag{5.3.14}$$

是 (5.3.11) 式中 $\tilde{S}_I\left(\bar{Y}_{11}, \cdots, \bar{Y}_{ab}; S_{11}, \cdots, S_{ab}\right)$ 的观测值. 给定 $(\bar{y}_{11}, \cdots, \bar{y}_{ab}; s_{11}, \cdots, s_{ab})$, 上面的概率不依赖于任何未知的参数, 因此我们可以使用下面的 Monte Carlo 算法得到该 p 值的估计值.

算法 5.3.1 对给定的 $(n_{11}, \cdots, n_{ab}), (\bar{y}_{11}, \cdots, \bar{y}_{ab})$ 和 $(s_{11}, \cdots, s_{ab})$:

计算 (5.3.11) 式中的 $\tilde{S}_I\left(\bar{y}_{11}, \cdots, \bar{y}_{ab}; s_{11}, \cdots, s_{ab}\right)$ 并记为 $\tilde{s}_I$.

记 m 为 bootstrap 样本数. 对 $h = 1, \cdots, m$,

生成 $\bar{Y}_{Bij} \sim N_r\left(0, \frac{1}{n_{ij}} s_{ij}\right)$ 和 $S_{Bij} \sim W_r\left(n_{ij} - 1, \frac{1}{n_{ij} - 1} s_{ij}\right)$, $i = 1, \cdots, a$; $j = 1, \cdots, b$.

使用 (5.3.12) 式计算 $\tilde{S}_{IB}\left(\bar{Y}_{B11}, \cdots, \bar{Y}_{Bab}; S_{B11}, \cdots, S_{Bab}\right)$ 的值.

若 $\tilde{S}_{IB}\left(\bar{Y}_{B11}, \cdots, \bar{Y}_{Bab}; S_{B11}, \cdots, S_{Bab}\right) > \tilde{s}_I$, 设定 $Q_h = 1$, 否则 $Q_h = 0$.

(结束循环)

那么 $(1/m)\sum_{h=1}^{m} Q_h$ 是 (5.3.13) 式中的 p 值的 Monte Carlo 估计值.

6. PB 检验的优良性

PB 检验 (5.3.13) 有几个令人满意的不变性. 首先, PB 检验具有置换不变性. 即其在下面的置换变换群

$$\begin{aligned} (\bar{Y}_{11}, \cdots, \bar{Y}_{ab}) &\rightarrow (\bar{Y}_{i_1 j_1}, \cdots, \bar{Y}_{i_a j_b}), \\ (S_{11}, \cdots, S_{ab}) &\rightarrow (S_{i_1 j_1}, \cdots, S_{i_a j_b}) \end{aligned} \tag{5.3.15}$$

下是不变的, 这里的两个向量以同样的方式同时做置换变换, $i_1, \cdots, i_a$ 和 $j_1, \cdots, j_b$ 分别是 $1, \cdots, a$ 和 $1, \cdots, b$ 的置换. 要求检验具有这个性质是因为 (5.3.6) 式中的假设具有对称性, 就给所提供的统计检验加上了一个自然的置换不变性的要求.

定理 5.3.2 在 PB 枢轴变量 $\tilde{S}_{IB}$ (5.3.12) 和观测的检验统计量 $\tilde{s}_I$ (5.3.14) 都是具有置换变换不变性的意义下, PB 检验 (5.3.13) 是置换不变的.

其次, PB 也是仿射不变的. 即, 其在下面的仿射变换群

$$Y_{ijk}^* = DY_{ijk} + \xi, \quad i = 1, \cdots, a;\ j = 1, \cdots, b;\ k = 1, \cdots, n_{ij} \tag{5.3.16}$$

下是不变的, 这里 D 是任一非奇异矩阵, ξ 是任一给定的向量. 假设 (5.3.6) 的一个检验具有这个性质是有必要的, 因为在实际应用当中, 处理单元响应变量 Y_{ijk} (5.3.1) 在推断前常常执行重新中心化和刻度化等变换. 中心化和刻度化变换都是 (5.3.16) 的特殊情形.

定理 5.3.3 在 PB 枢轴变量 $\tilde{S}_{IB}$ (5.3.12) 的分布和观测的检验统计量 $\tilde{s}_I$ (5.3.14) 都具有仿射变换不变性的意义下, PB 检验 (5.3.13) 是仿射不变的.

当加上约束条件 (5.3.3) 时, 模型 (5.3.2) 是可识别的. 但是, 在许多情况下没有自然的权重去定义一种实际的检验方法. 虽然检验统计量 (5.3.11) 并不依赖于权重的选择, 但是我们有下面的性质.

定理 5.3.4 检验统计量

$$\begin{aligned}&\tilde{S}_I\left(\bar{Y}_{11},\cdots,\bar{Y}_{ab};S_{11},\cdots,S_{ab}\right)\\=&\bar{Y}^{\mathrm{T}}S^{-1/2}\left(I_{abr}-S^{-1/2}X(X^{\mathrm{T}}S^{-1}X)^{-}X^{\mathrm{T}}S^{-1/2}\right)S^{-1/2}\bar{Y}\\=&\bar{Y}^{\mathrm{T}}S^{-1/2}\left(I_{abr}-S^{-1/2}X(X^{\mathrm{T}}S^{-1}X+L^{\mathrm{T}}L)^{-1}X^{\mathrm{T}}S^{-1/2}\right)S^{-1/2}\bar{Y}.\end{aligned}$$

根据定理 5.3.4, 我们可以在模拟研究中选择一个具体权重矩阵 $L=[(0,1/a,\cdots,1/a,0,\cdots,0)^{\mathrm{T}}\otimes I_r,(0,0,\cdots,0,1/b,\cdots,1/b)^{\mathrm{T}}\otimes I_r]^{\mathrm{T}}$.

7. 简单效应和主效应的检验

我们现在考察简单效应和主效应的某些检验. 对于两向 MANOVA 模型 (5.3.2), 式 (5.3.6) 中的假设 H_{0A} 和 H_{0B} 的目的是去检验两个因子的主效应是否具有统计显著性. 当因子 A 和 B 的交互效应存在时, 主效应 α_i 并不能完全反映因子水平 A_i 的影响效果, 因为它还依赖于因子 B 处在哪个水平下. 在 $r=1$ 情形下, 前面已经指出当存在交互效应时, 流行的解法不是检验 $\alpha_i=0$, 而是在 (5.3.3) 中关于 β 的约束下检验 $H_{0A|B}$. 类似地, 在多元情形下我们也这样做. 我们仅提供 (5.3.6) 式中的 $H_{0A|B}$ 和 H_{0A} 的检验, 对于 $H_{0B|A}$ 和 H_{0B} 可类似地求解.

记 $X_1=(1_a\otimes 1_b,1_a\otimes I_b)\otimes I_r$. 检验 (5.3.6) 式中 $H_{0A|B}$ 的一个合适的检验统计量定义为

$$\begin{aligned}&\tilde{S}_A\left(\bar{Y}_{11},\cdots,\bar{Y}_{ab};S_{11},\cdots,S_{ab}\right)\\=&\bar{Y}^{\mathrm{T}}S^{-1/2}\left(I_{abr}-S^{-1/2}X_1(X_1^{\mathrm{T}}S^{-1}X_1)^{-}X_1^{\mathrm{T}}S^{-1/2}\right)S^{-1/2}\bar{Y}.\end{aligned}\tag{5.3.17}$$

和前面类似, 对给定的 $(\bar{y}_{11},\cdots,\bar{y}_{ab};s_{11},\cdots,s_{ab})$, 令 $\bar{Y}_{Bij}\sim N_r\left(0,\dfrac{1}{n_{ij}}s_{ij}\right)$ 和 $S_{Bij}\sim W_r\left(n_{ij}-1,\dfrac{1}{n_{ij}-1}s_{ij}\right)$, $i=1,\cdots,a,j=1,\cdots,b$, 那么基于检验统计量 (5.3.17)

的 PB 枢轴变量定义为

$$
\begin{aligned}
&\tilde{S}_{AB}\left(\bar{Y}_{B11},\cdots,\bar{Y}_{Bab};S_{B11},\cdots,S_{Bab}\right)\\
=&\bar{Y}_B^{\mathrm{T}}S_B^{-1/2}\left(I_{abr}-S_B^{-1/2}X_1(X_1^{\mathrm{T}}S_B^{-1}X)^{-}X_1^{\mathrm{T}}S_B^{-1/2}\right)S_B^{-1/2}\bar{Y}_B,
\end{aligned}\tag{5.3.18}
$$

这里 $\bar{Y}_B=(\bar{Y}_{B11}^{\mathrm{T}},\cdots,\bar{Y}_{Bab}^{\mathrm{T}})^{\mathrm{T}}$, $S_B=\mathrm{diag}\left(\dfrac{1}{n_{11}}S_{B11},\cdots,\dfrac{1}{n_{ab}}S_{Bab}\right)$. 对于给定的显著性水平 α, PB 检验法则是：当

$$
P\left(\tilde{S}_{AB}\left(\bar{Y}_{B11},\cdots,\bar{Y}_{Bab};S_{B11},\cdots,S_{Bab}\right)>\tilde{s}_A\right)<\alpha \tag{5.3.19}
$$

时, 拒绝 (5.3.6) 式中的 $H_{0A|B}$, 这里 $\tilde{s}_A=\tilde{S}_A\left(\bar{y}_{11},\cdots,\bar{y}_{ab};s_{11},\cdots,s_{ab}\right)$ 是 (5.3.17) 式中 $\tilde{S}_A\left(\bar{Y}_{11},\cdots,\bar{Y}_{ab};S_{11},\cdots,S_{ab}\right)$ 的观测值. 给定 $(\bar{y}_{11},\cdots,\bar{y}_{ab};s_{11},\ \cdots,s_{ab})$, 上面概率不依赖于任何未知参数, 可以和前面类似的 Monte Carlo 模拟估计值.

同样, 假设 H_{0A} 的一个检验统计量定义为

$$
\begin{aligned}
&\tilde{S}_{A\diamond}\left(\bar{Y}_{11},\cdots,\bar{Y}_{ab};S_{11},\cdots,S_{ab}\right)\\
=&\bar{Y}^{\mathrm{T}}S^{-1/2}\left(I_{abr}-S^{-1/2}X_2(X_2^{\mathrm{T}}S^{-1}X_2)^{-}X_2^{\mathrm{T}}S^{-1/2}\right)S^{-1/2}\bar{Y},
\end{aligned}
$$

这里 $X_2=(1_a\otimes 1_b,1_a\otimes I_b,I_a\otimes I_b)\otimes I_r$. 相应的 PB 检验可以类似地得出, 这里略去. 注意到本小节的 PB 检验具有和上一小节同样的不变性.

5.3.3　定理的证明

定理 5.3.1 的证明　当 H_{0AB} 成立时, 模型 (5.3.5) 可以写成下面约减的模型:

$$
\bar{Y}=X\theta+\bar{e},\quad \bar{e}\sim N_{abr}\left(0,\Sigma\right). \tag{5.3.20}
$$

用 $\Sigma^{-1/2}$ 左乘模型 (5.3.20), 我们得到变换后的模型:

$$
\Sigma^{-1/2}\bar{Y}=\Sigma^{-1/2}X\theta+\Sigma^{-1/2}\bar{e},\quad \Sigma^{-1/2}\bar{e}\sim N_{abr}\left(0,I\right). \tag{5.3.21}
$$

在约束 $L\theta=0$ 下, 模型 (5.3.21) 变为

$$
\begin{cases}
\Sigma^{-1/2}\bar{Y}=\Sigma^{-1/2}X\theta+\Sigma^{-1/2}\bar{e},\quad \Sigma^{-1/2}\bar{e}\sim N_{abr}\left(0,I\right),\\
L\theta=0.
\end{cases}\tag{5.3.22}
$$

鉴于 Wang 和 Chow (1994) 中定理 5.2.5, 我们将证明 $L\theta=0$ 是关于矩阵 $\Sigma^{-1/2}X$ 上的边界条件, 即 L 满足条件

$$
\mathscr{R}((\Sigma^{-1/2}X)^{\mathrm{T}})\cap\mathscr{R}(L^{\mathrm{T}})=\{0\}\ \ 和\ \ \mathrm{rank}\begin{pmatrix}\Sigma^{-1/2}X\\ L\end{pmatrix}=(a+b+1)r,
$$

这里 $\mathscr{R}(M)$ 表示由矩阵 M 的列张成的子空间. 分别记

$$X_0 = (1_a \otimes 1_b, I_a \otimes 1_b, 1_a \otimes I_b),$$

$$L_0 = \begin{pmatrix} 0 & u_1 & \cdots & u_1 & 0 & \cdots & 0 \\ 0 & 0 & \cdots & 0 & v_1 & \cdots & v_b \end{pmatrix},$$

那么 $X = X_0 \otimes I_r$, $L = L_0 \otimes I_r$. 注意到 $u_1, \cdots, u_a$ 和 $v_1, \cdots, v_b$ 是非负权重, 满足 $\sum_{i=1}^a u_i > 0$ 和 $\sum_{j=1}^b v_j > 0$. 那么容易验证 X_0 和 L_0 满足下面的条件:

$$\mathscr{R}(X_0^{\mathrm{T}}) \cap \mathscr{R}(L_0^{\mathrm{T}}) = \{0\} \ \text{和} \ \operatorname{rank}\begin{pmatrix} X_0 \\ L_0 \end{pmatrix} = a + b + 1. \tag{5.3.23}$$

假设 $d \in \mathscr{R}(X^{\mathrm{T}}) \cap \mathscr{R}(L^{\mathrm{T}})$. 那么存在两个向量 g 和 h 满足

$$d = X^{\mathrm{T}} g = L^{\mathrm{T}} h. \tag{5.3.24}$$

记

$$X_0^{\mathrm{T}} = \begin{pmatrix} x_{11} & \cdots & x_{1,ab} \\ \vdots & & \vdots \\ x_{a+b+1,1} & \cdots & x_{a+b+1,ab} \end{pmatrix} \ \text{和} \ L_0^{\mathrm{T}} = \begin{pmatrix} l_{11} & l_{12} \\ \vdots & \vdots \\ l_{a+b+1,1} & l_{a+b+1,2} \end{pmatrix},$$

以及

$$g = (g_1^{\mathrm{T}}, g_2^{\mathrm{T}}, \cdots, g_{ab}^{\mathrm{T}})^{\mathrm{T}} \quad \text{和} \quad h = (h_1^{\mathrm{T}}, h_2^{\mathrm{T}})^{\mathrm{T}},$$

这里 $g_i = (g_{i1}, \cdots, g_{ir})^{\mathrm{T}}$ 和 $h_j = (h_{j1}, \cdots, h_{jr})^{\mathrm{T}}$ 分别是 $r \times 1$ 的向量, $i = 1, 2, \cdots, ab$, $j = 1, 2$. 那么 (5.3.24) 可以重写为

$$X^{\mathrm{T}} g = \begin{pmatrix} x_{11} g_1 + \cdots + x_{1,ab} g_{ab} \\ \vdots \\ x_{a+b+1,1} g_1 + \cdots + x_{a+b+1,ab} g_{ab} \end{pmatrix} = \begin{pmatrix} l_{11} h_1 + l_{12} h_2 \\ \vdots \\ l_{a+b+1,1} h_1 + l_{a+b+1,2} h_2 \end{pmatrix} = L^{\mathrm{T}} h,$$

其等价于 $X_0^{\mathrm{T}} g_k^* = L_0^{\mathrm{T}} h_k^*$, 这里 $g_k^* = (g_{1k}, g_{2k}, \cdots, g_{ab,k})^{\mathrm{T}}$ 和 $h_k^* = (h_{1k}, h_{2k})^{\mathrm{T}}$, $k = 1, \cdots, r$. 由 (5.3.23) 式可知

$$X_0^{\mathrm{T}} g_k^* = L_0^{\mathrm{T}} h_k^* = 0, \quad k = 1, \cdots, r,$$

因此

$$d = X^{\mathrm{T}}g = \begin{pmatrix} x_{11}g_1 + \cdots + x_{1,ab}g_{ab} \\ \vdots \\ x_{a+b+1,1}g_1 + \cdots + x_{a+b+1,ab}g_{ab} \end{pmatrix}$$

$$= \begin{pmatrix} l_{11}h_1 + l_{12}h_2 \\ \vdots \\ l_{a+b+1,1}h_1 + l_{a+b+1,2}h_2 \end{pmatrix} = L^{\mathrm{T}}h = 0.$$

这意味着

$$\mathscr{R}(X^{\mathrm{T}}) \cap \mathscr{R}(L^{\mathrm{T}}) = \{0\}. \tag{5.3.25}$$

由 $\mathscr{R}(X^{\mathrm{T}}) = \mathscr{R}(X^{\mathrm{T}}\Sigma^{-1/2})$ 可得

$$\mathscr{R}((\Sigma^{-1/2}X)^{\mathrm{T}}) \cap \mathscr{R}(L^{\mathrm{T}}) = \{0\}. \tag{5.3.26}$$

另一方面,

$$\mathrm{rank}\begin{pmatrix} X \\ L \end{pmatrix} = \mathrm{rank}\left(\begin{pmatrix} X_0 \\ L_0 \end{pmatrix} \otimes I_r\right) = \mathrm{rank}\begin{pmatrix} X_0 \\ L_0 \end{pmatrix} \times \mathrm{rank}(I_r) = (a+b+1)r. \tag{5.3.27}$$

(5.3.27) 中的第二个等号容易从 Wang 和 Chow (1994) 中的定理 2.2.1 导出. 由 (5.3.27) 可得

$$\mathrm{rank}\begin{pmatrix} \Sigma^{-1/2}X \\ L \end{pmatrix} = \mathrm{rank}\left(\begin{pmatrix} \Sigma^{-1/2} & 0 \\ 0 & I \end{pmatrix}\begin{pmatrix} X \\ L \end{pmatrix}\right) = \mathrm{rank}\begin{pmatrix} X \\ L \end{pmatrix} = (a+b+1)r, \tag{5.3.28}$$

注意到 (5.3.26) 和 (5.3.28), 我们得到 $L\theta = 0$ 是关于矩阵 $\Sigma^{-1/2}X$ 上的边界条件. 因此由 Wang 和 Chow (1994) 中的引理 5.2.2 可知

$$X^{\mathrm{T}}\Sigma^{-1}X(X^{\mathrm{T}}\Sigma^{-1}X + L^{\mathrm{T}}L)^{-1}X^{\mathrm{T}}\Sigma^{-1/2} = X^{\mathrm{T}}\Sigma^{-1/2}.$$

所以我们有

$$X^{\mathrm{T}}\Sigma^{-1}X(X^{\mathrm{T}}\Sigma^{-1}X + L^{\mathrm{T}}L)^{-1}X^{\mathrm{T}}\Sigma^{-1}X = X^{\mathrm{T}}\Sigma^{-1}X.$$

这意味着 $(X^{\mathrm{T}}\Sigma^{-1}X + L^{\mathrm{T}}L)^{-1}$ 是 $X^{\mathrm{T}}\Sigma^{-1}X$ 的一个广义逆. 根据 Wang 和 Chow (1994) 中的推论 2.2.3, 我们知道 $\Sigma^{-1/2}X(X^{\mathrm{T}}\Sigma^{-1}X)^{-}X^{\mathrm{T}}\Sigma^{-1/2}$ 和广义逆 $(X^{\mathrm{T}}\Sigma^{-1}X)^{-}$ 的选择是无关的, 这导致 $\Sigma^{-1/2}X(X^{\mathrm{T}}\Sigma^{-1}X)^{-}X^{\mathrm{T}}\Sigma^{-1/2} = \Sigma^{-1/2}X(X^{\mathrm{T}}\ \Sigma^{-1}X +$

$L^{\mathrm{T}}L)^{-1}X^{\mathrm{T}}\Sigma^{-1/2}$. 因此, 我们有

$$\begin{aligned}X\hat{\theta}&=X(X^{\mathrm{T}}\Sigma^{-1}X+L^{\mathrm{T}}L)^{-1}X^{\mathrm{T}}\Sigma^{-1}\bar{Y}\\&=\Sigma^{1/2}\Sigma^{-1/2}X(X^{\mathrm{T}}\Sigma^{-1}X+L^{\mathrm{T}}L)^{-1}X^{\mathrm{T}}\Sigma^{-1/2}\Sigma^{-1/2}\bar{Y}\\&=\Sigma^{1/2}\Sigma^{-1/2}X(X^{\mathrm{T}}\Sigma^{-1}X)^{-}X^{\mathrm{T}}\Sigma^{-1/2}\Sigma^{-1/2}\bar{Y}\\&=X(X^{\mathrm{T}}\Sigma^{-1}X)^{-}X^{\mathrm{T}}\Sigma^{-1}\bar{Y},\end{aligned}\tag{5.3.29}$$

那么

$$\begin{aligned}&\tilde{S}_I\left(\bar{Y}_{11},\cdots,\bar{Y}_{ab};\Sigma_{11},\cdots,\Sigma_{ab}\right)\\=&\sum_{i=1}^{a}\sum_{j=1}^{b}\left(\bar{Y}_{ij}-\hat{\mu}_0-\hat{\alpha}_i-\hat{\beta}_j\right)^{\mathrm{T}}(n_{ij}\Sigma_{ij}^{-1})\left(\bar{Y}_{ij}-\hat{\mu}_0-\hat{\alpha}_i-\hat{\beta}_j\right)\\=&(\bar{Y}-X\hat{\theta})^{\mathrm{T}}\Sigma^{-1}(\bar{Y}-X\hat{\theta})\\=&\bar{Y}^{\mathrm{T}}\Sigma^{-1/2}\left(I_{abr}-\Sigma^{-1/2}X(X^{\mathrm{T}}\Sigma^{-1}X)^{-}X^{\mathrm{T}}\Sigma^{-1/2}\right)\Sigma^{-1/2}\bar{Y}.\end{aligned}$$

定理 5.3.1 证毕.

定理 5.3.2 的证明 注意到 (5.2.12) 式中的 PB 枢轴量 $\tilde{S}_{IB}$ 和 (5.3.14) 式中观测到的检验统计量的值 $\tilde{s}_I$ 分别关于 $(\bar{Y}_{11},\cdots,\bar{Y}_{ab})$ 和 $(S_{11},\cdots,S_{ab})$ 是对称的, 定理 5.3.2 的证明是显然的.

定理 5.3.3 的证明 因为 Y_{ijk} 的观测值记为 y_{ijk}, $k=1,2,\cdots,n_{ij}$, 令 y_{ijk}^* 表示仿射变换后的单元响应 Y_{ijk}^* 的观测值, $k=1,2,\cdots,n_{ij}$. 那么我们有 $y_{ijk}^*=Dy_{ijk}^*+\xi$. 另一方面, 我们得到第 (i,j) 个仿射变换后的样本均值向量和样本协方差矩阵分别是 $\bar{Y}_{ij}^*=D\bar{Y}_{ij}+\xi$ 和 $S_{ij}*=DS_{ij}D^{\mathrm{T}}$. 这些随机变量的观测值分别记为 $\bar{y}_{ij}^*=D\bar{y}_{ij}+\xi$ 和 $s_{ij}*=Ds_{ij}D^{\mathrm{T}}$, $i=1,\cdots,a$; $j=1,\cdots,b$. 令 $\bar{Y}^*=(\bar{Y}_{11}^{*\mathrm{T}},\cdots,\bar{Y}_{1b}^{*\mathrm{T}},\cdots,\bar{Y}_{a1}^{*\mathrm{T}},\cdots,\bar{Y}_{ab}^{*\mathrm{T}})^{\mathrm{T}}$ 和 $\bar{y}^*=(\bar{y}_{11}^{*\mathrm{T}},\cdots,\bar{y}_{1b}^{*\mathrm{T}},\cdots,\bar{y}_{a1}^{*\mathrm{T}},\cdots,\bar{y}_{ab}^{*\mathrm{T}})^{\mathrm{T}}$. 由约减模型 (5.3.20) 我们得到下面仿射变换后的约减模型:

$$\bar{Y}^*-\xi_{ab}=D_{ab}X\theta+D_{ab}\bar{e},\qquad D_{ab}\bar{e}\sim N_{abr}\left(0,D_{ab}\Sigma D_{ab}^{\mathrm{T}}\right),\tag{5.3.30}$$

这里 $D_{ab}=I_{ab}\otimes D$, $\xi_{ab}=1_{ab}\otimes\xi$.

记 $s^*=\operatorname{diag}\left(\dfrac{1}{n_{11}}s_{11}^*,\cdots,\dfrac{1}{n_{1b}}s_{1b}^*,\cdots,\dfrac{1}{n_{a1}}s_{a1}^*,\cdots,\dfrac{1}{n_{ab}}s_{ab}^*\right)$.

令 $\tilde{s}_I^*$ 是 (5.3.14) 中 $\tilde{s}_I$ 的仿射变换后的观测检验统计量. 那么, 通过直接的计算得到

$$\begin{aligned}\tilde{s}_I^* &= \tilde{S}_I\left(\bar{y}_{11}^*-\xi,\cdots,\bar{y}_{ab}^*-\xi;s_{11}^*,\cdots,s_{ab}^*\right)\\&=(\bar{y}^*-\xi_{ab})^{\mathrm{T}}s^{*-1/2}\left(I_{abr}-s^{*-1/2}D_{ab}X(X^{\mathrm{T}}D_{ab}^{\mathrm{T}}s^{*-1}D_{ab}X)^{-}\right.\\&\quad\left.\times X^{\mathrm{T}}D_{ab}^{\mathrm{T}}s^{*-1/2}\right)s^{*-1/2}(\bar{y}^*-\xi_{ab})\\&=\bar{y}^{\mathrm{T}}s^{-1/2}\left(I_{abr}-s^{-1/2}X(X^{\mathrm{T}}s^{-1}X)^{-}X^{\mathrm{T}}s^{-1/2}\right)s^{-1/2}\bar{y}=\tilde{s}_I,\end{aligned}\tag{5.3.31}$$

这里 $s=\operatorname{diag}\left(\frac{1}{n_{11}}s_{11},\cdots,\frac{1}{n_{1b}}s_{1b},\cdots,\frac{1}{n_{a1}}s_{a1},\cdots,\frac{1}{n_{ab}}s_{ab}\right)$ 是 S 的观测值. 故 (5.3.14) 式中的 $\tilde{s}_I$ 的仿射不变性成立.

令 $\bar{Y}_{Bij}^*\sim N_r\left(0,\frac{1}{n_{ij}}s_{ij}^*\right)$ 和 $S_{Bij}^*\sim W_r\left(n_{ij}-1,\frac{1}{n_{ij}-1}s_{ij}^*\right)$, 是相互独立的, $i=1,\cdots,a;j=1,\cdots,b$. 那么 $\bar{Y}_{Bij}^*\overset{\mathrm{d}}{=}D\bar{Y}_{Bij}$ 和 $S_{Bij}^*\overset{\mathrm{d}}{=}DS_{Bij}D^{\mathrm{T}}$, 这里 $H\overset{\mathrm{d}}{=}G$ 表示 H 和 G 有相同的分布. 利用这些事实, 可以得到仿射变换后的 PB 枢轴变量为

$$\begin{aligned}&\tilde{S}_{IB}^*\left(\bar{Y}_{B11}^*,\cdots,\bar{Y}_{Bab}^*;S_{B11}^*,\cdots,S_{Bab}^*\right)\\&=\bar{Y}_B^{*\mathrm{T}}S_B^{*-1/2}(I_{abr}-S_B^{*-1/2}D_{ab}X(X^{\mathrm{T}}D_{ab}^{\mathrm{T}}\\&\quad\times S_B^{*-1}D_{ab}X)^{-}X^{\mathrm{T}}D_{ab}^{\mathrm{T}}S_B^{*-1/2})S_B^{*-1/2}\bar{Y}_B^*\\&\overset{\mathrm{d}}{=}\bar{Y}_B^{\mathrm{T}}D_{ab}^{\mathrm{T}}(D_{ab}S_BD_{ab}^{\mathrm{T}})^{-1/2}(I_{abr}-(D_{ab}S_BD_{ab}^{\mathrm{T}})^{-1/2}D_{ab}X(X^{\mathrm{T}}D_{ab}^{\mathrm{T}}(D_{ab}S_BD_{ab}^{\mathrm{T}})^{-1}\\&\quad\times D_{ab}X)^{-}X^{\mathrm{T}}D_{ab}^{\mathrm{T}}(D_{ab}S_BD_{ab}^{\mathrm{T}})^{-1/2})(D_{ab}S_BD_{ab}^{\mathrm{T}})^{-1/2}D_{ab}\bar{Y}_B\\&=\bar{Y}_B^{\mathrm{T}}S_B^{-1/2}\left(I_{abr}-S_B^{-1/2}X(X^{\mathrm{T}}S_B^{-1}X)^{-}X^{\mathrm{T}}S_B^{-1/2}\right)S_B^{-1/2}\bar{Y}_B\\&=\tilde{S}_{IB}\left(\bar{Y}_{B11},\cdots,\bar{Y}_{Bab};S_{B11},\cdots,S_{Bab}\right),\end{aligned}\tag{5.3.32}$$

这里 $\bar{Y}_B^*=(\bar{Y}_{B11}^{*\mathrm{T}},\cdots,\bar{Y}_{B1b}^{*\mathrm{T}}\cdots,\bar{Y}_{Ba1}^{*\mathrm{T}},\cdots,\bar{Y}_{Bab}^{*\mathrm{T}})^{\mathrm{T}}$, $S_B^*=\operatorname{diag}\left(\frac{1}{n_{11}}S_{B11}^*,\ \cdots,\frac{1}{n_{1b}}S_{B1b}^*,\cdots,\frac{1}{n_{a1}}S_{Ba1}^*,\cdots,\frac{1}{n_{ab}}S_{Bab}^*\right)$. 故 (5.3.12) 式中的 PB 枢轴量 $\tilde{S}_{IB}$ 分布的仿射不变性成立. 定理 5.3.3 证毕.

定理 5.3.4 的证明　利用和定理 5.3.1 同样的证明方法, 可得 $L\theta=0$ 是关于矩阵 $S^{-1/2}X$ 上的边界条件, 即 L 满足条件

$$\mathscr{R}((S^{-1/2}X)^{\mathrm{T}})\cap\mathscr{R}(L^{\mathrm{T}})=\{0\},\quad \text{a.e}\tag{5.3.33}$$

和

$$\operatorname{rank}\begin{pmatrix}S^{-1/2}X\\L\end{pmatrix}=(a+b+1)r,\quad \text{a.e.},\tag{5.3.34}$$

这里 a.e. 表示“几乎处处”. 因此利用和定理 5.3.1 同样的证明方法, 有

$$X(X^{\mathrm{T}}S^{-1}X+L^{\mathrm{T}}L)^{-1}X^{\mathrm{T}}S^{-1/2}=X(X^{\mathrm{T}}S^{-1}X)^{-}X^{\mathrm{T}}S^{-1/2},\quad \text{a.e..} \tag{5.3.35}$$

那么由 (5.3.16) 我们得到检验统计量 (5.3.11)

$$\begin{aligned}&\tilde{S}_I\left(\bar{Y}_{11},\cdots,\bar{Y}_{ab};S_{11},\cdots,S_{ab}\right)\\=&\bar{Y}^{\mathrm{T}}S^{-1/2}\left(I_{abr}-S^{-1/2}X(X^{\mathrm{T}}S^{-1}X)^{-}X^{\mathrm{T}}S^{-1/2}\right)S^{-1/2}\bar{Y}\\=&\bar{Y}^{\mathrm{T}}S^{-1/2}\left(I_{abr}-S^{-1/2}X(X^{\mathrm{T}}S^{-1}X+L^{\mathrm{T}}L)^{-1}X^{\mathrm{T}}S^{-1/2}\right)S^{-1/2}\bar{Y}.\end{aligned}$$

定理 5.3.4 证毕.

5.3.4 数值结果

对于协方差矩阵齐性数据, WLR, LHT 和 BNP 检验是渐近等价的 (Anderson, 2003). 在有限样本情形下它们有相似的表现, 但是 LHT 检验会在许多情形下优于另外两个检验. 而且在实际数据分析中, LHT 检验的 p 值可以通过 F 逼近的方法得到, 该方法在 SAS, S-plus 和 SPSS 等流行的统计软件中广泛的采用. 根据某些模拟研究, Zhang (2011) 证明了 AHT 检验在经验水平和势函数方面的表现优于 LHT 检验. 另一方面, Zhang (2012) 在 Zhang (2011) 的基础上, 提供了一些新检验方法, 它们有和 Zhang (2011) 类似的性质. 因此, 本节通过模拟研究比较 PB 检验和 LHT 及 AHT 检验在经验水平和势函数方面的优良性. 为了节省空间, 这里我们只报告交互效应的模拟结果.

记两个因子 A 和 B 分别有 a 和 b 个水平. $n=(n_{11},n_{12},\cdots,n_{ab})$ 表示单元容量向量. 对给定的 n 和协方差矩阵 $\Sigma_{ij},i=1,2,\cdots,a;\ j=1,2,\cdots,b$, 我们首先生成 ab 个多元样本

$$y_{ijk}=\mu_{ij}+\Sigma_{ij}^{1/2}e_{ijk},\quad k=1,2,\cdots,n_{ij}, \tag{5.3.36}$$

这里单元均值向量 $\mu_{ij}=\mu_{11}+ij\delta h/(ab)$, 其中 μ_{11} 是第一个处理单元的均值向量, h 是常向量, 设定了均值向量差的方向, δ 是一个调节参数, 用来控制均值向量差的大小. 我们使用两种方案独立地生成误差项 e_{ijk} 的 r 个元素: ① 从标准正态分布 $N(0,1)$; ② 从分布 $t_4/\sqrt{2}$, 使得我们总有 $E(e_{ijk})=0$ 和 $\mathrm{Cov}(e_{ijk})=I_r$, 这里 t_4 表示自由度为 4 的中心 t 分布. 这意味着 (5.3.36) 式将会产生第 ijk 个多元正态或者非正态的样本 $y_{ijk},k=1,2,\cdots,n_{ij}$, 带有均值向量 μ_{ij} 和协方差矩阵 Σ_{ij}. 不失一般性, 我们设定 $\mu_{11}=0$ 和 $h=h_0/\|h_0\|$, 这里 $h_0=[1,2,\cdots,r]^{\mathrm{T}}$, $\|h_0\|$ 表示 h_0 的通常的 L^2 范数. 注意到为估计 PB 检验的经验水平和势函数需要两个循环. 我们使用 2500 次外循环去产生数据, 对每组产生的数据使用 5000 次循环去估计

bootstrap p 值. 为估计 AHT 检验和 LHT 检验, 我们使用了 10000 次循环, 并记录相应的 p 值, 以便模拟结果和 PB 检验结果进行比较. 这三个检验的经验水平值 (当 $\delta=0$) 和势函数值 (当 $\delta>0$) 是拒绝零假设 (即 p 值小于给定的显著性水平 λ) 的比例. 在所有的模拟研究中, 我们设定了 $\lambda=5\%$.

注意到此处提供的 PB 检验是不依赖于选择的权重, 这一点可以参考下一节中的证明. 这里我们仅报告等权重设定下 LHT 和 AHT 检验的比较研究结果. 在表 5.3.1～表 5.3.3 中, 对不同的调节参数取值, 我们提供了因子 A 的主效应三种检验的经验水平和势函数值. 检验方法分别用 LHT, AHT 和 PB 来表示, 调节参数分别取 $\delta=0$ 和 $\delta>0$ 等情形. 从表中可以看到, 共考虑了单元协方差矩阵的调节参数的三种情形. 其中第一种情形设定的是方差齐性. 另外设定了四种处理单元的样本容量, 它们从小到大排列. 为了度量一个检验在保持名义水平 α 上的总体表现, 我们使用了 Zhang (2011) 中定义的平均相对误差 $\tau=M^{-1}\sum_{m=1}^{M}|\hat{\alpha}_m-\alpha|/\alpha\times 100$, 这里 $\hat{\alpha}_m$ 是第 m 个经验水平, $m=1,2,\cdots,M$, $\alpha=0.05$, M 是所考虑的经验水平数目. τ 值越小表明相对应的检验有越好的总体表现. 通常, 当 $\tau\leqslant 10$ 时, 该检验表现得非常好; 当 $10<\tau\leqslant 20$ 时, 该检验有适中的表现; 当 $\tau>20$ 时, 该检验表现较差, 因为此时它的经验水平要么太自由要么过于保守, 因此是不被接受的. 对于一个好的检验, 应该越大的样本容量对应越小的 τ 值. 在三个表中分明给出了两种误差情形下这三种检验的 τ 值.

为简单起见, 在协方差和样本容量的调节参数的表示方法上, 我们同样使用了 (u_t) 去表示 “u 重复 t 次”. 为节省空间, 按照 Wilcox (1989) 和 Zhang (2011) 中的表示方法, 我们设定因子 B 的 b 个水平下的单元样本容量是相同的, 但是因子 A 的 a 个水平下的单元样本容量可以是不同的. 也就是说, 对每个 $i=1,2,\cdots,a$, 我们有 $n_{ij}=n_{i1}$, $j=1,2,\cdots,b$.

通过研究 Zhang (2011) 的补充材料中的 MATLAB 代码, 我们发现在真实模拟中的单元协方差矩阵应为 $(\Sigma_{11},\Sigma_{12},\cdots,\Sigma_{ab})=1_b^{\mathrm{T}}\otimes(\Sigma_{11},\Sigma_{12},\cdots,\Sigma_{1a})$, 不失一般性, 这里 $a<b$. 表 5.3.1 考虑了二元情形下因子水平分别为 $a=20$ 和 $b=2$ 的这三种检验的经验水平和势函数值. 这里设定 $a=20$, 我们可以检查因子之一有较大的水平数时三种检验方法的表现如何. 表 5.3.2 和表 5.3.3 分别显示了三元且因子水平数分别为 $a=10$ 和 $b=3$ 情形下以及十元且因子水平数分别为 $a=5$ 和 $b=3$ 时三种检验的表现. 这两个表则允许我们考察高维的正态和非正态数据模型中三种检验的比较.

首先, 让我们通过两种误差设定下检验的经验水平和势函数值来比较 LHT 和 PB 检验. 在 $N(0,1)$ 误差设定下, 可以从三个表中看到: 对于方差齐性情形下, LHT 检验在经验水平和势函数表现上一般稍优于 PB 检验, 但是 PB 检验表现也适中.

这是合理的, 因为 LHT 检验此时正好符合方差齐性假设下的条件, 而 PB 检验则不是, 其还是利用了 bootstrap 逼近的方式.

不过, 在异方差情形下 LHT 检验不再能很好地保持名义水平. 它的经验水平太自由了. 特别地, 我们在表 5.3.1~ 表5.3.3 中看到当名义水平为 $\alpha = 0.05$ 时, LHT 检验的经验水平可能分别和 0.259, 0.159, 0.759 一样大. 然而, PB 检验依旧能相当好地保持名义水平. 在表 5.3.1 中经验水平在 0.030 到 0.050 之间变化, 在表 5.3.2 中经验水平在 0.041 到 0.065 间变化, 而在表 5.3.3 中经验水平在 0.042 到 0.061 之间变化. 因为异方差情形下 LHT 和 PB 检验的经验水平差异非常大, 所以比较它们的势函数没有太大的实际意义. 因此, 我们在异方差情形下的模拟结果中用 — 代替了 LHT 检验的势函数值.

表 5.3.1 二元两向 MANOVA 中交互效应两种检验的经验水平和势函数值

$[a = 2, b = 20, (\Sigma_{11}, \Sigma_{12}, \cdots, \Sigma_{ab}) = 1_{20}^{\mathrm{T}} \otimes (I_2, \mathrm{diag}(\sigma))]$

误差	σ	n	$\delta=0$			$\delta=1.8$			$\delta=3.6$			$\delta=5.4$		
			LHT	AHT	PB	LHT	AHT	PB	LHT	AHT	PB	LHT	AHT	PB
$N(0,1)$	σ_1	n_1	0.052	0.039	0.036	0.137	0.090	0.082	0.537	0.384	0.381	0.948	0.859	0.874
		n_2	0.049	0.046	0.043	0.155	0.118	0.111	0.658	0.537	0.526	0.986	0.958	0.952
		n_3	0.049	0.048	0.050	0.178	0.151	0.150	0.767	0.676	0.676	0.996	0.991	0.989
		n_4	0.051	0.055	0.049	0.441	0.404	0.409	0.997	0.994	0.998	1.000	1.000	1.000
	σ_2	n_1	0.071	0.039	0.038	—	0.078	0.067	—	0.234	0.240	—	0.626	0.621
		n_2	0.034	0.046	0.035	—	0.092	0.074	—	0.314	0.296	—	0.745	0.742
		n_3	0.069	0.048	0.040	—	0.111	0.100	—	0.434	0.456	—	0.902	0.904
		n_4	0.189	0.051	0.048	—	0.303	0.312	—	0.970	0.976	—	1.000	1.000
	σ_3	n_1	0.079	0.040	0.030	—	0.070	0.062	—	0.223	0.220	—	0.578	0.583
		n_2	0.036	0.046	0.040	—	0.077	0.081	—	0.277	0.272	—	0.692	0.682
		n_3	0.077	0.046	0.044	—	0.107	0.099	—	0.412	0.425	—	0.871	0.873
		n_4	0.259	0.048	0.043	—	0.292	0.288	—	0.959	0.963	—	1.000	1.000
		τ	79.72	10.05	17.33									
$t_4/\sqrt{2}$														
	σ_1	n_1	0.049	0.025	0.024	0.132	0.082	0.068	0.555	0.456	0.444	0.949	0.933	0.927
		n_2	0.051	0.031	0.024	0.159	0.113	0.101	0.668	0.617	0.601	0.981	0.984	0.981
		n_3	0.049	0.032	0.030	0.181	0.156	0.154	0.770	0.765	0.755	0.994	0.996	0.993
		n_4	0.051	0.041	0.041	0.438	0.450	0.441	0.995	0.958	0.998	1.000	1.000	1.000
	σ_2	n_1	0.064	0.025	0.028	—	0.055	0.052	—	0.268	0.272	—	0.725	0.718

续表

误差	σ	n	$\delta=0$			$\delta=1.8$			$\delta=3.6$			$\delta=5.4$		
			LHT	AHT	PB	LHT	AHT	PB	LHT	AHT	PB	LHT	AHT	PB
		n_2	0.034	0.028	0.023	—	0.075	0.064	—	0.366	0.347	—	0.834	0.832
		n_3	0.068	0.033	0.032	—	0.103	0.092	—	0.510	0.496	—	0.945	0.936
		n_4	0.191	0.042	0.044	—	0.323	0.317	—	0.979	0.978	—	1.000	1.000
	σ_3	n_1	0.074	0.026	0.019	—	0.053	0.047	—	0.240	0.218	—	0.680	0.661
		n_2	0.034	0.027	0.027	—	0.068	0.066	—	0.326	0.306	—	0.793	0.790
		n_3	0.072	0.033	0.030	—	0.095	0.092	—	0.470	0.457	—	0.929	0.921
		n_4	0.250	0.040	0.033	—	0.310	0.302	—	0.975	0.970	—	1.000	1.000
		τ	75.67	36.13	40.83									

注: $\sigma_1=(1,1)$, $\sigma_2=(1,5)$, $\sigma_3=(1,10)$; $n_1=(7,7)_{20}$, $n_2=(7,10)_{20}$, $n_3=(10,10)_{20}$, $n_4=(30,15)_{20}$.

表 5.3.2　三元两向 MANOVA 中交互效应两种检验的经验水平和势函数值

$[a=3,b=10,(\Sigma_{11},\Sigma_{12},\cdots,\Sigma_{ab})=1_{10}^{\mathrm{T}}\otimes(I_3,\mathrm{diag}(\sigma),(1-\rho)I_3+\rho 1_3 1_3^{\mathrm{T}})]$

误差	(σ,ρ)	n	$\delta=0$			$\delta=1.8$			$\delta=3.6$			$\delta=5.4$		
			LHT	AHT	PB	LHT	AHT	PB	LHT	AHT	PB	LHT	AHT	PB
$N(0,1)$	(σ_1,ρ_1)	n_1	0.051	0.039	0.048	0.138	0.101	0.116	0.575	0.433	0.468	0.967	0.900	0.920
		n_2	0.050	0.048	0.042	0.201	0.170	0.173	0.826	0.750	0.773	0.999	0.996	0.998
		n_3	0.052	0.064	0.053	0.261	0.240	0.234	0.944	0.888	0.903	1.000	1.000	1.000
		n_4	0.050	0.061	0.056	0.259	0.237	0.238	0.941	0.881	0.897	1.000	1.000	1.000
	(σ_2,ρ_2)	n_1	0.075	0.047	0.047	—	0.121	0.116	—	0.539	0.567	—	0.956	0.963
		n_2	0.070	0.049	0.051	—	0.204	0.206	—	0.855	0.868	—	1.000	1.000
		n_3	0.107	0.066	0.056	—	0.319	0.291	—	0.976	0.979	—	1.000	1.000
		n_4	0.107	0.068	0.060	—	0.329	0.309	—	0.973	0.983	—	1.000	1.000
	(σ_3,ρ_3)	n_1	0.068	0.048	0.041	—	0.118	0.110	—	0.504	0.534	—	0.942	0.957
		n_2	0.067	0.049	0.053	—	0.207	0.218	—	0.831	0.844	—	0.999	1.000
		n_3	0.159	0.066	0.065	—	0.309	0.290	—	0.964	0.964	—	1.000	1.000
		n_4	0.088	0.064	0.059	—	0.313	0.312	—	0.972	0.978	—	1.000	1.000
		τ	57.37	17.98	12.50									
$t_4/\sqrt{2}$														
	(σ_1,ρ_1)	n_1	0.053	0.031	0.034	0.132	0.093	0.092	0.598	0.506	0.512	0.967	0.952	0.962
		n_2	0.051	0.037	0.037	0.198	0.175	0.174	0.834	0.829	0.834	0.999	1.000	1.000
		n_3	0.059	0.048	0.036	0.279	0.261	0.249	0.941	0.937	0.936	1.000	1.000	1.000
		n_4	0.057	0.045	0.046	0.265	0.261	0.242	0.936	0.934	0.924	1.000	1.000	1.000

续表

误差	(σ,ρ)	n	$\delta=0$			$\delta=1.8$			$\delta=3.6$			$\delta=5.4$		
			LHT	AHT	PB	LHT	AHT	PB	LHT	AHT	PB	LHT	AHT	PB
	(σ_2,ρ_2)	n_1	0.074	0.026	0.025	—	0.112	0.114	—	0.650	0.640	—	0.985	0.988
		n_2	0.071	0.037	0.035	—	0.229	0.218	—	0.917	0.918	—	1.000	1.000
		n_3	0.107	0.047	0.042	—	0.360	0.330	—	0.991	0.989	—	1.000	1.000
		n_4	0.108	0.046	0.042	—	0.337	0.322	—	0.986	0.979	—	1.000	1.000
	(σ_3,ρ_3)	n_1	0.067	0.028	0.021	—	0.117	0.096	—	0.607	0.608	—	0.978	0.982
		n_2	0.071	0.033	0.035	—	0.208	0.205	—	0.897	0.892	—	1.000	1.000
		n_3	0.169	0.050	0.038	—	0.325	0.291	—	0.983	0.980	—	1.000	1.000
		n_4	0.097	0.046	0.034	—	0.334	0.303	—	0.987	0.980	—	1.000	1.000
		τ	63.90	21.08	29.17									

注: $(\sigma_1,\rho_1)=(1_3,0)$, $(\sigma_2,\rho_2)=(1,15,0.1,0.1)$, $(\sigma_3,\rho_3)=(1,10,0.1,0.5)$; $n_1=(10,10,10)_{10}$, $n_2=(15,15,15)_{10}$, $n_3=(10,20,40)_{10}$, $n_4=(40,20,10)_{10}$.

在 $t_4/\sqrt{2}$ 误差设定方案中, 可以看到方差齐性条件下 LHT 检验的经验水平和势函数再次好于 PB 检验; 而随着单元样本容量的增加, PB 检验的表现在改善. 这种现象出现是因为 PB 检验没有利用单元协方差矩阵相等性信息和没有考虑数据的非正态性导致的. 而在异方差情形下, PB 检验的经验水平一般要优于 LHT 检验. 同样, 在异方差情形下去比较 LHT 和 PB 检验势函数是没有意义的.

表 5.3.3 十元两向 MANOVA 中交互效应两种检验的经验水平和势函数值

$[a=3, b=5,\ (\Sigma_{11},\Sigma_{12},\cdots,\Sigma_{ab})=1_{10}^{\mathrm{T}}\otimes(I_3,\mathrm{diag}(\sigma),\mathrm{diag}(\eta))]$

误差	(σ,η)	n	$\delta=0$			$\delta=2.1$			$\delta=4.2$			$\delta=6.3$		
			LHT	AHT	PB	LHT	AHT	PB	LHT	AHT	PB	LHT	AHT	PB
$N(0,1)$	(σ_1,η_1)	n_1	0.057	0.047	0.049	0.168	0.230	0.154	0.700	0.577	0.700	0.996	0.976	0.993
		n_2	0.051	0.056	0.058	0.233	0.206	0.247	0.914	0.852	0.926	1.000	1.000	1.000
		n_3	0.051	0.050	0.052	0.276	0.250	0.330	0.963	0.938	0.979	1.000	1.000	1.000
		n_4	0.050	0.049	0.051	0.331	0.298	0.402	0.989	0.975	0.995	1.000	1.000	1.000
	(σ_2,η_2)	n_1	0.094	0.061	0.049	—	0.103	0.106	—	0.319	0.364	—	0.739	0.841
		n_2	0.140	0.055	0.053	—	0.119	0.134	—	0.474	0.555	—	0.922	0.959
		n_3	0.326	0.054	0.052	—	0.160	0.168	—	0.655	0.773	—	0.986	0.998
		n_4	0.085	0.054	0.042	—	0.165	0.182	—	0.733	0.838	—	0.997	1.000
	(σ_3,η_3)	n_1	0.104	0.064	0.061	—	0.069	0.064	—	0.106	0.110	—	0.187	0.228
		n_2	0.000	0.049	0.057	—	0.062	0.071	—	0.122	0.176	—	0.278	0.392
		n_3	0.759	0.060	0.056	—	0.079	0.081	—	0.151	0.177	—	0.337	0.454
		n_4	0.088	0.053	0.049	—	0.080	0.082	—	0.173	0.238	—	0.431	0.600
		τ	217.53	10.53	8.50									
$t_4/\sqrt{2}$														
	(σ_1,η_1)	n_1	0.047	0.044	0.040	0.165	0.134	0.133	0.721	0.641	0.656	0.995	0.989	0.989

续表

误差	(σ,η)	n	$\delta=0$			$\delta=2.1$			$\delta=4.2$			$\delta=6.3$		
			LHT	AHT	PB	LHT	AHT	PB	LHT	AHT	PB	LHT	AHT	PB
		n_2	0.048	0.048	0.042	0.241	0.214	0.218	0.928	0.891	0.893	0.999	1.000	0.999
		n_3	0.053	0.047	0.049	0.281	0.262	0.272	0.964	0.957	0.952	1.000	1.000	0.994
		n_4	0.048	0.044	0.048	0.342	0.320	0.308	0.989	0.986	0.984	1.000	1.000	1.000
	(σ_2,η_2)	n_1	0.091	0.046	0.050	—	0.098	0.097	—	0.343	0.330	—	0.780	0.781
		n_2	0.138	0.043	0.052	—	0.112	0.121	—	0.509	0.498	—	0.945	0.943
		n_3	0.326	0.047	0.044	—	0.156	0.145	—	0.699	0.692	—	0.993	0.991
		n_4	0.085	0.046	0.046	—	0.173	0.158	—	0.780	0.772	—	0.999	0.998
	(σ_3,η_3)	n_1	0.107	0.053	0.048	—	0.065	0.056	—	0.101	0.087	—	0.189	0.184
		n_2	0.000	0.042	0.048	—	0.058	0.063	—	0.128	0.132	—	0.304	0.302
		n_3	0.749	0.051	0.053	—	0.074	0.074	—	0.153	0.153	—	0.360	0.359
		n_4	0.084	0.045	0.044	—	0.066	0.071	—	0.183	0.179	—	0.463	0.464
		τ	215.15	9.02	7.67									

注: $\sigma_1=(1_{10})_5$, $\eta_1=(1_{10})_5$; $\sigma_2=(12_3,1_3,24_3,1)_5$, $\eta_2=(1_3,0.1_3,2_2,24,21)_5$; $\sigma_3=(1_3,3_3,9_3,20)_5$, $\eta_3=(5_3,15_3,45_3,100)_5$; $n_1=(25_3)_5$, $n_2=(25,35,50)_5$, $n_3=(70,40,35)_5$, $n_4=(50_3)_5$.

接下来, 让我们通过两种误差设定下检验的经验水平和势函数值来比较 AHT 和 PB 检验. 在 $N(0,1)$ 误差设定下, 可以从三个表中看到: 对于方差齐性情形, PB 检验在经验水平和势函数表现总体上趋于优于 AHT 检验, 而 AHT 检验表现也适中. 对于异方差情形, 我们从表 5.3.2 和表 5.3.3 在此发现 PB 检验在保持名义水平、相应的 τ 值和势函数. 这主要是因为对于中等和较大样本容量情形下, bootstrap 方法能得到更精确的逼近分布, 从而得到更好表现的检验结果. 从表 5.3.1 则可以看到, 在二维情形下, 尽管 PB 检验在小样本下 (n_1 和 n_2) 似乎是更保守的, 但是在中等样本容量 (n_3 和 n_4) 下 PB 检验在势函数方面要略优于 AHT 检验.

在 $t_4/\sqrt{2}$ 误差方案下, 表 5.3.1 和表 5.3.2 的结果表明 AHT 检验在经验水平和势函数表现总体上趋于优于 PB 检验, PB 检验则随着单元样本容量的增加而改善. 而且在表 5.3.3 中, 就保证名义水平而言, 根据它们的经验水平和相对应的 τ 值, PB 检验总体上要优于 AHT 检验. 同时, 表 5.3.3 中 PB 检验和 AHT 检验在大部分情形下有相似的势函数方面的表现.

5.4 多元套分类模型

5.4.1 引言

前面两节分别讨论了无交互效应和有交互效应下具有两个因子的两向 MANOVA. 另一个有用两因子设计是套 MANOVA (Weerahandi, 2004). 如 Zhang(2011)

所描述的, 和异方差下两向 MANOVA 相联系的检验零假设可以等价地表示成一般线性假设检验 (GLHT) 问题. GLHT 问题不仅包括主效应和交互效应的检验, 而且包括事后检验和对照检验作为特殊情形. 为了构造两因子套设计 MANOVA, 我们可以使用 Zhang (2011) 中的同样的 Wald-型检验统计量. 但是根据我们的模拟研究发现, 两因子套设计 MANOVA 模型的 AHT 检验的经验水平会远远超过名义水平. 另一方面, AHT 检验当单元样本容量不相等时需要考虑选择权重. 所以, 发展一种针对各种因子水平数和样本容量都有良好经验水平表现的检验方法是有必要的.

因此, 本节针对两因子套设计 MANOVA 模型, 将提供一种参数 bootstrap 检验方法. 我们使用了标准化的效应平方和以及一个自然的检验统计量. 给出的检验有和带有交互效应的两向 MANOVA 模型中检验相似的几种优良性.

5.4.2 被嵌套效应的检验

考虑带有因子 A 和 B 的两因子套设计 MANOVA 模型. 假设对应于因子 A 的嵌套效应有 a 个因子水平, 对应于因子 B 的被嵌套效应有 $b=\sum_{i=1}^{a} b_i$ 个因子水平, 这里因子 B 的有 b_i 个水平嵌套在因子 A 的第 i 个水平下 $(i=1,\cdots,a)$. 假设在第 (i,j) 个水平下得到样本容量为 n_{ij} 的一个 r 维随机样本, $i=1,\cdots,a$; $j=1,\cdots,b_i$. 令 Y_{ijk} 表示这些随机向量, $i=1,\cdots,a$; $j=1,\cdots,b_i$; $k=1,\cdots,n_{ij}$, 而 y_{ijk} 表示它们的观测值. 假设 $n_{ij}>r$ 以便该设计的每个处理单元下可以得到正定的样本协方差矩阵. 设 Y_{ijk} 满足下面的模型:

$$
\begin{aligned}
&Y_{ijk}=\mu_{ij}+e_{ijk},\\
&e_{ijk}\sim N_r(0,\Sigma_{ij}),\quad i=1,\cdots,a; j=1,\cdots,b_i; k=1,\cdots,n_{ij},
\end{aligned}
\tag{5.4.1}
$$

这里 $\mu_{ij}:r\times 1$ 和 $\Sigma_{ij}:r\times r$ 分别是第 ij 个单元均值向量和单元协方差矩阵, e_{ijk} 是随机试验误差向量. 所有的随机向量假设是相互独立的. 在两因子套设计 MANOVA 模型, 单元均值向量 μ_{ij} 通常分解为

$$
\mu_{ij}=\mu_0+\alpha_i+\beta_{ij},\quad i=1,2,\cdots,a; j=1,2,\cdots,b_i,
$$

这里 μ_0 是总均值向量, α_i 是 A 的第 i 个水平下效应向量, β_{ij} 是被嵌套在因子 A 的第 i 个水平下的因子 B 的第 j 个水平效应向量, 因此模型 (5.4.1) 能够进一步写成下面的模型:

$$
\begin{aligned}
&Y_{ijk}=\mu_0+\alpha_i+\beta_{ij}+e_{ijk},\\
&e_{ijk}\sim N_r(0,\Sigma_{ij}),\ i=1,\cdots,a;\ j=1,\cdots,b_i;\ k=1,\cdots,n_{ij},
\end{aligned}
\tag{5.4.2}
$$

为了使 μ_0, α_i 和 β_{ij} 有唯一定义, 我们需要加上另外的约束. 令 $u_1,\cdots,u_a$ 和 $v_{i1},\cdots,v_{ib_i}$ 是满足 $\sum_{i=1}^a u_i>0$ 和 $\sum_{j=1}^{b_i} v_{ij}>0$ 的非负的权重. 我们考虑如下的约束条件

$$\sum_{i=1}^a u_i\alpha_i=0,\quad \sum_{j=1}^{b_i} v_{ij}\beta_{ij}=0. \tag{5.4.3}$$

本节我们检验下面的零假设

$$H_{0\beta}:\ \ \beta_{ij}=0;\ i=1,\cdots,a,\ j=1,\cdots,b_i \tag{5.4.4}$$

对它自然的备择假设. 零假设 (5.4.4) 目的是为了检验对应于因子 B 被嵌套的效应是否是统计显著的.

第 (i,j) 个单元的样本均值向量和样本协方差矩阵分别记为 $\bar{Y}_{ij}$ 和 S_{ij}, 这里

$$\bar{Y}_{ij}=\frac{1}{n_{ij}}\sum_{k=1}^{n_{ij}}Y_{ijk}\ \ \text{和}\ \ S_{ij}=\frac{1}{n_{ij}-1}\sum_{k=1}^{n_{ij}}(Y_{ijk}-\bar{Y}_{ij})(Y_{ijk}-\bar{Y}_{ij})^{\mathrm{T}},$$

$i=1,\cdots,a;j=1,\cdots,b_i$. 这些随机变量的观测值分别记为 $\bar{y}_{ij}$ 和 s_{ij}, $i=1,\cdots,a$, $j=1,\cdots,b_i$. 注意到 $\bar{Y}_{ij}$ 和 S_{ij} 是相互独立的, 带有分布 $(n_{ij}-1)S_{ij}\sim W_r(n_{ij}-1,\Sigma_{ij})$ 和

$$\bar{Y}_{ij}=\mu_0+\alpha_i+\beta_{ij}+\bar{e}_{ij},\quad \bar{e}_{ij}\sim N_r\left(0,\frac{1}{n_{ij}}\Sigma_{ij}\right),\ i=1,\cdots,a;\ j=1,\cdots,b_i, \tag{5.4.5}$$

这里 $\bar{e}_{ij}=\dfrac{1}{n_{ij}}\sum\limits_{k=1}^{n_{ij}}e_{ijk}$. 记 $\bar{Y}=(\bar{Y}_{11}^{\mathrm{T}},\cdots,\bar{Y}_{1b_1}^{\mathrm{T}},\cdots,\bar{Y}_{a1}^{\mathrm{T}},\cdots,\bar{Y}_{ab_a}^{\mathrm{T}})^{\mathrm{T}}$, $\bar{e}=(\bar{e}_{11}^{\mathrm{T}},\cdots,\bar{e}_{1b_1}^{\mathrm{T}},\cdots,\bar{e}_{a1}^{\mathrm{T}},\cdots,\bar{e}_{ab_a}^{\mathrm{T}})^{\mathrm{T}}$, 模型 (5.4.5) 可以写成

$$\bar{Y}=(1_b\otimes I_r)\mu_0+(\mathrm{diag}(1_{b_1},\cdots,1_{b_a})\otimes I_r)\alpha+\beta+\bar{e}, \tag{5.4.6}$$

这里 $\alpha=\left(\alpha_1^{\mathrm{T}},\cdots,\alpha_a^{\mathrm{T}}\right)^{\mathrm{T}}$, $\beta=\left(\beta_{11}^{\mathrm{T}},\cdots,\beta_{1b_1}^{\mathrm{T}},\cdots,\beta_{a1}^{\mathrm{T}},\cdots,\beta_{ab_a}^{\mathrm{T}}\right)^{\mathrm{T}}$, $\bar{e}\sim N_{br}(0,\Sigma)$, $\Sigma=\mathrm{diag}\left(\dfrac{1}{n_{11}}\Sigma_{11},\cdots,\dfrac{1}{n_{1b_1}}\Sigma_{1b_1},\cdots,\dfrac{1}{n_{a1}}\Sigma_{a1},\cdots,\dfrac{1}{n_{ab_a}}\Sigma_{ab_a}\right)$.

定义因子 B 的标准化的平方和

$$\begin{aligned}&\tilde{S}_\beta\left(\bar{Y}_{11},\cdots,\bar{Y}_{ab_a};\Sigma_{11},\cdots,\Sigma_{ab_a}\right)\\ =&\sum_{i=1}^a\sum_{j=1}^{b_i}\left(\bar{Y}_{ij}-\hat{\mu}_0-\hat{\alpha}_i\right)^{\mathrm{T}}\left(n_{ij}\Sigma_{ij}^{-1}\right)\left(\bar{Y}_{ij}-\hat{\mu}_0-\hat{\alpha}_i\right),\end{aligned} \tag{5.4.7}$$

这里 $\hat{\mu}_0$ 和 $\hat{\alpha}_i$ 是在 (5.4.3) 的约束下 μ_0 和 α_i 最小化

$$\begin{aligned}&\tilde{S}\left(\bar{Y}_{11},\cdots,\bar{Y}_{ab_a};\Sigma_{11},\cdots,\Sigma_{ab_a}\right)\\=&\sum_{i=1}^{a}\sum_{j=1}^{b_i}\left(\bar{Y}_{ij}-\mu_0-\alpha_i\right)^{\mathrm{T}}\left(n_{ij}\Sigma_{ij}^{-1}\right)\left(\bar{Y}_{ij}-\mu_0-\alpha_i\right)\end{aligned}\tag{5.4.8}$$

的解.

同样, 记 $\theta=\left(\mu_0^{\mathrm{T}},\alpha_1^{\mathrm{T}},\cdots,\alpha_a^{\mathrm{T}}\right)^{\mathrm{T}}$ 和 $\hat{\theta}=\left(\hat{\mu}_0^{\mathrm{T}},\hat{\alpha}_1^{\mathrm{T}},\cdots,\hat{\alpha}_a^{\mathrm{T}}\right)^{\mathrm{T}}$, 根据 Wang 和 Chow (1994) 中的定理 5.2.5 可得

$$\hat{\theta}=\left(\hat{\mu}_0^{\mathrm{T}},\hat{\alpha}_1^{\mathrm{T}},\cdots,\hat{\alpha}_a^{\mathrm{T}}\right)^{\mathrm{T}}=(X^{\mathrm{T}}\Sigma^{-1}X+L^{\mathrm{T}}L)^{-1}X^{\mathrm{T}}\Sigma^{-1}\bar{Y},\tag{5.4.9}$$

这里 $X=(1_b,\operatorname{diag}(1_{b_1},\cdots,1_{b_a}))\otimes I_r$, $L=(0,u_1,\cdots,u_a)\otimes I_r$, 那么

$$\tilde{S}_\beta\left(\bar{Y}_{11},\cdots,\bar{Y}_{ab_a};\Sigma_{11},\cdots,\Sigma_{ab_a}\right)=(\bar{Y}-X\hat{\theta})^{\mathrm{T}}\Sigma^{-1}(\bar{Y}-X\hat{\theta}).$$

注意到 $\hat{\theta}$ 的确依赖于权重矩阵 L. 但是我们可以类似地证明 (5.4.7) 不依赖于 L, 具体见下面的定理.

定理 5.4.1 标准化的平方和 $\tilde{S}_\beta\left(\bar{Y}_{11},\cdots,\bar{Y}_{ab_a};\Sigma_{11},\cdots,\Sigma_{ab_a}\right)$ 不依赖于权重矩阵 L, 且

$$\begin{aligned}&\tilde{S}_\beta\left(\bar{Y}_{11},\cdots,\bar{Y}_{ab_a};\Sigma_{11},\cdots,\Sigma_{ab_a}\right)\\=&\bar{Y}^{\mathrm{T}}\Sigma^{-1/2}\left(I_{br}-\Sigma^{-1/2}X(X^{\mathrm{T}}\Sigma^{-1}X)^{-}X^{\mathrm{T}}\Sigma^{-1/2}\right)\Sigma^{-1/2}\bar{Y}.\end{aligned}\tag{5.4.10}$$

根据定理 5.4.1, $\tilde{S}_\beta\left(\bar{Y}_{11},\cdots,\bar{Y}_{ab_a};\Sigma_{11},\cdots,\Sigma_{ab_a}\right)$ 和权重矩阵 L 无关. 若 Σ_{ij} 都是已知的, 那么检验 (5.4.4) 的一个检验统计量为 $\tilde{S}_\beta(\bar{Y}_{11},\cdots,\bar{Y}_{ab_a};\Sigma_{11},\cdots,\Sigma_{ab_a})$. 事实上, $\Sigma^{-1/2}\bar{Y}\sim N_{br}\left(\Sigma^{-1/2}\mu,I_{br}\right)$,

$$\Delta=\left(I_{br}-\Sigma^{-1/2}X(X^{\mathrm{T}}\Sigma^{-1}X)^{-}X^{\mathrm{T}}\Sigma^{-1/2}\right)$$

是一个秩为 $r(b-a)$ 的对称幂等阵, 我们有

$$\bar{Y}^{\mathrm{T}}\Sigma^{-1/2}\Delta\Sigma^{-1/2}\bar{Y}\sim\chi^2_{r(b-a)}\left(\mu^{\mathrm{T}}\Sigma^{-1/2}\Delta\Sigma^{-1/2}\mu\right),$$

这里 $\mu=\left(\mu_{11}^{\mathrm{T}},\cdots,\mu_{1b_1}^{\mathrm{T}},\cdots,\mu_{a1}^{\mathrm{T}},\cdots,\mu_{ab_a}^{\mathrm{T}}\right)^{\mathrm{T}}$. 当 $\beta_{11}=\cdots=\beta_{ab_a}$ 时, 非中心参数 $\mu^{\mathrm{T}}\Sigma^{-1/2}\Delta\Sigma^{-1/2}\mu=0$. 令 $\bar{y}=(\bar{y}_{11}^{\mathrm{T}},\cdots,\bar{y}_{1b_1}^{\mathrm{T}},\cdots,\bar{y}_{a1}^{\mathrm{T}},\cdots,\bar{y}_{ab_a}^{\mathrm{T}})^{\mathrm{T}}$ 是 $\bar{Y}$ 的观测值, 那么, 当

$$\tilde{S}_\beta\left(\bar{Y}_{11},\cdots,\bar{Y}_{ab_a};\Sigma_{11},\cdots,\Sigma_{ab_a}\right)>\chi^2_{r(b-a),\lambda}$$

时拒绝 (5.4.4) 式中的 $H_{0\beta}$ 的检验是一个显著性水平为 λ 的精确检验.

但是, 一般情况下的协方差矩阵 Σ_{ij} 是未知的; 此时可以用样本协方差矩阵 S_{ij} 替换 (5.4.10) 式中的单元总体协方差矩阵 Σ_{ij}, $i=1,\cdots,a, j=1,\cdots,b_i$, 得到一个自然的检验统计量

$$\begin{aligned}&\tilde{S}_\beta\left(\bar{Y}_{11},\cdots,\bar{Y}_{ab_a};S_{11},\cdots,S_{ab_a}\right)\\=&\bar{Y}^{\mathrm{T}}S^{-1/2}\left(I_{br}-S^{-1/2}X(X^{\mathrm{T}}S^{-1}X)^{-}X^{\mathrm{T}}S^{-1/2}\right)S^{-1/2}\bar{Y},\end{aligned}\tag{5.4.11}$$

这里 $S=\operatorname{diag}\left(\frac{1}{n_{11}}S_{11},\cdots,\frac{1}{n_{1b_1}}S_{1b_1},\cdots,\frac{1}{n_{a1}}S_{a1},\cdots,\frac{1}{n_{ab_a}}S_{ab_a}\right)$.

正如 Zhang (2011) 中阐明的, 和零假设 (5.4.4) 相等价的 GLHT 问题为 $H_{0\beta}$: $C\mu=0$, 这里 $C=H_\beta A_\beta\otimes I_r$,

$$H_\beta=\begin{pmatrix}(I_{b_1-1},-1_{b_1-1}) & 0 & 0 & 0\\ 0 & (I_{b_2-1},-1_{b_2-1}) & 0 & 0\\ 0 & 0 & \ddots & 0\\ 0 & 0 & 0 & (I_{b_a-1},-1_{b_a-1})\end{pmatrix},$$

$$A_\beta=\begin{pmatrix}I_{b_1}-1_{b_1}u_1v_1^{\mathrm{T}} & 0 & 0 & 0\\ 0 & I_{b_2}-1_{b_2}u_2v_2^{\mathrm{T}} & 0 & 0\\ 0 & 0 & \ddots & 0\\ 0 & 0 & 0 & I_{b_a}-1_{b_a}u_av_a^{\mathrm{T}}\end{pmatrix},$$

$v_i=(v_{i1},\cdots,v_{ib_i})^{\mathrm{T}}$, $i=1,2,\cdots,a$, 那么, 相对应的 Wald-型检验统计量可以定义为

$$T=(C\hat{\mu})^{\mathrm{T}}(CSC^{\mathrm{T}})^{-1}(C\hat{\mu}),\tag{5.4.12}$$

这里 $\hat{\mu}=\bar{Y}$, S 的定义同 (5.4.11).

接下来, 我们分别基于 (5.4.11) 和 (5.4.12) 提供两个检验.

1. AHT 检验

类似于 Zhang (2011), 我们基于下面的检验统计量

$$\frac{(\hat{d}-q+1)T}{q\hat{d}},\tag{5.4.13}$$

给出所谓的 AHT 检验, 这里 $q=\operatorname{rank}(C)=r(b-a)$,

$$\hat{d}=\frac{q(q+1)}{\sum_{i=1}^{a}\sum_{j=1}^{b_i}(n_{ij}-1)^{-1}[\operatorname{tr}^2(\hat{\Omega}_{ij})+\operatorname{tr}(\hat{\Omega}_{ij}^2)]}$$

和 $\hat{\Omega}_{ij}=n_{ij}^{-1}\hat{H}_{ij}S_{ij}\hat{H}_{ij}^{\mathrm{T}}$ 和 $\hat{H}_{ij}=(CSC^{\mathrm{T}})^{-1/2}C_{ij}$, 其中 $C=[C_{11},\cdots,C_{1b_1},\cdots,C_{a1},\cdots,C_{ab_a}]$ 和 $C_{ij}:\ q\times r$ 是 C 的第 ij 块矩阵. Zhang (2011) 证明了, 在 $H_{0\beta}$ 下, $(\hat{d}-q+1)T/q\hat{d}$ 近似有 $F_{q,\hat{d}-q+1}$ 的分布. 因此, AHT 检验法则是: 对于名义水平 λ, 当 (5.4.13) 中检验统计量 T 的观测值大于临界值 $\dfrac{q\hat{d}}{\hat{d}-q+1}F_{q,\hat{d}-q+1}(1-\lambda)$ 时拒绝 (5.4.4) 式中的零假设. AHT 检验也可以通过计算基于近似零分布的 p 值执行.

2. PB 检验 (Xu, 2014)

在 $H_{0\beta}$ 成立时, 向量 $\bar{Y}$ 的期望是 $X\theta$, 这里 $\theta=(\mu_0^{\mathrm{T}},\alpha_1^{\mathrm{T}},\cdots,\alpha_a^{\mathrm{T}})^{\mathrm{T}}$. 注意到 (5.4.11) 式中的检验统计量在位置变换群 $\mathcal{G}=\{\bar{Y}\to\bar{Y}+X\eta,\eta\in\mathbb{R}^{r(a+1)}\}$ 下是不变的, 不失一般性, 我们取 $X\theta=0$. 因此, 基于检验统计量 (5.4.11) 的 PB 枢轴量构造方法如下. 对一个给定的 $(\bar{y}_{11},\cdots,\bar{y}_{ab_a};s_{11},\cdots,s_{ab_a})$, 令 $\bar{Y}_{Bij}\sim N_r\left(0,\dfrac{1}{n_{ij}}s_{ij}\right)$ 和 $S_{Bij}\sim W_r\left(n_{ij}-1,\dfrac{1}{n_{ij}-1}s_{ij}\right)$, $i=1,\cdots,a;j=1,\cdots,b_i$, 那么基于检验统计量 (5.4.11) 的 PB 枢轴量定义为

$$
\begin{aligned}
&\tilde{S}_{\beta B}\left(\bar{Y}_{B11},\cdots,\bar{Y}_{Bab_a};S_{B11},\cdots,S_{Bab_a}\right)\\
=&\bar{Y}_B^{\mathrm{T}}S_B^{-1/2}\left(I_{br}-S_B^{-1/2}X(X^{\mathrm{T}}S_B^{-1}X)^{-}X^{\mathrm{T}}S_B^{-1/2}\right)S_B^{-1/2}\bar{Y}_B,
\end{aligned}
\tag{5.4.14}
$$

这里 $\bar{Y}_B=(\bar{Y}_{B11}^{\mathrm{T}},\cdots,\bar{Y}_{B1b_1}^{\mathrm{T}}\cdots,\bar{Y}_{Ba1}^{\mathrm{T}},\cdots,\bar{Y}_{Bab_a}^{\mathrm{T}})^{\mathrm{T}}$, $S_B=\mathrm{diag}\left(\dfrac{1}{n_{11}}S_{B11},\cdots,\dfrac{1}{n_{1b_1}}S_{B1b},\cdots,\dfrac{1}{n_{a1}}S_{Ba1},\cdots,\dfrac{1}{n_{ab_a}}S_{Bab_a}\right)$. 对于给定的显著性水平 λ, PB 检验法则是: 当

$$
P\left(\tilde{S}_{\beta B}\left(\bar{Y}_{B11},\cdots,\bar{Y}_{Bab_a};S_{B11},\cdots,S_{Bab_a}\right)>\tilde{s}_\beta\right)<\lambda \tag{5.4.15}
$$

时, 拒绝 (5.4.4) 式中的 $H_{0\beta}$, 这里

$$
\tilde{s}_\beta=\tilde{S}_\beta\left(\bar{y}_{11},\cdots,\bar{y}_{ab_a};s_{11},\cdots,s_{ab_a}\right) \tag{5.4.16}
$$

是 $\tilde{S}_\beta\left(\bar{Y}_{11},\cdots,\bar{Y}_{ab_a};S_{11},\cdots,S_{ab_a}\right)$ 的观测值. 对于给定的 $(\bar{y}_{11},\cdots,\bar{y}_{ab_a};\ s_{11},\cdots,s_{ab_a})$, 上面的概率可以使用下面的算法来估计.

算法 5.4.1 对给定的 $(n_{11},\cdots,n_{ab_a}),(\bar{y}_{11},\cdots,\bar{y}_{ab_a}),\ (s_{11},\cdots,s_{ab_a})$:

计算 (5.4.11) 式中的 $\tilde{S}_\beta\left(\bar{y}_{11},\cdots,\bar{y}_{ab_a};s_{11},\cdots,s_{ab_a}\right)$ 并记为 $\tilde{s}_\beta$.

对 $h=1,\cdots,m$,

生成 $\bar{Y}_{Bij}\sim N_r\left(0,\dfrac{1}{n_{ij}}s_{ij}\right)$ 和 $S_{Bij}\sim W_r\left(n_{ij}-1,\dfrac{1}{n_{ij}-1}s_{ij}\right)$, $i=1,\cdots,a$, $j=1,\cdots,b_i$.

然后计算 (5.4.14) 式中的 $\tilde{S}_{\beta B}\left(\bar{Y}_{B11},\cdots,\bar{Y}_{Bab_a};S_{B11},\cdots,S_{Bab_a}\right)$.
若 $\tilde{S}_{\beta B}\left(\bar{Y}_{B11},\cdots,\bar{Y}_{Bab_a};S_{B11},\cdots,S_{Bab_a}\right)>\tilde{s}_\beta$, 设置 $Q_h=1$.
(结束循环)
那么 $(1/m)\sum_{h=1}^{m}Q_h$ 是 (5.4.15) 式中的 p 值的一个 Monte Carlo 估计值.

PB 检验 (5.4.15) 有以下几个满意的不变性. 首先, PB 检验是仿射不变的. 即它在下面的仿射变换

$$Y_{ijk}^*=DY_{ijk}+\xi,\quad i=1,\cdots,a;\ j=1,\cdots,b_i;\ k=1,\cdots,n_{ij} \tag{5.4.17}$$

下是不变的, 这里 D 是任一非奇异矩阵, ξ 是任一给定的向量. 具体内容参见下面的定理.

定理 5.4.2　在 PB 枢轴变量 $\tilde{S}_{IB}$ (5.4.14) 的分布和观测的检验统计量 $\tilde{s}_I$ (5.4.16) 都具有仿射变换不变性的意义下 PB 检验 (5.4.15) 是仿射不变的.

当加上约束条件 (5.4.3) 时, 模型 (5.4.2) 是可识别的. 但是, 在许多情况下没有自然的权重去定义一种实际的检验方法. 但是我们有下面的性质.

定理 5.4.3　PB 检验 (5.4.15) 关于 (5.4.3) 式中的不同权重的选择是不变的.

注意到检验统计量 (5.4.11) 不依赖于同权重的选择. 但是我们有如下的性质.

定理 5.4.4　检验统计量 (5.4.11)

$$\begin{aligned}&\tilde{S}_\beta\left(\bar{Y}_{11},\cdots,\bar{Y}_{ab_a};S_{11},\cdots,S_{ab_a}\right)\\=&\bar{Y}^{\mathrm{T}}S^{-1/2}\left(I_{br}-S^{-1/2}X(X^{\mathrm{T}}S^{-1}X)^{-}X^{\mathrm{T}}S^{-1/2}\right)S^{-1/2}\bar{Y}\\=&\bar{Y}^{\mathrm{T}}S^{-1/2}\left(I_{br}-S^{-1/2}X(X^{\mathrm{T}}S^{-1}X+L^{\mathrm{T}}L)^{-1}X^{\mathrm{T}}S^{-1/2}\right)S^{-1/2}\bar{Y}.\end{aligned}$$

根据定理 5.4.4, 我们可以在模拟研究中选择一个具体权重矩阵 $L=(0,1/a,\cdots,1/a)\otimes I_r$.

以上几个定理的证明类似于 5.3 节, 这里略去.

5.4.3　嵌套效应的检验

当因子 B 的被嵌套效应是存在的, 嵌套效应 α_i 就不能反映出水平 A_i 的影响, 因为它依赖于因子 B 处在何种水平. 类似于 5.4.2 小节, 此时我们不是去检验 $\alpha_i=0$, 而是去检验零假设

$$H_{0\alpha|\beta}:\ \alpha_i+\beta_{ij}=0,\quad i=1,\cdots,a,\ j=1,\cdots,b_i. \tag{5.4.18}$$

类似于第 4 章的一元情形, 我们可以证明检验 (5.4.18) 等价于比较异方差下 $b=$

$\sum_{i=1}^{a} b_i$ 个正态均值向量的相等性问题 (Krishnamoorthy, Lu, 2010), 具体细节这里从略.

5.4.4 Monte Carlo 研究

本节我们通过模拟研究两因子套设计 MANOVA 模型中 PB 检验和 AHT 检验的经验水平和势函数值去比较它们的优良性. 正如 5.4.3 小节指出的, (5.4.18) 中的检验问题等价于比较异方差下 $b=\sum_{i=1}^{a} b_i$ 个正态均值向量的相等性问题. 因此, 我们将只考虑因子 B 的被嵌套效应检验的比较研究.

假设对应于因子 A 的嵌套效应有 a 个因子水平, 对应于因子 B 的被嵌套效应有 $b=\sum_{i=1}^{a} b_i$ 个因子水平, 这里因子 B 的有 b_i 个水平嵌套在因子 A 的第 i 个水平下 $(i=1,\cdots,a)$. 令 $n=[n_{11},n_{12},\cdots,n_{ab_a}]$ 表示单元样本容量向量. 对于给定的 n 和协方差矩阵 $\Sigma_{ij}, i=1,2,\cdots,a, j=1,2,\cdots,b_i$, 我们首先产生 $\sum_{i=1}^{a}\sum_{j=1}^{b_i} n_{ij}$ 个多元样本

$$y_{ijk}=\mu_{ij}+\Sigma_{ij}^{1/2}e_{ijk},\quad k=1,2,\cdots,n_{ij}, \tag{5.4.19}$$

这里, 单元均值向量 $\mu_{ij}=\mu_{11}+ij\delta h/b$, 其中 μ_{11} 是第一个处理单元的均值向量, h 是常向量, 设定了均值向量差的方向, δ 是一个调节参数, 用来控制均值向量差的大小. 我们独立地从标准正态分布 $N(0,1)$ 生成误差项 e_{ijk} 的 r 个元素. 这意味着 (5.4.19) 式将会产生第 ijk 个多元正态的样本 $y_{ijk}, k=1,2,\cdots,n_{ij}$, 带有均值向量 μ_{ij} 和协方差矩阵 Σ_{ij}. 不失一般性, 我们设定 $\mu_{11}=0$ 和 $h=h_0/\|h_0\|$, 这里 $h_0=[1,2,\cdots,r]^{\mathrm{T}}$, $\|h_0\|$ 表示 h_0 的通常的 L^2-范数.

注意到为估计 PB 检验的经验水平和势函数需要两个循环. 我们使用 2500 次外循环去产生数据, 对每组产生的数据使用 5000 次循环去估计 bootstrap p 值. 为估计 AHT 检验, 我们使用了 10000 次循环, 并记录相应的 p 值, 以便模拟结果和 PB 检验结果进行比较. 这三个检验的经验水平值 (当 $\delta=0$) 和势函数值 (当 $\delta>0$) 是拒绝零假设 (即 p 值小于给定的显著性水平 λ) 的比例. 在所有的模拟研究中, 我们设定了 $\lambda=5\%$.

因为此处提供的 PB 检验不依赖于选择的权重, 这一点可以参考下一节中的证明. 这里我们仅报告等权重设定下 AHT 检验的比较研究结果. 在表 5.4.1~表 5.4.3 中, 对不同的调节参数取值, 我们提供了因子 A 的主效应三种检验的经验水平和势函数值. 检验方法分别用 LHT, AHT 和 PB 来表示, 调节参数分别取 $\delta=0$ 和 $\delta>0$ 等情形. 从表中可以看到, 共考虑了单元协方差矩阵的调节参数的三种情形. 其中第一种情形设定的是方差齐性. 另外设定了四种处理单元的样本容量, 它们从小到大排列. 为了度量一个检验在保持名义水平 α 上的总体表现, 我们使用了 Zhang

(2011) 中定义的平均相对误差 ARE $= M^{-1}\sum_{m=1}^{M}|\hat{\lambda}_m - \lambda|/\lambda \times 100$, 这里 $\hat{\alpha}_m$ 是第 m 个经验水平, $m = 1, 2, \cdots, M$, $\alpha = 0.05$, M 是所考虑的经验水平数目. τ 值越小表明相对应的检验有越好的总体表现. 通常, 当 $\tau \leqslant 10$ 时, 该检验表现得非常好; 当 $10 < \tau \leqslant 20$ 时, 该检验有适中的表现; 当 $\tau > 20$ 时, 该检验表现较差, 因为此时它的经验水平要么太自由要么过于保守, 因此是不被接受的. 为简单起见, 在协方差和样本容量的调节参数的表示方法上, 我们同样使用了 (u_t) 去表示 "u 重复 t 次".

表 5.4.1 提供了二元情形下水平数分别为 $a = 2$ 和 $b_1 = 16, b_2 = 20$ 时两个检验的经验水平和势函数值. 对于取 $b = b_1 + b_2 = 36$, 我们能够考察当因子的水平数较大时两种检验的表现如何. 表 5.4.2 和表 5.4.3 分别提供了三元情形下水平数分别为 $a = 3$, $b_1 = 8, b_2 = 10, b_3 = 12$ 和三元情形下水平数分别为 $a = 3$ $b_1 = 3, b_2 = 5, b_3 = 7$ 时两个检验的经验水平和势函数值. 这两个表则主要显示高维数据情形下两种检验的表现.

表 5.4.1 二元情形下两向多元套设计的被嵌套效应两个检验的经验水平和势函数

$[a = 2, b_1 = 16, b_2 = 20,\ (\Sigma_{11}, \Sigma_{12}, \cdots, \Sigma_{ab_a}) = 1_{18}^{\mathrm{T}} \otimes (I_2, \mathrm{diag}(\lambda))]$

λ	n	$\delta=0$		$\delta=1$		$\delta=2$		$\delta=3$	
		AHT	PB	AHT	PB	AHT	PB	AHT	PB
λ_1	n_1	0.056	0.046	0.210	0.162	0.831	0.793	0.999	0.999
	n_2	0.057	0.050	0.394	0.372	0.995	0.994	1.000	1.000
	n_3	0.070	0.052	0.295	0.232	0.957	0.930	1.000	1.000
	n_4	0.057	0.054	0.926	0.923	1.000	1.000	1.000	1.000
λ_2	n_1	0.058	0.055	0.108	0.124	0.379	0.551	0.826	0.964
	n_2	0.068	0.044	0.173	0.232	0.718	0.930	0.995	1.000
	n_3	0.071	0.053	0.152	0.150	0.549	0.717	0.958	0.995
	n_4	0.059	0.051	0.475	0.776	0.999	1.000	1.000	1.000
λ_3	n_1	0.056	0.045	0.093	0.114	0.301	0.507	0.722	0.943
	n_2	0.058	0.046	0.151	0.204	0.614	0.878	0.977	0.999
	n_3	0.070	0.048	0.131	0.145	0.458	0.654	0.903	0.990
	n_4	0.061	0.055	0.397	0.755	0.994	1.000	1.000	1.000
	τ	24.03	6.83						

注: $\lambda_1 = (1, 1)$, $\lambda_2 = (1, 5)$, $\lambda_3 = (1, 10)$; $n_1 = (7, 7)_{20}$, $n_2 = (10, 10)_{20}$, $n_3 = (7, 10)_{20}$, $n_4 = (30, 15)_{20}$.

表 5.4.2 三元情形下两向多元套设计的被嵌套效应两个检验的经验水平和势函数
$[a=3,b_1=8,b_2=10,b_3=12,$
$(\Sigma_{11},\Sigma_{12},\cdots,\Sigma_{ab_a})=1_{10}^{\mathrm{T}}\otimes(I_3,\mathrm{diag}(\lambda),(1-\rho)I_3+\rho 1_3 1_3^{\mathrm{T}})]$

(λ,ρ)	n	$\delta=0$		$\delta=0.6$		$\delta=1.2$		$\delta=1.8$	
		AHT	PB	AHT	PB	AHT	PB	AHT	PB
(λ_1,ρ_1)	n_1	0.052	0.054	0.099	0.103	0.369	0.353	0.840	0.815
	n_2	0.056	0.041	0.164	0.152	0.705	0.691	0.994	0.991
	n_3	0.092	0.041	0.302	0.194	0.944	0.891	1.000	1.000
	n_4	0.096	0.044	0.288	0.185	0.927	0.847	1.000	1.000
(λ_2,ρ_2)	n_1	0.054	0.049	0.181	0.213	0.756	0.860	0.997	1.000
	n_2	0.055	0.048	0.335	0.422	0.985	0.997	1.000	1.000
	n_3	0.090	0.050	0.629	0.519	1.000	1.000	1.000	1.000
	n_4	0.089	0.061	0.522	0.545	0.999	1.000	1.000	1.000
(λ_3,ρ_3)	n_1	0.049	0.050	0.271	0.194	0.727	0.852	0.995	1.000
	n_2	0.052	0.056	0.308	0.427	0.978	0.998	1.000	1.000
	n_3	0.094	0.060	0.593	0.519	1.000	0.999	1.000	1.000
	n_4	0.098	0.057	0.486	0.551	0.999	1.000	1.000	1.000
	τ	46.67	10.83						

注: $(\lambda_1,\rho_1)=(1_3,0)$, $(\lambda_2,\rho_2)=(1,15,0.1,0.1)$, $(\lambda_3,\rho_3)=(1,10,0.1,0.5)$; $n_1=(10,10,10)_{10}$, $n_2=(15,15,15)_{10}$, $n_3=(10,20,40)_{10}$, $n_4=(40,20,10)_{10}$.

下面让我们通过经验水平和势函数值来比较 AHT 和 PB 检验. 从这三个表中可以看出, 在所有考虑的情形下就经验水平和相应的 τ 值而言, PB 检验一般都优于 AHT 检验. AHT 检验仅在十元数据情形下表现相对合理. 在方差齐性条件下, AHT 检验似乎有比 PB 检验更好的势函数的表现, 不过这主要是因为其经验水平显著地超过名义水平导致的. 对于异方差情形, 我们从表 5.4.2 和表 5.4.3 中再次发现在保持名义水平和势函数方面 PB 检验优于 AHT 检验.

表 5.4.3 十元情形下两向多元套设计的被嵌套效应两个检验的经验水平和势函数
$[a=3,b_1=3,b_2=5,b_3=7,\ (\Sigma_{11},\Sigma_{12},\cdots,\Sigma_{ab_a})=1_{10}^{\mathrm{T}}\otimes(I_3,\mathrm{diag}(\lambda),\mathrm{diag}(\eta))]$

(λ,η)	n	$\delta=0$		$\delta=1$		$\delta=2$		$\delta=3$	
		AHT	PB	AHT	PB	AHT	PB	AHT	PB
(λ_1,η_1)	n_1	0.046	0.042	0.438	0.415	0.999	0.998	1.000	1.000
	n_2	0.052	0.050	0.937	0.932	1.000	1.000	1.000	1.000
	n_3	0.062	0.046	0.788	0.762	1.000	1.000	1.000	1.000
	n_4	0.058	0.056	0.871	0.846	1.000	1.000	1.000	1.000
(λ_2,η_2)	n_1	0.052	0.044	0.842	0.635	1.000	1.000	1.000	1.000
	n_2	0.052	0.047	1.000	0.996	1.000	1.000	1.000	1.000

续表

(λ,η)	n	$\delta=0$		$\delta=1$		$\delta=2$		$\delta=3$	
		AHT	PB	AHT	PB	AHT	PB	AHT	PB
	n_3	0.067	0.049	0.995	0.965	1.000	1.000	1.000	1.000
	n_4	0.059	0.046	0.999	0.972	1.000	1.000	1.000	1.000
(λ_3,η_3)	n_1	0.049	0.042	0.066	0.101	0.115	0.401	0.235	0.877
	n_2	0.050	0.054	0.090	0.236	0.255	0.930	0.660	1.000
	n_3	0.071	0.045	0.089	0.145	0.183	0.622	0.442	0.982
	n_4	0.055	0.047	0.095	0.236	0.260	0.961	0.662	1.000
	τ	13.78	8.67						

注: $\lambda_1=(1_{10})_5$, $\eta_1=(1_{10})_5$; $\lambda_2=(12_3,1_3,24_3,1)_5$, $\eta_2=(1_3,0.1_3,2_2,24,21)_5$; $\lambda_3=(1_3,3_3,9_3,20)_5$, $\eta_3=(5_3,15_3,45_3,100)_5$; $n_1=(25_3)_5$, $n_2=(50_3)_5$, $n_3=(25,35,50)_5$, $n_4=(70,40,35)_5$.

我们通过模拟比较研究可以总结出下面的结论. 就检验的水平而言, 总体上 PB 检验是在各种单元样本容量、单元协方差矩阵和效应数目下表现满意的一种灵活的检验方法. 而就检验的势函数而言, PB 检验在异方差情形下一般优于 AHT 检验. 鉴于 PB 检验的简单性和精确性, 在实际应用中是一种很好的选择.

第 6 章　混合效应模型和高维数据的 bootstrap 推断

6.1　引　　言

混合效应模型之所以在生物医学、经济、金融、工程技术和信息互联网等领域具有十分广泛的运用, 是因为在实际的问题中, 有时参与试验的个体是随机抽取的, 且我们研究的目标不是这些个体本身的特征, 而是他们所在的总体的特征, 此时把个体效应看作随机的引入模型, 则可以大大提高模型的精度. 另一种解释为参与试验的个体是固定的, 依然把个体效应刻画成随机的, 此时总体不是包含无穷多个个体的一个集合, 而是包含无穷多种可能决策的一个总体. 混合模型的研究一直受到统计学家的重视, 近年来关于这个模型的理论和应用研究都有了长足的发展.

考虑一般的线性混合模型:

$$y = X\beta + U\xi + \varepsilon, \tag{6.1.1}$$

这里 y 是 $n\times 1$ 的观测向量, X 和 U 是已知的设计矩阵, β 是 $p\times 1$ 的未知参数向量 (固定效应), ξ 和 ε 是均值为 0, 协方差阵分别为 G 和 R 的随机向量, 且它们之间相互独立. G 和 R 已知或依赖于某个未知的参数向量 σ^2. 假设 p 是固定的, X 的秩为 $p\ (<n)$. 易见, $\mathrm{Cov}(y)=\Sigma(\sigma^2)=UGU^{\mathrm{T}}+R$.

模型 (6.1.1) 中的未知参数有两类: 一类是固定效应 β 和随机效应 ξ, 另一类是方差分量 σ^2 和协方差阵 $\Sigma(\sigma^2)$. 对这两类参数的统计推断, 在很多方面都有了重要的进展.

对于固定效应 β 而言, 由于模型协方差阵含有未知参数, 在实际中选用的可行估计一般为最小二乘估计 (LSE) 和两步估计 (TSE). 因为最小二乘估计未能利用协方差阵结构所含的信息, 有时会带来较大的估计精度上的损失. 而两步估计往往是观测值很复杂的非线性函数, 对其统计性质研究的难度大, 目前对其小样本的精确分布知之甚少, 因此可以利用 bootstrap 逼近分布来作进一步推断. 关于固定效应和随机效应线性组合估计问题, 例如, 质量指标的估计、纵向数据研究、植物育种试验和小域 (small area) 估计问题, 通常也是先求出其最佳线性无偏估计, 再将方差分量的估计代入得到两步估计. 许多文献研究了两步估计的均方误差的逼近问题. 但是要想进一步确定该两步估计的精确分布则是一个非常复杂的问题, 文献中考虑了使用参数 bootstrap 方法来给出两步估计的逼近分布, 然后再进行进一步的统计推断.

在线性混合模型参数估计的理论中, 方差分量估计的内容最为丰富多彩. 一些常用的估计有极大似然估计 (MLE) 和限制极大似然估计 (REMLE)、方差分析估计 (ANOVAE) 和最小范数二次无偏估计 (MINQUE) 以及谱分解估计 (SDE) 等. 它们自身不同程度地存在一些缺点, 因此方差分量的改进估计问题是研究较多的一个方面. 在点估计的基础上如何构造方差分量的假设检验和区间估计等问题也是一类重要的统计推断问题, 但由于存在其他方差分量称为讨厌参数, 给实际的求解带来很大困难. 文献中已有使用广义推断方法来尝试解决该问题, 本章将在具体的一些重要模型中进一步考虑广义推断的性质, 并提出新的参数 bootstrap 方法来构造合适的检验和区间估计.

高维数据问题已经成为现代统计学和计算机科学等其他相关学科的研究热点, 本章我们将介绍一类高维面板数据分析中的 PB 检验方法和有关的研究进展, 为有兴趣的读者打开思路.

6.2 简单生长曲线模型中 bootstrap 推断

6.2.1 引言

在分析带有个体随机效应的重复观测数据和纵向或者面板数据时, 带有组内相关结构的回归模型是流行的选择. 为了简单起见, 我们考虑带有单个处理组的生长曲线模型, 如按时间先后观测到的一组婴儿的生长曲线 (Elston, Grizzle, 1962; Weerahandi, Berger, 1999). 当生长曲线模型的协方差矩阵已知或只有一个未知标量因子时, 可以使用许多精确的统计推断 (Zellner, 1962; Toyoda, 1974). 但是当模型中涉及方差分量时, 关于回归系数的精确统计推断变得困难. Weerahandi 和 Berger (1999) 使用广义推断方法对回归系数提供了一个广义 p 值检验. 广义 p 值的概念首先在 Weerahandi (1987) 与 Tsui 和 Weerahandi (1989) 中使用和定义, 后来被广泛应用于传统方法难以提供精确解的很多问题中, 包括很多混合效应模型中参数的检验和区间估计问题; 参见 Weerahandi (1991), Weerahandi 和 Johnson (1992), Zhou 和 Mathew (1994), Weerahandi (1995), Lin 和 Lee (2003), Mathew 和 Webb (2005), 以及 Zhao (2008) 等. 但是正如 Krishnamoorthy, Lu 和 Mathew (2007) 指出的, 广义 p 值并不总是具有通常 p 值具有的性质. 一般地, 广义 p 值的分布也许不是 uniform(0, 1), 详细的讨论可以参见 Weerahandi (1995). 因此, 广义 p 值检验在经典意义下不是精确的, 它的真实性质需要使用 Monte Carlo 模拟研究来评价. 某些近期的模拟研究显示广义 p 值在小样本和异方差下不能保证检验的名义水平.

本节将针对经典生长曲线模型, 提供一种方便有效的重抽样方法来构造回归系数和方差分量的假设检验和区间估计. 我们的方法主要是基于 PB 枢轴变量的概念 (Efron, Tibshirani, 1993). 通过模拟结果, 比较了 Weerahandi 和 Berger (1999) 中的广义推断方法和新方法的置信区间的平均长度和覆盖率以及检验的势函数.

6.2.2 固定效应和方差分量的两种推断

1. 预备知识和已知结果

用 Y_{jt} 表示在时刻 t 对单元 j 的观测; α_j 是与第 j 个单元相联系的随机效应, X_t 是协变量观测集, β 是维数为 K 的固定效应, ε_{jt} 是随机误差项. 我们考虑简单线性生长曲线模型

$$Y_{jt} = X_t^{\mathrm{T}}\beta + \alpha_j + \varepsilon_{jt}, \quad j = 1, 2, \cdots, J; \quad t = 1, 2, \cdots, T, \tag{6.2.1}$$

这里 $\varepsilon_{jt} \sim N(0, \sigma_e^2)$ 和 $\alpha_j \sim N(0, \sigma_\alpha^2)$ 相互独立. 令 y_{jt} 表示 Y_{jt} 的观测值, $j = 1, 2, \cdots, J$, $t = 1, 2, \cdots, T$. 使用矩阵记号, (6.2.1) 可以写成

$$Y_j = X\beta + \alpha_j 1_T + \varepsilon_j, \quad j = 1, 2, \cdots, J, \tag{6.2.2}$$

这里 1_T 是 $T \times 1$ 的元素皆为 1 的列向量, $X = (X_1, X_2, \cdots, X_T)^{\mathrm{T}}$ 是 $T \times K$ 设计矩阵, 它的第一列是 1_T 使得固定截距项包括在模型中, 且 $Y_j = (Y_{j1}, Y_{j2}, \cdots, Y_{jT})^{\mathrm{T}}$, $\varepsilon_j = (\varepsilon_{j1}, \varepsilon_{j2}, \cdots, \varepsilon_{jT})^{\mathrm{T}}$.

因此, Y_j 的协方差矩阵是

$$\mathrm{Cov}(Y_j) = \Sigma = \sigma_e^2 I_T + \sigma_\alpha^2 1_T 1_T^{\mathrm{T}}. \tag{6.2.3}$$

记 $\sigma_{e,\alpha}^2 = \sigma_e^2 + T\sigma_\alpha^2$, 可以证明

$$\Sigma^{-1} = \sigma_e^{-2}[I_T - (\sigma_\alpha^2/(\sigma_e^2 + T\sigma_\alpha^2))1_T 1_T^{\mathrm{T}}] = \sigma_e^{-2}[I_T - (\sigma_{e,\alpha}^2 - \sigma_e^2)/(T\sigma_{e,\alpha}^2)1_T 1_T^{\mathrm{T}}]. \tag{6.2.4}$$

记 $\bar{Y} = \dfrac{1}{J}\sum_{j=1}^{J} Y_j$ 为所有观测单元的样本均值向量, 基于所有观测数据的最大似然估计或广义最小二乘估计是

$$\hat{\beta} = (X^{\mathrm{T}}\Sigma^{-1}X)^{-1}X^{\mathrm{T}}\Sigma^{-1}\bar{Y} = (X^{\mathrm{T}}X)^{-1}X^{\mathrm{T}}\bar{Y} \sim N\left(\beta, \frac{(X^{\mathrm{T}}\Sigma^{-1}X)^{-1}}{J}\right). \tag{6.2.5}$$

因此, 形如 $\theta = H^{\mathrm{T}}\beta$ 参数的推断可以利用下面的结果

$$\hat{\theta} = H^{\mathrm{T}}\hat{\beta} \sim N\left(H^{\mathrm{T}}\beta, \frac{H^{\mathrm{T}}(X^{\mathrm{T}}\Sigma^{-1}X)^{-1}H}{J}\right) \tag{6.2.6}$$

来做推断, 这里 H 是一个预先给定的向量. 例如, 当

$$H = E_k = (0, \cdots, 0, 1, 0, \cdots, 0)^{\mathrm{T}}$$

是一个单位向量时, 我们就是想要对第 k 个回归系数 $\beta_k = E_k^{\mathrm{T}}\beta$ 做推断. 此时, 我们有

$$\hat{\beta}_k = E_k^{\mathrm{T}}\hat{\beta} \sim N\left(\beta_k, \frac{(X^{\mathrm{T}}\Sigma^{-1}X)_{kk}^{-1}}{J}\right). \tag{6.2.7}$$

可以证明 $\hat{\beta}$, 残差平方和

$$S_e^2 = \sum_{j=1}^{J}\sum_{t=1}^{\mathrm{T}}[Y_{jt} - X_t\hat{\beta} - (\bar{Y}_{j\cdot} - \bar{Y}_{\cdot\cdot})]^2 \text{ 以及 } S_\alpha^2 = T\sum_{j=1}^{J}(\bar{Y}_{j\cdot} - \bar{Y}_{\cdot\cdot})^2$$

是相互独立的, 且

$$W_1 = \frac{S_e^2}{\sigma_e^2} \sim \chi^2_{J(T-1)-K+1} \text{ 和 } W_2 = \frac{S_\alpha^2}{\sigma_e^2 + T\sigma_\alpha^2} \sim \chi^2_{J-1}, \tag{6.2.8}$$

这里 $\bar{Y}_{j\cdot} = \frac{1}{T}\sum_{t=1}^{T} Y_{jt}$, $\bar{Y}_{\cdot\cdot} = \frac{1}{J}\sum_{j=1}^{J}\bar{Y}_{j\cdot}$. S_e^2 和 S_α^2 的观测值分别记为 s_e^2 和 s_α^2. 根据 (6.2.8), σ_e^2, $\sigma_{e,\alpha}^2$ 和 σ_α^2 的无偏估计为

$$\hat{\sigma}_e^2 = \frac{S_e^2}{J(T-1)-K+1}, \quad \hat{\sigma}_{e,\alpha}^2 = \frac{S_\alpha^2}{J-1} \text{ 和 } \hat{\sigma}_\alpha^2 = \frac{1}{T}(\hat{\sigma}_{e,\alpha}^2 - \hat{\sigma}_e^2). \tag{6.2.9}$$

注意到 (6.2.4), Σ^{-1} 的一个自然的估计是

$$\hat{\Sigma}^{-1} = \hat{\sigma}_e^{-2}[I_T - (\hat{\sigma}_{e,\alpha}^2 - \hat{\sigma}_e^2)/(T\hat{\sigma}_{e,\alpha}^2)1_T 1_T^{\mathrm{T}}]. \tag{6.2.10}$$

2. **固定效应的 PB 推断** (Xu, 2015b)

显然, 当 Σ^{-1} 已知时, $H^{\mathrm{T}}\beta$ 的精确的推断是可以直接得到. 推断 $H^{\mathrm{T}}\beta$ 的一个自然的枢轴量为

$$Z = H^{\mathrm{T}}(\hat{\beta} - \beta)/\sqrt{H^{\mathrm{T}}(X^{\mathrm{T}}\Sigma^{-1}X)^{-1}H/J} \sim N(0, 1). \tag{6.2.11}$$

令 $\bar{y}$ 是 $\bar{Y}$ 的观测值, $\hat{\beta}^{\mathrm{o}}$ 表示 $\hat{\beta}$ 的观测值, 其是通过用 $\bar{y}$ 替换 (6.2.5) 式中的 $\bar{Y}$ 得到的, 那么

$$\left[H^{\mathrm{T}}\hat{\beta}^{\mathrm{o}} \mp \sqrt{H^{\mathrm{T}}(X^{\mathrm{T}}\Sigma^{-1}X)^{-1}H/J} \cdot u_{1-\gamma/2}\right]$$

是 $H^{\mathrm{T}}\beta$ 的置信度为 $1-\gamma$ 的一个置信区间, 这里 u_γ 代表标准正态分布的下侧 γ 分位数.

一般地, Σ^{-1} 是未知的, 此时可以通过用 $\hat{\Sigma}^{-1}$ 替换 (6.2.11) 式中的 Σ^{-1} 得到一个枢轴量

$$\tilde{Z} = H^{\mathrm{T}}(\hat{\beta} - \beta)/\sqrt{H^{\mathrm{T}}(X^{\mathrm{T}}\hat{\Sigma}^{-1}X)^{-1}H/J}. \tag{6.2.12}$$

接下来, 我们描述 PB 置信区间.

参数 bootstrap 枢轴量的构造方法如下. 对给定的 $\left(\hat{\beta}^{\mathrm{o}}; s_e^2, s_\alpha^2\right)$, 令

$$\hat{\beta}_B \sim N\left(\hat{\beta}^{\mathrm{o}}, \frac{(X^{\mathrm{T}}\hat{\Sigma}_{\mathrm{o}}^{-1}X)^{-1}}{J}\right), \quad S_{eB}^2 \sim \frac{s_e^2\chi^2_{J(T-1)-K+1}}{J(T-1)-K+1} \quad 和 \quad S_{\alpha B}^2 \sim \frac{s_\alpha^2\chi^2_{J-1}}{J-1},$$

这里 $\hat{\Sigma}_{\mathrm{o}}^{-1}$ 是 $\hat{\Sigma}^{-1}$ 的观测值. 那么基于枢轴量 (6.2.12) 的 PB 枢轴量定义为

$$\tilde{Z}_B = H^{\mathrm{T}}(\hat{\beta}_B - \hat{\beta}^{\mathrm{o}})/\sqrt{H^{\mathrm{T}}(X^{\mathrm{T}}\hat{\Sigma}_B^{-1}X)^{-1}H/J}, \tag{6.2.13}$$

这里 $\hat{\Sigma}_B^{-1} = \hat{\sigma}_{eB}^{-2}[I_T - (\hat{\sigma}_{e,\alpha;B}^2 - \hat{\sigma}_{eB}^2)/(T\hat{\sigma}_{e,\alpha;B}^2)1_T1_T^{\mathrm{T}}]$, $\hat{\sigma}_{eB}^2 = \dfrac{S_{eB}^2}{J(T-1)-K+1}$, $\hat{\sigma}_{e,\alpha;B}^2 = \dfrac{S_{\alpha B}^2}{J-1}$. 注意到, 对给定的 $\left(\hat{\beta}^{\mathrm{o}}; s_e^2, s_\alpha^2\right)$, (6.2.13) 式中的 $\tilde{Z}_B$ 的分布不依赖于任何未知参数. 因此, 我们可以基于 $\tilde{Z}_B$ 的分布构造参数 $H^{\mathrm{T}}\beta$ 的一个 PB 置信区间. 令 $\tilde{Z}_B(\gamma)$ 代表 $\tilde{Z}_B$ 的下侧 γ 分位数, $H^{\mathrm{T}}\beta$ 一个近似为 $1-\gamma$ 的置信区间是

$$\left[H^{\mathrm{T}}\hat{\beta}^{\mathrm{o}} - \tilde{Z}_B(1-\gamma/2)\cdot\sqrt{\frac{H^{\mathrm{T}}(X^{\mathrm{T}}\hat{\Sigma}_{\mathrm{o}}^{-1}X)^{-1}H}{J}},\right.$$
$$\left.H^{\mathrm{T}}\hat{\beta}^{\mathrm{o}} - \tilde{Z}_B(\gamma/2)\cdot\sqrt{\frac{H^{\mathrm{T}}(X^{\mathrm{T}}\hat{\Sigma}_{\mathrm{o}}^{-1}X)^{-1}H}{J}}\right]. \tag{6.2.14}$$

我们接下来考虑关于参数 $H^{\mathrm{T}}\beta$ 的假设检验问题

$$H_0:\ H^{\mathrm{T}}\beta = \beta^* \quad \text{vs.} \quad H_1:\ H^{\mathrm{T}}\beta \neq \beta^*, \tag{6.2.15}$$

这里 β^* 是一个给定的值. 那么一个自然的检验统计量是

$$\tilde{Z}_* = (H^{\mathrm{T}}\hat{\beta} - \beta^*)/\sqrt{H^{\mathrm{T}}(X^{\mathrm{T}}\hat{\Sigma}^{-1}X)^{-1}H/J}. \tag{6.2.16}$$

注意到在 $H_0:\ H^{\mathrm{T}}\beta = \beta^*$ 下, 我们有 $H^{\mathrm{T}}\hat{\beta} \sim N\left(\beta^*, \dfrac{H^{\mathrm{T}}(X^{\mathrm{T}}\Sigma^{-1}X)^{-1}H}{J}\right)$, 那么检验 (6.2.15) 的参数 bootstrap 枢轴量构造方法如下. 令 $H'\hat{\beta}_B^* \sim N\left(\beta^*, \dfrac{(X^{\mathrm{T}}\hat{\Sigma}_{\mathrm{o}}^{-1}X)^{-1}}{J}\right)$, $S_{eB}^2 \sim \dfrac{s_e^2\chi^2_{J(T-1)-K+1}}{J(T-1)-K+1}$ 和 $S_{\alpha B}^2 \sim \dfrac{s_\alpha^2\chi^2_{J-1}}{J-1}$. 那么基于检验统计量 (6.2.16) 的 PB

枢轴量定义为

$$\tilde{Z}_{*B} = (H^{\mathrm{T}}\hat{\beta}_B^* - \beta^*)/\sqrt{H^{\mathrm{T}}(X^{\mathrm{T}}\hat{\Sigma}_B^{-1}X)^{-1}H/J}, \tag{6.2.17}$$

这里 $\hat{\Sigma}_B^{-1}$ 由 (6.2.13) 式定义. 令 $\tilde{z}_*$ 是 $\tilde{Z}_*$ 的观测值. 那么检验 (6.2.15) 的 PB p 值是

$$p_1 = 2\min\left\{P\left(\tilde{Z}_{*B} \geqslant \tilde{z}_*\right), P\left(\tilde{Z}_{*B} \leqslant \tilde{z}_*\right)\right\}. \tag{6.2.18}$$

对于给定的显著性水平 γ, PB 检验当 $p_1 < \gamma$ 时拒绝 (6.2.15) 式中的 H_0.

类似地, 单边假设检验问题

$$H_0 : H^{\mathrm{T}}\beta \leqslant \beta^* \quad 对 \quad H_1 :\ H^{\mathrm{T}}\beta > \beta^*; \tag{6.2.19}$$

$$H_0 : H^{\mathrm{T}}\beta \geqslant \beta^* \quad 对 \quad H_1 :\ H^{\mathrm{T}}\beta < \beta^* \tag{6.2.20}$$

的参数 bootstrap p 值分别为

$$p_2 = P\left(\tilde{Z}_{*B} \geqslant \tilde{z}_*\right); \tag{6.2.21}$$

$$p_3 = P\left(\tilde{Z}_{*B} \leqslant \tilde{z}_*\right). \tag{6.2.22}$$

3. *方差分量的推断*

由 (6.2.8), 误差方差 σ_e^2 的精确推断是直接的. 因此, 我们主要考虑随机效应方差分量 σ_α^2 的推断. 若 σ_e^2 是已知的, 推断 σ_α^2 的一个自然的枢轴量为

$$W_2 = \frac{S_\alpha^2}{\sigma_e^2 + T\sigma_\alpha^2} \sim \chi_{J-1}^2, \tag{6.2.23}$$

那么

$$\left[\frac{s_\alpha^2 - \sigma_e^2\chi_{J-1}^2(1-\gamma/2)}{T\chi_{J-1}^2(1-\gamma/2)}, \frac{s_\alpha^2 - \sigma_e^2\chi_{J-1}^2(\gamma/2)}{T\chi_{J-1}^2(\gamma/2)}\right]$$

是 σ_α^2 的一个置信度为 $1-\gamma$ 置信区间, 这里 $\chi_m^2(\gamma)$ 表示自由度为 m 的中心卡方随机变量的下侧 γ 分位数.

实际当中 σ_e^2 是未知的, 此时我们可以通过用 $\hat{\sigma}_e^2 = S_e^2/[J(T-1)-K+1]$ 来替换 (6.2.23) 中的 σ_e^2 得到一个枢轴量

$$\tilde{W} = \frac{S_\alpha^2}{S_e^2/[J(T-1)-K+1] + T\sigma_\alpha^2}. \tag{6.2.24}$$

但是, 上面枢轴量的精确分布是未知的, 也可能依赖于未知参数. 接下来, 我们就利用 PB 方法来构造 σ_α^2 的 PB 置信区间. PB 枢轴的构造步骤如下: 对于给定的 (s_e^2, s_α^2), 令

$$S_{eB}^2 \sim s_e^2\chi_{J(T-1)-K+1}^2/(J(T-1)-K+1) \quad 和 \quad S_{\alpha B}^2 \sim s_\alpha^2\chi_{J-1}^2/(J-1),$$

那么基于枢轴量 (6.2.23) 的 PB 枢轴变量定义为

$$\tilde{W}_B = \frac{S_{\alpha B}^2}{S_{eB}^2/[J(T-1)-K+1]+T\hat{\sigma}_{\alpha o}^2}, \tag{6.2.25}$$

这里 $\hat{\sigma}_{\alpha o}^2 = \frac{1}{T}[s_\alpha^2/(J-1) - s_e^2/(J(T-1)-K+1)]$ 是 $\hat{\sigma}_\alpha^2$ 的观测值, 也是 σ_α^2 的一个估计值. 注意到, 对于给定的 (s_e^2, s_α^2), $\tilde{W}_B$ 的分布不依赖于任何未知参数. 因此, 我们能够基于 $\tilde{W}_B$ 的分布去构造参数 σ_α^2 的一个 PB 置信区间. 令 $\tilde{W}_B(\gamma)$ 表示 $\tilde{W}_B$ 的下侧 γ 分位数, σ_α^2 的一个近似置信度为 $1-\gamma$ 的置信区间定义为

$$\left[\frac{s_\alpha^2 - s_e^2\tilde{W}_B(1-\gamma/2)/[J(T-1)-K+1]}{T\tilde{W}_B(1-\gamma/2)}, \frac{s_\alpha^2 - s_e^2\tilde{W}_B(\gamma/2)/[J(T-1)-K+1]}{T\tilde{W}_B(\gamma/2)}\right]. \tag{6.2.26}$$

考虑到 $\sigma_\alpha^2 \geqslant 0$, 一个近似置信度为 $1-\gamma$ 的 PB 置信区间定义为

$$\begin{aligned}&\left[\max\left\{\frac{s_\alpha^2 - s_e^2\tilde{W}_B(1-\gamma/2)/[J(T-1)-K+1]}{T\tilde{W}_B(1-\gamma/2)}, 0\right\},\right.\\ &\left.\max\left\{\frac{s_\alpha^2 - s_e^2\tilde{W}_B(\gamma/2)/[J(T-1)-K+1]}{T\tilde{W}_B(\gamma/2)}, 0\right\}\right].\end{aligned} \tag{6.2.27}$$

考虑构造下面的假设检验

$$H_0: \ \sigma_\alpha^2 = \sigma_{\alpha*}^2 \quad 对 \quad H_1: \ \sigma_\alpha^2 \neq \sigma_{\alpha*}^2, \tag{6.2.28}$$

这里 $\sigma_{\alpha*}^2 \geqslant 0$ 是预先给定的值. 那么一个自然的检验统计量为

$$\tilde{W}_* = \frac{S_\alpha^2}{S_e^2/[J(T-1)-K+1]+T\sigma_{\alpha*}^2}. \tag{6.2.29}$$

注意到在 $H_0: \ \sigma_\alpha^2 = \sigma_{\alpha*}^2$ 下, 我们有 $S_\alpha^2 \sim \left(\sigma_e^2 + T\sigma_{\alpha*}^2\right)\chi_{J-1}^2$, 那么检验 (6.2.28) 的 PB 枢轴变量可以按如下步骤构造. 令

$$S_{eB}^2 \sim \frac{s_e^2\chi_{J(T-1)-K+1}^2}{J(T-1)-K+1} \ 和 \ S_{\alpha B}^2 \sim \left(s_e^2/(J(T-1)-K+1)+T\sigma_{\alpha*}^2\right)\chi_{J-1}^2.$$

基于检验统计量 (6.2.29) 的 PB 枢轴变量定义为

$$\tilde{W}_{*B} = \frac{S_{\alpha B}^2}{S_{eB}^2/[J(T-1)-K+1]+T\sigma_{\alpha*}^2}. \tag{6.2.30}$$

令 $\tilde{w}_*$ 是 $\tilde{W}_*$ 的观测值, 那么检验 (6.2.28) 的 p 值定义为

$$p_4 = 2\min\left\{P\left(\tilde{W}_{*B} \geqslant \tilde{w}_*\right), P\left(\tilde{W}_{*B} \leqslant \tilde{w}_*\right)\right\}. \tag{6.2.31}$$

对于给定的显著性水平 γ, 这里的 PB 检验在 $p_4 < \gamma$ 时拒绝 (6.2.28) 式中的 H_0.

类似地, 下面的单边假设检验问题

$$H_0: \sigma_\alpha^2 \leqslant \sigma_{\alpha*}^2 \quad 对 \quad H_1: \ \sigma_\alpha^2 > \sigma_{\alpha*}^2; \tag{6.2.32}$$

$$H_0: \sigma_\alpha^2 \geqslant \sigma_{\alpha*}^2 \quad 对 \quad H_1: \ \sigma_\alpha^2 < \sigma_{\alpha*}^2 \tag{6.2.33}$$

的参数 bootstrap p 值可以分别定义为

$$p_5 = P\left(\tilde{W}_{*B} \geqslant \tilde{w}_*\right); \tag{6.2.34}$$

$$p_6 = P\left(\tilde{W}_{*B} \leqslant \tilde{w}_*\right). \tag{6.2.35}$$

4. *固定效应和方差分量的广义推断* (Xu, 2015b)

我们现在描述 Weerahandi 和 Berger (1999) 中给出的固定效应和方差分量的广义推断. 令

$$S_H(\sigma_e^2, \sigma_{e,\alpha}^2) = \left(\frac{H^{\mathrm{T}}(X^{\mathrm{T}}\Sigma^{-1}X)^{-1}H}{J}\right)^{1/2} \tag{6.2.36}$$

是两个方差分量 σ_e^2 和 $\sigma_{e,\alpha}^2$ 的一个函数, 那么参数 $H^{\mathrm{T}}\beta$ 的一个广义枢轴量定义为

$$R = \frac{H^{\mathrm{T}}\hat{\beta} - H^{\mathrm{T}}\beta}{S_H(\sigma_e^2, \sigma_{e,\alpha}^2)} S_H\left(\sigma_e^2 \frac{s_e^2}{S_e^2}, \sigma_{e,\alpha}^2 \frac{s_\alpha^2}{S_\alpha^2}\right). \tag{6.2.37}$$

易见 R 的观测值是 $H^{\mathrm{T}}\hat{\beta}^{\mathrm{o}} - H^{\mathrm{T}}\beta$, 而 R 的分布和任何未知参数无关. 因此, 我们基于 R 构造参数 $H^{\mathrm{T}}\beta$ 的一个广义置信区间. 令 $R(\gamma)$ 表示 R 的下侧 γ 分位数, $H^{\mathrm{T}}\beta$ 的一个 $1-\gamma$ 置信度的置信区间定义为

$$\left[H^{\mathrm{T}}\hat{\beta}^{\mathrm{o}} - R(1-\gamma/2), H^{\mathrm{T}}\hat{\beta}^{\mathrm{o}} - R(\gamma/2)\right]. \tag{6.2.38}$$

为检验假设检验问题 (6.2.15), 我们定义广义检验变量

$$R_* = \frac{H^{\mathrm{T}}\hat{\beta} - \beta^*}{S_H(\sigma_e^2, \sigma_{e,\alpha}^2)} S_H\left(\sigma_e^2 \frac{s_e^2}{S_e^2}, \sigma_{e,\alpha}^2 \frac{s_\alpha^2}{S_\alpha^2}\right). \tag{6.2.39}$$

令 $r_* = H^{\mathrm{T}}\hat{\beta}^{\mathrm{o}} - \beta^*$ 是 R_* 的观测值. 那么检验 (6.2.15) 的广义 p 值定义为

$$p_7 = 2\min\left\{P\left(R_* \geqslant r_*\right), P\left(R_* \leqslant r_*\right)\right\}. \tag{6.2.40}$$

类似地, 单边假设检验问题 (6.2.19) 和 (6.2.20) 的广义 p 值分别定义为

$$p_8 = P\left(R_* \geqslant r_*\right); \tag{6.2.41}$$

$$p_9 = P\left(R_* \leqslant r_*\right). \tag{6.2.42}$$

接下来, 我们将描述 σ_α^2 的广义推断. 对于 σ_α^2 的一个广义枢轴量定义为

$$V=\frac{1}{T}\left[(\sigma_e^2+T\sigma_\alpha^2)\frac{s_\alpha^2}{S_\alpha^2}-\sigma_e^2\frac{s_e^2}{S_e^2}\right]. \tag{6.2.43}$$

注意到 V 的观测值是 σ_α^2. 令 $V(\gamma)$ 表示 V 的下侧 γ 分位数, σ_α^2 的一个置信度为 $1-\gamma$ 的广义置信区间定义为

$$[V(\gamma/2),V(1-\gamma/2)]. \tag{6.2.44}$$

注意到 $\sigma_\alpha^2\geqslant 0$, 一个近似的 $1-\gamma$ 广义置信区间定义为

$$[\max\{V(\gamma/2),0\},\max\{1-V(\gamma/2),0\}]. \tag{6.2.45}$$

为了考虑假设检验问题 (6.2.28), 我们定义广义检验变量

$$V_*=V-\sigma_\alpha^2, \tag{6.2.46}$$

那么检验问题 (6.2.28) 的广义 p 值为

$$p_{10}=2\min\left\{P\left(V\leqslant\sigma_{\alpha *}^2\right),P\left(V\geqslant\sigma_{\alpha *}^2\right)\right\}. \tag{6.2.47}$$

类似地, 单边假设检验问题 (6.2.32) 和 (6.2.33) 的广义 p 值计算公式为

$$p_{11}=P\left(V\leqslant\sigma_{\alpha *}^2\right); \tag{6.2.48}$$

$$p_{12}=P\left(V\geqslant\sigma_{\alpha *}^2\right). \tag{6.2.49}$$

6.2.3 覆盖率和势函数的计算算法

本小节将提供上一小节的推断方法的覆盖率和势函数的计算算法. 为了节省空间, 我们只提供 PB 方法的相应算法, 广义推断的算法可以类似地得到.

注意到 (6.2.13) 式中的 $\tilde{Z}_B$ 和 (6.2.17) 式中的 $\tilde{Z}_{*B}$ 的分布不依赖于任何未知参数. 因此, 置信区间 (6.2.14) 和它的覆盖率, 以及 p 值 (6.2.18) 和相应的势函数值的 Monte Carlo 模拟算法如下.

算法 5.2.1 第 1 步: 对给定的 (J,T) 和 $(\beta^*,H,\beta,\sigma_e^2,\sigma_\alpha^2)$, 根据 (6.2.5) 和 (6.2.8) 分别生成 $(\hat{\beta}^{\rm o},s_e^2,s_\alpha^2)$, 然后根据 (6.2.10) 计算 $\hat{\Sigma}_{\rm o}^{-1}$.

第 2 步: 接下来我们生成 $\hat{\beta}_B\sim N\left(\hat{\beta}^{\rm o},(X^{\rm T}\hat{\Sigma}_{\rm o}^{-1}X)^{-1}/J\right)$, $H^{\rm T}\hat{\beta}_B^*\sim N(\beta^*,H^{\rm T}(X^{\rm T}\hat{\Sigma}_{\rm o}^{-1}X)^{-1}H/J)$, $S_{eB}^2\sim s_e^2\chi_{J(T-1)-K+1}^2/(J(T-1)-K+1)$ 和 $S_{\alpha B}^2\sim s_\alpha^2\chi_{J-1}^2/(J-1)$. 利用这些值分别计算 (6.2.13) 式中的 $\tilde{Z}_B$ 和 (6.2.17) 式中的 $\tilde{Z}_{*B}$. 对给定的 $(\hat{\beta}^{\rm o},s_e^2,s_\alpha^2)$, 产生 $\tilde{Z}_B$ 和 $\tilde{Z}_{*B}$ 的值过程重复 m 次.

第 3 步: 根据 $\tilde{Z}_B$ 和 $\tilde{Z}_{*B}$ 的生成的值, 分别计算 $H^{\rm T}\beta$ 在 (6.2.14) 式中 $1-\gamma$ 的 PB 置信区间和 (6.2.18) 式中的 PB p 值.

第 4 步: 对于 q 个不同的 $(\hat{\beta}^{o}, s_e^2, s_\alpha^2)$, 重复第 1 步到第 3 步 q 次. 在此过程中, 我们得到 $H^{\mathrm{T}}\beta$ 的 q 个 PB 置信区间 (6.2.14) 和假设检验问题 (6.2.15) 的 q 个 PB p 值 (6.2.18).

第 5 步: 包含参数 $H^{\mathrm{T}}\beta$ 的置信区间的百分比被计算作为覆盖率的估计. 这些 p 值中小于 γ 的比率作为势函数的估计值. 另外, PB 置信区间的平均长度用 (6.2.14) 的平均长度来估计.

6.2.4 数值结果

本小节我们打算去比较我们提供的 PB 方法和存在的广义推断方法 (Weerahandi, Berger, 1999) 的表现. 具体就是通过执行某些模拟结果去比较它们的置信区间的覆盖率、平均长度和检验的势函数.

在模拟研究中, 我们考虑带有协变量为 $X_t^{\mathrm{T}} = (1, t, t^2, \cdots, t^d)$ 的多项式生长曲线模型. 在 $d = 1$ 情形下, 模型 (6.2.1) 可以写成

$$Y_{jt} = \beta_0 + \beta_1 t + \alpha_j + \varepsilon_{jt}, \quad j = 1, 2, \cdots, J; \quad t = 1, 2, \cdots, T. \tag{6.2.50}$$

在 $d = 3$ 情形下, 模型 (6.2.1) 可以写成

$$Y_{jt} = \beta_0 + \beta_1 t + \beta_2 t^2 + \beta_3 t^3 + \alpha_j + \varepsilon_{jt}, \quad j = 1, 2, \cdots, J; \quad t = 1, 2, \cdots, T. \tag{6.2.51}$$

在上面两个模型中, 我们假设 $\varepsilon_{jt} \sim N(0, \sigma_e^2)$ 和 $\alpha_j \sim N(0, \sigma_\alpha^2)$, 且它们相互独立. 我们将分别考虑模型 (6.2.50) 中固定效应 β_1 、方差分量 σ_α^2 和模型 (6.2.51) 中固定效应 β_3 的置信区间的覆盖率、相应的平均长度和检验的势函数的表现. 模型 (6.2.51) 中方差分量 σ_α^2 相应的推断有类似的表现, 这里略去.

每个置信区间都是在 95% 的置信水平下计算的, 而每个检验都是在名义水平为 5% 下计算的. 为了去估计 PB 方法中置信区间的覆盖率、平均长度和检验的势函数, 我们对每种样本容量和参数设置下使用了两步模拟计算. 根据算法 6.2.1, 我们分别取 $m = 2500$ 和 $q = 5000$ 来计算这些置信区间的覆盖率、平均长度和检验的势函数. 模拟过程是在 MATLAB 软件环境中实现的.

在表 6.2.1~表 6.2.3 中, 令 GCI 和 PBI 分别表示广义置信区间和参数 bootstrap 置信区间, 令 GCT 和 PBT 分别表示广义 p 值检验和参数 bootstrap 检验. 对 β_1, β_3 和 σ_α^2, 表 6.2.1 和表 6.2.2 分别显示的是在同样样本容量和方差下两种置信区间的覆盖率和平均长度; 而表 6.2.3 是各种样本容量和参数设置下两种检验的势函数值.

从表 6.2.1 中我们发现, GCI 和 PBI 表现相似, 且都有几乎精确的经验覆盖率. 在最差情形下, 当名义置信水平为 95% 时两种置信区间的经验覆盖率大约是 94%. 表 6.2.1 中结果表明就两种置信区间的平均长度而言, PBI 略微优于 GCI. 在表 6.2.2

表 6.2.1 95% 的双边置信区间模拟的覆盖率

$\beta_1=2$	$(J,T)=(15,5)$		$(J,T)=(5,15)$		$(J,T)=(15,15)$		$(J,T)=(30,30)$	
$(\sigma_e^2,\sigma_\alpha^2)$	GCI	PBI	GCI	PBI	GCI	PBI	GCI	PBI
$(1,1)$	0.9532	0.9504	0.9436	0.9424	0.9460	0.9448	0.9564	0.9568
$(0.5,1)$	0.9444	0.9408	0.9592	0.9556	0.9532	0.9516	0.9520	0.9520
$(1,0.5)$	0.9544	0.9492	0.9492	0.9452	0.9492	0.9488	0.9496	0.9500
$(1,0.1)$	0.9416	0.9392	0.9564	0.9536	0.9428	0.9436	0.9516	0.9520
$(0.1,1)$	0.9596	0.9540	0.9440	0.9412	0.9432	0.9436	0.9572	0.9564
$\beta_3=3$	$(J,T)=(15,5)$		$(J,T)=(5,15)$		$(J,T)=(15,15)$		$(J,T)=(30,30)$	
$(\sigma_e^2,\sigma_\alpha^2)$	GCI	PBI	GCI	PBI	GCI	PBI	GCI	PBI
$(1,1)$	0.9528	0.9484	0.9460	0.9436	0.9520	0.9504	0.9452	0.9444
$(0.5,1)$	0.9464	0.9408	0.9516	0.9476	0.9508	0.9492	0.9552	0.9540
$(1,0.5)$	0.9516	0.9476	0.9572	0.9516	0.9556	0.9540	0.9588	0.9488
$(1,0.1)$	0.9536	0.9496	0.9512	0.9484	0.9484	0.9468	0.9504	0.9496
$(0.1,1)$	0.9476	0.9444	0.9484	0.9448	0.9512	0.9492	0.9516	0.9508
σ_α^2	$(J,T)=(15,5)$		$(J,T)=(5,15)$		$(J,T)=(15,15)$		$(J,T)=(30,30)$	
$(\sigma_e^2,\sigma_\alpha^2)$	GCI	PBI	GCI	PBI	GCI	PBI	GCI	PBI
$(1,1)$	0.9504	0.9520	0.9568	0.9564	0.9528	0.9524	0.9420	0.9432
$(0.5,1)$	0.9476	0.9476	0.9556	0.9560	0.9552	0.9544	0.9440	0.9440
$(1,0.5)$	0.9456	0.9480	0.9452	0.9460	0.9536	0.9540	0.9412	0.9416
$(1,0.1)$	0.9504	0.9524	0.9500	0.9484	0.9476	0.9480	0.9528	0.9528
$(0.1,1)$	0.9532	0.9528	0.9540	0.9540	0.9480	0.9480	0.9556	0.9556

表 6.2.2 95% 的双边置信区间模拟的平均长度

$\beta_1=2$	$(J,T)=(15,5)$		$(J,T)=(5,15)$		$(J,T)=(15,15)$		$(J,T)=(30,30)$	
$(\sigma_e^2,\sigma_\alpha^2)$	GCI	PBI	GCI	PBI	GCI	PBI	GCI	PBI
$(1,1)$	0.3253	0.3198	0.1063	0.1048	0.0608	0.0605	0.0151	0.0151
$(0.5,1)$	0.2299	0.2260	0.0750	0.0739	0.0429	0.0427	0.0107	0.0107
$(1,0.5)$	0.3256	0.3200	0.1064	0.1049	0.0607	0.0605	0.0151	0.0151
$(1,0.1)$	0.3247	0.3192	0.1065	0.1050	0.0607	0.0604	0.0151	0.0151
$(0.1,1)$	0.1032	0.1015	0.0336	0.0331	0.0192	0.0191	0.0048	0.0048
$\beta_3=3$	$(J,T)=(15,5)$		$(J,T)=(5,15)$		$(J,T)=(15,15)$		$(J,T)=(30,30)$	
$(\sigma_e^2,\sigma_\alpha^2)$	GCI	PBI	GCI	PBI	GCI	PBI	GCI	PBI
$(1,1)$	0.2715	0.2667	0.0074	0.0073	0.0043	0.0042	0.0003	0.0003
$(0.5,1)$	0.2718	0.2670	0.0074	0.0073	0.0043	0.0042	0.0003	0.0003
$(1,0.5)$	0.2713	0.2665	0.0074	0.0073	0.0042	0.0042	0.0003	0.0003
$(1,0.1)$	0.6080	0.5972	0.0166	0.0164	0.0095	0.0094	0.0006	0.0006
$(0.1,1)$	0.8586	0.8438	0.0235	0.0231	0.0134	0.0134	0.0008	0.0008
σ_α^2	$(J,T)=(15,5)$		$(J,T)=(5,15)$		$(J,T)=(15,15)$		$(J,T)=(30,30)$	
$(\sigma_e^2,\sigma_\alpha^2)$	GCI	PBI	GCI	PBI	GCI	PBI	GCI	PBI
$(1,1)$	2.3430	2.3416	8.3223	8.3233	2.0883	2.0882	1.1893	1.1893
$(0.5,1)$	2.1594	2.1592	8.0332	8.0336	2.0262	2.0262	1.1928	1.1928
$(1,0.5)$	1.3649	1.3663	4.6155	4.6164	1.1071	1.1071	0.6276	0.6276
$(1,0.1)$	0.5411	0.5595	1.3058	1.3110	0.3187	0.3194	0.1581	0.1581
$(0.1,1)$	1.9822	1.9822	7.8653	7.8651	1.9515	1.9515	1.1857	1.1857

中的许多情形下, 似乎 PBI 拥有较短的平均长度因而是更精确的. 这样一来, 若实际试验中主要的关注是控制精确性, PBI 会更受喜爱.

在表 6.2.3 中, 我们再次发现 GCT 和 PBT 都能够很好地控制第一类错误概率, 而就势函数而言 PBT 稍微优于 GCT . 另外, 可以看到在 $\beta_{30}=3$ 情形下, 当数目 J 和 T 接近时, 两种检验都有更好的势函数表现.

表 6.2.3 名义水平 5% 下 GP 和 PB 检验模拟的水平和势函数

模型 (6.2.54)	$\beta_{10}=2$	检验	β_1				
(J,T)	$(\sigma_e^2,\sigma_\alpha^2)$		2.0	2.1	2.2	2.3	2.4
(8, 6)	(1, 1)	GPT	0.0516	0.2132	0.6508	0.9332	0.9964
		PBT	0.0592	0.2256	0.6700	0.9392	0.9964
	(1, 0.5)	GPT	0.0432	0.2164	0.6424	0.9348	0.9940
		PBT	0.0504	0.2284	0.6612	0.9412	0.9952
	(0.1, 1)	GPT	0.0516	0.9476	1	1	1
		PBT	0.0560	0.9520	1	1	1
(15, 5)	(1, 1)	GPT	0.0508	0.2308	0.6640	0.9484	0.9964
		PBT	0.0496	0.2376	0.6920	0.9588	0.9976
	(1, 0.5)	GPT	0.0564	0.2328	0.6544	0.9504	0.9968
		PBT	0.0476	0.2248	0.6788	0.9544	0.9996
	(0.1, 1)	GPT	0.0504	0.9696	1	1	1
		PBT	0.0487	0.9736	1	1	1

模型 (6.2.51)	$\beta_{30}=3$	检验	β_3				
(J,T)	$(\sigma_e^2,\sigma_\alpha^2)$		3.0	3.1	3.2	3.3	3.4
(8, 6)	(1, 1)	GPT	0.0540	0.5928	0.9928	1	1
		PBT	0.0588	0.6136	0.9936	1	1
	(1, 0.5)	GPT	0.0560	0.8716	1	1	1
		PBT	0.0620	0.8952	1	1	1
	(0.1, 1)	GPT	0.0456	0.6080	0.9956		1
		PBT	0.0492	0.6176	0.9932	1	1
(15, 5)	(1, 1)	GPT	0.0564	0.3168	0.8252	0.9916	1
		PBT	0.0512	0.3084	0.8460	0.9924	1
	(1, 0.5)	GPT	0.0432	0.5536	0.9820	1	1
		PBT	0.0556	0.5456	0.9840	1	1
	(0.1, 1)	GPT	0.0460	0.3016	0.8200	0.9920	1
		PBT	0.0580	0.3064	0.8368	0.9928	1
(10, 8)	(1, 1)	GPT	0.0492	1	1	1	1
		PBT	0.0524	1	1	1	1
	(1, 0.5)	GPT	0.0456	1	1	1	1

续表

模型 (6.2.50) (J,T)	$\sigma^2_{\alpha 0}=1$ (σ^2_e)	检验	σ^2_α 1	2	4	6	8
		PBT	0.0524	1	1	1	1
	(0.1, 1)	GPT	0.0464	1	1	1	1
		PBT	0.0516	1	1	1	1
(10, 5)	1	GPT	0.0456	0.3176	0.7908	0.9272	0.9708
		PBT	0.0460	0.3268	0.7956	0.9276	0.9720
	0.1	GPT	0.0456	0.3996	0.8484	0.9512	0.9876
		PBT	0.0456	0.4000	0.8488	0.9516	0.9880
	10	GPT	0.0464	0.1048	0.3532	0.5868	0.7240
		PBT	0.0468	0.1128	0.3672	0.5980	0.7344
(10, 15)	1	GPT	0.0444	0.0800	0.1276	0.2156	0.2636
		PBT	0.0440	0.0800	0.1276	0.2168	0.2636
	0.1	GPT	0.0484	0.3972	0.8456	0.9628	0.9892
		PBT	0.0486	0.3974	0.8460	0.9632	0.9894
	10	GPT	0.0520	0.2156	0.6480	0.8376	0.9336
		PBT	0.0520	0.2160	0.6728	0.8692	0.9188

6.2.5 实例分析

下面用一个实际数据分析的例子来说明我们提供的方法的用途. 数据由 Elston 和 Grizzle (1962) 报告给出. Weeranhandi 和 Berger (1999) 也介绍过这个数据集, 其是在四个时间区间里 20 个男孩的身高测量值. 为了演示目的, 我们也将提供 Weeranhandi 和 Berger (1999) 的结果作为一个比较. 我们使用 100000 次模拟来计算两种方法的 p 值和置信区间. 为读者方便, Weeranhandi 和 Berger (1999) 的表 1 中的数据复制在我们的表 6.2.4 中.

类似于模拟研究, 我们考虑多项式生长曲线模型

$$Y_{jt}=\beta_0+\beta_1 t+\beta_2 t^2+\cdots+\beta_d t^d+\alpha_j+\varepsilon_{jt},\quad j=1,2,\cdots,20;\ t=8,8.5,9,9.5. \tag{6.2.52}$$

对于模型 (6.2.52), 可以提出某些令人感兴趣的问题, 诸如 d 的选择, 个体随机效应 α_j 的存在性, 固定回归系数和随机效应方差分量的各种估计等. 选择 d 的一个简单策略是连续加入回归函数的项直到最高阶项的检验结果是不显著的.

表 6.2.4　四个时间区间 20 个孩子的耻骨高度　　(单位: 毫米)*

男孩号码	年龄 (单位: 岁)			
	8.0	8.5	9.0	9.5
1	47.8	48.8	49.0	49.7
2	46.4	47.3	47.7	48.4
3	46.3	46.8	47.8	48.5
4	45.1	45.3	46.1	47.2
5	47.6	48.5	48.9	49.3
6	52.5	53.2	53.3	53.7
7	51.2	53.0	54.3	54.5
8	49.8	50.0	50.3	52.7
9	48.1	50.8	52.3	54.4
10	45.0	47.0	47.3	48.3
11	51.2	51.4	51.6	51.9
12	48.5	49.2	53.0	55.5
13	52.1	52.8	53.7	55.0
14	48.2	48.9	49.3	49.8
15	49.6	50.4	51.2	51.8
16	50.7	51.7	52.7	53.3
17	47.2	47.7	48.4	49.5
18	53.3	54.6	55.1	55.3
19	46.2	47.5	48.1	48.4
20	46.3	47.6	51.3	51.8

∗ 取自 Weeranhandi 和 Berger(1999).

首先, 对于 $d=1$, $(\beta_0,\beta_1)^{\mathrm{T}}$ 的广义最小二乘估计值是 $(\hat{\beta}_0,\hat{\beta}_1)^{\mathrm{T}}=(33.7475, 1.8660)^{\mathrm{T}}$. 进一步, 我们使用 PB 方法和广义推断得到检验假设 $H_0: \beta_0=0$ 和 $H_0: \beta_1=0$ 的 p 值都等于 0. 因此, 我们继续加入一项到回归函数中, 即 $d=2$. 此时, $(\beta_0,\beta_1,\beta_2)^{\mathrm{T}}$ 的广义最小二乘估计值是 $(\hat{\beta}_0,\hat{\beta}_1,\hat{\beta}_2)^{\mathrm{T}}=(26.8850, 3.4410, -0.0900)^{\mathrm{T}}$. 而检验假设 $H_0: \beta_2=0$ 的 PB 和广义 p 值分别是 0.8047 和 0.8095. 这两个检验作出同样的决定是接受 $\beta_2=0$.

接下来, 我们将在 $d=1$ 情形下的模型 (6.2.52) 中考察个体随机效应 α_j 存在性检验问题. $\sigma_\alpha^2=\mathrm{Var}(\alpha_j)$ 的点估计容易得到为 $\hat{\sigma}_\alpha^2=24.8897$. 检验假设 $H_0: \sigma_\alpha^2=0$ 的 PB 和广义 p 值都等于 0, 零假设被拒绝, 我们得出的结论是: 有足够的证据表明存在个体随机效应.

进而, 我们将分别提供 $d=1$ 情形下的模型 (6.2.52) 中固定效应 β_0, β_1 和方差分量 σ_α^2 的置信区间和它们的长度. 表 6.2.5 给出了置信区间和它们的长度. 表 6.2.5 中的结果表明我们的 PB 置信区间和广义置信区间相互是比得上的. 在和广义置信区间比较有较短的区间长度意义下, 固定效应 β_0, β_1 PB 置信区间似乎是更精确的. 另外, 我们也注意到, 随机效应方差分量 σ_α^2 的广义置信区间有比 PB 置信区间稍微较短的区间长度, 不过 PB 置信区间表现也是相当的好而且是可接受的.

表 6.2.5 固定效应和方差分量的区间估计

参数	估计方法	区间估计	区间宽度
β_0	GCI	(30.0484, 37.4509)	7.4025
	PBI	(30.1524, 37.3342)	7.1818
β_1	GCI	(1.5358, 2.1973)	0.6614
	PBI	(1.5429, 2.1880)	0.6451
σ_α^2	GCI	(14.3106, 53.1476)	38.8370
	PBI	(14.3131, 53.2042)	38.8911

6.3 Panel 数据模型中 bootstrap 推断

6.3.1 引言

在统计学和计量经济学中, 面板数据分析已经吸引了大量的关注 (Balestra, Nerlove,1966; Baltagi, 1981; Fuller A, Battese, 1974; Hsiao, 1986; Nerlove, 1971; Taylor, 1977; Wallace, Hussain, 1969; Wansbeek, Kapteyn, 1982). Baltagi (2013) 最近的专著提供了一个精彩的概述. 带有随机效应的误差分量回归模型是分析面板数的流行的选择. 另外, 面板数据模型和上一节的生长曲线模型的显著区别是它们的协变量观测 (设计) 矩阵的不同. 面板数据模型有相对更复杂的设计矩阵, 上一节的方法这里不再适用. 为了简单起见, 这里我们主要处理单向和两向误差分量回归模型. 不过, 本节主要的结果也可以拓展到带有平衡数据的多向分类误差分量回归模型中.

当模型涉及多个未知的方差分量时, 关于回归系数和随机效应方差分量的精确推断难以得到. Zhao(2008) 关于回归系数提供了一个广义 p 值检验. 正如上节指出的广义推断方法存在的问题, 本节在面板数据模型中考虑使用参数 bootstrap 方法构造模型中固定效应参数和随机效应方差分量的检验和置信区间, 并通过模拟研究比较它们的表现.

6.3.2 单向误差分量回归模型的推断

1. 模型及已知结果

首先我们考虑所谓的单向误差分量回归模型:

$$Y_{it} = \alpha + X_{it}^{\mathrm{T}}\beta + u_{it}, \tag{6.3.1}$$

其中

$$u_{it} = \mu_i + \nu_{it}, \quad i = 1, 2, \cdots, N; \quad t = 1, 2, \cdots, T, \tag{6.3.2}$$

这里 Y_{it} 是第 i 个个体在第 t 个时刻的观测, u_{it} 是回归扰动项, μ_i 表示不可观测的个体效应, ν_{it} 表示其余的扰动项. 一般在随机效应模型中, 我们假设 $\mu_i \sim N(0, \sigma_\mu^2)$ 和 $\nu_{it} \sim N(0, \sigma_\nu^2)$, 且它们相互独立. α 是一个标量, β 是 $K \times 1$ 的, X_{it} 是在 K 个解释变量上的第 it 个观测. 令 y_{it} 表示 Y_{it} 的观测值, $i = 1, 2, \cdots, N$, $t = 1, 2, \cdots, T$.

用矩阵记号, 模型 (6.3.1) 可以表示为

$$Y = \alpha 1_{NT} + X\beta + Z_\mu \mu + \nu = Z\delta + u, \tag{6.3.3}$$

这里 $Y = (Y_1^{\mathrm{T}}, Y_2^{\mathrm{T}}, \cdots, Y_N^{\mathrm{T}})^{\mathrm{T}}$, $Y_i = (Y_{i1}, Y_{i2}, \cdots, Y_{iT})^{\mathrm{T}}$, $X = (X_1^{\mathrm{T}}, X_2^{\mathrm{T}}, \cdots, X_N^{\mathrm{T}})^{\mathrm{T}}$, $X_i = (X_{i1}, X_{i2}, \cdots, X_{iT})^{\mathrm{T}}$, $Z = (1_{NT}, X)$, $\delta = (\alpha, \beta^{\mathrm{T}})^{\mathrm{T}}$, $Z_\mu = I_N \otimes 1_T$, $\mu = (\mu_1, \mu_2, \cdots, \mu_N)^{\mathrm{T}}$, $\nu = (\nu_{11}, \nu_{12}, \cdots, \nu_{1T}, \cdots, \nu_{N1}, \nu_{N2}, \cdots, \nu_{NT})^{\mathrm{T}}$, $u = Z_\mu \mu + \nu$, I_N 是 N 阶单位阵, 1_T 表示元素全为 1 的 $T \times 1$ 的向量, $\otimes$ 表示 Kronecker 乘积.

令 $J_T = 1_T 1_T^{\mathrm{T}}$, $\bar{J}_T = \dfrac{1}{T} 1_T 1_T^{\mathrm{T}}$, $E_T = I_T - \bar{J}_T$, 那么 Y 的协方差矩阵为

$$\begin{aligned} \mathrm{Cov}(Y) = \Sigma &= \sigma_\mu^2 (I_N \otimes J_T) + \sigma_\nu^2 (I_N \otimes I_T) \\ &= \sigma_1^2 P + \sigma_\nu^2 Q, \end{aligned} \tag{6.3.4}$$

这里 $\sigma_1^2 = T\sigma_\mu^2 + \sigma_\nu^2$, $P = I_N \otimes \bar{J}_T$, $Q = I_N \otimes E_T$.

(6.3.4) 式是 Σ 的谱分解表达式, 其中 σ_1^2 是 Σ 的重数为 N 的第一个特征根, σ_ν^2 是 Σ 的重数为 $N(T-1)$ 的第二个特征根. 该谱分解是下面推断的关键. 注意到 P 和 Q 是对称幂等阵, 且 $PQ = 0$. 利用 P 和 Q 的这些性质容易证明

$$\Sigma^r = (\sigma_1^2)^r P + (\sigma_\nu^2)^r Q, \tag{6.3.5}$$

这里 r 是任一标量.

因此我们得到

$$\Sigma^{-1} = (\sigma_1^2)^{-1} P + (\sigma_\nu^2)^{-1} Q. \tag{6.3.6}$$

令 $\hat{\beta} = [(\sigma_\nu^2)^{-1} X' Q X + (\sigma_1^2)^{-1} X^{\mathrm{T}} (P - \bar{J}_{NT}) X]^{-1} [(\sigma_\nu^2)^{-1} X' Q Y + (\sigma_1^2)^{-1} X^{\mathrm{T}} \times (P - \bar{J}_{NT}) Y]$, $\hat{\alpha} = (1_{NT}^{\mathrm{T}} Y - 1_{NT}^{\mathrm{T}} X \hat{\beta}) / (NT)$. 那么

$$\hat{\delta}(\sigma_1^2, \sigma_\nu^2, Y) = (Z^{\mathrm{T}} \Sigma^{-1} Z)^{-1} Z^{\mathrm{T}} \Sigma^{-1} Y = (\hat{\alpha}, \hat{\beta}^{\mathrm{T}})^{\mathrm{T}} \tag{6.3.7}$$

是 δ 的广义最小二乘估计 (Swamy, Arora, 1972).

形如 $\theta = c^{\mathrm{T}} \delta$ 的参数的推断可以基于结果

$$\hat{\theta} = c^{\mathrm{T}} \hat{\delta}(\sigma_1^2, \sigma_\nu^2, Y) \sim N\left(c^{\mathrm{T}} \delta, c^{\mathrm{T}} (Z^{\mathrm{T}} \Sigma^{-1} Z)^{-1} c\right), \tag{6.3.8}$$

这里 c 是一个 $(K+1)\times 1$ 的预先设定的向量. 例如, 当 $c=e_k=(0,\cdots,0,1,0,\cdots,0)^{\mathrm{T}}$ 是一个单位向量时, 我们将是想要对第 k 个回归系数 $\delta_k=e_k^{\mathrm{T}}\delta$ 做统计推断. 此时, 我们有

$$\hat{\delta}_k=e_k^{\mathrm{T}}\hat{\delta}\sim N\left(\delta_k,(Z^{\mathrm{T}}\Sigma^{-1}Z)_{kk}^{-1}\right). \tag{6.3.9}$$

为得到 σ_ν^2 和 σ_1^2 的估计, 我们变换模型 (6.3.3) 成下面的模型:

$$\begin{pmatrix} QY \\ PY \end{pmatrix}=\begin{pmatrix} QZ \\ PZ \end{pmatrix}\delta+\begin{pmatrix} Qu \\ Pu \end{pmatrix} \tag{6.3.10}$$

且协方差矩阵

$$\mathrm{Cov}\begin{pmatrix} QY \\ PY \end{pmatrix}=\begin{pmatrix} \sigma_\nu^2 Q & 0 \\ 0 & \sigma_1^2 P \end{pmatrix}.$$

从协方差矩阵的结构易知, QY 和 PY 是相互独立的. 事实上, 模型 (6.2.10) 可以化成:

$$\begin{pmatrix} QY \\ PY \end{pmatrix}=\begin{pmatrix} QX\beta \\ PZ\delta \end{pmatrix}+\begin{pmatrix} Q\nu \\ Pu \end{pmatrix}.$$

可以证明

$$S_1^2=Y'PY-Y'PZ(Z'PZ)^{-1}Z'PY$$

和

$$S_\nu^2=Y'QY-Y'QX(X'QX)^{-1}X'QY$$

是相互独立的, 且

$$W_1=\frac{S_1^2}{\sigma_1^2}\sim\chi_{N-K-1}^2,\quad W_\nu=\frac{S_\nu^2}{\sigma_\nu^2}\sim\chi_{N(T-1)-K}^2. \tag{6.3.11}$$

令 y 是 Y 的观测值, s_ν^2 和 s_1^2 分别是 S_ν^2 和 S_1^2 的观测值. 根据 (6.3.11), σ_1^2, σ_ν^2 和 σ_μ^2 的无偏估计为

$$\tilde{\sigma}_1^2=\frac{S_1^2}{N-K-1},\quad \tilde{\sigma}_\nu^2=\frac{S_\nu^2}{N(T-1)-K}\quad 和\quad \tilde{\sigma}_\mu^2=\frac{1}{T}(\tilde{\sigma}_1^2-\tilde{\sigma}_\nu^2). \tag{6.3.12}$$

注意到 (6.3.6), Σ 和 Σ^{-1} 的自然的估计分别为

$$\tilde{\Sigma}=\tilde{\sigma}_1^2P+\tilde{\sigma}_\nu^2Q\quad 和\quad \tilde{\Sigma}^{-1}=(\tilde{\sigma}_1^2)^{-1}P+(\tilde{\sigma}_\nu^2)^{-1}Q. \tag{6.3.13}$$

2. 回归系数的 PB 推断 (Xu et al., 2015)

显然, 当 Σ 已知时, $c^{\mathrm{T}}\delta$ 的精确统计推断是直接的. 推断 $c^{\mathrm{T}}\delta$ 的一个自然的枢轴量为

$$D = c^{\mathrm{T}}(\hat{\delta}-\delta)/\sqrt{c^{\mathrm{T}}(Z^{\mathrm{T}}\Sigma^{-1}Z)^{-1}c} \sim N(0,1). \tag{6.3.14}$$

令 $\hat{\delta}^{\mathrm{o}}$ 是 $\hat{\delta}$ 的观测值, 这里是通过用 y 替换 (6.3.7) 式中的 Y 得到的, 那么

$$\left[c^{\mathrm{T}}\hat{\delta}^{\mathrm{o}} - u_{1-\gamma/2}\sqrt{c^{\mathrm{T}}(Z^{\mathrm{T}}\Sigma^{-1}Z)^{-1}c}, c^{\mathrm{T}}\hat{\delta}^{\mathrm{o}} - u_{\gamma/2}\sqrt{c^{\mathrm{T}}(Z^{\mathrm{T}}\Sigma^{-1}Z)^{-1}c}\right]$$

是 $c^{\mathrm{T}}\delta$ 的一个精确的 $1-\gamma$ 置信区间, 这里 u_γ 表示标准正态分布的下侧 γ 分位数.

一般而言, Σ 是未知的, 此时可以在 (6.3.14) 式中用 $\tilde{\Sigma}^{-1}$ 替换 Σ^{-1} 得到一个枢轴量

$$\tilde{D} = c^{\mathrm{T}}(\tilde{\delta}-\delta)/\sqrt{c^{\mathrm{T}}(Z^{\mathrm{T}}\tilde{\Sigma}^{-1}Z)^{-1}c}, \tag{6.3.15}$$

这里 $\tilde{\delta} = (Z^{\mathrm{T}}\tilde{\Sigma}^{-1}Z)^{-1}Z^{\mathrm{T}}\tilde{\Sigma}^{-1}Y$ 是可行的广义最小二乘估计, $\tilde{\delta}^{\mathrm{o}}$ 是 $\tilde{\delta}$ 的观测值. 接下来, 我们描述 PB 置信区间的构造.

对于给定的 $\left(\tilde{\delta}^{\mathrm{o}}; s_1^2, s_\nu^2\right)$, 令 $Y_B \sim N\left(Z\tilde{\delta}^{\mathrm{o}}, \tilde{\Sigma}_{\mathrm{o}}\right)$, 这里 $\tilde{\Sigma}_{\mathrm{o}}$ 是 $\tilde{\Sigma}$ 的观测值, 那么基于枢轴量 (6.3.15) 的 PB 枢轴变量定义为

$$\tilde{D}_B = c^{\mathrm{T}}(\tilde{\delta}_B - \tilde{\delta}^{\mathrm{o}})/\sqrt{c^{\mathrm{T}}(Z^{\mathrm{T}}\tilde{\Sigma}_B^{-1}Z)^{-1}c}, \tag{6.3.16}$$

这里

$$\tilde{\delta}_B = (Z^{\mathrm{T}}\tilde{\Sigma}_B^{-1}Z)^{-1}Z^{\mathrm{T}}\tilde{\Sigma}_B^{-1}Y_B, \quad \tilde{\Sigma}_B = \tilde{\sigma}_{1B}^2 P + \tilde{\sigma}_{\nu B}^2 Q, \quad \tilde{\sigma}_{1B}^2 = S_{1B}^2/(N-K-1),$$
$$\tilde{\sigma}_{\nu B}^2 = S_{\nu B}^2/[N(T-1)-K], \quad S_{1B}^2 = Y_B^{\mathrm{T}}PY_B - Y_B^{\mathrm{T}}PZ(Z'PZ)^{-1}Z'PY_B,$$
$$S_{\nu B}^2 = Y_B^{\mathrm{T}}QY_B - Y_B^{\mathrm{T}}QX(X'QX)^{-1}X'QY_B.$$

注意到, 对给定的 $\left(\tilde{\delta}^{\mathrm{o}}; s_1^2, s_\nu^2\right)$, (6.3.16) 式中的 $\tilde{D}_B$ 的分布不依赖于任何的未知参数. 因此, 我们可以基于 $\tilde{D}_B$ 的分布构造参数 $c^{\mathrm{T}}\delta$ 的一个 PB 置信区间. 令 $\tilde{D}_B(\gamma)$ 表示 $\tilde{D}_B$ 的下侧 γ 分位数, $c^{\mathrm{T}}\delta$ 的一个近似的 $1-\gamma$ 的置信区间为

$$\left[c^{\mathrm{T}}\tilde{\delta}^{\mathrm{o}} - \tilde{D}_B(1-\gamma/2)\sqrt{c^{\mathrm{T}}(Z^{\mathrm{T}}\tilde{\Sigma}_{\mathrm{o}}^{-1}Z)^{-1}c},\ c^{\mathrm{T}}\tilde{\delta}^{\mathrm{o}} - \tilde{D}_B(\gamma/2)\sqrt{c^{\mathrm{T}}(Z^{\mathrm{T}}\tilde{\Sigma}_{\mathrm{o}}^{-1}Z)^{-1}c}\right]. \tag{6.3.17}$$

我们接下来考虑参数 $c^{\mathrm{T}}\delta$ 如下的假设检验问题

$$H_0:\ c^{\mathrm{T}}\delta = \delta^* \ \text{对}\ H_1:\ c^{\mathrm{T}}\delta \neq \delta^*, \tag{6.3.18}$$

这里 δ^* 是预先给定的值. 一个自然的检验统计量为

$$\tilde{D}_* = (c^{\mathrm{T}}\tilde{\delta} - \delta^*)/\sqrt{c^{\mathrm{T}}(Z^{\mathrm{T}}\tilde{\Sigma}^{-1}Z)^{-1}c}. \tag{6.3.19}$$

注意到, 在 $H_0:\ c^{\mathrm{T}}\delta=\delta^*$, 我们有

$$\begin{aligned}c^{\mathrm{T}}\tilde{\delta}&=c^{\mathrm{T}}(Z^{\mathrm{T}}\tilde{\Sigma}^{-1}Z)^{-1}Z^{\mathrm{T}}\tilde{\Sigma}^{-1}Y\\&=c^{\mathrm{T}}(Z^{\mathrm{T}}\tilde{\Sigma}^{-1}Z)^{-1}Z^{\mathrm{T}}\tilde{\Sigma}^{-1}(Z\delta+u)\\&=\delta^*+c^{\mathrm{T}}(Z^{\mathrm{T}}\tilde{\Sigma}^{-1}Z)^{-1}Z^{\mathrm{T}}\tilde{\Sigma}^{-1}u\\&=\delta^*+c^{\mathrm{T}}(Z^{\mathrm{T}}\tilde{\Sigma}^{-1}Z)^{-1}[(\tilde{\sigma}_1^2)^{-1}Z^{\mathrm{T}}Pu+(\tilde{\sigma}_\nu^2)^{-1}(0,(X^{\mathrm{T}}Q\nu)^{\mathrm{T}})^{\mathrm{T}}],\end{aligned}$$

这里 $Z^{\mathrm{T}}Pu$, $X^{\mathrm{T}}Q\nu$, S_1^2 和 S_ν^2 是相互独立的, 且 $Z^{\mathrm{T}}Pu\sim N(0,\sigma_1^2Z^{\mathrm{T}}PZ)$ 和 $X^{\mathrm{T}}Q\nu\sim N(0,\sigma_\nu^2X^{\mathrm{T}}QX)$. 那么检验 (6.3.18) 的参数 bootstrap 枢轴变量的定义如下. 令

$$\tilde{\delta}_{1*B}\sim N\left(0,\frac{s_1^2}{N-K-1}Z^{\mathrm{T}}PZ\right),\quad \tilde{\delta}_{\nu*B}\sim N\left(0,\frac{s_\nu^2}{N(T-1)-K}X^{\mathrm{T}}QX\right),$$

$c^{\mathrm{T}}\tilde{\delta}_{*B}=\delta^*+c^{\mathrm{T}}(Z^{\mathrm{T}}\tilde{\Sigma}_B^{-1}Z)^{-1}[(\tilde{\sigma}_{1B}^2)^{-1}\tilde{\delta}_{1*B}+(\tilde{\sigma}_{\nu B}^2)^{-1}(0,\tilde{\delta}_{\nu*B}^{\mathrm{T}})^{\mathrm{T}}]$, 这里 $\tilde{\Sigma}_B^{-1}$, $\tilde{\sigma}_{1B}^2$ 和 $\tilde{\sigma}_{\nu B}^2$ 的定义同 (6.3.16), 则基于检验统计量 (6.3.19) 的 PB 枢轴变量为

$$\tilde{D}_{*B}=(c^{\mathrm{T}}\tilde{\delta}_{*B}-\delta^*)/\sqrt{c^{\mathrm{T}}(Z^{\mathrm{T}}\tilde{\Sigma}_B^{-1}Z)^{-1}c}. \tag{6.3.20}$$

令 $\tilde{d}_*$ 是 $\tilde{D}_*$ 的观测值, 那么检验 (6.3.18) 的 PB p 值定义为

$$p_1=2\min\left\{P\left(\tilde{D}_{*B}\geqslant\tilde{d}_*\right),P\left(\tilde{D}_{*B}\leqslant\tilde{d}_*\right)\right\}. \tag{6.3.21}$$

对给定的显著性水平 γ, PB 检验当 $p_1<\gamma$ 时拒绝 (6.3.18) 中的 H_0.

类似地, 单边假设检验问题

$$H_0: c^{\mathrm{T}}\delta\leqslant\delta^*\quad 对\quad H_1:\ c^{\mathrm{T}}\delta>\delta^*; \tag{6.3.22}$$

$$H_0: c^{\mathrm{T}}\delta\geqslant\delta^*\quad 对\quad H_1:\ c^{\mathrm{T}}\delta<\delta^* \tag{6.3.23}$$

参数 bootstrap p 值计算公式如下

$$p_2=P\left(\tilde{D}_{*B}\geqslant\tilde{d}_*\right); \tag{6.3.24}$$

$$p_3=P\left(\tilde{D}_{*B}\leqslant\tilde{d}_*\right). \tag{6.3.25}$$

3. *方差分量的 PB 推断* (Xu et al., 2015)

根据 (6.3.11) 式可知, 误差方差 σ_ν^2 的精确推断是直接的. 本节主要考虑随机效应方差分量 σ_μ^2 的统计推断问题. 若 σ_ν^2 是已知的, 那么推断 σ_μ^2 的一个自然的枢轴量为

$$W_1=\frac{S_1^2}{T\sigma_\mu^2+\sigma_\nu^2}\sim\chi_{N-K-1}^2. \tag{6.3.26}$$

从而,

$$\left[\frac{s_1^2-\sigma_\nu^2\chi_{N-K-1}^2(1-\gamma/2)}{T\chi_{N-K-1}^2(1-\gamma/2)},\frac{s_1^2-\sigma_\nu^2\chi_{N-K-1}^2(\gamma/2)}{T\chi_{N-K-1}^2(\gamma/2)}\right]$$

是 σ_μ^2 的一个精确的 $1-\gamma$ 置信区间, 这里 $\chi_m^2(\gamma)$ 表示自由度为 m 的中心卡方分布的下侧 γ 分位数.

一般地, σ_ν^2 是未知的, 此时可以在 (6.3.26) 式中用 $\tilde{\sigma}_\nu^2=S_\nu^2/[N(T-1)-K]$ 替换 σ_ν^2 得到一个枢轴量

$$\tilde{W}=\frac{S_1^2}{T\sigma_\mu^2+S_\nu^2/[N(T-1)-K]}. \tag{6.3.27}$$

下面我们描述 σ_μ^2 的 PB 置信区间. 对于给定的 (s_1^2,s_ν^2), 令

$$S_{\nu B}^2\sim s_\nu^2\chi_{N(T-1)-K}^2/(N(T-1)-K) \text{ 和 } S_{1B}^2\sim s_1^2\chi_{N-K-1}^2/(N-K-1).$$

那么基于枢轴量 (6.3.27) 式的 PB 枢轴变量定义为

$$\tilde{W}_B=\frac{S_{1B}^2}{T\tilde{\sigma}_{\mu\text{o}}^2+S_{\nu B}^2/[N(T-1)-K]}, \tag{6.3.28}$$

这里 $\tilde{\sigma}_{\mu\text{o}}^2=\dfrac{1}{T}[s_1^2/(N-K-1)-s_\nu^2/(N(T-1)-K)]$ 是 $\tilde{\sigma}_\mu^2$ 的观测值. 注意到, 对给定的 (s_1^2,s_ν^2), (6.3.28) 式中的 $\tilde{W}_B$ 的分布不依赖于任何未知参数. 此时, 我们就可以基于 $\tilde{W}_B$ 的分布构造参数 σ_μ^2 的一个 PB 置信区间. 令 $\tilde{W}_B(\gamma)$ 表示 $\tilde{W}_B$ 的下侧 γ 分位数, σ_μ^2 的一个近似 $1-\gamma$ 置信区间为

$$\left[\frac{s_1^2-s_\nu^2\tilde{W}_B(1-\gamma/2)/[N(T-1)-K]}{T\tilde{W}_B(1-\gamma/2)},\frac{s_1^2-s_\nu^2\tilde{W}_B(\gamma/2)/[N(T-1)-K]}{T\tilde{W}_B(\gamma/2)}\right]. \tag{6.3.29}$$

考虑到 $\sigma_\mu^2\geqslant 0$, 一个近似 $1-\gamma$ 的 PB 置信区间定义为

$$\begin{aligned}&\left[\max\left\{\frac{s_1^2-s_\nu^2\tilde{W}_B(1-\gamma/2)/[N(T-1)-K]}{T\tilde{W}_B(1-\gamma/2)},0\right\},\right.\\&\left.\max\left\{\frac{s_1^2-s_\nu^2\tilde{W}_B(\gamma/2)/[N(T-1)-K]}{T\tilde{W}_B(\gamma/2)},0\right\}\right].\end{aligned} \tag{6.3.30}$$

我们考虑如下的假设检验问题

$$H_0:\ \sigma_\mu^2=\sigma_{\mu*}^2 \quad \text{对} \quad H_1:\ \sigma_\mu^2\neq\sigma_{\mu*}^2, \tag{6.3.31}$$

这里 $\sigma_{\mu*}^2\geqslant 0$ 是一个预先给定的值. 那么一个自然的检验统计量为

$$\tilde{W}_*=\frac{S_1^2}{T\sigma_{\mu*}^2+S_\nu^2/[N(T-1)-K]}. \tag{6.3.32}$$

注意到在 $H_0:\ \sigma_\mu^2=\sigma_{\mu*}^2$ 下, 我们有 $S_1^2\sim\left(T\sigma_{\mu*}^2+\sigma_\nu^2\right)\chi_{N-K-1}^2$. 那么检验 (6.3.31) 的参数 bootstrap 枢轴变量的构造过程如下. 令

$$S_{\nu B}^2\sim\frac{s_\nu^2\chi_{N(T-1)-K}^2}{N(T-1)-K}\quad 和\quad S_{1*B}^2\sim\left(T\sigma_{\mu*}^2+\frac{s_\nu^2}{N(T-1)-K}\right)\chi_{N-K-1}^2,$$

则检验统计量 (6.3.32) 的 PB 枢轴变量定义为

$$\tilde{W}_{*B}=\frac{S_{1*B}^2}{T\sigma_{\mu*}^2+S_{\nu B}^2/[N(T-1)-K]}.\tag{6.3.33}$$

令 $\tilde{w}_*$ 是 $\tilde{W}_*$ 的观测值, 那么检验 (6.2.31) 的 PB p 值定义为

$$p_4=2\min\left\{P\left(\tilde{W}_{*B}\geqslant\tilde{w}_*\right),P\left(\tilde{W}_{*B}\leqslant\tilde{w}_*\right)\right\}.\tag{6.3.34}$$

对于给定的显著性水平 γ, PB 检验当 $p_4<\gamma$ 时拒绝 (6.3.31) 中的 H_0.

类似地, 如下的单边假设检验问题

$$H_0:\sigma_\mu^2\leqslant\sigma_{\mu*}^2\quad 对\quad H_1:\ \sigma_\mu^2>\sigma_{\mu*}^2;\tag{6.3.35}$$

$$H_0:\sigma_\mu^2\geqslant\sigma_{\mu*}^2\quad 对\quad H_1:\ \sigma_\mu^2<\sigma_{\mu*}^2\tag{6.3.36}$$

的参数 bootstrap p 值的定义为

$$p_5=P\left(\tilde{W}_{*B}\geqslant\tilde{w}_*\right);\tag{6.3.37}$$

$$p_6=P\left(\tilde{W}_{*B}\leqslant\tilde{w}_*\right).\tag{6.3.38}$$

4. 单向误差分量模型的广义推断

Zhao (2008) 构造了一个广义枢轴量和一个广义检验变量去估计和检验固定效应 δ, 但是没有考虑随机效应方差分量 σ_μ^2 的推断问题. 接下来, 我们首先描述固定效应的广义推断. 以进一步, 我们还将给出方差分量 σ_μ^2 的广义推断, 以方便和 PB 推断方法进行比较研究.

令

$$S_c(\sigma_1^2,\sigma_\nu^2)=\left(c^{\mathrm{T}}(Z^{\mathrm{T}}\Sigma^{-1}Z)^{-1}c\right)^{1/2}\tag{6.3.39}$$

是两个分量 σ_1^2 和 σ_ν^2 的一个函数, 那么 $c^{\mathrm{T}}\delta$ 的一个广义枢轴量定义为

$$R=c^{\mathrm{T}}\hat{\delta}\left(\sigma_1^2\frac{s_1^2}{S_1^2},\sigma_\nu^2\frac{s_\nu^2}{S_\nu^2},y\right)-\frac{c^{\mathrm{T}}\hat{\delta}(\sigma_1^2,\sigma_\nu^2,Y)-c^{\mathrm{T}}\delta}{S_c(\sigma_1^2,\sigma_\nu^2)}S_c\left(\sigma_1^2\frac{s_1^2}{S_1^2},\sigma_\nu^2\frac{s_\nu^2}{S_\nu^2}\right).\tag{6.3.40}$$

易见 R 的观测值是 $c^{\mathrm{T}}\delta$, 且 R 的分布和任何的未知参数无关. 因此, 我们可以基于 R 构造参数 $c^{\mathrm{T}}\delta$ 的一个广义置信区间. 令 $R(\gamma)$ 表示 R 的下侧 γ 分位数, $c^{\mathrm{T}}\delta$ 的一个 $1-\gamma$ 置信区间定义为

$$[R(\gamma/2),R(1-\gamma/2)].\tag{6.3.41}$$

为了检验 (6.3.18) 中的假设, 定义广义检验变量

$$R_* = R - c^{\mathrm{T}}\delta, \tag{6.3.42}$$

则检验 (6.3.18) 的广义 p 值定义为

$$p_8 = 2\min\left\{P\left(R \leqslant \delta^*\right), P\left(R \geqslant \delta^*\right)\right\}. \tag{6.3.43}$$

类似地, 单边假设检验问题 (6.3.22) 和 (6.3.23) 的广义 p 值的定义分别为

$$p_9 = P\left(R \leqslant \delta^*\right); \tag{6.3.44}$$

$$p_{10} = P\left(R \geqslant \delta^*\right). \tag{6.3.45}$$

下面, 我们将考虑方差分量 σ_μ^2 的广义推断问题. σ_μ^2 的一个广义枢轴量定义为

$$V = \frac{1}{T}\left[(T\sigma_\mu^2 + \sigma_\nu^2)\frac{s_1^2}{S_1^2} - \sigma_\nu^2\frac{s_\nu^2}{S_\nu^2}\right]. \tag{6.3.46}$$

注意到 V 的观测值是 σ_μ^2. 令 $V(\gamma)$ 表示 V 的下侧 γ 分位数, σ_μ^2 的一个 $1-\gamma$ 广义置信区间为

$$[V(\gamma/2), V(1-\gamma/2)]. \tag{6.3.47}$$

注意到 $\sigma_\mu^2 \geqslant 0$, 一个近似的 $1-\gamma$ 置信区间为

$$[\max\left\{V(\gamma/2), 0\right\}, \max\left\{V(1-\gamma/2), 0\right\}]. \tag{6.3.48}$$

为了检验问题 (6.3.31), 我们定义广义检验变量

$$V_* = V - \sigma_\mu^2. \tag{6.3.49}$$

那么检验 (6.3.31) 的广义 p 值定义为

$$p_{11} = 2\min\left\{P\left(V \leqslant \sigma_{\mu*}^2\right), P\left(V \geqslant \sigma_{\mu*}^2\right)\right\}. \tag{6.3.50}$$

类似地, 单边假设检验问题 (6.3.35) 和 (6.3.36) 的广义 p 值分别定义为

$$p_{12} = P\left(V \leqslant \sigma_{\mu*}^2\right); \tag{6.3.51}$$

$$p_{13} = P\left(V \geqslant \sigma_{\mu*}^2\right). \tag{6.3.52}$$

6.3.3 覆盖率和势函数的算法

本节我们将给出前面提供的推断的覆盖率和势函数的算法. 为简单起见, 我们仅提供 $c^{\mathrm{T}}\delta$ 和 σ_μ^2 的 PB 推断的算法, 广义推断相应的算法可以类似地给出.

注意到 (6.3.16) 式中 $\tilde{D}_B$ 的分布和 (6.3.20) 式中 $\tilde{D}_{*B}$ 的分布不依赖于任何的未知参数. 因此, 置信区间 (6.3.17) 及其覆盖率和 p 值 (6.3.21) 及其对应的势函数可以使用下面的 Monte Carlo 模拟算法来估计.

算法 6.3.1 第 1 步: 对于给定的 (N,T) 和 $(\delta^*,c,Z,\delta,\sigma_\mu^2,\sigma_\nu^2)$, 生成 y, 并分别计算 $s_1^2,s_\nu^2,\tilde{\Sigma}_{\mathrm{o}}$ 和 $\tilde{\delta}_{\mathrm{o}}$.

第 2 步: 接下来生成 $Y_B\sim N\left(Z\tilde{\delta}^{\mathrm{o}},\tilde{\Sigma}_{\mathrm{o}}\right)$,

$$\tilde{\delta}_{1*B}\sim N\left(0,\frac{s_1^2}{N-K-1}Z^{\mathrm{T}}PZ\right),\quad \tilde{\delta}_{\nu*B}\sim N\left(0,\frac{s_\nu^2}{N(T-1)-K}X^{\mathrm{T}}QX\right).$$

使用这些值, 我们分别计算 (6.3.16) 中的 $\tilde{D}_B$ 和 (6.3.20) 中的 $\tilde{D}_{*B}$. 对给定的 $(s_1^2,s_\nu^2,\tilde{\Sigma}_{\mathrm{o}},\tilde{\delta}_{\mathrm{o}})$ 生成 $\tilde{D}_B$ 和 $\tilde{D}_{*B}$ 的值的过程重复 m 次.

第 3 步: 从生成的 $\tilde{D}_B$ 和 $\tilde{D}_{*B}$ 值, (6.3.17) 中 $c^{\mathrm{T}}\delta$ 的 $1-\gamma$ PB 置信区间和 (6.3.21) 中的 PB p 值被计算.

第 4 步: 对于 q 个不同的 $(s_1^2,s_\nu^2,\tilde{\Sigma}_{\mathrm{o}},\tilde{\delta}_{\mathrm{o}})$, 重复第 1 步到第 3 步 q 次. 在此过程中, 我们生成了 $c^{\mathrm{T}}\beta$ 的 q 个 PB 置信区间 (6.3.17) 和检验问题 (6.3.18) 的 q 个 PB p 值 (6.3.21).

第 5 步: 这些区间中包含 $c'\delta$ 的百分比作为覆盖率的一个估计值. 这些 p 值中小于 γ 的百分比作为势函数值的一个估计值. 显然, 用 (6.3.17) 的平均长度来估计 PB 置信区间的期望长度.

6.3.4 Monte Carlo 模拟研究

本节, 我们打算去比较 6.3.2 小节提供的 PB 推断方法和广义推断方法的表现. 具体而言, 通过模拟研究去比较它们的覆盖率、期望长度和检验的势函数表现.

在模拟研究中, 我们考虑带有单向误差分量结构的简单回归模型

$$Y_{it}=\alpha+x_{it}\beta+u_{it},\tag{6.3.53}$$

其中

$$u_{it}=\mu_i+\nu_{it},\quad i=1,2,\cdots,N;\quad t=1,2,\cdots,T,\tag{6.3.54}$$

这里 $\alpha=5$, 外生变量 $x_{it}\sim \mathrm{IIN}(0,1)$, $\mu_i\sim \mathrm{IIN}(0,\sigma_\mu^2)$, $\nu_{it}\sim \mathrm{IIN}(0,\sigma_\nu^2)$. 我们分别考虑了模型 (6.3.53) 中回归系数 β 和方差分量 σ_μ^2 的置信区间的覆盖率及其期望长度和检验的势函数值. 我们固定 $\sigma_\mu^2+\sigma_\nu^2=2$. 对回归系数的推断而言, 令 $\rho=\sigma_\mu^2/(\sigma_\mu^2+\sigma_\nu^2)$ 在集合 (0, 0.1, 0.2, 0.5, 0.8) 里变化取值.

每个置信区间都是在 95%的置信水平下计算的, 而每个检验都是在名义水平为 5%下计算的. 为了去估计 PB 方法中置信区间的覆盖率、平均长度和检验的势函数, 我们对每种样本容量和参数设置下使用了两步模拟计算. 根据算法 6.3.1, 我们分别取 $m = 2500$ 和 $q = 5000$ 来计算这些置信区间的覆盖率、平均长度和检验的势函数. 模拟过程是在 MATLAB 软件环境中实现的.

在表 6.3.1~表 6.3.3 中, 我们令 GCI 和 PBI 分别表示广义置信区间和 PB 置信区间; 令 GCT 和 PBT 分别表示广义 p 值检验和 PB 检验. 对于 β 和 σ_μ^2, 表 6.3.1 和表 6.3.2 列出同一样本容量和方差设置下两种置信区间的经验覆盖率及其期望长度, 而表 6.3.3 列出各种样本容量和参数设置下两种检验的势函数值.

表 6.3.1 名义置信水平 95% 下的双边置信区间模拟的覆盖率

$\beta = 0.5$	$(N,T)=(16,3)$		$(N,T)=(25,3)$		$(N,T)=(16,7)$		$(N,T)=(25,7)$	
$(\sigma_\mu^2,\sigma_\nu^2)$	GCI	PBI	GCI	PBI	GCI	PBI	GCI	PBI
$(0,2)$	0.9452	0.9396	0.9500	0.9480	0.9444	0.9484	0.9484	0.9508
$(0.4,1.6)$	0.9496	0.9464	0.9516	0.9412	0.9492	0.9536	0.9512	0.9456
$(1,1)$	0.9540	0.9448	0.9432	0.9480	0.9544	0.9540	0.9532	0.9448
$(1.6,4)$	0.9544	0.9524	0.9568	0.9536	0.9572	0.9504	0.9420	0.9480
σ_μ^2	$(N,T)=(16,3)$		$(N,T)=(25,3)$		$(N,T)=(16,7)$		$(N,T)=(25,7)$	
$(\sigma_\mu^2,\sigma_\nu^2)$	GCI	PBI	GCI	PBI	GCI	PBI	GCI	PBI
$(0.2,1.8)$	0.9548	0.9388	0.9468	0.9524	0.9584	0.9588	0.9476	0.9480
$(0.4,1.6)$	0.9492	0.9560	0.9508	0.9540	0.9528	0.9564	0.9556	0.9544
$(1,1)$	0.9496	0.9528	0.9416	0.9428	0.9476	0.9472	0.9536	0.9536
$(1.6,0.4)$	0.9496	0.9500	0.9508	0.9512	0.9456	0.9456	0.9380	0.9376

表 6.3.2 名义置信水平 95% 下的双边置信区间模拟的期望长度

$\beta = 0.5$	$(N,T)=(16,3)$		$(N,T)=(25,3)$		$(N,T)=(16,7)$		$(N,T)=(25,7)$	
$(\sigma_\mu^2,\sigma_\nu^2)$	GCI	PBI	GCI	PBI	GCI	PBI	GCI	PBI
$(0,2)$	0.6605	0.6459	0.6040	0.5950	0.5999	0.5973	0.4252	0.4225
$(0.4,1.6)$	0.6260	0.6135	0.5914	0.5837	0.5578	0.5544	0.3886	0.3868
$(1,1)$	0.5206	0.5119	0.5076	0.5035	0.4477	0.4448	0.3103	0.3099
$(1.6,4)$	0.3397	0.3334	0.3395	0.3357	0.2845	0.2833	0.1968	0.1966
σ_μ^2	$(N,T)=(16,3)$		$(N,T)=(25,3)$		$(N,T)=(16,7)$		$(N,T)=(25,7)$	
$(\sigma_\mu^2,\sigma_\nu^2)$	GCI	PBI	GCI	PBI	GCI	PBI	GCI	PBI
$(0.2,1.8)$	1.4764	1.6018	0.9948	1.0659	0.9049	0.9167	0.6263	0.6316
$(0.4,1.6)$	1.8371	1.9156	1.2835	1.3225	1.2981	1.3014	0.8970	0.8975
$(1,1)$	2.7909	2.7904	1.9000	1.8965	2.3709	2.3710	1.6141	1.6142
$(1.6,0.4)$	3.6281	3.6267	2.4674	2.4665	3.4163	3.4162	2.3364	2.3364

表 6.3.3 名义显著性水平 5% 下 GP 和 PB 检验模拟的势函数值

(N,T)	$\beta_0=0.5$ $(\sigma_\mu^2,\sigma_\nu^2)$	检验	β 0.5	0.6	0.7	0.8	0.9
(16, 3)	(0, 2)	GPT	0.0544	0.0868	0.2344	0.4304	0.6640
		PBT	0.0512	0.0900	0.2364	0.4564	0.7000
	(0.4, 1.6)	GPT	0.0476	0.0880	0.2268	0.4700	0.7236
		PBT	0.0584	0.1068	0.2556	0.4908	0.7296
	(1, 1)	GPT	0.0600	0.1232	0.3420	0.6164	0.8500
		PBT	0.0600	0.1292	0.3564	0.6308	0.8652
	(1.6, 0.4)	GPT	0.0456	0.2144	0.6212	0.9340	0.9944
		PBT	0.0528	0.2264	0.6600	0.9500	0.9984
(25, 7)	(0, 2)	GPT	0.0452	0.1388	0.4440	0.7996	0.9548
		PBT	0.0560	0.1560	0.4512	0.7908	0.9648
	(0.4, 1.6)	GPT	0.0496	0.1704	0.5340	0.8560	0.9756
		PBT	0.0568	0.1764	0.5084	0.8644	0.9812
	(1, 1)	GPT	0.0488	0.2532	0.7236	0.9692	0.9996
		PBT	0.0488	0.2440	0.6980	0.9644	0.9988
	(1.6, 0.4)	GPT	0.0544	0.5160	0.9812	1.0000	1.0000
		PBT	0.0532	0.5208	0.9760	1.0000	1.0000

(N,T)	$\sigma_{\mu 0}^2=0.2$ $\sigma_\nu^2=1$	检验	σ_μ^2 0.2	0.4	1	1.6	2
(16, 3)		GPT	0.0452	0.1204	0.6024	0.8580	0.9236
		PBT	0.0504	0.1412	0.6288	0.8724	0.9304
(25, 3)		GPT	0.0508	0.1744	0.8036	0.9616	0.9916
		PBT	0.0524	0.1884	0.8176	0.9660	0.9928
(16, 7)		GPT	0.0484	0.2736	0.8720	0.9764	0.9908
		PBT	0.0496	0.2768	0.8772	0.9764	0.9908
(25, 7)		GPT	0.0516	0.3756	0.9724	0.9992	1.0000
		PBT	0.0524	0.3812	0.9740	0.9992	1.0000

从表 6.3.1 中我们发现, GCI 和 PBI 表现相似, 且有几乎精确的经验覆盖率. 在最差情形下, 当名义置信水平为 95%时两种置信区间的经验覆盖率大约是 94%. 表 6.3.1 中结果表明就两种置信区间的平均长度而言, PBI 略优于 GCI. 在表 6.3.2 中的许多情形下, 似乎 PBI 拥有较短的平均长度因而是更精确的. 这样一来, 若实际试验中主要的目的是控制精确性, PBI 会更受欢迎. 在表 6.3.3 中, 我们再次发现 GCT 和 PBT 都能够很好地控制第一类错误概率, 而就势函数而言 PBT 稍微优于 GCT .

6.3.5　实际数据例子

这里提供一个实例来说明我们的方法在构造一个面板数据回归模型中回归系数和随机效应方差分量参数的假设检验和区间估计上的应用. Baltagi 和 Griffin (1983) 考虑了下面的汽油需求方程:

$$\ln\frac{\text{Gas}}{\text{Car}}=\alpha+\beta_1\ln\frac{Y}{N}+\beta_2\ln\frac{P_{\text{MG}}}{P_{\text{GDP}}}+\beta_3\ln\frac{\text{Car}}{N}+u, \tag{6.3.55}$$

这里 Gas/Car 表示每辆汽车的汽油消耗, Y/N 表示实际人均收入, $P_{\text{MG}}/P_{\text{GDP}}$ 表示实际汽油价格, Car/N 表示人均汽车拥有量. 这个数据集包含了 18 个经济合作与发展组织国家 1960~1978 的年度观测. 这里我们假设数据满足一个单向误差分量模型. 为了简单起见, 我们仅仅取了 Zhao (2008) 中表 3 的一部分数据.

表 6.3.4　汽油消耗数据*

国家	年份	$\ln\frac{\text{Gas}}{\text{Car}}$	$\ln\frac{Y}{N}$	$\ln\frac{P_{\text{MG}}}{P_{\text{GDP}}}$	$\ln\frac{\text{Car}}{N}$
Austria	1960	4.1732	−6.4743	−0.3345	−9.7668
	1961	4.1010	−6.4260	−0.3513	−9.6086
	1962	4.0732	−6.4073	−0.3795	−9.4573
	1963	4.0595	−6.0707	−0.4143	−9.3432
	1964	4.0377	−6.0222	−0.4453	−9.2377
Belgium	1960	4.1640	−6.2151	−0.1657	−9.4055
	1961	4.1244	−6.1768	−0.1717	−9.3031
	1962	4.0760	−6.1296	−0.2223	−9.2181
	1963	4.0013	−6.0940	−0.2505	−9.1149
	1964	3.9944	−6.0365	−0.2759	−9.0055
Canada	1960	4.8552	−5.8897	−0.9721	−8.3789
	1961	4.8266	−5.8843	−0.9723	−8.3467
	1962	4.8505	−5.8446	−0.9786	−8.3467
	1963	4.8381	−5.7924	−1.019	−8.2694
	1964	4.8398	−5.7601	−1.0029	−8.2524
Denmark	1960	4.5020	−6.0617	−0.1957	−9.3262
	1961	4.4828	−6.0009	−0.2536	−9.1931
	1962	4.3854	−5.9875	−0.2188	−9.0473
	1963	4.3540	−5.9731	−0.2480	−8.9528
	1964	4.3264	−5.8947	−0.3065	−8.8526
France	1960	3.9077	−6.2644	−0.0196	−9.1457
	1961	3.8856	−6.2209	−0.0239	−9.0443
	1962	3.8237	−6.1736	−0.0689	−8.9301
	1963	3.7890	−6.1371	−0.1379	−8.8186
	1964	3.7671	−6.0872	−0.1978	−8.7110

续表

国家	年份	$\ln\frac{\text{Gas}}{\text{Car}}$	$\ln\frac{Y}{N}$	$\ln\frac{P_{\text{MG}}}{P_{\text{GDP}}}$	$\ln\frac{\text{Car}}{N}$
Germany	1960	3.9170	−6.1598	−0.1859	−9.3425
	1961	3.8853	−6.1209	−0.2310	−9.1838
	1962	3.8715	−6.0943	−0.3438	−9.0373
	1963	3.8488	−6.0684	−0.3746	−8.9136
	1964	3.8690	−6.0134	−0.3997	−8.8110
USA	1960	4.8240	−5.6984	−1.2111	−8.0195
	1961	4.7963	−5.6952	−1.1462	−7.9993
	1962	4.7989	−5.6488	−1.1619	−7.9864
	1963	4.7879	−5.6269	−1.1799	−7.9595
	1964	4.8083	−5.5871	−1.2003	−7.9299
UK	1960	4.1002	−6.1968	−0.3911	−9.1176
	1961	4.0886	−6.1689	−0.4519	−9.0489
	1962	4.0481	−6.1667	−0.4229	−8.9669
	1963	3.9853	−6.1307	−0.4634	−8.8559
	1964	3.9768	−6.0864	−0.4958	−8.7498
Turkey	1960	6.1296	−7.8011	−0.2534	−13.4752
	1961	6.1062	−7.7867	−0.3425	−13.3847
	1962	6.0846	−7.8363	−0.4082	−13.2459
	1963	6.0751	−7.6312	−0.2250	−13.2550
	1964	6.0646	−7.6269	−0.2522	−13.2103
Switzerland	1960	4.3976	−6.1456	−0.8232	−9.2624
	1961	4.4413	−6.1116	−0.8656	−9.1582
	1962	4.2871	−6.0930	−0.8222	−9.4614
	1963	4.3125	−6.0680	−0.8601	−8.9508
	1964	4.3134	−6.0215	−0.8677	−8.8394
Sweden	1960	4.0630	−8.0725	−2.5204	−8.7427
	1961	4.0619	−8.0196	−2.5715	−8.6599
	1962	4.0064	−7.9972	−2.5345	−8.5774
	1963	4.0028	−7.9667	−2.6051	−8.4943
	1964	4.0249	−7.8976	−2.6580	−8.4335
Spain	1960	4.7494	−6.1661	1.1253	−11.5884
	1961	4.5892	−6.0578	1.1096	−11.3840
	1962	4.4291	−5.8905	1.0570	−11.1578
	1963	4.3465	−5.9051	0.9768	−10.9845
	1964	4.3006	−5.8585	0.9153	−10.7879

∗ 取自 Zhao(2008).

为了对比, 我们还提供了广义推断的应用分析. 首先, 令 $\delta = (\alpha, \beta_1, \beta_2, \beta_3)^{\mathrm{T}}$, 那么 δ 的一个可行的广义最小二乘估计为 $\tilde{\delta} = (0.9494, 0.0291, -0.2120, -0.3742)^{\mathrm{T}}$.

我们使用 20000 次循环去计算 p 值和置信区间.

表 6.3.5 提供了回归系数和随机效应方差分量的 GP 检验和 PB 检验的 p 值. 对于检验回归系数 (α,β_3) 和随机效应方差分量 σ_μ^2 的显著性, 两种方法在显著性水平为 5%下作出了相同的决定, 即拒绝零假设. 对回归系数 β_1 和 β_2 的假设检验问题, 两种方法在显著性水平为 5%下也作出了相同的决定, 即接受零假设. 注意到对回归系数 β_2 的假设检验问题, 相应的 PB p 值是 0.0684. 因此, 实际操作者在名义水平 10%下可以拒绝零假设 $\beta_2=0$.

表 6.3.5 回归系数和方差分量的 p 值

区间估计	零假设				
	$\alpha=0$	$\beta_1=0$	$\beta_2=0$	$\beta_3=0$	$\sigma_\mu^2=0$
GPT	0.0345	0.8375	0.1467	0	0
PBT	0.0285	0.7658	0.0684	0	0

下面, 我们将提供模型 (6.3.55) 中的回归系数 $(\alpha,\beta_1,\beta_2,\beta_3)^{\mathrm{T}}$ 和方差分量 σ_μ^2 的置信区间及其长度. 表 6.3.6 中提供了这些置信区间和区间长度. 表 6.3.6 中的结果表明我们的 PB 置信区间和广义置信区间相互是可比较的. 在和广义置信区间比较有较短的区间长度意义下, PB 置信区间似乎是更精确的.

表 6.3.6 回归系数和方差分量的区间估计

参数	估计方法	区间估计	估计宽度
α	GCI	(0.0576, 1.8551)	1.7975
	PBI	(0.0738, 1.8461)	1.7723
β_1	GCI	(−0.2151, 0.2859)	0.5011
	PBI	(−0.1736, 0.2322)	0.4059
β_2	GCI	(−0.4777, 0.0817)	0.5594
	PBI	(−0.4513, 0.0280)	0.4793
β_3	GCI	(−0.5276, −0.2144)	0.3132
	PBI	(−0.5100, −0.2438)	0.2662
σ_μ^2	GCI	(0.0348, 0.3295)	0.2947
	PBI	(0.0349, 0.3257)	0.2909

6.3.6 两向误差分量回归模型

本小节尝试将单向误差分量回归模型 (6.3.1) 的 PB 方法拓展到带有两向误差分量

$$u_{it}=\mu_i+\lambda_t+\nu_{it},\quad i=1,2,\cdots,N;\quad t=1,2,\cdots,T \tag{6.3.56}$$

的模型中, 这里 μ_i 表示不可观测的个体效应, λ_t 表示不可观测的时间效应, ν_{it} 是其余的扰动项. 一般地, 在两向随机效应模型中, 我们假设 $\mu_i \sim N(0,\sigma_\mu^2)$, $\lambda_t \sim N(0,\sigma_\lambda^2)$, $\nu_{it} \sim N(0,\sigma_\nu^2)$, 且它们相互独立.

用向量的记号, (6.3.56) 可以写成

$$u = Z_\mu \mu + Z_\lambda \lambda + \nu, \tag{6.3.57}$$

这里 Z_μ, μ 和 ν 的定义同 6.3.2 小节, $Z_\lambda = 1_N \otimes I_T$, $\lambda = (\lambda_1, \cdots, \lambda_T)^{\mathrm{T}}$. 从 (6.3.57), 我们可以计算协方差矩阵

$$\begin{aligned}\mathrm{Cov}(Y) = \Sigma &= \sigma_\mu^2(I_N \otimes J_T) + \sigma_\lambda^2(J_N \otimes I_T) + \sigma_\nu^2(I_N \otimes I_T)\\ &= \sum_{i=1}^{4} \omega_i Q_i,\end{aligned} \tag{6.3.58}$$

这里

$$\omega_1 = \sigma_\nu^2, \quad \omega_2 = T\sigma_\mu^2 + \sigma_\nu^2, \quad \omega_3 = N\sigma_\lambda^2 + \sigma_\nu^2, \quad \omega_4 = T\sigma_\mu^2 + N\sigma_\lambda^2 + \sigma_\nu^2. \tag{6.3.59}$$

相对应地, $Q_1 = E_N \otimes E_T$, $Q_2 = E_N \otimes \bar{J}_T$, $Q_3 = \bar{J}_N \otimes E_T$, $Q_4 = \bar{J}_N \otimes \bar{J}_T$. ω_i 是 Σ 的不同的特征根, Q_i 是相应的特征投影阵. ω_1 的重数为 $(N-1)(T-1)$, ω_2 的重数为 $N-1$, ω_3 的重数为 $T-1$ 和 ω_4 的重数为 1. 每个 Q_i 是对称幂等阵. 而且, Q_i 彼此两两正交且和为单位矩阵. (6.3.58) 是协方差矩阵 Σ 的谱分解. 根据 Q_i 的性质, 容易验证

$$\Sigma^r = \sum_{i=1}^{4} \omega_i^r Q_i, \tag{6.3.60}$$

这里 r 是任一标量. 因此有

$$\Sigma^{-1} = \sum_{i=1}^{4} \omega_i^{-1} Q_i. \tag{6.3.61}$$

那么

$$\hat{\delta}(\omega_1, \cdots, \omega_4, Y) = (Z^{\mathrm{T}}\Sigma^{-1}Z)^{-1}Z^{\mathrm{T}}\Sigma^{-1}Y = (\hat{\alpha}, \hat{\beta}^{\mathrm{T}})^{\mathrm{T}} \tag{6.3.62}$$

是 δ 的广义最小二乘估计.

记 $S_{Q_i}^2 = Y^{\mathrm{T}}Q_iY - Y^{\mathrm{T}}Q_iX(X^{\mathrm{T}}Q_iX)^{-1}X^{\mathrm{T}}Q_iY, i = 1,2,3$. 可以证明 $S_{Q_i}^2$ 是相互独立的, 且

$$\frac{S_{Q_1}^2}{\omega_1} \sim \chi^2_{(N-1)(T-1)-K}, \quad \frac{S_{Q_2}^2}{\omega_2} \sim \chi^2_{(N-1)-K}, \quad \frac{S_{Q_3}^2}{\omega_3} \sim \chi^2_{(T-1)-K}. \tag{6.3.63}$$

根据 (6.3.60) 和 (6.3.63), ω_1, ω_2 , ω_3, ω_4 和 $\sigma_\nu^2, \sigma_\mu^2$ 及 σ_λ^2 的无偏估计分别为

$$\tilde{\omega}_1=\frac{S_{Q_1}^2}{(N-1)(T-1)-K},\quad \tilde{\omega}_2=\frac{S_{Q_2}^2}{(N-1)-K},\tilde{\omega}_1=\frac{S_{Q_3}^2}{(T-1)-K},\quad \tilde{\omega}_4=\tilde{\omega}_2+\tilde{\omega}_3-\tilde{\omega}_1 \tag{6.3.64}$$

和

$$\tilde{\sigma}_\nu^2=\tilde{\omega}_1,\tilde{\sigma}_\mu^2=(\tilde{\omega}_2-\tilde{\omega}_1)/T,\quad \tilde{\sigma}_\lambda^2=(\tilde{\omega}_3-\tilde{\omega}_1)/N. \tag{6.3.65}$$

注意到 (6.3.64), Σ 和 Σ^{-1} 自然的估计分别为

$$\tilde{\Sigma}=\sum_{i=1}^4\tilde{\omega}_iQ_i \text{ 和 } \tilde{\Sigma}^{-1}=\sum_{i=1}^4\tilde{\omega}_i^{-1}Q_i. \tag{6.3.66}$$

其余的推导过程完全类似于前面单向误差分量模型, 这里略去.

6.4 线性混合效应模型中 EBLUP 分布的 PB 近似

前面考虑了两类特殊的混合效应模型中回归系数和方差分量的 PB 推断方法. 本节简单介绍一般的线性混合模型中的固定回归系数和随机效应向量的线性组合经验最佳线性无偏预测分布的参数 bootstrap 逼近及其预测区间的构造 (Chatterjee, Lahiri, Li, 2008).

考虑一般的线性混合模型:

$$y=X\beta+Z\xi+\varepsilon, \tag{6.4.1}$$

这里 y 是 $n\times 1$ 的观测向量, $X_{n\times p}$ 和 $Z_{n\times q}$ 是已知的设计矩阵, β 是 $p\times 1$ 的未知参数向量, ξ 和 ε 均值为 0, 服从分布 $N_q(0,D)$ 和 $N_n(0,R)$, 且它们之间相互独立. 第一项 $X\beta$ 代表固定效应, 而第二项 $Z\xi$ 代表随机效应. 因此, $X\beta+Z\xi$ 构成了观测数据中的信号成分, 而 ε 是噪声. 信号部分的性质如何是我们感兴趣的, 其依赖于未知参数 β, D, R. 假设 D, R 依赖于某个未知的参数向量 $\psi=(\psi_1,\cdots,\psi_k)^{\mathrm{T}}$, 因此, y 的协方差矩阵为 $\mathrm{Cov}(y)=\Sigma(\psi)=ZD(\psi)Z^{\mathrm{T}}+R(\psi)$. 令 $d=p+k$ 表示参数空间的维数, $\theta=(\beta,\psi)$ 表示未知的参数.

第 1 章已经指出, 混合 ANOVA 模型和平衡或者非平衡的 Panel 和纵向数据模型都是模型 (6.4.1) 的特例. 令 $T=c^{\mathrm{T}}(X\beta+Z\xi)$, 这里 c 已知的 $n\times 1$ 的固定向量. c 是 $n\times m$ 的矩阵时则得到多维待预测量, 它们的处理类似于一维情形. 为方便说明 PB 方法, 我们主要介绍一维 T 的情形. 给定 y 时 T 的条件分布是 $N(\mu_T,\sigma_T^2)$, 这里

$$\begin{aligned}\mu_T&=c^{\mathrm{T}}X\beta+c^{\mathrm{T}}ZDZ^{\mathrm{T}}\Sigma^{-1}(y-X\beta)\\&=c^{\mathrm{T}}R\Sigma^{-1}X\beta+c^{\mathrm{T}}ZDZ^{\mathrm{T}}\Sigma^{-1}y\end{aligned} \tag{6.4.2}$$

且

$$\sigma_T^2 = c^{\mathrm{T}}Z(D - DZ^{\mathrm{T}}\Sigma^{-1}ZD)Z^{\mathrm{T}}c. \tag{6.4.3}$$

一般地, β 和 ψ (因此 D 和 R) 可以通过使用数据 y 的边缘分布 $N(X\beta,\Sigma)$ 估计得到, 把它们分别记为 $\hat{\beta}$ 和 $\hat{\psi}$. 进而可以用估计 $\hat{\beta}$ 和 $\hat{\psi}$ 替换 β 和 ψ 得到 T 的均值和方差的估计 $\hat{\mu}_T$ 和 $\hat{\sigma}_T^2$, 它们的表达式分别类似于 (6.4.2) 和 (6.4.3).

为了简单起见, 假设 X 是列满秩的, 且使用 β 的普通最小二乘估计 $\hat{\beta} = (X^{\mathrm{T}}X)^{-1}X^{\mathrm{T}}y$. 使用极大似然估计或者带有合适条件权重的加权最小二乘估计是另一种可能. 若权重是 ψ 的光滑函数, 则在渐近分析中和普通最小二乘估计有很小的差异. ψ 的估计 $\hat{\psi}$ 常常由极大似然或者限制极大似然估计得到.

为了构造待预测量 T 的预测区间, 注意到若 μ_T,σ_T 已知, $\sigma_T^{-1}(T-\mu_T)$ 是一个服从标准正态分布的枢轴量, 可以使用传统的构造区间估计的方法. 一般地, μ_T,σ_T 是未知的, 一个自然的想法是用 $\hat{\sigma}_T^{-1}(T-\hat{\mu}_T)$ 代替作为枢轴量. 但我们无法得到 $\hat{\sigma}_T^{-1}(T-\hat{\mu}_T)$ 精确分布 $\mathscr{L}_n$. 因此, 考虑使用参数 bootstrap 方法去估计它的分布. 定义

$$y^* = X\beta + Z\xi^* + \varepsilon^*, \tag{6.4.4}$$

这里 $\xi^* \sim N_q(0, D(\hat{\psi}))$ 和 $\varepsilon^* \sim N_n(0, R(\hat{\psi}))$ 是相互独立的. 首先, 使用获得 $\hat{\beta}$ 和 $\hat{\psi}$ 相同的技术, 基于 y^* 得到 $\hat{\beta}^*$ 和 $\hat{\psi}^*$. 接着, 利用 (6.3.2) 和 (6.3.3) 式基于 $\hat{\beta}^*$ 和 $\hat{\psi}^*$ 得到 $\hat{\mu}_T^*$ 和 $\hat{\sigma}_T^{2*}$. 定义 $T^* = c^{\mathrm{T}}(X\hat{\beta} + Z\xi^*)$, 则在给定数据 y 下,

$$\hat{\sigma}_T^{-1*}(T*-\hat{\mu}_T^*)$$

的分布 $\mathscr{L}_n^*$ 是 $\mathscr{L}_n$ 的参数 bootstrap 近似. 使用该近似分布, 我们可以得到 T 的区间预测 $(\hat{\mu}_T + q_1\hat{\sigma}_T, \hat{\mu}_T + q_2\hat{\sigma}_T)$, 这里 q_1, q_2 是 $\mathscr{L}_n$ 的近似分布 $\mathscr{L}_n^*$ 的合适的分位数.

Chatterjee, Lahiri 和 Li (2008) 的主要结果是提供了近似分布 $\mathscr{L}_n^*$ 近似 $\mathscr{L}_n$ 的程度和相应的区间预测的置信度的近似程度, 详细结论参见该文献的定理 3.1 和定理 3.2. 他们的模拟结果显示 PB 方法相对于传统的方法既能很好地保持名义置信水平又具有更优良的精确性.

除了上面提到的重要问题, 在线性混合模型常常还会考虑 EBLUP 的均方误差 (MSE) 和变量选择时用到的 AIC 和条件 AIC 的估计问题. Kubokawa 和 Nagashima (2012) 利用 PB 方法考虑了这些量的估计的偏差调整问题, 避免了使用以往的复杂的二阶逼近方法. 相关的其他进展可以参考其中更多的引用文献资料, 这里不再多做介绍.

6.5 高维数据分析中的 PB 检验

6.5.1 资本资产定价模型

Sharpe (1964) 和 Lintner (1965) 的资本资产定价模型 (capital asset pricing model, CAPM) 标志着资产定价理论的诞生. 几十年后的今天, CAPM 在实际中依然得到广泛应用. Sharpe-Lintner 的 CAPM 假设

$$\mu_i - r_f = \beta_i(\mu_m - r_f), \quad i = 1, 2, \cdots, N, \tag{6.5.1}$$

这里 r_f 是无风险利率, μ_m 为市场组合的期望收益率, 而 $\beta_i = \mathrm{Cov}(R_i, R_m)$, 其中 R_i 是资产 i 的收益率, R_m 是市场组合的收益率. 方程 (6.5.1) 陈述的是第 i 项资产的超额收益率和市场组合的超额收益率之间存在一个线性关系, 且截距为 0. 方程 (6.5.1) 也意味着有效性.

CAPM 关系式 (6.5.1) 使用的是期望值表示的, 其是无法观测的. 为了获得带有观测值的模型, 我们使用下面的超额收益率市场模型描述超额收益:

$$Y_{it} = \alpha_i + \beta_i r_{mt} + \varepsilon_{it}, \quad E(\varepsilon_{it}) = 0, \quad E(r_{mt}\varepsilon_{it}) = 0, \tag{6.5.2}$$

$$E(\varepsilon_{it}\varepsilon_{js}) = \begin{cases} \sigma_{ij}, & t = s, \\ 0, & t \neq s, \end{cases} \quad i, j = 1, 2, \cdots, N; \quad t, s = 1, 2, \cdots, T, \tag{6.5.3}$$

这里 Y_{it} 是第 i 项资产在第 t 时刻的超额收益率观测值, r_{mt} 是市场组合在第 t 时刻的超额收益率观测值. 根据方程 (6.5.3), 误差项之间可以是相关的. 因此, 我们得到向量 $\varepsilon_t = [\varepsilon_{1t}, \cdots, \varepsilon_{Nt}]^{\mathrm{T}}$ 的一个非对角的协方差矩阵,

$$\mathrm{Cov}(\varepsilon_t) = \Sigma = \begin{pmatrix} \sigma_1^2 & \sigma_{12} & \cdots & \sigma_{1N} \\ \sigma_{21} & \sigma_2^2 & \cdots & \sigma_{2N} \\ \vdots & \vdots & & \vdots \\ \sigma_{N1} & \sigma_{N2} & \cdots & \sigma_N^2 \end{pmatrix}.$$

给定市场的超额收益率, 我们也有 $\mathrm{Cov}(Y_t) = \Sigma$, 这里 $Y_t = [Y_{1t}, \cdots, Y_{Nt}]^{\mathrm{T}}$, $t = 1, \cdots, T$. 我们也假设误差项向量服从一个多元正态分布, 因此超额收益率市场模型可以写成

$$\begin{aligned} Y_t &= \alpha + \beta r_{mt} + \varepsilon_t, \quad t = 1, \cdots, T, \\ \varepsilon_t &\overset{\text{iid}}{\sim} \mathscr{N}(0, \Sigma), \end{aligned} \tag{6.5.4}$$

这里 $\alpha = [\alpha_1, \cdots, \alpha_N]^{\mathrm{T}}$, $\beta = [\beta_1, \cdots, \beta_N]^{\mathrm{T}}$.

6.5.2 有效性假设

Sharpe-Lintner 的 CAPM 意味着在超额收益市场模型中的截距为 0, 即 $\alpha_i = 0, i = 1, \cdots, N$, 那么该模型的一个检验相应于如下零假设的检验

$$H_0 : \alpha = 0, \tag{6.5.5}$$

这里 $\alpha = [\alpha_1, \cdots, \alpha_N]^{\mathrm{T}}$ 是所有 N 项金融资产的截距向量. 为了执行该检验, 我们需要去估计模型的参数从而得到一个合适的检验统计量.

6.5.3 参数估计

对给定的市场收益率 r_{mt}, 未知参数 α, β, Σ 的极大似然估计 (MLE) 记为

$$\hat{\alpha} = \bar{Y} - \bar{r}_m \hat{\beta}, \tag{6.5.6}$$

$$\hat{\beta} = \frac{\sum_{t=1}^{\mathrm{T}} (r_{mt} - \bar{r}_m) Y_t}{T \hat{\sigma}_m^2}, \tag{6.5.7}$$

$$\hat{\Sigma} = \frac{1}{T} \sum_{t=1}^{T} (Y_t - \hat{\alpha} - r_{mt}\hat{\beta})(Y_t - \hat{\alpha} - r_{mt}\hat{\beta})^{\mathrm{T}}, \tag{6.5.8}$$

这里

$$\bar{Y} = \frac{1}{T}\sum_{t=1}^{T} Y_t, \quad \bar{r}_m = \frac{1}{T}\sum_{t=1}^{T} r_{mt}, \quad \hat{\sigma}_m^2 = \frac{1}{T}\sum_{t=1}^{T}(r_{mt} - \bar{r}_m)^2.$$

可以证明 α 和 β 的 MLE 是无偏的, 且服从协方差矩阵分别为 $\frac{1}{T}\left(1 + \frac{\bar{r}_m^2}{\hat{\sigma}_m^2}\right)\Sigma$ 和 $\frac{1}{T\hat{\sigma}_m^2}\Sigma$ 的正态分布, 而 $T\hat{\Sigma}$ 服从 Wishart 分布 $W_N(T-2, \Sigma)$. 进一步, $\hat{\Sigma}$ 和 $\hat{\alpha}$ 及 $\hat{\beta}$ 都是相互独立的.

关于检验问题 (6.5.5), 大部分检验都是基于二次型统计量 $W = \hat{\alpha}^{\mathrm{T}} V \hat{\alpha}$, 这里 $\hat{\alpha}$ 是 α 的普通最小二乘估计, V 是某个正定矩阵. 例如著名的 Wald 统计量 $a_T \hat{\alpha}^{\mathrm{T}} \hat{\Sigma}^{-1} \hat{\alpha}$, 这里 $\hat{\Sigma}^{-1}$ 是误差协方差矩阵的逆的估计, a_T 是一个正数. 其他著名的例子可以参见 Gibbons, Ross 和 Shaken (1989, GRS 检验), MacKinlay 和 Richardson (1991, GMM 检验), Beaulieu, Dufour 和 Khalaf (2007, BDK 检验).

仅仅当资产数目 N 远远小于时间序列的长度 T 时, 上面的检验才适用. 我们知道当 $N \geqslant T$ 时, 样本协方差矩阵 $\hat{\Sigma}$ 变得退化. 然而, 一个人常会选择的时期长度为 $T = 60$ 个月的数据, 而不再增加检验的时期了, 因为 CAPM 是典型的单期模型, 其系数可能是时变的. 结果常常会出现, 资产数目 N 远远大于时间序列的长度 T. 为了克服该难题, 可以采用 Pesaran 和 Yamagata (2012, PY 检验) 提出忽略资

产之间的相关性而选择 $V = \mathrm{diag}(\hat{\Sigma})^{-1}$ 的方法, 构造检验统计量来避免不可逆问题. Chen 和 Qin (2010) 及 Chen, Zhang 和 Zhong (2010) 使用了一个相近的思想来处理高维 Hotelling 检验. 但是, 显然这样的处理可能会损失较多的相关性信息, 带来检验精度上的损失.

6.5.4　PB 检验方法

在样本协方差矩阵 $\hat{\Sigma}$ 退化情形下, 一个自然的想法是使用 $\hat{\Sigma}$ 的加号广义逆来替换. 这样得到一个自然的检验统计量 $\hat{\alpha}^{\mathrm{T}}\hat{\Sigma}^{+}\hat{\alpha}$. 紧接着产生一个新问题, 我们无法知道 $\hat{\alpha}^{\mathrm{T}}\hat{\Sigma}^{+}\hat{\alpha}$ 的精确零分布. 因此, 我们考虑使用 PB 方法来逼近它的零分布.

对给定的的数据, 定义

$$Y_t^* = \alpha + \beta r_{mt} + \varepsilon_t^*, \quad t = 1, \cdots, T, \quad \varepsilon_t^* \overset{\mathrm{iid}}{\sim} \mathscr{N}(0, \hat{\Sigma}), \tag{6.5.9}$$

这里 $\xi^* \sim N_q(0, D(\hat{\psi}))$ 和 $\varepsilon^* \sim N_n(0, R(\hat{\psi}))$ 是相互独立的.

首先, 使用求得 $\hat{\alpha}$, $\hat{\beta}$ 和 $\hat{\Sigma}$ 相同的技术, 基于 Y_t^* 得到 α^*, β^* 和 $\hat{\Sigma}^*$. 接着, 利用 (6.5.6)~(6.5.8) 式基于 α^*, β^* 和 $\hat{\Sigma}^*$ 得到 PB 枢轴量

$$\hat{\alpha}^{*\mathrm{T}}\hat{\Sigma}^{*+}\hat{\alpha}^*.$$

重复该过程 h 次, 其中 PB 枢轴量 $\hat{\alpha}^{*\mathrm{T}}\hat{\Sigma}^{*+}\hat{\alpha}^*$ 大于检验统计量 $\hat{\alpha}^{\mathrm{T}}\hat{\Sigma}^{+}\hat{\alpha}$ 的观测值的比率给出了 PB 检验的 p 值.

6.6　Bootstrap 光滑与模型选择

6.6.1　引言

本节先简要介绍模型选择后的估计和预测的精确性问题 (Efron, 2014)，在此基础上初步探讨两类模型平均预测的方法和模型选择的区别和联系.

模型选择一直以来都是统计学和机器学习等领域研究的重要问题. 不适当的复杂或简单模型均可能使估计或者预测的均方误差偏大. 因此研究者们提出了许多模型选择方法和准则，如著名的逐步回归、AIC、BIC、C_p、交叉验证、Lasso 及其拓展等，这些方法在一定条件下解决了上述问题. 但是，这些统计建模中的估计和预测精度评价时习惯性地忽视模型选择过程所带来的不确定性，导致低估实际的均方方差 (Claeskens, Hjort，2008). 另外，模型选择方法又或多或少地存在以下缺陷: 不稳健、遗漏信息、风险高、偏离真实目标. 鉴于这些问题，研究者们提出了许多解决方案，一类旨在利用观测数据确定候选模型权重的模型平均方法是其中常用的方法，其在一定程度上能够避免这些缺陷 (张新雨, 邹国华, 2011; Zhang, Zou, Liang, 2014). 模型平均方法作为一种更加复杂的数据挖掘方法将越来越多地被使

用. 但其也存在计算量大, 可解释性差, 复杂模型平均时最优权重的求解困难等问题. Efron (2014) 则考虑另一类基于 bootstrap 光滑的模型平均估计和预测的精确性问题, 提供了光滑估计的标准差的新的公式. 本节除了介绍这个重要结果外, 从另一个角度出发, 通过结合模型选择和 bootstrap 光滑方法, 提出了一个新的模型平均算法.

6.6.2 非参数 bootstrap 光滑

Efron (2014) 考虑了一个胆固醇数据集: 样本是容量 $n=164$ 的平均服用了 7 年消胆胺的男子. 因变量 d 表示从实验开始到结束时血液水平上的胆固醇的下降量. 同时, 还测量了每个男子的用药的服从程度, 取值为设定服药量的比例, 记为 c. 通过适当的变换后, 观测的 164 个 c 值近似服从标准正态分布, 即 $c\dot{\sim}N(0,1)$. 利用这些数据得到了一条 c 的三次曲线作为回归函数 d 的估计. 一个感兴趣的问题是该拟合曲线的精确性如何. 具体而言, 给定第 j 个个体的 c_j 值, 令胆固醇减少的期望值 $\mu_j=E(d_j|c_j)$. 我们希望得到回归曲线估计的标准差.

简单起见, 令 z 表示所有的观测数据, $\hat{\mu}=t(z)$ 表示一个感兴趣参数 μ 的估计. 就胆固醇数据而言, 我们有

$$z=\{(c_j,d_j),\ j=1,2,\cdots,n=164\}. \tag{6.6.1}$$

在非参数设定下, 我们有数据

$$z=(z_1,z_2,\cdots,z_n), \tag{6.6.2}$$

这里, z_j 是来自未知分布 F 的独立同分布的观测值. 参数是某个泛函 $T(F)$, 而插入估计为 $\hat{\mu}=T(\hat{F})$. 一个非参数 bootstrap 样本

$$z^*=(z_1^*,z_2^*,\cdots,z_n^*) \tag{6.6.3}$$

是从数据集 $(z_1,z_2,\cdots,z_n)$ 有放回抽样得到的, 进而产生 bootstrap 复制 $\hat{\mu}^*=t(z^*)$. 由 B 个这样抽取得到的经验标准差为

$$\widehat{sd}_B=\frac{1}{B-1}\left\{\sum_{i=1}^{B}(\hat{\mu}_i^*-\hat{\mu}_{(\cdot)}^*)^2\right\}^{1/2}, \tag{6.6.4}$$

是估计 $\hat{\mu}$ 标准差的熟悉的非参数 bootstrap 估计, 这里 $\hat{\mu}_{(\cdot)}^*=\dfrac{1}{B-1}\sum\limits_{i=1}^{B}\hat{\mu}_i^*$. 大多数情形下, $\widehat{sd}_B$ 是一种值得信赖的估计方法. 但是在模型选择的研究中, 往往不能给出可靠的置信限.

前面的立方回归曲线是通过 C_p 准则选择得到的. 设在模型 m 下, 我们有

$$y=X_m\beta_m+\varepsilon,\quad \varepsilon\sim(0,\sigma^2I), \tag{6.6.5}$$

这里 X_m 是一个秩为 m 的给定的 $n\times m$ 矩阵，ε 的均值为 0，协方差矩阵为 $\sigma^2 I$. 度量模型拟合程度的 C_p 定义为

$$C_p(m)=\|y-X_m\hat{\beta}_m\|^2+2m\sigma^2, \tag{6.6.6}$$

这里 $\hat{\beta}_m$ 是 β_m 的最小二乘估计. C_p 准则选择一个模型最小化 C_p.

表 6.6.1 显示了 C_p 准则实施在胆固醇数据上的结果，比较了六个多项式回归模型，分别是从线性 $(m=2)$ 到六次多项式 $(m=7)$. 共使用了 $B=4000$ 次非参数 bootstrap 复制，分别使用 C_p 准则进行模型选择和估计，表的最后一列是各个模型选中的比例. 虽然立方回归仍是选择最多的，但只大约占到 1/3 次.

表 6.6.1　胆固醇数据中的 C_p 模型准则结果

回归模型	m	$C_p(m)-80000$	(Bootstrap%)
线性	2	1132	(19%)
二次	3	1412	(12%)
三次	4	667	(34%)
四次	5	1591	(8%)
五次	6	1811	(21%)
六次	7	2758	(6%)

考虑到模型选择会产生跳跃和不稳定的估计，我们可以通过平均 bootstrap 复制来光滑 $\hat{\mu}=t(z)$. 定义

$$\tilde{\mu}=s(z)=\frac{1}{B}\sum_{i=1}^{B}t(z^*) \tag{6.6.7}$$

同上，可以通过重抽样给出光滑估计二阶水平下的经验标准差估计 $\widetilde{sd}_B$. 但这需要耗费大量的计算精力. 下面的定理根据理想 bootstrap 估计，即这里使用 z^* 的 $B=n^n$ 种可能选择，提供一个有用的计算公式. 非理想 bootstrap 可以直接采用，例如 $B=4000$.

定义

$$t_i^*=t(z_i^*), \tag{6.6.8}$$

为感兴趣统计量的第 i 次 bootstrap 复制，这里，$z_i^*=(z_{i1}^*,z_{i2}^*,\cdots,z_{ik}^*,\cdots,z_{in}^*)$

$$Z_{ij}^*=\#\{z_{ik}^*=y_j\} \tag{6.6.9}$$

表示 z_i^* 的元素中等于原始数据点 y_j 的个数. 易知，$Z_i^*=(Z_{i1}^*,Z_{i2}^*,\cdots,Z_{in}^*)$ 服从一个每次试验有 n 种可能结果的多项分布，其中每个结果发生的概率都为 $1/n$，其均值向量和协方差矩阵为

$$Z_i^*\sim(1_n,I-1_n1_n^{\mathrm{T}}/n). \tag{6.6.10}$$

定理 6.6.1 (Efron, 2014) 理想 bootstrap 统计量 $s(z)=\frac{1}{B}\sum_{i=1}^{B}t(z^*)$ 的标准差的非参数 delta 方法估计是

$$\widetilde{sd}=\left\{\sum_{j=1}^{n}\text{cov}_j^2\right\}^{1/2}, \tag{6.6.11}$$

这里 $\text{cov}_j=\text{cov}_*(Y_{ij}^*,t_i^*)$ 是 Y_{ij}^* 与 t_i^* 之间 bootstrap 协方差. 证明参见 Efron (2014).

非理想情形下 $s(z)$ 的标准差的估计是 (6.6.11) 的类似:

$$\widetilde{sd}_B=\left\{\sum_{j=1}^{n}\widehat{\text{cov}}_j^2\right\}^{1/2}, \tag{6.6.12}$$

这里

$$\widehat{\text{cov}}_j=\frac{1}{B}\sum_{i=1}^{B}(Y_{ij}^*-Y_{\cdot j}^*)(t_i^*-t_\cdot^*), \tag{6.6.13}$$

且 $Y_{\cdot j}^*=\sum_{i=1}^{B}Y_{ij}^*/B$，$t_\cdot^*=\sum_{i=1}^{B}t_i^*/B=s(z)$.

参数 bootstrap 光滑方法的相关结论可以类似得到，这里略去.

6.6.3 基于模型选择的模型平均

在上一节的基础上，我们可以考虑组合模型选择和 bootstrap 光滑的思想提供一个直观的模型平均的权重选择方案. 注意到表 6.6.1 中，根据不同的 bootstrap 重抽样数据可以依据适当的模型选择准则得到候选模型选中的各个比例，使用这些比例作为自然的权重; 然后利用原始数据分别估计出每个候选模型，从而得到目标的预测值; 最后，利用已经确定的权重对相应预测做加权平均从而得到一种模型平均预测.

这样，我们就得到一种不同于上节的模型平均预测技术. 当然，这种方法产生的预测或估计的精确性和有限样本性质有待进一步研究，这里限于篇幅，不进行深入讨论. 部分有关模拟研究可参见 Xu (2016).

参考文献

金华, 郑圣昕, 陈伟权. 2009. Behrens-Fisher 问题的正态逼近. 统计研究, 26: 106–108.

王松桂. 1987. 线性模型的理论及其应用. 合肥: 安徽教育出版社.

王松桂, 史建红, 尹素菊, 吴密霞. 2004. 线性模型引论. 北京: 科学出版社.

王松桂, 尹素菊. 2002. 线性混合模型参数的一种新估计. 中国科学 (A 辑), 32: 434–443.

吴密霞, 王松桂. 2004. 线性混合模型中固定效应和方差分量的同时最优估计. 中国科学 (A 辑), 34: 373–384.

徐礼文. 2006. 几类统计模型的估计和预测理论. 北京工业大学博士学位论文.

徐礼文. 2008. 混合模型中的统计推断. 清华大学博士后出站报告.

徐礼文, 梅波. 2015. Behrens-Fisher 问题的参数 Bootstrap 检验. 统计与决策，430: 23–26.

徐礼文, 瞿开毅. 2015. Behrens-Fisher 问题的参数 bootstrap 区间估计. 统计与决策，444: 8–11.

徐礼文, 王登魁. 2015. 异方差下多个正态总体共同均值的参数 bootstrap 推断. 统计与决策. (In press).

杨振海. 2014. 随机估计及 VDR 检验. 北京：高等教育出版社.

张新雨，邹国华. 2011. 模型平均方法及其在预测中的应用. 统计研究，28(6): 97–102.

Ali M M, Siler J L. 1985. Tests for equality between sets of coefficients in two linear regression under heteroscedasticity. Journal of American Statistical Association, 80: 730–735.

Ananda M M A. 1995. Generalized F-tests for unbalanced nested designs under heteroscedasticity. Ann Inst Statist Math., 47: 731–742.

Ananda M M A, Weerahandi S. 1997. Two-way ANOVA with unequal cell frequencies and unequal variances. Statist. Sinica, 7: 631–646.

Anderson T W. 2003. An Introduction to Multivariate Statistical Analysis. 3rd ed. New York: John Wiley.

Arnold S F. 1981. The Theory of Linear Models and Multivariate Analysis. New York: John Wiley.

Balestra P, Nerlove M. 1966. Pooling cross section and time series data in the estimation of a dynamic model, the demand for natural gas. Econometrica, 34: 585–612.

Baltagi B H. 1981. Pooling An experimental study of alternative testing and estimation procedures in a two-way error component model. J. Econometrics, 17: 21–49.

Baltagi B H. 2013. Econometric Analysis of Panel Data. Fifth Ed. Chichester: Wiley.

Baltagi B H, Griffin J M. 1983. Gasoline demand in the OECD, an application of pooling and testing procedures. Eur. Econ. Rev., 22: 117–137.

Bao P, Ananda M M A. 2001. Performance of two-way ANOVA procedures when cell frequency and variances are unequal. Communications in Statistics Simulation and Computation, 30: 805–829.

Bartlett M S. 1939. A note on tests of significance in multivariate analysis. Math. Proc. Cambridge Philos. Soc., 35: 180–185.

Beaulieu M C, Dufour J M. Khalaf L. 2007. Multivariate tests of mean-variance efficiency with possibly non-Gaussian errors, an exact simulation-based approach. Journal of Business and Economic Statistics, 25: 398–410.

Bellon A, Didier G. 2008. On the Behrens-Fisher Problem, A Globally Convergent Algorithm and a Finite-Sample Study of the Wald, LR and LM Tests. Annals of Statistics, 36: 2377–2408

Bement T R, Williams J S. 1969. Variance of weighted regression estimators when sampling errors are independent and heteroscedastic. J. Amer. Statist. Assoc., 64: 1369–1382.

Bennett B M. 1951. Note on a solution of the generalized Behrens-Fisher problem. Ann. Inst. Statist. Math., 2: 87–90.

Bondell H D, Krishna A, Ghosh S K. 2010. Joint Variable Selection for Fixed and Random Effects in Linear Mixed-Effects Models. Biometrics, 66: 1069–1077.

Borenstein M, Hedges L V, Higgins J P T, Rothstein H R. 2009. Introduction to Meta-Analysis. New York: John Wiley & Sons.

Breiman L. 1996. Bagging Predictors. Machine Learning, 24: 123–140.

Brown M B, Forsythe A B. 1974. Robust tests for the equality of variances. J. Amer. Statist. Assoc., 69: 364–367.

Brown M B, Forsythe A B. 1974. The small sample behaviour of some statistics which test the equality of several means. Technometrics, 16: 385–389.

Box G E P. 1949. A general distribution theory for a class of likelihood criteria. Biometrika, 36: 317–346.

Brunner E, Dette H, Munk A. 1997. Box-type approximations in factorial designs. J. Amer. Statist. Assoc., 92: 1494–1503.

Buhlmann P, van de Geer S. 2011. Statistics for High-Dimensional Data: Methods, Theory and Applications. Berlin Heidelberg: Springer-Verlag.

Claeskens G, Hjort N L. 2008. Model Selection and Model Averaging. Cambridge: Cambridge University Press.

Chatterjee S, Lahiri P, Li H. 2008. Parametric bootstrap approximation to the distribution of EBLUP and related prediction intervals in linear mixed models, Ann. Statist., 36: 1221–1245.

Chen S X, Qin Y L. 2010. A two-sample test for high-dimensional data with applications to gene-set testing. The Annals of Statistics, 38: 808–835.

Chen S X, Zhang L X, Zhong P S. 2010. Tests for high-dimensional covariance matrices. Jour. Ameri. Statist. Assoc., 105: 810–819.

Chen Z, Dunson D. 2003. Random Effects Selection in Linear Mixed Models. Biometrics, 59: 762–769.

Christensen W F, Rencher A C. 1997. A comparison of type I error rates and power levels for seven solutions to the multivariate Behrens-Fisher problem. Comm. Statist. Simulation Comput., 26: 1251–1273.

Cochran W G, Carroll S P. 1953. A sampling investigation of the efficiency of weighting inversely as the estimated variance. Biometrics, 9, 447–459.

Conerly M D, Mansfield E R. 1988. An approximation test for comparing heteroscedastic regression models. Journal of American Statistical Association, 83: 811–817.

Dajani A N, Mathew T. 2003. Comparison of some tests in the one-way ANOVA with unequal error variances. In, ASA Proceedings of the Joint Statistical Meetings. Alexandria, VA, USA, American Statistical Association., pp. 1149–1155.

Diggle P J, Liang K, Zeger S L. 1994. Analysis of Longitudinal Data. New York: Oxford.

Eberhardt K R, Reeve C P, Spiegelman C H. 1989. A minimax approach to combining means with practical examples. Chemometr. Intell. Lab. Systems, 5: 129–148.

Efron B. 1993. Bayes and likelihood calculations from confidence intervals. Biometrika, 80: 3–26.

Efron B. 2014. Estimation and Accuracy after Model Selection. J. Amer. Statist. Assoc., 109: 991–1002.

Efron B, Tibshirani R J. 1993. An Introduction to Bootstrap. London: Chapman & Hall.

Fairweather W R. 1972. A method of obtaining an exact con dence interval for the common mean of several normal populations. Appl. Statist., 21: 229–233.

Fan Y, Li R. 2012. Variable Selection in Linear Mixed Effects Models. Ann. Statist., 40: 2043–2068.

Fisher R A. 1930. Inverse probability. Proc. Camb. Philos., 26: 528–535.

Fisher R A. 1935. The fiducial argument in statistical inference. Annals of Eugenics, 6: 391–398.

Fisher R A. 1973. Statistical Methods and Scientific Inference. 3rd ed. New York: Hafner Press.

Fuller W A, Battese G E. 1974. Estimation of linear functions with crossed-error structure. J. Econometrics, 2: 67–78.

Gamage J, Mathew T, Weerahandi S. 2004. Generalized p-values and generalized confidence regions for the multivariate Behrens-Fisher problem and MANOVA. J. Multivariate Anal., 88: 177–189.

Gamage J, Weerahandi S. 1998. Size performance of some tests in one-way ANOVA. Comm. Statist. Simulation, 27: 625–640.

Gibbons M R, Ross S A, Shanken J. 1989. A test of the efficiency of a given portfolio. Econometrica, 57: 1121–1152.

Graybill F A, Deal R B. 1959. Combining unbiased estimators. Biometrics, 15: 543–550.

Hall P, Maiti T. 2006. On parametric bootstrap methods for small area prediction. J. Roy. Statist. Soc., Series B, 68: 221–238.

Harrar S W, Bathke A C. 2012. A modified two-factor multivariate analysis of variance, asymptotics and small sample approximations. Ann. Inst. Statist. Math., 64: 135–165.

Hartung J, Knapp G, Sinha B K. 2008. Statistical Meta-Analysis with Applications. New York: John Wiley & Sons.

Hastie T, Tibshirani R, Wainwright M. 2015. Statistical Learning with Sparsity—The Lasso and Generalizations. BocaRaton: Chapman and Hall/CRC.

Hatsukami D K, Hughes J R, Pickens R W, Svikis D. 1984. Tobacco withdrawal symptoms, an experimental analysis. Psychopharmacology, 84: 231–236.

Hotelling H. 1951. A generalized T test and measure of multivariate dispersion. in Proceedings of the Second Berkeley Symposium on Mathematical Statistics and Probability, J. Neyman, University of California Press, Berkeley, 23–41.

Hsiao C. 1986. Analysis of Panel Data. Cambridge: Cambridge University Press.

Ibrahim J G, Zhu H, Garcia R I, Guo R. 2011. Fixed and random effects selection in mixed effects models. Biometrics, 67: 495–503.

James G S. 1954. Tests of linear hypotheses in univariate and multivariate analysis when the ratios of the population variances are unknown. Biometrika, 41: 19–43.

Jiang J, Nguyen T, Rao S J. 2011. Best predictive small area estimation. J. Amer. Statist. Assoc., 106: 732–745.

Johansen S. 1980. The Welch-James approximation to the distribution of the residual sum of squares in a weighted linear regression. Biometrika, 67: 85–95.

Jordan S M, Krishnamoorthy K. 1996. Exact confidence intervals for the common mean of several normal populations. Biometrics, 52: 77–86.

Khuri A I. 1990. Exact tests for random models with unequal cell frequencies in the last stage. J Statist Plann Inference, 24: 177–193.

Khuri A I, Mathew T. 1998. Statistical tests for mixed linear models. New York: John Wiley.

Kim S. 1992. A practical solution to the multivariate Behrens-Fisher problem. Biometrika, 79: 171–176.

Koschat M A, Weerahandi S. 1992. Chow-type tests under heteroscedasticity. Journal of Business and Economic Statistics, 10: 221–228.

Krishnamoorthy K, Lu F. 2010. A parametric bootstrap solution to the MANOVA under heteroscedasticity. Journal of Statistical Computational and Simulation, 80: 873–887.

Krishnamoorthy K, Lu F, Mathew T. 2007. A Parametric Bootstrap Approach for ANOVA with Unequal Variances, Fixed and Random Models. Computational Statistics & Data Analysis, 51: 5731–5742.

Krishnamoorthy K, Lu Y. 2003. Inferences on the common mean of several normal populations based on the generalized variable method. Biometrics, 59: 237–247.

Krishnamoorthy K, Xia Y. 2009. On selecting tests for equality of two normal mean vectors. Multivariate Behav. Res., 41: 533–548.

Krishnamoorthy K, Yu J. 2004. Modified Nel and Van der Merwe test for the multivariate Behrens-Fisher problem. Statist. Probab. Lett., 66: 161–169.

Krishnamoorthy K, Yu J. 2012. Multivariate Behrens-Fisher problem with missing data. J. Multivariate Anal., 105: 141–150.

Kshirsagar A M. 1972. Multivariate Analysis. New York: Marcel Decker.

Kubokawa T, Nagashima B. 2012. Parametric bootstrap methods for bias correction in linear mixed models. Journal of Multivariate Analysis: 106, 1–16.

Lawley D N. 1938. A generalization of Fisher's z-test. Biometrika, 30: 180–187.

Levy P S. 1970. Combining independent estimators-an empirical study. Technometrics, 12: 162–165.

Liang H, Zou G, Wan A T K, Zhang X. 2011. Optimal Weight Choice for Frequentist Model Average Estimators. Journal of the American Statistical Association, 106: 1053–1066.

Lin S H, Lee J C. 2003. Exact tests in simple growth curve models and one-way ANOVA with equicorrelation error structure. J. Multivariate Anal., 84: 351–368.

Lin S H, Lee J C. 2005. Generalized inferences on the common mean of several normal populations. J. Statist. Plann. Inference, 134: 568–582.

Lintner J. 1965. The Valuation of Risk Assets and the Selection of Risky Investments in Stock Portfolios and Capital Budgets. Review of Economics and Statistics, 47: 13–37.

Ma C X, Tian L L. 2009. A parametric bootstrap approach for testing equality of inverse Gaussian means under heterogeneity. Communications in Statistics Simulation Computation, 38: 1153–1160.

MacKinlay A C, Richardson M. 1991. Using generalized method of moments to test mean-variance efficiency. Journal of Finance, 46: 511–527.

Maric N, Graybill F A. 1979. Small samples con-dence intervals on common mean of two normal distributions with unequal variances. Comm. Statist.—Theory Methods, 8: 1255–1269.

Mathew T, Webb D W. 2005. Generalized p values and confidence intervals for variance components, Applications to army test and evaluation. Technometrics, 47: 312–322.

Meier P. 1953. Variance of a weighted mean. Biometrics, 9: 59–73.

Milliken G A, Jonhnson D E. 1984. Analysis of Messy Data. Blemont: Lifetime Learning Publications.

Moreno E, Torres F, Casella G. 2005. Testing equality of regression coefficients in heteroscedastic normal regression models. Journal of Statistical Planning Inference, 131: 117–134.

Müller S, Scealy J L, Welsh A H. 2013. Model Selection in Linear Mixed Models. Statistical Science, 28: 135–167.

Nel D G, van der Merwe C A. 1986. A solution to the multivariate Behrens - Fisher problem. Comm. Statist. Theory Methods, 15: 3719–3735.

Nerlove M. 1971. A note on error components models. Econometrica, 39: 383–396.

Ni X, Zhang D, Zhang H H. 2010. Variable Selection for Semiparametric Mixed Models in Longitudinal Studies. Biometrics, 66: 79–88.

Oberhelman D, Kadiya R. 2007. A test for the equality of parameters for separate regression models in the presence of heteroscedasticity. Communications in Statistics—Simulation and Computation, 36: 99-121.

Olson C L. 1974. Comparative robustness of six tests in multivariate analysis of variance. J. Amer. Statist. Assoc., 69: 894–908.

Olson C L. 1979. Practical considerations in choosing a MANOVA test statistic, a rejoinder to Stevens. Psychol. Bull., 86: 1350–1352.

Pagurova V I, Gurskii V V. 1979. A confidence interval for the common mean of several normal distributions. Theory Probab. Appl., 88: 882–888.

Pesaran M H, Yamagata. T. 2012. Testing CAPM with a large number of assets. IZA Discussian Papers 6469, Institute forthe study of Labar.

Pillai K C S. 1955. Some new test criteria in multivariate analysis. Ann. Math. Stat., 26: 117–121.

Rao C R, Kleffe J. 1988. Estimation of Variance Components and Applications. Amsterdam: North-Holland.

Roy S N. 1945. The individual sampling distribution of the maximum, the minimum and any intermediate of the p-statistics on the null-hypothesis. Sankhya, 2: 133–158.

Rukhin A L, Vangel M G. 1998. Estimation of a common mean and weighted means statistics. Journal of the American Statistical Association, 93: 303–308.

Scheffé H. 1944. A Note on the Behrens-Fisher Problem. Ann. Math. Statist., 15: 430–432.

Scheffé H. 1959. The Analysis of Variance. New York: John Wiley.

Schmidt P, Sickles R. 1977. Some further evidence on the use of the Chow tetss under heteroscedasticity. Econometrica, 42: 601–608.

Schweder T, Hjort N L. 2002. Confidence and Likelihood. Scandinavian Journal of Statistics, 29: 309–332.

Searle S R. 1971. Linear Models. New York: John Wiley.

Searle S R. 1987. Linear Models for Unbalanced Data. New York: John Wiley.

Searle S R, Casella G, Mcculloch C E. 2006. Variance Components. New York: John Wiley.

Searle S R, Henderson H V. 1979. Dispersion matrices for variance components models. J. Amer. Statist. Assoc., 74: 465–470.

Sharpe W F. 1964. Capital asset prices, A theory of market equilibrium under conditions of risk. Journal of Finance, 19: 425–442.

Shi J H, Wang S G. 2006. The spectral decomposition of covariance matrices for the variance components models. J. Multivariate Anal., 97: 2190–2205.

Sinha B K. 1985. Unbiased estimation of the variance of the Graybill-deal estimator of the common mean of several normal populations. Can. J. Statist., 13: 243–247.

Singh K, Xie M, Strawderman W E. 2005. Combining Information From Independent Sources Through Confidence Distributions. The Annals of Statistics, 33: 159–183.

Sutton A J, Higgins J P T. 2008. Recent Developments in Meta-Analysis. Statistics in Medicine, 27: 625–650.

Tian L L, Ma C X, Vexler A. 2009. A Parametric Bootstrap Test for Comparing Heteroscedastic Regression Models. Communications in Statistics Simulation and Computation, 38: 1026–1036.

Tsao M, Wu C B. 2006. Empirical likelihood inference for a common mean in the presence of heteroscedasticity. Can. J. Statist., 34.

Tsui K W, Weerahandi S. 1989. Generalized P-Values in Significance Testing of Hypotheses in the Presence of Nuisance Parameters. Journal of the American Statistical Association, 84: 602–607.

Vaida F, Blanchard S. 2005. Conditional Akaike Information for Mixed-Effects Models. Biometrika, 92: 351–370.

Vallejo G, Ato M. 2006. Modified Brown-Forsythe procedure for testing interaction effects in split-plot designs. Multivariate Behav. Res., 41: 549–578.

Vallejo G, Ato M. 2012. Robust tests for multivariate factorial designs under heteroscedasticity. Behav. Res. Methods, 44: 471–489.

Vallejo G, Ato M, Fernández M P, Livacic-Rojas P E. 2013. Multilevel bootstrap analysis with assumptions violated. Psicothema, 25: 520–528.

Van Aelsta S, Willems G. 2011. Robust and efficient one-way MANOVA tests. J. Amer. Statist. Assoc., 106: 706–718.

Vangel M G, Rukhin A L. 1999. Maximum likelihood analysis for heteroscedastic one-way random effects ANOVA in interlaboratory studies. Biometrics, 55: 129–136.

Verbeke G, Molenberghs G. 2000. Linear Mixed Models for Longitudinal Data. New York: Springer-Verlag.

Wang S G, Chow S C. 1994. Advanced Linear Models. New York: Marcel Dekker.

Weerahandi S. 1987. Testing regression equality with unequal variances. Econometrica, 55: 1211–1215.

Weerahandi S. 1993. Generalized confidence intervals. Journal of American Statistical Association, 88: 899–905.

Weerahandi S. 1995. ANOVA under unequal error variances. Biometrics, 51: 589–599.

Weerahandi S, Berger V W. 1999. Exact Inference for grouth curves with interclass correlation structure. Biometrils, 55, 921–924.

Welch B L. 1936. The specification of rules for rejecting too variable a product, with particular reference to an electric lamp problem. Supplement to the Journal of the Royal Statistical Society, 3: 29–48.

Welch B L. 1938. The significance of the difference between two means when the population variances are unequal. Biometrika, 29: 350–362.

Wilcox R R. 1989. Adjusting for unequal variances when comparing means in one-way and two-way fixed effects ANOVA model. J. Educ. Behav. Stat., 14: 269–278.

Wilks S S. 1932. Certain generalizations in the analysis of variance. Biometrika, 24: 471–494.

Xie M, Singh K. 2013. Confidence distribution, the frequentist distribution estimator of a parameter, a review. Internat. Statist. Rev., 81: 3–39.

Xie M, Singh K, Strawderman W E. 2011. Confidence distributions and a unifying framework for meta-analysis. J. Amer. Statist. Assoc., 106: 320–333.

Xu L W. 2014. MANOVA for nested designs with unequal cell sizes and unequal cell covariance matrices. Journal of Applied Mathematics, 2014: 1–10.

Xu L W. 2015a. Parametric bootstrap approaches for two-way MANOVA with unequal cell sizes and unequal cell covariance matrices. Journal of Multivariate Analysis, 133: 291–303.

Xu L W. 2015b. Parametric Bootstrap Inferences for the Growth Curve Models with Intraclass Correlation Structure. Communications in Statistics — Theory and Methods. (In press)

Xu L W. 2016. A bootstrap smoothing approach for model averaging and its weight choice. (Manuscript)

Xu L W, Mei B, Chen R R, Guo H X, Wang J J. 2014. Parametric bootstrap tests for unbalanced nested designs under heteroscedasticity. Journal of Statistical Computation and Simulation, 84: 2059–2070.

Xu L W, Wang S G. 2007. The minimax estimator of stochastic regression coefficients and parameters in the class of all estimators. Acta Math. Sinica, English Series, 23: 497–506.

Xu L W, Wang S G. 2008. A new generalized p-value for ANOVA under heteroscedasticity. Statist. Probab. Lett., 78: 963–969.

Xu L W, Wang S G, Shi J H. 2010. Consistent nonnegative estimates of variance components. Acta Mathematica Apllicatae Sinica, English Series. 26: 177–186.

Xu L W, Wang S G. 2011. Linear sufficiency in a general growth curve model. Linear Algebra and its Applications, 434: 593–604.

Xu L W, Yang F Q, Abula A, Qin S. 2013. A parametric bootstrap approach for two-way ANOVA in presence of possible interactions with unequal variances. Journal of Multivariate Analysis, 115: 172–180.

Xu L W, Yang F Q, Chen R R, Yu S H. 2015. A parametric bootstrap test for two-way ANOVA model without interaction under heteroscedasticity. Communications in Statistics—Simulation and Computation, 44: 1264–1272.

Xu L W, Qu K Y, Wu M X, Mei B, Chen R R. 2016. parametric bootstrap tests for unbalanced three-factor nested designs under heteroscedasticity. Communications in Statistics—Simulation and Computation. 45(1): 322–338.

Xu L W, Yuom L. 2015. A parametric bootstrap solution to two-way MANOVA without interaction under heteroscedasticity, fixed and mixed models. Communications in Statistics— Simulation and Computation. (In Press)

Xu L W, Tian M Z. 2015. Parametric bootstrap inferences for panel data models. Communications in Statistics—Theory and Methods. (In press)

Yanagihara H, Yuan K H. 2005. Three approximate solutions to the multivariate Behrens-Fisher problem. Comm. Statist. Simulation Comput., 34: 975–988.

Yao Y. 1980. An approximate degrees of freedom solution to the multivariate Behrens-Fisher problem. Biometrika, 52: 139–147.

Yu P L H, Sun Y, Sinha B K. 1999. On exact confidence intervals for the common mean of several normal populations. J. Statist. Plann. Inference, 81: 263–277.

Zhang J T. 2011. Two-way MANOVA with unequal cell sizes and unequal cell covariance matrices. Technometrics, 53: 426–439.

Zhang J T. 2012. An approximate degrees of freedom test for heteroscedastic two-way ANOVA. J. Statist. Plann. Inference, 142: 336–346.

Zhang J T, Xiao S N. 2012. A note on the modified two-way MANOVA tests. Statist. Probab. Lett., 82: 519–527.

Zhang X, Zou G, Liang H. 2014. Model averaging and weight choice in linear mixed-effects models. Biometrika, 101: 205–218.

Zheng S R, Shi N Z, Ma W Q. 2010. Statistical inference on difference or ratio of means from heteroscedastic normal populations. Journal of Statistical Planning and Inference, 140: 1236–1242.

重构

门店新零售创业工作法

何磊　南山—著

中信出版集团 | 北京

图书在版编目（CIP）数据

重构：门店新零售创业工作法 / 何磊，南山著. --
北京：中信出版社，2020.2
ISBN 978-7-5217-1319-0

Ⅰ. ①重… Ⅱ. ①何… ②南… Ⅲ. ①零售业－商业
经营 Ⅳ. ①F713.32

中国版本图书馆CIP数据核字(2019)第285553号

重构——门店新零售创业工作法

著　　者：何磊　南山
出版发行：中信出版集团股份有限公司
（北京市朝阳区惠新东街甲4号富盛大厦2座　邮编　100029）
承 印 者：北京诚信伟业印刷有限公司

开　　本：787mm×1092mm　1/16　　印　　张：14.5　　字　　数：176千字
版　　次：2020年2月第1版　　印　　次：2020年2月第1次印刷
广告经营许可证：京朝工商广字第8087号
书　　号：ISBN 978-7-5217-1319-0
定　　价：49.00元

服务热线：400-600-8099
投稿邮箱：author@citicpub.com

序

“小生意”的大时代

这是一本基于消费升级大时代背景下，零售创业和零售管理的书。

在管理学科中，我们经常讨论的企业战略、商业模式、市场营销等内容，其实都是关于“大生意”怎么做的问题，研究的对象和主体是企业。以我重点研究的商业模式为例，它关注的是利益相关者的交易结构问题，商业模式的创新就是在一个庞大的商业生态系统中对交易结构进行有价值的重构，它对企业创始人、管理者的商业综合素养要求很高。一个企业在要通过商业模式的创新来驱动发展时，也往往经历了好几个发展阶段。

而这本书是解决“小生意”怎么做的问题。开店这个事就是一门“小生意”，普遍得满大街都是，经营它的主体在工商部门注册时登记为“个体户”的居多，都还称不上是一个企业。但小生意要做好并不容易，一个成功的企业家也不一定能开好一家小店。但如果能够经营好一家小店，能够掌握好开店的精髓，同时又有企业家的视野、格局，那“小生意”就能够发展成为“大生意”。世界500强排名第一的沃尔玛就是从一家小店发展起来的。

中国的创业浪潮经历了几次大的起伏，创业热点从制造业、房地产、PC（个人计算机）互联网、移动互联网、人工智能到现在的产业互联网不断切换，尤其是移动互联网这一波数字化浪潮，把很多原有的商业形态进行了重构和迭代，对商业思想也进行了颠覆和升级。微信、小米、滴滴、今日头条、瑞幸咖啡、美团外卖、抖音、小红书以及移动支付、共享单车等，都是这波创业浪潮的明星，它们引领了大众创业、万众创新的风向。进入2019年以来，我们明显感受到能够以较低门槛进入的商业创新领域在减少，而像人工智能、物联网、数字经济等领域，虽然大家都知道是未来的方向，但是技术门槛和资金门槛足以让绝大多数创业者望而却步。

过去20年对于创业者来说，是遍地皆黄金的上半场，大家都奔着“大生意”去，新技术、新思想、新模式接连不断地涌现，伴随着消费者流量红利的窗口，商业机会源源不断，诞生了很多巨头公司，让我们从弯道超了世界的车，在互联网科技应用领域成为全球的标杆。从现在到未来的10年，创业开始进入白银青铜的下半场，在这个时代，流量红利触顶，效率提升成为新的增长引擎，创业者必须从浮躁、狂热、粗犷，逐步转变为踏实、专注和精细，必须把握好新技术和消费升级带来的新消费者需求，敏捷创新、精益创业，直至下一次科技大爆炸的新时代到来。

零售领域依旧存在着巨量的创业机会，虽然只是以“小生意”为主，但企业其实无论大小，只要能够把一家或者几家门店经营得很成功，就都是一份很好的事业。当前零售领域的机会在于移动互联网、大数据快速发展倒逼居民消费需求升级，但是消费升级不仅仅是产品的升级，不仅仅是智能马桶盖、戴森吹风机，每一个零售的生产要素都需要升级，每一家门店都需要更好地创新、营运、管理和全方位地重构，如此才能匹配时代趋势的发展，满足消费者需求的变迁。

零售领域的机会还在于中国广阔的市场空间。我们不能只盯着一、二线大城市，对于下沉市场也不能只想着通过拼多多、快手这些平台型产品，我们完全可以想想自己的老家或者出差路过的那个县城，想想那个小城市里面的商业，那些商场、便利店、小食店，它们将逐步被新一代零售创业者所改造、升级，最终整个中国社会的零售商业完成一整代的脱胎换骨。而这个过程需要我们用跨界融合的思维去科学地经营、落地，每一个“小生意”都需要商业的智慧，如此下来，想做百年老店的才能成就经典、想做规模的才能实现百城千店、想做效益的才能稳妥赚钱。

看完这本书后，相信读者可以明白，为什么有的店面可以持续经营、越做越好，为什么有的店面几个月就尴尬关门，这其中都有着非常严谨的商业逻辑。首先就是零售项目的选择方向要正确，书里提出了三大方向，内容形式也十分明确，你只需要把自己的项目方向与书中提到的方法匹配就能得知是否可行。而后面几章涉及的选址、组织、营运、智慧营销是零售管理中实操性很强的内容，作者对每一项内容都给出了一套方法论，和国内零售产业发展的趋势结合得很紧密。

这几年与新零售相关的书出了很多，以思想指引、理念转变类的主题居多。而这本书则提供了一套从想到做的落地策略以及方法体系，零售相关的创业者、从业者如果能按照书中所介绍的内容逐条落实或者部分实现，国内零售业的开店成功率定能提升好几个百分点，经营效率也将成倍提升，从而造就门店新零售业态的标杆。这也将是这本书对于中国零售商业进化的最大贡献。

魏　炜

魏朱商业模式理论创始人

北京大学汇丰商学院管理学教授

前　言

我们每天都在和各色零售商业发生联系，早餐店、超市、水果店、理发店、服装店、咖啡店、美容院，等等。这些向消费者出售供个人或家庭使用的产品或服务的商业行为被我们称为零售，它是一类十分广泛的商业形式，围绕消费者吃穿用度的生活和工作日常而展开。

以往的传统零售活动都要基于线下的实体门店才能进行，以亚马逊、天猫、京东为代表的电商平台带来了线上零售的突飞猛进，O2O（线上到线下）浪潮之后进化而来的新零售实现了线上线下商业的深度融合，并通过大数据、云计算及硬件技术的进步极大提升了零售的体验感和运营效率，推动了零售商业模式的演变。

中国的零售业态近几年蓬勃发展，城市扩张、商业地产大举开发、创业浪潮和消费升级是四大核心推动力量。其中，城市扩张带来了巨额增量的消费群体；商业地产的大举开发提供了充沛的零售经营空间；创业浪潮极大丰富和改善了零售原有从业人员的数量及结构，吸收了大批从事设计、广告策划、互联网等其他行业的跨界人才，诞生了大批融合、创新的零售品牌和业态形式，扩大了零售的边界；消费升级是人均 GDP（国内生产总值）跨越 8 000 美元后出现的一波经济规律式的消费发展浪潮，并且从一、二线城市往低线城市逐步传导，处在不同发展阶段的城市呈现出不同方式的消费升级内容。

基于门店的零售创业者是数以千万计的创业大军中数量最为庞大并且经久不衰、前赴后继的一群人，他们有的把开一个店作为自己养家糊口、生活度日的载体和工具，有的视之为伟大事业的起点、毕生为之奋斗的依托，有的则是个人生活安逸、事业有成后的兴趣承载或者年轻时梦想的延续。尽管我们迎来了中国零售商业朝气蓬勃的发展期，但也迎来了零售竞争过度激烈的时期，超过 30% 以上的零售店面存活期不超过 1 年，几乎半数以上的店面存活期低于 3 年。

零售是一个难以琢磨的商业形式，有时候我们会发现住家小区周边的几个铺面、办公楼下的某一底商、购物中心的一排品牌店等每过一段时间就会贴出铺面转让的告示，然后没多久装修队进驻开始装修施工，新的品牌或者新项目重新开张营业；如果稍微留心观察，过一段时间又会有一批店面重新洗牌，叫作“你方唱罢我登场”，像商业敢死队一样一拨又一拨地发起冲锋。但同时，总有一批铺面的商业运行一直稳步发展，激烈的商业竞争就像岁月的皱纹一般在它们的招牌上没有留下丝毫的痕迹，反而历久弥新，成为一个商圈中重要的商业组成部分，有的还发展壮大成为具有社会影响力的区域性甚至全国性品牌。

同样的商圈、接近的店址、相差不多的租金水平，为什么有的店面能够开起来？有的店面 3 个月就倒闭？而零售创业又是如此普遍，我们一方面受益于零售的低起点、低技术门槛，相对较少的资金和人员投入，可以比较轻松地开始一段创业历程；另一方面，快速上涨的店面租金水平、人员工资和不断提升的消费者价值满足点，又使零售创业远没有想象中的性感和美好，有时如踏入了一个又一个的深坑，直至项目夭折，投入的店面租金、装修费、产品和人力等成本在关门的那一刻顿时打了水漂。那么，零售的成功之路是否有规律可循？

新零售兴起后，给零售带来了很多思想、技术和模式的革新，当这些革新与商业人才、资本融合在一起的时候，就加速了零售业态的洗牌与发展。但零售的商业战场不是屠宰场，广袤的中国大地拥有深厚的商业战略纵深和足够丰富的商业机会。当创业者的创业想法蠢蠢欲动的时候，他们大多数事业的起点是单点思维，首先是萌生开店、创业的冲动，希望通过想法的实现达成财富、事业、兴趣的目标；接着构思项目的方向并判断前景，此时会局限于创业者日常的商业积累和认知，非常容易把自己看过的、体验过的好与不好的零售项目作为参照。至于项目是否可行，成功概率有多大，落地过程中有哪些关键环节，这些关键环节该如何把握……当项目再往下推动时，面对这些问题大多数创业者是茫然的。

对于已经进入零售商业战场的创业者、投资人、管理者和从业者来说，他们在商业征程中面临五重压力：一是要追求商业初始目标的实现，项目要存活、赢利和发展；二是要承担持续上涨的物业租金和人员工资，商业发展的速度要超过成本上升的速度；三是持续面临新进入者以及跨界商业的竞争，有时跨界商业竞争的破坏力远大于同行的挑战；四是消费者商业诉求的升级要求零售业态必须持续地创新和升级；五是新的技术、理念和商业模式的变革给零售的不同细分领域带来冲击，有时一个细分的变革会扩大为零售全领域的变革，新零售就是这样一股强大的力量。

尽管当前中国的零售商业面临各种挑战，并且已是引领全球零售商业发展和变革的主导者，但零售创业成功、商业高效营运的秘诀和方法论仅掌握在已经“杀出重围”的企业和企业家、高级管理人员的手中，我们普通人对于零售创业、零售营运的认知、理解和总结依旧是零散的、感性的而非系统的、科学的。我们甚至直接忽略了零售管理这一营销学科重要分支的基础构建，更愿意关注于新零售的理念、趋势和技术，对于一个具体的零售项目在新零售时期如何从 0 到 1 逐步发展而来，依然缺乏科学系统的方法、步骤和理论的指导。

重构是对即将实施或者已经落地的零售创业项目进行系统反思和

重新梳理，彻底摒弃原来依靠感觉、凭借经验或者单点思维式的做法，在零售经营的重点环节提供系统的、操作性强的方法体系，同时给出在新零售时期智慧门店的升级路径。同时，重构也是一面镜子，在零售经营的若干个环节，我们常常会犯错，有些错误将毁灭整个项目，有些错误将让我们举步维艰，而有些错误我们可以进行修正。重构是一套新零售背景下成熟的门店创业方法论，这面镜子提供了梳理过程中对诸环节进行比照的参考系。很多时候，失败的零售项目往往不是因为它不如竞争对手优秀，而是因为在创业过程中在诸如项目方向选择、店面选址、用人、营运策略等关键环节犯了重大错误，无可挽救。

门店新零售创业工作法是基于门店的零售创业及管理营运的系统方法论，重点对其中 5 个关键环节进行论述，每一个环节都有独立的框架，环节中的具体问题在对应框架中有比照与解决思路，5 个环节共同组成一套工作法。

零售的好生意法则重点解决零售创业的起点——项目方向的选择问题。选择比努力更重要，说的不仅仅是人生，零售创业也是如此。我们是如此容易被明星项目的光环所吸引，以至于常常忘记为什么而出发，毫无章法的模仿、山寨、想当然成为项目确定时的常态。创业的方向多种多样，例如移动应用、科学技术、工业制造、基建环保等领域，但是零售创业的方向选择却是有限的。零售业自诞生以来就是围绕人类生活的买卖而展开的，而我们只能从做得早、做到极致和有灵魂的创新 3 个方向来选择开端。其中做得早的有效方式是品类的开创者、区域市场的品类先行者和区域市场的品牌先行者。零售营运体系是由多个要素组成的商业系统，不是所有的要素达到极致就会增大成功概率，只有能影响客户认知并有效刺激购买的要素达到极致和内生系统内能推高利润的要素达到极致才是有效动作，它们分别是规模、产品、效率和成本极致。有灵魂的创新是指能够创造跨界的融合新体验或者把握本质的独特价值主张两大方向。

选址拓展是零售项目由想到干、实际落地的第一步，它就像和人结婚一样对项目的影响固定而持久。店铺选址是“大圈里面找小圈，小圈里面找点位”，“大圈”是城市，“小圈”是商圈，“点位”是候选店址。选址的过程其实是我们对于商业的外在认知和内在认知互相匹配的过程。外在认知是要完成对城市、商圈和点位 3 个层次的认知；内在认知是要完成对产品、品牌和客户 3 个主体的认知。只有外在认知和内在认知的内容、参数互相匹配，店址才会进入候选序列。评判内外匹配的标准则是要考察候选店址潜在客源的基数、竞争对手数量、可到达与可停留性、邻近租户的互补性、可视度和方位、面积与户型、现在和未来等七大因素。最后，要通过租金倒推法、历史参考法、竞品评估法、邻近商业参照法这 4 个方法来进行最终决定前的测算评估。

零售的组织与人事是零售创业者、管理者经常忽略的问题，他们常常把大量的精力投入项目的构思、策划、营销上，却很少愿意花心思管理、培养及提升自己的团队。尤其是大量零售项目都为中小型规模，创业者、老板就是兼职人事经理，没有专职人力资源的工作人员，他们人事工作的专业度有限，对于人力资源工作涉及的人力资源规划、招聘与配置、培训与开发、绩效管理、薪酬福利管理、劳动关系管理六大模块的工作内容，每一模块都难以做出特色，只能满足基础需求。为了便于零售创业实施中的操作，我们把人力资源六大模块的内容简化为零售人才的招聘实施和人才“选、育、用、留”4 项内容。招聘实施部分是要构建岗位竞争力，通过常规招聘和裂变式招聘予以实现。而选人是填空，重在人岗匹配；育人重培训，关键是要搭建培训体系；用人需赛马，做好授权与激励；留人靠事业，要善于分享，能和员工形成命运共同体。

零售营运的核心密码是进店数、成交率、客单价、复购率四大指标。其中进店数是指要用好产品、促销折扣、品牌活动等多项提升策略吸引客户进店，并将引流工作固化为一种工作制度，在实际操作中予以强化。成交率是一个非常敏感的数据，是门店环境、陈列、服务等各大因素和能力的集中体现。对成交率的科学管理及运营，就是把影响客户购买决策的若干因素都罗列拆分，强化并放大其中能刺激客户购买行为的价值点。客单价是单个客户的平均消费金额，提升门店客单价的主流方法只有卖贵和卖多两条路径。其中卖贵的基础条件是提升消费者感知的商品价值组合，实现推高卖贵；卖多是门店在销售过程中针对具体商品销售策略的优化，通过销售引导与推荐、加量捆绑、促销等形式增大消费者的购买欲望，从而推动买多来提升客单价。零售的复购率是单位时间内消费者对某一品牌或者门店的产品或服务重复购买的次数，是衡量消费者对品牌、产品、服务的认可及忠诚程度的重要指标。经营复购率是指结合项目所处的品类特质、发展阶段等因素，通过会员制、商品关联、社群等方式反复提升、加强和客户的勾连，维持其对品牌和产品的需求感、新鲜感，拉长客户的生命周期，整体提升客户价值。

新零售智慧营销是以顾客运营为核心的全域数字化营销，和过去零售营销受限于地理空间、物理空间不同，借助移动互联网、云计算、大数据的技术和工具，新时代的零售营销不再局限于有限的“单点空间”来展开，它将“人、货、场”从过去的物理性割裂变成了基于数字化的连接态，向着线下线上全域混合营销进化重构。它以消费者需求和体验为依归，以全域触达、全域营销、全域零售、混合转化、裂变增长为内生逻辑，让零售营销从单点突破到全域网状的互通互联，从而实现从“人找货”的古典零售到“货找人”的新零售的转变。基于这个目标，从寻找种子顾客开始，到零售全场景卖场的搭建，到基于公域流量、私域流量结合的混合流量池，到以裂变增长为逻辑的顾客自增长模型 ESVRR，再到零售智慧营销的全景智连，建立了一套以“顾客运营”为核心的新智慧营销体系，最终抽丝剥茧，总结得出零售全域智慧营销的六大核心框架：七大零售场景、四大流量体系、四大流量池、五大转化器、顾客池、七大裂变器。这种新营销的方式，打破了原有零售业态的边界，不仅让消费场景无处不在，让消费者触点全域覆盖，还能让营销推广智慧触达，更重要的是打通了消费者认知、兴趣、购买、忠诚及分享反馈的营销全链路，让消费数据变得可视、可追踪、可优化、可迭代，为打造跨场景的无缝消费体验与转化提供了保障，更为零售营销带来了新的要求和机遇。

目　录

第一章

零售创业的好生意法则

2018 年《财富》世界 500 强企业排行榜的榜首还是沃尔玛，它已经连续 5 年占据这个位置了，之前的十几年也一直是位居前三甲之列。它的营收超过 5 000 亿美元，是苹果公司的 2 倍多、宝马汽车的 5 倍，是真正的超级巨无霸公司。沃尔玛的成功是全球数以亿计的零售创业者学习和憧憬的典范，因为它竟然起源于美国阿肯色州一个只有 3 000 人的小镇，其位置类似于中国湖南湘西的偏远小镇，连它的创始人山姆·沃尔顿自己也说："有时候简直很难相信，我们居然从那家小小的店铺，成长为当今世界最大的零售商。"①

沃尔玛从创立之初就有着独特的经营理念，例如通过"农村包围城市"的选址策略赢取小镇客户，坚持低价销售和疯狂促销，还总结出一次只考虑一家店，沟通、听取基层的声音，下放责权，集思广益，保持精简和反对官僚的六大谦虚经营的要素，以及献身事业、与员工分享利润、激励你的同事等十大原则。这些看起来十分直白的常识却是山姆·沃尔顿近 50 年零售经营经验积累的精华内容，是沃尔玛奉为"小黄本"的零售"圣经"。

和沃尔玛的大型卖场相反，日本的铃木敏文选择了一条小而美的零售创业之路，他把起源于美国的便利店 7-11 引入日本，经过 40 年的经营发展，到 2018 年 8 月时在全球已经拥有超过 6.6 万家店铺，遍

---

① 资料来源：山姆·沃尔顿．富甲美国：沃尔玛创始人山姆·沃尔顿自传［M］．杨蓓，译．南京：江苏凤凰文艺出版社，2015.

布17个国家和地区，并早在1991年就收购了7-11的母公司美国南方公司。铃木敏文一生著作甚多，对零售创业贡献了很多经典理念，他指出一切都是从“打破常识”开始的，不要受历史经验的束缚，大多数人反对的事业往往能够获得成功。①

2019年上半年，线上零售商亚马逊的股票市值突破万亿美元，随后又超越微软和苹果公司，成为全球第一高市值的公司，它的创始人贝佐斯也随之成为世界首富。贝佐斯在创业早期，创造了著名的“亚马逊飞轮”，它是亚马逊公司营运的底层商业逻辑，即给客户提供更低价格的产品，就能极大提升客户的体验，从而会有更多人使用，于是将有更多的第三方商户参与进来，更多的第三方商户又可以带来更低价格的产品，如此循环，像一个飞轮一样循环往复地使企业快速增长（见图1.1）。

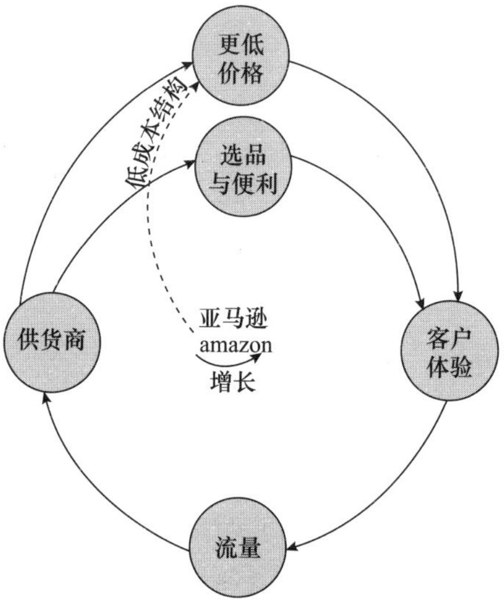

图1.1 亚马逊飞轮

① 资料来源：铃木敏文．零售的哲学［M］．顾晓琳，译．南京：江苏凤凰文艺出版社，2014.

在中国，大量的创业公司也在总结并传播自己成功的秘诀。小米公司联合创始人黎万强在其所著的《参与感》一书中阐述了小米公司“专注、极致、口碑、快”的互联网七字诀；神州租车、瑞幸咖啡的营销负责人杨飞在《流量池》一书中也总结出它们的一套“急功近利”的流量池方法论。

无论是沃尔玛、7-11 还是亚马逊和小米，我们现在看到的都是项目成功以后的经验总结，它们就像明灯一样照亮了大家的前行之路。但是，如果是刚刚开始萌生零售创业的想法，我们首先遇到的还不是如何成功的问题，而是成千上万种项目选择摆放在我们面前时，我们不知道该如何选择的问题。每一天，我们都会路过各种各样的商店，也会去其中的一些商店进行购买和消费，这些体验的过程会给我们创业方向的选择提供一些灵感，我们甚至会因为一次很棒的消费体验，然后很冲动地想开一家类似的店。可即便被参考的店面生意很好，我们依旧不知道当自己从事这门生意时是否有成功的可能。有时候创业的冲动还仅仅只是一个想法，就像孔尚任在《桃花扇》中所写的“眼看他起朱楼，眼看他宴宾客，眼看他楼塌了”，参照的项目方却先倒闭了。创业方向的迷茫和不确定性，常常会沉重打击我们的积极性，让我们徘徊不前。

叶丽之问

叶丽是为配合本书撰写而完全虚拟的一个人物，她是我们其中的一个代表，是零售创业大军中的一员，她的轮廓也许是我们自己，也许是我们身边的朋友，她的问题“我该选个什么样的项目来做”“我选的这个项目能成功吗”是我们同样需要面对的问题。

叶丽今年31岁，毕业于一所本科院校的市场营销专业，居住在河南濮阳，在当地一家中等规模的民营企业做客户经理，每个月有近6 000元的工资收入。她的丈夫张先生是政府公务员，在一个市局单位做科长，每个月5 000多元的工资。叶丽夫妻俩都是独生子女，双方父母均已退休，平时孩子的日常起居和上下学都不需要操心。另外，夫妻俩有两套住房，一套是结婚时张先生家提供的，另一套是濮阳开发新城时买的，虽然是用的抵押贷款，但濮阳房价不高，张先生一人的公积金就够承担了。

叶丽对她现在的生活状态并不满意，即便在城市中他们已经过上了让很多人羡慕的中产阶级生活。她希望能够在保持现有工作的前提下再拥有一份更具挑战性的事业，例如开一个店！至于是做餐饮还是服装或者其他生意并没有具体的概念。如此下来她期望全家一年的收入能够再上一个台阶，如果这个店每月能给她带来1万元的额外收入，她就会下定决心换一辆宝马汽车来奖励自己。

叶丽现在大概有20万元的存款，对开店创业的想法越来越强烈，于是拉上开服装店的闺密张霞和自己一起考察项目。叶丽首先想到的是开一家当前最火的茶饮店。前段时间她去步行街逛街，正好碰上一家茶饮店开业，门口有好几十个人在排队，虽然她不怎么喝奶茶，但是她的直觉告诉自己，开奶茶店的门槛应该不高，面积也不需要很大，二三十平方米就行，做奶茶的技术难度也不高，是一门投资少、回本快的好生意。于是叶丽约上张霞，开始考察全市的茶饮市场。

她和张霞决定先去步行街看看那家新开的茶饮店。周四下午是工作时间，步行街的人不是很多，她们很快停好车。一开车门，叶丽就看见步行街入口的左边有一家贡茶店，生意看起来还可以，门口站了3个大学生模样的人；再一看右边还有两家茶饮店，一家叫李小姐的茶，门头装修得很有文艺范，另一家叫御茶，装修风格和贡茶有三分接近。叶丽继续往步行街里面走，等走到她想考察的那家茶饮店时，她发现这条步行街上已经有7家不同名字的茶饮店，还有2家品类很接近的港式甜品店。

叶丽感觉很沮丧，心里抱怨着一条步行街怎么会有这么多人开茶饮店，于是顾不上去店里体验就赶往另外一个购物商圈。结果在去的路上，她又发现几乎在每条街上都有一两家茶饮店，等到达目的地时，她已经发现了15家茶饮店。第二个购物商圈是个老商圈，老市民逛得多，茶饮店比步行街要少，但也有3家。叶丽心里盘算着整个濮阳估计已经有上百家茶饮店了。于是她决定放弃开茶饮店，因为觉得这一品类竞争太激烈了。虽然这些茶饮店看起来差不多，她认为自己如果做出一些差异性，也许还有机会，但是她也不知道如何做出差异性来。

后面几天，叶丽又分别考察了甜品、炸鸡排、鸡翅包饭、章鱼丸子、蛋挞、酸辣粉等品类，发现每一个品类都似乎开了很多家店。她有一些失落，感觉要创业开一个店似乎很难，每一个品类都有人在做，她很难竞争过别人。好友张霞建议她与自己一起再开一家服装店，或者独自开一家饰品店、美甲店，她的老公张先生则认为在他们新区房子的小区旁可以开一家早餐店，或者水果店、花店……

自从叶丽下定决心要开店创业以来，感觉自己陷入了一个超级大旋涡，不知道如何迈出第一步。她该选个什么样的项目开始呢？最后确定的项目方向有机会成功吗？

零售创业的方向选择是零售战略的内容范畴，是起点战略，是项目发展早期的竞争战略。战略正确与战略优势是企业发展的第一大动力，它能创造的企业发展势能是资金、人才、产品、营运等其他要素无法比拟的。创造出正确的战略优势，将让企业站在行业或者品类的制高点，由上而下对竞争对手形成挤压。

虽然创业道路千万条，但零售创业的战略选择只有三大方向，分别是做得早、做到极致和有灵魂的创新。其中做得早的有效方式是品类的开创者、区域市场的品类先行者和区域市场的品牌先行者。做到极致分别是规模、产品、效率和成本极致。有灵魂的创新是指能够创造跨界的融合新体验或者把握本质的独特价值主张两大方向（见图 1.2）。

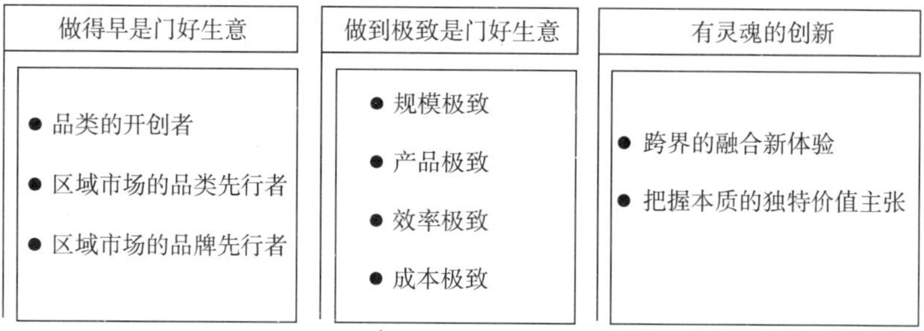

图 1.2　零售创业的好生意法则

做得早是门好生意

市场总是奖励最早吃螃蟹的那一批人，不一定是第一个，但一定是最早的一批，让他们能够比后入者干得相对较为轻松和在一段时间内获得相对较多的利润。

在蓝海战略的案例体系中，有一个非常有名的“大船小船”故事。一艘大船和一艘小船在大海上比赛，假设两者的起点和要到达的终点是一样的，大家都对这片海域一无所知，并且大船在各方面性能上都优于小船，小船如何在不能合作只有竞争的条件下赢过大船？

小船只有在两种情况下有可能赢：第一就是早早出发，尽最大努力赢；第二是选择与大船不同的航线，另辟蹊径，因为在同一航线上小船必输，而在不同路径上，小船也许走的是一条捷径，至少有机会赢。

当前活跃在中国互联网界的众多企业如百度、腾讯、新浪、网易等都创立于 1998 年，阿里巴巴则创立于 1999 年。这些企业在创立的时候都是小船，联想、四大行、中国电信、中国移动等则是大船，但是在互联网这条道路上，它们早早地出发了。虽然 1999 年中国互联网的网民总数只有 65 万，99% 以上的民众没有接触过互联网，但截至 2019 年上半年，经过 20 年的互联网航行，中国的互联网用户数已达到 8.29 亿，当初的“小船”已经成为中国甚至世界级的顶尖企业，腾讯和阿里巴巴分别位列中国上市公司市值的前两名。小船战胜了大船，当年的小船成长为今天的超级航空母舰。

零售的创业和互联网海洋中原来的那些小船也一样，如果想要在一个领域或者一定地域里获胜，也可以早早地出发，以提高成功的概率。早出发的有效方式分为 3 种，分别是品类的开创者、区域市场的品类先行者、区域市场的品牌先行者。

1. 品类的开创者

品类的开创是商业竞争中极具挑战的创新行为，需要商业的敏感度、对未来的洞察力及创新融合等多重能力。开创即意味着创立一门新的生意，创造一个新的蓝海市场。现代商业的品类分化有产品品类、渠道品类和导购品类三大方向。

产品品类是最常见的品类分化方向。苹果手机在手机品类中分化出智能手机，开创并引领了移动互联网时代；红牛开创了功能饮料的新品类；简一大理石瓷砖在瓷砖的基础上创造出大理石瓷砖的新品类。

其次是渠道品类，沃尔玛、苏宁、国美、百果园等都是渠道品类分化的典范，但其中也有一些品牌会从产品品类的代表转化为渠道品类的代表，例如，八马茶业之前在铁观音的品类上开创了浓香型铁观音，使其标杆产品赛珍珠成为浓香型铁观音的品类代表，而现在八马茶业已经成功转型为茶叶销售的渠道品类代表。导购品类相对弱小，基本上到互联网时代才出现一些代表性企业，如 58 同城、大众点评、企查查等。

品类的开创者有更多机会打造出强势品牌，从而占领新品类的用户心智，成为品类代表。定位理论的开创者之一里斯在《品牌的起源》一书中指出，有效品牌是从品类分化而来的，强势品牌的出现往往是由一个细分品类的开创者创立的。他还指出，“商业发展的动力是分化，分化诞生新品类”“企业创建品牌的正道是把握分化趋势，创造新品类，创建新品牌，发展品类，壮大品牌，以多品牌驾驭多品类，最终形成品牌大树”。[①]

我们要意识到，每一年市场中都会诞生各种各样的新产品、新服务，但是 99% 的新内容都会失败，因为它们并没有创造或者分化出一个有效的新品类，而只是对原有内容的优化和改良，是对旧有市场的迎合，只能接受原市场的残酷竞争。还有一些做到了对新需求的开发和引领，但是因为没有合理的品类发展规划及相应的战略来配称，即使开创了也像一棵得不到阳光和养分的小树苗，没有长大就枯萎了。

2018 年年底，茶饮行业的领先品牌快乐柠檬、CoCo 都可、喜茶在上海的一次饮品行业论坛上，都宣称自己是芝士奶盖茶的首创者。同样一款产品 3 家公司都声称自己是首创，自然会有争议，但论坛现场

---

① 资料来源：艾・里斯，劳拉・里斯．品牌的起源［M］．寿雯，译．北京：机械工业出版社，2018.

参会人员却没有太大反应或者异议，因为大家都很认可这 3 个品牌是最早主推芝士奶盖茶爆款品类的重要参与者，它们共同推动了芝士奶盖这个茶饮品类的发展壮大。目前快乐柠檬在全国拥有超过 1 000 家门店，CoCo 都可拥有接近 3 000 家门店，而喜茶更是各大购物中心争相引入的流量大品牌，其单店坪效和市场影响力甚至超过了星巴克。茶饮行业的另外一个当红品牌——奈雪的茶，被公认为奶盖茶和软欧包结合型茶饮店的开创者；在抖音上很火爆并被很多明星追捧的乐乐茶是脏脏包和脏脏茶的首创者，而乐乐茶又是在茶饮与欧包结合品类上的分化创新，在奈雪的茶的基础上往品类细分上又走了一步。

茶饮是近几年零售创业的热门品类，全国每年新开门店数量超过 10 万家，大量的品类创新与分化都会涌现出来，但在全国范围内有影响力的还是上述这些品牌。因为品类的分化还需要品牌的主导，新品类诞生新品牌，新品牌要做大品类，这样新品类才能发展壮大。芝士奶盖茶取代原有的珍珠奶茶成为茶饮领域的主打品类，正是因为快乐柠檬、CoCo 都可、喜茶、奈雪的茶等品牌共同发展壮大了其品类。品类的枝干能发展得多大，也就意味着品类上的开创品牌能发展得多大。

但无论品类发展的前景如何，只要是有效的品类分化，即便再小的点也会在原有品类市场的厮杀中胜出。开创一个新的品类并非凭空捏造，而是有一些基础原则的。

一是要聚焦在一个小的着力点上。火锅市场是当前我国餐饮市场竞争最为激烈的领域之一，海底捞成为这一基础品类的最大代表，还有大量品牌在四川火锅、重庆火锅这些消费者认知度很低的品类“树干”上进行厮杀。但这几年正在逐步分化出一些有代表性的精细品类，郑州的巴奴毛肚火锅、四川谭鸭血的鸭血火锅，就是从一个小小的配菜中分化出的消费者能够认知的火锅品类。

二是要顺应消费者的心智，不要试图去改变或者强加给消费者一个新品类。生活馆是很多零售创业者提及的一个创业项目类型，是要集合与高品质生活相关的美容、美发、健身、美食等各种业态的综合服务场所，并且在很多大城市也有项目落地。但是生活馆没有诞生出一家在全国或者区域拥有较高知名度的品牌，因为绝大部分消费者听到生活馆时是茫然的，在其认知中只有美容店、健身馆、饭店等业态，没有对生活馆的认知定位。

三是要跟随市场渐变，不要过早地进入。开创一个新品类要等待恰当的时机，只有在市场相对成熟的基础上才会分化出新品类，过早的分化或创立都会让新品类夭折。简一大理石瓷砖的成功，其实很大程度上是因为经济社会发展后，人们对高档装修有了更大的需求。如果其诞生在2007年，全民还处于城市化发展的高峰期，市场基础需求是简装和精装，而大理石瓷砖的品类基础非常薄弱，自然也无法支撑其高额广告费用对品类的哺育。

盛香亭是发源于湖南长沙的一个轻餐饮品牌，从2017年年初创立到2018年年底，在长沙、武汉、深圳等地的购物中心开了将近100家门店。这段时间的快速发展缘于它在购物中心的轻餐饮类别中开创出了一个名叫“即食热卤”的小品类。

卤菜本是菜市场中售卖的一个常规品类，在消费者心智中有较好的认知。菜市场入口或者出口处的门面房中一般都会有一个卤菜店，主要有卤鸡爪、卤香干、海带结、豆腐丝等产品，消费的场景是人们买完菜后顺便到店中带点卤菜回去，略带辛辣的刺激性口味是很多女性的最爱。

盛香亭出现以前，卤菜只是菜市场的附属品，是外带回家的一道菜。2017年年初是国内消费升级大热的一年，智能马桶盖、智能电饭煲、创新融合餐饮等消费升级类目大行其道，购物中心的商业业态也是蓬勃发展。盛香亭的创始人之前是从事汉堡这类西式餐饮业的，到了2017年年初开始寻求转型。当时，创始人敏感地意识到很多传统餐饮在这一轮升级中会有众多机会，在搜索中他捕捉到了卤菜这个品类，大胆地做了几点创新：

一是产品创新，凉卤变热卤，卤菜现做现卖。传统卤菜都是老板批量做好后等消费者上门分次购买，因而卤菜买回去等于是凉菜，而盛香亭现做现卖，现场食用。

二是改变消费场景。原有模式是外带回家食用，改后场景是顾客在购物中心购物休闲时进店购买当场食用；原来是家里餐桌上的一道配菜，现在是在购物中心饿了累了后解馋充饥的主餐。

三是改变营运模式。原来只是菜市场入口的一个小店，形象环境都一般，而且是单店运营，现在采用连锁管理、规模化运营。

国内消费品投资的领先机构天图资本的首席投资官冯卫东先生总结出具备发展潜力的零售新品类应有四大特征：第一是客户一听就明白，通过名称客户就知道大概是什么内容，这样需求对接起来容易；第二是在成熟市场得到过验证；第三是能被年轻一代喜欢；第四是得到了新技术、新商业模式的赋能。[①] 我们对比盛香亭，不难发现它具备了以上四大特质。

即食热卤是卤菜品类的分化，也是购物中心轻餐饮业态的分支，同时又因为卤菜在消费者的心智中是本来就存在的一个有效品类，随着消费升级和购物中心业态的发展，所以盛香亭作为购物中心即食热卤品类的开创者，能够快速获得消费者的认同，同时获得短期市场快速发展的红利。但是，即食热卤这个新创品类

---

① 资料来源：冯卫东．新零售风口下，谁能赢得未来？［J］．时代经贸，2017（4）．

的市场空间到底有多大，取决于品牌对品类的贡献。如果盛香亭只专注于自身品牌的发展，而不注重推动热卤品类的市场认知，那么就只能获取原有这部分卤菜爱好者的市场份额，其市场空间是有限的。而如果能够联合周黑鸭、绝味等其他卤味相关品牌共同做大即食热卤的品类，盛香亭将具备更大的发展空间。

2. 区域市场的品类先行者

新的品类出现后，有一个市场扩张的过程。一个品类在全球市场扩张的时间多的有几十年甚至上百年，例如超级市场这样的渠道品类，自从山姆·沃尔顿在美国的小镇创立沃尔玛，花费了将近 30 年的时间将其扩张到美国全国，又花了十几年时间才扩展到全球；短的例如芝士奶盖茶，只花了将近 3 年时间就扩展到全中国。但不管新品类的扩张速度有多快，总是存在区域品类先行者的复制发展时间，而区域品类的先行者往往是品类开创者的模仿者。

成为区域市场的品类领先者首先要有广泛的信息来源，能够及时掌握不同品类商业发展的动向，并针对感兴趣的领域重点关注；其次要有足够的好奇心，当一个新物种来临时不能无动于衷，而应抱着好奇的态度去体验和感受；三是具有深刻的洞察力，能够探知新物种的商业本质，如此才能把握区域的品类领先机会。

沃尔玛和家乐福是最早发展超级市场的两大品牌，目前也是全球最大的两个超市品牌。它们分别于 1996 年和 1995 年进入中国内地市场，最开始都将分店开设在上海、北京、深圳这样的大型城市。但就在它们进驻中国的最初时间里，物美在北京、永辉在福建福州、步步高在湖南湘潭，众多国内超市企业也开始超市连锁业态的发展探索，这些企业基本算是当地区域市场内最早从事超市行业的企业之一。经过近20年的发展，物美在北京市场取得了领先，步步高在湖南、江西、广西等区域市场取得了领先，而永辉则发展成为能够在国内市场挑战沃尔玛、家乐福等国际巨头的全国超市领先企业。但是，即便处于领先的位置，这些企业中甚至也没有一家能够占领全国超市零售市场总额的5%，没有形成一家超市在全国独大的局面，市场还是处于相对分散的状况，在广泛的四、五、六线城市继续诞生了众多小体量的区域品牌。

在家乐福、沃尔玛进入中国五六年后，在永辉、物美、步步高等区域强势品牌发展了四五年后，直到2002年10月，远在中国新疆的伊犁才开出第一家超市——家乡好，一对温州夫妻横跨中国3 000多千米，成了新疆伊犁区域的超市先行者。到2018年，家乡好在伊犁地区及周边拥有了将近20家大型超市，是北疆地区领先的超市品牌。

建三江几乎是中国最东边的城市，是松花江、黑龙江、嫩江三江交汇的地方，也是当年开垦北大荒后建立起来的城市。这里只有不足10万的常住人口，大大小小不到10条街道，平时开车过了两三个红绿灯，就会开到城市的边缘，当地最好的一家酒店也就是格林豪泰的连锁经济型酒店。但是在这个小城市，却有5家“名人礼品”店。这种礼品店是一种经营烟、酒、茶、燕窝、土特产的集合店。礼品店的业态在沿海发达城市都已经走向衰落了，其功能被各种大型超市、购物中心所分割。但是，越是从大城市往四、五、六线城市走，城市发展程度越滞后，集合礼品店的生存状态越好。名人礼品店的老板王总在2008年才开出建三江地区的第一家礼品集合店，到2018年他的名人礼品店成为当地几乎具有垄断意义的品牌，城市内的人们凡是逢年过节、走亲访友要送礼的，都会去名人礼品店购买。

中国960万平方千米的广袤土地上，几乎每一个省就是一个庞大的独立市场，在几个省拥有一个领先地位的品类，几乎就意味着是当地知名领先的企业，甚至在一个地级城市，某一个细分领域的领先者，就是一个不错的中小型企业；如果是在一个县城领先，也意味着是一门不错的生意。因而，在中国不同的区域市场，各种各样的商业种类存在着明显的发展代际差，尤其是一个零售型创新品类的出现，往往存在一年以上甚至更长的时间和空间留给跟随模仿者发展。例如，名创优品出现后，虽然它一年可以开500家以上的新店，但大量的类名创优品的10元精品店还是相继涌现，开在了名创优品还没有触达的三、四线城市的购物中心、商场中。这些区域市场的品类领先者如果还能结合当地市场做一些创新，那也同样存在着很大机会发展成10元精品店这个品类中的“永辉”“物美”。

3. 区域市场的品牌先行者

品类的开创者是梦想、学识、创新、坚韧等若干主观因素，和市场机遇、时代机会等客观因素结合而成的伟大产物。

区域品类的先行者，意味着敏锐的商业洞察力，其执行难度甚至不亚于品类的开创者，它们的成功往往是较好地复制了品类开创者的模式，甚至拥有复制基础上的创新；而它们的失败，往往是因为它们并没有领悟到创新品类的商业真谛，只是复刻了外形而已。

不管怎样，以上两类都是艰难并充满高度风险的，但与此同时市场发展空间是巨大的。区域市场的品牌先行者相对就会容易很多，当然其市场发展空间也会相对有限，依附于品牌，局限于区域市场。区域市场的品牌先行者往往采用品牌加盟、经销、合资等形式。

区域市场的品牌先行者可以享受品牌发展及市场壮大的红利。例如，10年前在各地级城市加盟绝味鸭脖的人，只要没有中途放弃或者出现重大经营失误，到2019年时，即便是发展一般的绝味加盟者都会有10家以上的绝味鸭脖店，多的区域代理商有几十家甚至上百家绝味鸭脖店。绝味鸭脖一骑绝尘，发展成中国领先的休闲熟食品牌，全国门店接近 1 万家，而鸭脖也成为全民热捧的休闲食品。在鸭脖这个极其细分的熟食领域，诞生了绝味、周黑鸭、煌上煌 3 家上市公司，还有小胡鸭、武汉黑鸭、武味周等一些小型地方品牌。但是，如果等到 2019 年才开始从事鸭脖的经营，要么进入的区域市场已经竞争十分激烈，就像茶饮市场一样，要么就是进入的市场相对贫瘠，很难有市场发展初期的红利。而成为区域市场的品牌先行者有以下 3 条路径。

（1）加入品类创造者的领先品牌

这些项目往往一出现就是明星项目，例如良品铺子、名创优品、足力健等，在消费者心智中树立了一个新的品牌定位。良品铺子是精品零食店，名创优品是高性价比的 10 元杂货店，足力健开创了老年人鞋品类，它们在品牌发展的早期就具备非常好的势头，受到媒体和市场的广泛关注。这一类项目拥有很好的品牌势能，在中国绝大部分城市都拥有发展空间，发现和加入得越早，成功的概率就越大。

（2）加入品牌的领先者

有一些零售业态的品类细分较为凌乱，因为整体品类规模十分庞大，单一品牌无法代表品类，同时消费者也只需记住品牌，无须认知品类。例如，女装是一个处于高度竞争并且受到线上销售冲击最为明显的品类，这样一个品类在消费者的心智中各细分品类差异化非常小。但这几年线下女装店的发展趋势是小散女装店关店率大幅提升，而哥弟、欧时力、拉夏贝尔等品牌女装店则高歌猛进。在茶叶、女装、红酒等行业规模庞大但行业集中度低，且小品类创新、分化不足的前提下，越早加入处于上升期的领先品牌，就能越早获得发展势能。

(3) 把品牌做成区域领先

品类开创品牌和领先品牌总是少数，同时很多零售创业者之前从事的是固定工作，或者是在其他领域创业，等要进入目标行业时，如果没有足够领先的市场觉察力和魄力，大量的市场机遇就会被其他人所抢占。这个时候，只能在一些有潜力的品牌和公司中挑选，这些品牌和公司也许本身就是处于创业过程中的中小企业，像多年以前的绝味鸭脖一样。这些潜力公司，即便经历了 10 年的发展，其母品牌的影响力可能依旧孱弱，无法成为“绝味鸭脖”，但是代理品牌的区域公司有可能发展起来，将原有母公司的优势、思路、理念进行放大，从而形成区域领先。7-11 就是这种情况的典型案例，其发展成功后收购了濒临破产的母公司。

上述三种情况是从事品牌代理、加盟、经销的常态。创业本身就是一场残酷的生存淘汰赛，选择一个正确的方向等于成功了一半，而代理、加盟和经销就是认可他人所选择的方向；成功的另一半则始终要依托后续持续付出的营运优化。

(4) 区域市场品牌先行者的发展博弈

区域市场的品牌先行者常常有一个幸福的烦恼——发展博弈。当我们把一个处于上升期的品牌引入区域市场时，无论是品类开创者、品牌领先者还是创业品牌，在区域市场的早期往往都是弱小的；当然如果品牌在区域市场已经发展得很成熟，那么这也意味着零售创业者所要争取的早期红利没有了。品牌进入区域市场，因为品类开创或者品牌领先，会自带光环，对于打开早期市场有帮助；但重点还是要依靠零售创业者和品牌方共同投入，把区域市场做大。到了发展中后期，品牌在区域市场具备了一定的影响力，此时品牌对于区域管理者有更高的发展要求，区域管理者对品牌方也有更多的支持需求。此后越发展，合作双方之间的目标、利益博弈就越来越频繁。尤其是当品牌的区域代理商、加盟商或者经销商走过创业期，具备一定的资金实力和市场话语权，对于市场发展有独特的发展主见时，往往也是区域市场和品牌方的矛盾集中爆发期。

此时的主动权还是在品牌方，比较好的处理方式是品牌方主动通过股权联结和区域市场管理者形成事业发展的命运共同体。次级处理方式是区域市场主动寻求和品牌总部的股权联结，同时全方位按照总部的发展要求推进市场。如果上述两种方式都难以实现，区域市场在维持发展现状的前提下，应继续等待机会以通过以上两种方式解决，因为市场发展的终极财产是品牌，只有股权才是最终对品牌的分享和拥有。另外，还有一种方式是在市场发展的合理时期，寻求区域市场品牌的长期代理权和使用权，如此也能实现区域市场的深耕细作。

做到极致是门好生意

极致意味着第一，极致是为了给消费者提供一个无可拒绝的购买理由。极致是一个长期的竞争战略，但也可以成为零售创业者的短期发展战略，通过极致来推动项目在较短时间内成为特定区域的品类代表。

零售的营运体系是由店面、产品、陈列、人员、系统、库存等多个因素组成的，只有扎根客户认知层面并能有效刺激购买的极致和内生系统中能推高利润的极致才是有效动作。

通过客群的区分及价格策略形成的极致不能带来长期竞争力，无法给消费者提供合理的购买理由。在市场营销的理论体系中，我们需要对客户进行细分，极致常常会引导我们走向高端，最高端、最奢华、最贵等，这些都是很多零售项目在一开始就打出的卖点，也的确是第一，是与众不同，会有消费者愿意为此买单。但极致是提供系统竞争力，而不是单点竞争力，因为后者非常容易被超越。与之相反的是低端与低价，沃尔玛的天天低价其实是竞争的表象，低价的背后是效率和成本的竞争。

零售的目的是为了满足消费，几乎所有的零售创业都是围绕消费者的吃穿住行展开的。如果我们不能做到最早，那我们可以做到极致，如此才能成为特定区域的品类代表，给消费者一个充分的购买理由。做到极致是门好生意，有效的极致方向是规模极致、产品极致、效率极致和成本极致。

1. 规模极致

规模的极致是指规模第一。对于零售创业而言，规模的极致可以理解为在一定市场区域内的市场占有率第一，成为某一特定品类的第一品牌。规模是竞争战略，但也是发展战略，需要相应的战略配称。在成为规模第一的同时，其产品、服务、店面形象、体验等要能达到和竞争对手在同一水平线上的程度。

零售的地域性完全可以让一个项目在短时间内形成规模优势，从而占据市场的有利位置。规模的极致先是进攻战，后是防守战，进攻战是指在创业过程中要做到规模第一，防守战则是指在获取规模第一后保持市场的领先。零售市场占有率第一的表象几乎等同于门店数量第一，因为以实体店为基础的零售业，每一个门店就是对小范围区域市场的占领，就是一个固定的、免费的广告位，这种广告位越多，品牌广告的马太效应就越明显，它会强化品牌在消费者心智中的地位。

茶颜悦色目前是一家区域市场的茶饮领先品牌，其门店全部为直营店，不发展加盟商；门店特色是新式中国风，产品和大部分茶饮店一致，包含奶盖、水果、原叶茶系列等。茶颜悦色于2015年在长沙黄兴路步行街开了第一家门店，这正好赶上了茶饮快速发展的风口，但它和喜茶、奈雪的茶的发展路径差异非常大，是小区域市场规模集中“轰炸”的典范。经过3年的发展，到2018年年底的时候，茶颜悦色在以黄兴路步行街为中心的五一商圈方圆3千米范围内密集开了将近80家门店，占其门店体量总和的50%以上，门店的密集程度是同区域范围内CoCo都可和一点点的两倍以上。它在一个核心十字路口的50米范围内就有将近20家店，几乎每往前走10米，就会看到一家茶颜悦色。尽管这些门店大部分都很小，最小的只有5平方米，大的也不过20平方米，但给顾客的感觉是茶颜悦色几乎无处不在。

长沙的五一商圈是湖南最核心的商圈，号称湖南第一商圈，在3千米范围内集聚了九龙仓、德思勤、海信广场、通程百货、万达广场、平和堂等十几家不同档次的购物中心和商场，每一天的客流量超过30万人。茶颜悦色在五一商圈的高密度开店，使其占有该区域茶饮市场份额的40%以上，远超其他竞争对手。尽管在一个省的范围内，茶颜悦色的门店总数不如CoCo都可和一点点，但在核心市场的大份额领先，让茶颜悦色成为湖南茶饮市场客户公认的第一品牌，是到长沙旅行的年轻游客必打卡的网红茶饮店。

规模的极致是相对极致，其目的是达到区域市场的品类占有率领先，是从市场的角度挤压竞争对手的品类生存空间。八马茶业在一个有10万常住人口的县级市场，往往会开出3家代表性的门店来占领市场：一是要在县城的商业中心点开出一家200平方米以上的旗舰店，二是要在县城最主要的社区开一家100平方米左右的社区店，三是在最大的酒店大堂开出一家配套的微型店。如此，在县城范围内八马茶业基本能够锁定其绝大部分目标客户群体，而竞争对手又无法在品牌、产品、服务等方面和八马茶业拉开差距，从而形成了一个短期内无法被攻破的规模壁垒。

创业门槛越低的零售项目类型，越应该在很小的范围内集聚规模优势，像茶饮、小食等轻餐饮项目，在客群集中的几条街道做到规模极致，就会是一门能够赚钱的好生意；如果是海鲜酒楼、珠宝、家纺、卫浴、茶叶等品类，可能需要做到一个城市的规模极致，才能做成一门赚钱的好生意。

2. 产品极致

零售行业的产品极致是把产品本应有的重要特性极致表达并传递给消费者，这个产品包含了“纯粹产品”“渠道”“产品 + 渠道”3 种类型。在零售的不同业态中，每一个产品类型要突出的特性差别很大。

(1) 纯粹产品

纯粹的产品极致，就是门店售卖的产品好到顾客几乎可以完全忽略门店的位置、装修甚至服务这些外在内容，而只关注产品本身。产品极致在食品领域十分常见，只要足够好吃，消费者都会趋之若鹜。但有的品类客户基数大，有的基数小。例如，全国各个城市都有本地的特色美食，有像臭豆腐这类全国客户基数大、认知度高的通用型产品，在各大旅游景点、步行街都能看到；也有像胡辣汤这样区域影响力大，但暂时没有辐射全国的中型品类；还有像黄山毛豆腐这类极其小众的品类。

方中山胡辣汤是郑州比较知名的一个胡辣汤店，装修非常普通，除了有服务员过来打扫一下桌子、地面外，基本没有其他服务。早上 8 点去，排上 5 ~ 10 分钟队，买单后顾客自己端上胡辣汤，在店里找个位置享用，有时人多没有位置，就只能站着把早餐吃完。但是，它的胡辣汤味道好、配料足，几乎成了郑州公认的最好喝的胡辣汤之一，本地人早餐常去喝，外地人到郑州也会被本地人带去或者自己找去喝。

对于新创业品牌来说，很多食品类门店在当地都有像方中山胡辣汤这样的经典老字号，其产品的极致性很难被超越。但是跨区域做产品极致，就是一个很好的方向，例如，在内陆城市开设当地最好吃的港式茶餐厅，在不太吃辣的区域开设最正宗的重庆火锅店等，这样做到极致或者打败竞争对手的难度会小很多。

小罗臭豆腐是开在深圳宝安老中心区的一个美食小店，是区域商圈的网红品牌。2014 年，小罗臭豆腐的创始人小罗采用三轮车流动摊贩的形式在宝安的一个城中村售卖臭豆腐。在他售卖的这条街上还有炒河粉、麻辣烫、煎鱿鱼、坛子肉等十几个小吃摊。小罗臭豆腐和其他摊贩相比，有两点非常大的不同：第一是臭豆腐的口味独特而且好吃，在传统口味的基础上做了深圳版本的改良，汤汁是自己调的秘制汤汁；第二是摊位非常干净，连操作台上的不锈钢都在路灯下闪闪发亮。有了这两点，小罗臭豆腐和其他小吃摊位的差距马上拉开，每天晚上 8 点以后顾客要排队 10 分钟以上才能买到他的臭豆腐，一天能够卖出将近 200 份。周围的商贩看到小罗生意这么好，于是其中 6 家都同时转行开始卖臭豆腐。因为小罗没有注册商标，新开的这几家臭豆腐分别叫罗记臭豆腐、老罗臭豆腐、罗哥臭豆腐和罗姐臭豆腐等。这些臭豆腐品牌刚出现的时候，很多顾客分不清楚哪家才是正宗的，因此生意都还不错，这导致小罗臭豆腐的生意火爆程度一落千丈，只有一些熟知的老顾客光顾。而一年多以后，罗记、老罗和罗哥 3 家都改卖其他小吃品种了，因为它们的卫生做得不好，个人形象也一般，味道差小罗臭豆腐更是很远，小罗臭豆腐的生意又开始逐步好起来。但罗姐臭豆腐的生意也还不错，因为炸臭豆腐的老板娘形象好，打扮干净利索，操作台的卫生总是及时清理，口味也不差。小罗在第二年把自己研发的秘制汤汁又升级了一次，同时把配菜的品种进行调整，臭豆腐的口味越来越好，而罗姐臭豆腐在口味上不具备研发提升能力，所以小罗臭豆腐成为方圆 3 千米范围内最好吃的小食之一。又过了一年多，到 2018 年的时候，小罗臭豆腐在附近开设了一家沿街实体店，加上晚上的流动三轮车，一天能够稳定卖出 500 份左右的臭豆腐。而罗姐臭豆腐还依然存在，成为这个片区第二好吃的臭豆腐，一天能够卖出 100 份左右，是那些不愿排队对又不太挑剔口味的顾客的选择。

（2）渠道型产品

渠道型的零售创业需要突出渠道的特性极致，例如 3C（信息家电）产品、洁具卫浴、装饰建材等类型产品，以销售标准品为主，产品本身的特性是由生产厂家来定义和主张的，渠道的价值除了可以获取标准化的产品外，还有便捷度、品类的齐全性、体验、售后等，这些是渠道的特性。渠道型产品的极致是渠道应有的综合特性在区域范围内超越其他竞争对手。

在电商和 O2O 高度发达的中国，渠道型产品原有的便捷性几乎消失，除非对消费及时性有一定的要求，不然都无法抵挡京东、淘宝对线下零售的冲击；另外还有品类的齐全性，京东、天猫是千万级的产品种类，像苏宁、家乐福这类渠道型企业的品类优势就被冲击得很厉害，但冲击的影响度是相对的，通过强化其留存的特性依旧可以发展。体验和售后这些需要线下人为提供的特性，在渠道型的零售创业中越来越重要，通过设计和运营强化，沉淀下来就能转化为竞争优势。

假设叶丽要在国内一个四线城市的县城开一家名为“机皇张三”的手机店，是华为、苹果、小米、OPPO等的集合店，再代理几个小品牌以兼顾流量和利润。大品牌利润低，但能带起顾客流量；小品牌看的人少，价格有优势，利润也相对较高；同时兼售手机外壳、充电器等零配件。这种门店分布在国内大大小小的县城、乡镇，多达几十万个，在如此一片红海市场中，如何做到产品极致？

我们发现，要做到极致很难，“机皇张三”要么在竞争中沉沦，要么奋起成为第一，在县城手机销售领域品牌认知度、营业面积、售后服务、营运管理等方面做到极致，即便是苏宁、国美的渠道下沉店也无法超越“机皇张三”市场深耕后打造的综合竞争力。而如果资金投入、管理能力、供应链等无法达成县城第一，“机皇张三”要么成为第二，要么进入乡镇。

渠道型产品因为其辐射客户群体的宽度、广度和可复制度大大超越纯粹产品，因而特别容易发展成为少数几家独大的垄断型局面，大型超市、家电卖场都是这样快速崛起的。区域型的渠道产品极致，需要结合本地化人群的消费习性，尽可能地放大需求，并做到足够的密度，这样即使在外部竞争对手十分强大时，也无法攻破其设置的市场壁垒。

(3) 产品+渠道

零售中的纯产品型，极致的内涵往往包含了工艺、技术或者大量创作内容，是他人难以复制、没法大规模生产或者暂时没有大规模生产的非标准品。渠道型零售虽然售卖的是标准产品，但消费者选择的理由是渠道便捷、体验和服务。而产品+渠道型的零售，是在产品上加入创造性的内容，有些是可以大规模复制的，有些则难以复制，同时还需要提供渠道的体验、便捷等内容。产品＋渠道是近几年零售市场发展的热点，精选、买手店是其中的主流，线上的网易严选、小米优品，线下的1919酒类直供等都有类似性质。

它的极致要求是其挑选或者经过二次创作的产品和渠道建设的综合能力都要超越竞争对手，因而其一直属于相对小众的零售市场，如果要规模化发展，要么解决产品问题，从集合、采办转为自主设计研发，要么拥有供应链优势。

3. 效率极致

效率极致是指从事商业活动的系统营运在综合指标或者关键指标上拥有远超竞争对手的优势。其核心系统有品牌营销、客户转化、产品研发三大体系，三大体系中任一体系的效率远超竞争对手就能在小区域脱颖而出，如果多套系统同时具备优势，则有机会打造一个全国性的领先品牌。

效率极致的出现往往是创业者在某一特定行业领域所积累的经验和方法论在实际运用中优势的体现。一类是跨行业界限的应用，不同行业之间的发展存在代际差，国内新零售的突飞猛进在很大程度上是因为互联网行业的快速发展，将其所应用的产品思维、技术系统、营运方法从线上改造到线下；另一类是跨区域式应用，一般是从一、二线大城市或者是行业发展的制高点城市往中小城市移植，把理念、技术和方法带过去。

一位长期在北京、深圳从事品牌策划和品牌咨询并拥有多个操盘案例的资深人士，如果要回到家乡，在地级城市全职开一家咖啡馆，那么当他在资金、时间、营运等基础要素都和对手处于一条水平线时，尽管他不一定懂咖啡，但毫无疑问他在品牌营销领域从起点开始就拥有相对优势。又如小罐茶的团队，其多个创业项目所积累下来的品牌营销方法论以及之前在央视媒体、航空杂志的广告投放所掌握的媒体优势，使其一开始在同等量级的品牌打造效率上就远超其他初创茶企，再加上原有的各省渠道资源让产品销售、客户转化能快速落地，从而实现了短期内的高速发展。尽管其未来的发展还存在诸多不确定性，但至少在一定时期内是创业成功的代表，它推动了产业发展，扩大了客户群体。

效率极致如果仅有一定的相对优势，依旧很难成就一门好生意。只有在拥有较大优势时，针对品牌、客户及产品的快、准、猛，才能在竞争对手还没看懂、消费者热烈追捧的情况下获得成功。

4. 成本极致

零售行业的成本是由租金、装修及固定设施的摊销等店面成本，人员工资、奖金、培训、招聘等组成的人事成本，促销、打折、广告等销售费用成本，商品的进货、制作、仓储、物流等货品成本这四大部分组成的（见图 1.3）。

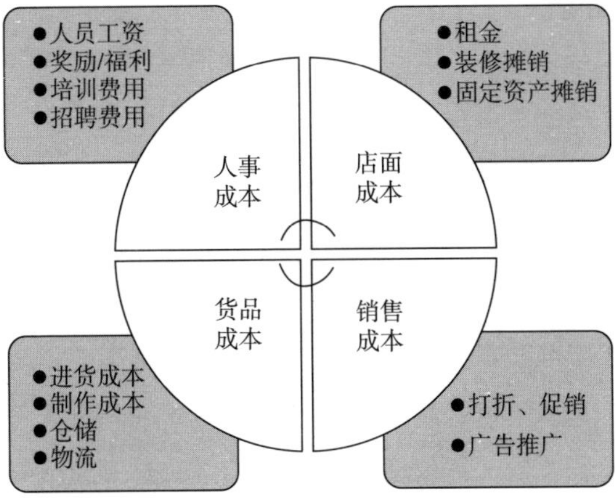

图 1.3　零售行业的成本构成

成本极致是指与门店利润相关的核心成本模块拥有较大的优势，从而在同等销售形势的前提下拥有超越竞争对手的利润总额。更多的利润可以投入与门店竞争力相关的领域，推动项目更好地发展。店面成本是首先可以构建的成本优势，因为实际操作中最常见的情况是同一项目做同样销售额的两个店铺，其中一个租金是 1 万元一个月，另一个要 3 万元一个月；还有同样面积的两个店铺，同等的装修设计效果，两者的装修成本相差十几万元，如果按照 3 年时间摊销，每月的店面成本也会相差几千元。其次是人事成本，同等的人员工资，不同店面之间人员的平均销售额差距也非常大。再次是销售费用，相同的费用投入，因为活动方案、时间节点、执行细节的差异，会产生不一致的回报额。最后是货品成本，进货渠道、供应链管理的差别，能产生一定的差异。

成本极致的底层原因是专业的力量，每一个领域越专业，所形成的成本优势越明显。

有灵魂的创新

创新的概念非常广泛，产品、技术、营销、商业模式等都在不断创新迭代。但这些领域的创新却很少导致零售领域发生翻天覆地的变化，它们更多的只是提升了零售的营运效率，便利店还是便利店，服装店还是服装店。反而是消费的引流、风格的变化、理念的提出这些人的主观意识中的因素在主导零售演变的方向。什么是零售领域有灵魂的创新呢？是通过核心思想点或方法论对现有的某一零售细分进行有价值的优化和改造，再依托一套完整的零售体系或者体系中的某一重要环节，带给目标消费者强有力的有差别的消费体验。

零售创新的灵魂是顾客能强烈感知的新体验。零售创新的两大主要方向分别是跨界的融合新体验和把握本质的独特价值主张。

1. 跨界的融合新体验

中国地域经济发展的不均衡性，导致大量城市的消费发展阶段存在代际差，使消费升级一直是零售的热点话题。尽管不同代际差的城市消费升级的内容和方向是不一致的，但是追求更好的消费体验却是一致的目标，这个目标有时会被定义成消费者的一切，远远超过消费者所需要购买的商品本身。基于产品原有特性的独特体验越来越难以创造，但是新的体验一旦创造出来就会很容易被放大，尤其是经过小红书、抖音等具有广泛传播性又兼具导购性的内容传播后，谁能创造独特的体验，谁就能引领消费的方向。

跨界的融合新体验是指在产品原有特性的基础上加入跨越度很大的内容后，融合成一种新的稳定的商业体验。首先，它是基于消费场景的需求强化，当消费者处于某一种情绪或者情境中时，消费需求会被这种新体验大大激发；其次，全新的体验只有一小部分来自产品，绝大部分来自融合的新体验所带来的精神满足感；最后，要有一套稳定的融合商业系统，因为融合所产生的不是一个简单的产品，而是一整套商业体系。

答案茶是2018年爆红的茶饮品牌之一，从创立到爆红只用了不到4个月的时间，这4个月的火箭式发展有人把它定性为现象级的商业行为，但其背后也有着深刻的创新逻辑。

答案茶运营的母体公司叫河南盟否网络技术有限公司，从公司名称上很难看出这家公司和网红茶饮店有什么关联，而事实上公司成立的初衷也的确和茶饮没有任何关系。公司成立之初确定的发展方向是做连锁加盟运营咨询和代运营管理，3位主要创始人具有互联网及连锁管理相关的创业经验，他们希望通过自身经验和总结的方法论帮助客户实现快速发展。

公司于2017年9月注册，创立之初并没有能够拿得出手的成功客户案例，于是3位创始人决定自己先创立一个茶饮品牌，希望通过对这个品牌的成功运作，来给意向客户提供一个样板案例，以利于后续业务的开展。可是，3位创始人之前并没有做过茶饮，甚至最开始连茶饮的基础调制都不会，做一家传统的纯茶饮店，盟否不具备任何优势。经过讨论，3位创始人提出要做跨界的融合型强体验的茶饮，进而想到了把3D（三维）打印技术和茶饮结合在一起，像咖啡拉花一样通过3D打印技术在茶饮的奶盖上打出祝福语、心情等。可技术实现后，打印的内容还不具备较强的与顾客的互动性，于是又通过占卜的形式融合《答案之书》的内容，设计了一套全新的茶饮消费体验流程：顾客购买之前，先把自己希望占卜的内容写到事先准备好的小卡片上，操作人员把问题输入开发的3D打印系统中；茶饮出品之前，3D打印系统就会把问题的答案打印到茶饮的奶盖上。虽然很多答案都是通用型的，但是极大地增强了顾客的互动性和体验感。例如，问题卡片可能会写：“王瑞是最美的女孩吗?”打印在奶盖上的答案则是：“你的梦想一定会实现的!”这种模棱两可又没有毛病的答案让消费者感觉有趣好玩。

就这样，答案茶，一种可以“占卜”的奶茶，依托3D打印概念的拉花技术横空出世，2017年12月在郑州万达金街一个只有不到20平方米的不起眼的店铺开始出售。当年轻的奶茶消费者发现奶茶还有这么好玩的喝法后，它在短短的不到3个月的时间里爆红起来，全国各地的网友涌向郑州，去答案茶的门店寻找人生各种好玩的“答案”。“我会失恋吗?”“明年我会结婚吗?”“刘晓红喜欢我吗?”千奇百怪的问题令各种能够慰藉心灵的“鸡汤”答案呈现在一杯神奇的奶盖茶上，每个顾客在购买后，都要在朋友圈、抖音上晒出来。

嗅到商机的创业者们也疯狂涌向郑州，在不到3个月的时间里，有将近500家商户加盟答案茶，2018年答案茶最火爆时一个月的加盟费收入就超过千万元，公司的加盟咨询电话线路始终处于排队接入状态。与此同时，全国在不到半年的时间里，还冒出了1 000多家“山寨”答案茶。2018年是茶饮业高度白热化竞争的年份，这些山寨的答案茶大部分没有发展起来，因为它们并没有理解答案茶创新的核心点。答案茶核心团队在茶饮领域的核心思想是“通过茶饮载体给消费者跨界融合的全新消费体验”，顾客喝的不仅仅是奶茶，而且是通过占卜可以带来快乐的茶饮，占卜的内容和共鸣性通过大数据技术的不断进步，越来越直抵顾客内心，数据、规模和技术逐步成为答案茶的护城墙。并且，占卜和3D打印也只是跨界融合消费体验的一部分内容，在和团队沟通的过程中，他们还提出了很多其他创新的玩法，例如，星座茶是茶和星座结合在一起的玩法，手游茶是茶和各种当红手机游戏玩法的融合创新，等等，这些创新的方向都是瞄准茶饮顾客体验认知边界内的已有内容进行融合。

进入2019年，答案茶的热度已经过去，百度搜索指数显示其热度还不到高峰期热度的1/10。但从盟否创业的过程来看，它依旧是一个十分成功的案例，3个年轻的创业者用对体验的全新理解为自己创办公司的初衷正了名。同时，他们对于跨界融合创新的深刻认知，发展成为他们强大的思想武器。

2. 把握本质的独特价值主张

把握本质的独特价值主张，是指要去发现消费者心智中已经存在但是还没有被占据的认知定位，并在合适的时机，用恰当的表现方式以及配套的支撑体系放大并强化，从而占据这个定位。贝恩咨询在一份报告中指出，80% 的 CEO（首席执行官）认为他们的产品或者服务与竞争对手是有差异的，但是只有 8% 的消费者认同这些差异。大多数 CEO 认为差异化的基础源于自身的价值主张。

价值主张可能是零售创业中最容易被提出来的，因为价值主张在很多人看来只是嘴里说出的一句话，或者是挂在墙上的一段文字。可对于那些要去实践价值主张的零售公司而言，那一句话、一段文字是这个企业要花费 10 年甚至几十年时间去孜孜不倦地追求的内容。

能够具有成功势能的、把握本质的独特价值主张一定是不容易提出来的，如果能够在千万种商业诉求中实现价值主张的创新，将是零售创新的一类起点，这个起点能够引发后面的实践、优化和坚持，最后形成一套完整的商业体系。

把握本质的独特价值主张要做取舍，要有简单、恰当并打动人心的表现方式，要有言行一致的支撑体系，要和时代发展的节奏相契合。

钱大妈是活跃在珠三角地区的生鲜连锁品牌，2012 年 4 月在东莞开设第一家猪肉专卖店，打出了“不卖隔夜肉”的价值主张。2013 年 4 月，它由猪肉专卖开始转型社区生鲜，继续坚持不卖隔夜肉。2015 年年底门店迅速发展到 130 家，2016 年年底突破 260 家，2018 年年底就已经超过 1 000 家了，钱大妈成为华南地区发展速度最快的生鲜连锁品牌。

先说价值主张的取舍。生鲜类的价值主张有很多，比如安全，可以表述为没有农药残留、采用无激素饲养等；又比如实惠，可以表述为每斤比市场均价便宜一角钱，或者方圆 1 千米同品类最低价等；也可以打出原生态的概念，例如，所有菜品来自武夷山生态种植，棵棵都是生态农家菜；也可以打口味牌，例如这家的青菜有点甜；此外还有原产地、富硒、半成品、便捷等概念。在生鲜的各个顾客诉求点中，钱大妈放弃了价格、安全、生态等若干个点，只选择了一个点——新鲜，并用了一句所有人都容易明白的口号——不卖隔夜肉。

特劳特在定位理论中指出，要顺应消费者的心智，同时消费者的心智容易混乱，所以要给消费者最简单易懂的价值认同点，也就是消费者心目中最容易被触及的那个定位点。隔夜肉是消费者对于肉类新不新鲜的最简单的判断标准，如果为了给消费者传递新鲜这个概念，跟他们说从屠宰场到门店，采用最新冷链技术，全程不超过 12 个小时，消费者是无法感知的。而换成隔夜肉，只要一条，所有肉品一定在当天卖完，如果没有卖完，全部当场销毁或者送给消费者，这种价值主张的传递是完全能够被检验并且被认知的。

钱大妈还设计了一套更加科学的价值主张支撑体系，也就是不卖隔夜肉这个认知定位的性状。店里面所有的产品从晚上 7 点开始打折，7 点整，全场九折，每往后半个小时，折扣逐渐增加。7 点半，全场八折；8 点，全场七折；到了 11 点，全场一折；11 点半，全场免费派送。总之，所有的肉品在当天一定要全部处理完，坚决不卖隔夜肉。

假设钱大妈创立于 2007 年，或者更早，它能够获得如此快速的增长吗？答案是否定的。十几年前还是菜市场和永辉这种超级卖场的生鲜时代，而社区生鲜是近 10 年来才在大中型城市形成了具备快速发展的基础条件。城镇化人口尤其是大中型社区的成形，催生了社区商业生态的发展成形；经济社会的发展导致在大中型城市工作的社会主力人群，尤其是中青年人群工作节奏加快，需要更加便捷地解决他们日常对生鲜购物的需求；人均收入和社会生活水平的提升，使人们对于购物环境、产品品质的重视程度越来越高；生鲜电商和生鲜O2O的反复试错和不断投入，则推动了生鲜冷链的快速发展以及人们对于生鲜购物理念的升级。

社区生鲜迎来了发展的春天，社区生鲜店和便利店一样，几乎成为社区商业的标配。在社区生鲜发展的这一波浪潮中，钱大妈做对了很多事情，例如立足经济发达的珠三角区域密集开店、采用加盟快速发展的模式等。但它最大的成功是把握住了在当前阶段顾客对生鲜的第一大价值需求点，就是新鲜。价格已经不再是社区商业购物人群关注的最重要的价值点，因此钱大妈可以卖得贵一点，将食材质量和安全做到不比原有的超级卖场生鲜差。为了把新鲜做到消费者认知的极致，钱大妈就提出所有的肉菜一定在当天处理完。因此，钱大妈的绝大部分门店到了下午5点左右，已经只剩下一些零星的肉菜了，到了晚上8点左右，店内所有货架全部清空。如果还有没卖完的，就在店门口支一个小摊，按照时间节点打折出售，基本到了晚上9点，促销摊位上的肉菜也全部卖完了。消费者只要往货架上一看，全部空空如也，自然强化了对于不卖隔夜肉的认知，也更加相信钱大妈的肉菜一定是当天最新鲜的。

提出把握本质的独特价值主张很难，那是隐藏在消费者内心的认知。这种认知需要激发，需要代替消费来做恰当的诠释，并且商业体系的建设要在商业势能的上升期，这需要有非常深刻的商业洞察。同时，价值主张也有大有小，最后所形成的商业发展空间也会有大有小。例如同样做生鲜的壹号土猪，它的价值主张是“很土很香很安全”，突出的是“很土”。在消费者的认知中“土”是原生态的概念，土所吸引的顾客群体和钱大妈的新鲜所吸引的顾客群体相比，后者的顾客体量远远大于前者，在后续的发展过程中，企业的发展空间和规模就会在这个价值主张中体现出来。

当然，正是因为提出把握本质的独特价值主张非常难，也很难把握，所以在实际的零售创业中很容易走偏。一是不容易抓住这门生意的本质，二是很难独特。对于企业而言，价值主张一定是简单明了的，但越简单，就越难独特。不过所有这些都不妨碍创业者提出自己的价值主张，因为市场很大，即便像钱大妈这样的成功案例，目前的发展也仅限于华南的部分市场。当然，有主张胜过没主张，有点小独特胜过完全没有特色，而小创新则胜过完全的模仿。

第二章

选址拓展的科学方法论

零售创业的环节多、杂、散，每一个都非常重要，但有些环节拥有试错的机会和空间，有些环节一错则会毁掉整个项目。什么是零售创业中最为关键的环节？答案只有一个——选址，选址就像和一个人结婚一样，对项目的影响是固定且持久的。

选址像买彩票吗

选址拓展是零售行业中一项专业性很强的工作，尤其是在成规模的零售企业中，有专职的拓展部门，也有一套成系统的选址拓展方法论。这项工作一方面能够极大地提高开店的成功率，一些大型零售企业或者连锁管理企业，几乎能够做到80%以上的新店当年就赢利；另一方面，专业的拓展人员经过训练后，能够通过有技巧的谈判将租金保持在合理水平，还能随时掌握商铺动态，从而早于他人拿到更有利的商铺位置。

对于个人零售创业者而言，如果没有经过专业的选址拓展训练，往往会在找店铺的过程中依据个人感觉来做决定，虽然这些感觉是基于自身过往的商业经验和认识，但往往不系统，存在大量偶然因素。例如，有些创业者在开始阶段可能只是简单地想开一家服装店、一家便利店、一家早餐店，对产品并没有经过深思熟虑的设定，也没有进行有突破的创新，但是他们开出来的店面就是非常赚钱，生意一直不错。可我们不能把这种偶然因素作为后续成功的参照，商业的变化千奇百怪，有些商圈尽管各种配套都很好，可商业氛围就是营造不起来；

有些商圈尽管破旧、缺点很多，但就是人气很旺，品牌聚集度高。很多时候，开店时选到一个潜在的优质店铺就像中了彩票一样，很有可能原来这个位置从商业深度来看适合开一家早餐店，但是之前的创业者开了一家服装店，于是很快就倒闭了，后来者碰巧低价接下这个店铺，开了适合这个位置的早餐店，当然能赚钱；原来这个位置一直在修地铁，很少有人愿意去接一个当期到达很不便捷的店铺，可是有人低价把这个位置签了下来，开了一家便利店，结果没过半年，地铁开通了，店铺成为人们出入地铁的必经之处，即便卖矿泉水也能赚钱。这就是很多零售开店的魔力所在！只不过，这种碰运气的概率，随着零售行业整体经营水平的提升，会越来越低。

在零售创业的初始阶段，人们很容易把关注点集中到项目的策划、营运的构想上，对这些内容的关注会让创业者在大脑中勾画出美好的商业蓝图和事业前景，却忽略了选址的重要性。选址是零售创业进程中真正落地的第一步，对每一个新开的实体店而言都至关重要，第一步没有走好，既是金钱的浪费，也是时间的浪费，更会打击创业者的信心。

一个店址的选定会形成一笔大的沉没成本，而店址决策就是风险判断。沉没成本有两块，一是店址的租赁或者购置成本。如果是租赁，中国大多数城市租赁店铺的行业规则是半年甚至一年支付一次租金；在商业发达的一线城市，租金可以按月支付，但是仍需支付一个季度的租赁押金。选址失败时要及时做出关店止损的决策，而这些预付的租金和押金因为违约在先将很难收回。如果是购买的店铺，同样也意味着沉没租金成本和购置店铺的资金成本。二是装修成本，店铺经营业态的不同或者装修风格的不同，导致选址后绝大部分店铺都需要重新装修。正常的装修成本在财务报表上会按照一定年限进行摊销，如果没有在经营期间内摊销完毕，则同样会形成装修投入的直接亏损。

选址能够放大或者缩小零售项目的赢利能力和营运难度。好的选址意味着目标客流数量充足，顾客搜寻和到达便捷，租金水平适中甚至相对较低。在项目一致、投入接近的前提下，好的选址会让项目快速进入盈利期，同时店铺的经营者也会有更多精力投入服务和产品的优化、店铺的精细化运营、人员的培养提升；反之，差的店铺选址要么是没有客流，要么客流不精准或者到达不便捷，因此经营者就要投入大量精力到引流、导流和顾客运营上。同样的零售项目，好的选址做得轻松，差的选址做得艰难。在实际的创业实施过程中，优秀的零售创业者往往会在前期花大量的时间做商圈调研、店址评定，没有选到合适的店址，宁可不做项目或者推迟项目，也要等到有把握的店址出现。也会有一些创业者一心只想着能够尽快把项目落地，尽早先把店开起来，这种急切的心理会导致选址偏差，后期要花大量的精力、财力，通过营销投入和运营来弥补店址差的缺陷。

从商业竞争的角度看，选址决策具有战略影响。零售的竞争激烈而残酷，首先要面临同业或者邻近行业的竞争，这称为同类竞争。以八马茶业为例，作为国内领先的茶叶零售企业，在大多数城市会面临同量级的天福茶业的竞争，还会有大量其他轻量级品牌和小散茶店的竞争。其次是混合业态的竞争，例如大型购物中心的精品超市，其涵盖的产品品类对周边母婴、食品、酒水、便利店都会造成竞争压力。再次是跨行业的异类竞争，随着零售的界限越来越模糊，异类竞争成为当前零售业发展的常态。例如，钱大妈已经开始卖水果，未来可能发展成为百果园最强劲的竞争对手；小米在卖电饭煲、插座等，未来可能会成为美的、格力的有力竞争者。但无论哪一类竞争，店址在其中都是一种排他性资源。好的店址就像人人追求的恋爱对象，每一个城市主干道十字路口的核心店址、地标性文化建筑的相邻位置，一旦被人选定并长期经营，就会成为这个品牌的标志性门店，持续输出品牌并创造业绩，让竞争对手可望而不可即。

选址拓展的科学方法是对零售商业不同维度的认知形成体系，再让体系内的各要素根据设定的原则或参数互相匹配。选址需要有清晰的外在认知和内在认知，内外匹配方可成功。其中外在认知是要完成对城市、商圈和点位3个层次的认知；内在认知是要完成对产品、品牌和客户3个主体的认知。评判内外匹配的标准则是要考察潜在客源的基数、竞争对手数量、可到达与可停留性、邻近租户的互补性、可视度和方位、面积与户型、现在和未来七大因素。最后通过租金倒推法、历史参考法、竞品评估法、邻近商业参照法4个方法进行最终决定前的测算评估（见图2.1）。

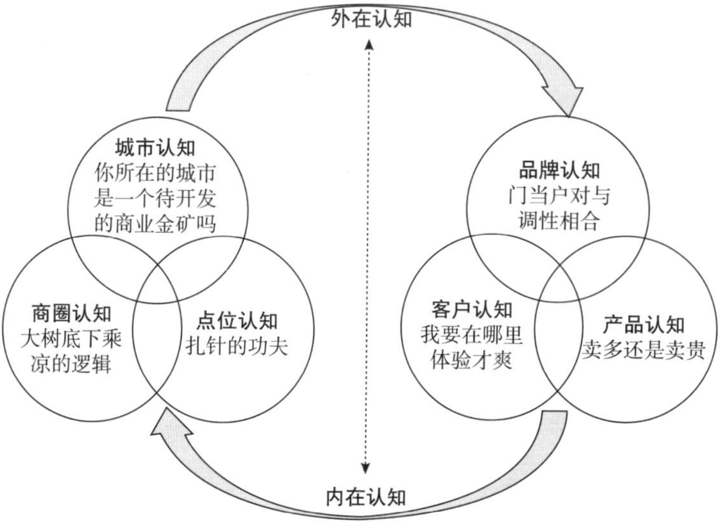

图2.1 选址的认知体系

城市认知：你所在的城市是一个待开发的商业金矿吗

城市是人口、商业和政府职能性机构的聚集地，城市的发展水平体现商业的发展水平和市民的消费潜力，决定了哪些商业种类和体量能够与城市的发展相匹配。在商业的选址过程中，每个城市就像一座金矿，而选址就像在这座金矿中淘金子，好的店铺点位是“千金易得，一铺难求”。只是有的金矿存储体量大，淘金人数多，挖掘难度高，竞争激烈；有的金矿存储体量小，但挖掘难度低，或者挖的人很少，随便挖几下，就找到金子了。对于城市的认知，就像对金矿的认知一样，城市经济水平发展的高低是城市“金矿的含金量”，城市人口的多少是“金矿的体量”，城市房地产的开发水平意味着“金矿的开发进度”，城市商业的发展水平则是“金矿的繁荣程度”，对“金矿”的认知越深刻，就越能轻松地淘到更多的“金子”。在城市认知的要素中，与选址密切相关的主要是人口基数、人均 GDP（国内生产总值）、房产价格及城市商业发展水平。

城市人口是商业的基础，大量的城市人口基数才能孵化出商业繁荣的多样性和规模化。常住人口数量少于 50 万的小型城市，房地产市场繁荣的空间有限，其商业的完整性和多样性很难具备，高端品牌零售及服务商只会少量进驻，因为其潜在客户群体基数不够。大量进驻的是大众品牌、中小品牌及本地品牌，而这些品牌的承租能力和经营的可持续性相对较弱，商铺会始终存在一定比例的动态空置率，潜在的可选店铺选择性增多，租金水平无法快速上涨。因而大量的中小城市成为有竞争力的大众品牌、中小品牌及本地品牌的福地，它们在选址方面可以不慌不忙，在同样的营运水平上其单店赢利能力甚至超过位于大中型城市的店。而对于 500 万人口以上的特大城市来说，具备完整的、多层次的商业体系及类目，零售创业发展的空间巨大，项目基数多，但反过来也会造成整个城市全领域的选址竞争并推高租金水平，从而降低选址的灵活性。一个好位置的商铺一旦出现，就会在短期内出现 3 家以上的竞争者，它们需要在还没有做出完整评估的情况下快速做出决定，不然就会被其他选址竞争者抢走。对于 100 万~200

万人口的大中型城市而言，其在部分商业核心地段选址竞争的激烈程度，并不逊于特大城市，但在城市的边缘区域或者老城区，其选址的竞争程度又接近于小型城市。

城市人均 GDP 与居民消费的发展阶段紧密相关，而居民消费的发展阶段直接关联商业的组成结构和繁荣程度，这些对店铺的租金水平、可选店址的数量、优质店铺的空置率都会产生直接的影响。人均 GDP 越高，商业越发达，商业的组成结构越丰富，商业营运就越成熟。著名经济学家钱纳里（Chenery）曾对处于不同收入阶段的国家的产业结构及消费驱动力做过经验研究，将经济发展过程划分为几个阶段。而我们从全球主要国家的经验数据来看，人均 GDP 达到 3 000 ~ 5 000 美元的区间是消费升级的关键收入门槛值，一旦跨过，消费升级的 S 曲线效应将会呈现。当前国内城市发展不均衡，一线城市，珠三角、长三角的部分城市人均 GDP 超过 20 000 美元，而大量的三、四线城市人均 GDP 刚刚越过 3 000 美元的基础线，巨大的人均 GDP 差距，说明城市之间有着巨大的商业发展差距。从我国各城市的发展经验来看，人均 GDP 处于 3 000 ~ 8 000 美元的城市，其消费的构成以房地产及其周边、汽车消费为主，例如建材、家居、家纺、卫浴、家电等门店特别多，走在城市的每一条街上几乎都能看到这些门店类型。那么与此相关的零售创业项目可选的潜在业态聚集地、店铺数量势必会多，如果品牌、产品等要素相对具有竞争力，对于承租水平也就不用担心了，选址难度会相对降低；但如果属于这些类目的新创品牌或者中小品牌，就需要采用规避竞争对手的策略，到城市空白区或者弱竞争区选址。而人均 GDP 超过 8 000 美元的城市，居民会逐步从物质消费转入精神文化消费，电影院、美容院、进口食品店、跨区域的特色餐饮店会大量涌现。原有业态的承租能力会持续下降，新业态的承租能力会上升，选址的竞争成为新业态项目之间的竞争。

房产价格要与城市经济发展、人口、房地产开发水平等综合要素相匹配，只有城市处于均衡发展水平，城市商业才健康，创业者可以用正常逻辑和标准来选址；否则，发展的失衡会导致商业畸形，使新的零售商业缺乏发展土壤，而选址的整套逻辑及测算标准也要根据失衡的情况重新调整。当前国内存在各个要素发展不均衡的城市，一些城市人口数量超过 100 万，是大城市的规模，而人均 GDP 只有 3 000 美元的中低水平，人均月收入水平也只有 4 000 元人民币，但房产的价格接近 10 000 元/平方米，房产价格和月收入比达到 2. 5 ∶ 1。房产价格过高，必然抑制消费，影响商业发展，直接影响零售业态的发育。再来看看城市之间的对比，例如，长沙是湖南省会城市，2018 年城市 GDP 总量 1. 1 万亿元，人口 791 万，人均 GDP 13. 9 万元；南昌是江西省会城市，2018 年城市 GDP 总量 5 274 亿元，人口 524 万，人均 GDP 10. 07 万元。安居客 2018 年 12 月房产成交参考价格数据显示，长沙房地产的平均价格是 9 844 元/平方米，南昌的是 12 248 元/平方米。城市之间的数据不均衡意味着同样的商业形态在南昌和长沙之间需要确定不同的选址策略，因为其候选店址的面积、点位的繁华程度、面向的顾客群体、销售预期等都是不一致的。

城市商业发展水平是商业地产、商业运营、商业品牌、零售企业和城市经济发展等多重因素造就的结果。有的城市不大，但即便是第一次去的人也会感觉这个城市商业氛围很好，各种商业业态一应俱全；有的城市很大，购物中心的数量也非常多，但一走进去就感觉商业氛围很一般，没有一种欣欣向荣的感觉；还有的城市商业一直集中在原有的老商圈，新的商圈缺乏专业运营，导致老商圈真正能够做生意的店铺租金奇高，而新商圈大量的店铺虽然租金便宜，但无人问津。

对城市商业要素的认知是创业者选址之前要做的基础功课，在对自身所在城市没有商业认知的情况下去做项目是和买彩票没有本质区别的。对城市核心要素的综合认知影响选址策略、选址决策，同时也会影响对选址难度的评估。选址策略主要指城市发展水平决定开店店型和数量，店型决定店址，数量联结目标。例如，众多连锁零售品牌一般会奉行“小城市开大店，大城市开多店”的原则，像上海、北京这样的一线城市，店租水平极高，商业高度发达，如果一个零售品牌要在这样的城市开500平方米以上的形象旗舰店，一是目标店铺很难寻找，高昂的租金早已让这些大面积店铺在出售阶段或者出于便利市场出租的需要而分割成若干小铺面；二是大面积店铺的租金总额过高，会导致单店的赢利水平线上升，大店不一定做出大业绩的概率增大；三是大城市庞大的商业体系能快速稀释大店、旗舰店的品牌及市场影响力，如果没有足够数量的店铺基数做支撑，有限数量的大店、旗舰店在熙熙攘攘的城市商业中影响力也会微乎其微。但是，如果是在小型城市，例如常住人口数只有10万左右的县城，租金水平不高，店铺资源也相对充裕，如果还选择在城市次要商圈的小面积铺面，就难以形成品牌影响力和商业号召力；反之，开在主要街道的核心店铺，一开出来就几乎是城市中这个品类的标杆店铺，影响力也能覆盖全城，这样在早期能够快速促进品牌的发展。

目前，绝大多数零售创业项目会采用综合开店选址策略，在大城市中既有一定数量的形象大店，也会有众多数量的中小店，形成店面的布局矩阵。但如果是从零开始的项目，在商业发达的大中型城市，店型不宜追求大，而应重点考虑店址的精准度；在小型城市则应关注店址确定后店面形象在品类中形成的相对影响力。对于已经走过从零到一阶段的项目，对城市了解得越深刻，越能知道项目发展的城市边界在哪里。一个城市能够开多少家店？开到多少家店能够形成什么样的品牌势能？这些问题的答案将在城市认知和项目发展的共同推进中逐步形成。

选址决策是指在店铺最终确定时，对城市的全面认知能够形成对城市合理租金区间的掌握。一个城市有不同层次的商圈和地段，还有各色商业聚集区，以及众多的零散商店，所有店铺会形成一个城市的平均商铺租赁价格，以这个价格为基准点，核心商圈的平均租赁单价能够达到城市商铺租赁均价的 3 倍，而核心商圈的核心铺位能够达到 10 倍甚至更高。租金水平反映店铺的区位优势、客流优势，是市场竞争水平的体现。创业项目的定位要与店址的层次水平相匹配，正所谓“一分价钱一分货”，每一处店址在合理的市场竞争中也是一分价钱一分质量。承租能力强的大流量创业项目或者高端零售品牌，势必要找租赁价格比平均租金高 3 ~ 5 倍的店址；同样，如果要找租赁价格是平均租金 5 倍以上的店址，反过来就要评估自己的项目是不是具备相应的承租水平，项目的类型、层次和店址是否匹配。

商圈认知：大树底下乘凉的逻辑

商圈是城市中以某一商业制高点为中心，在一定范围内所形成的具有商业影响力的区域。商圈是商业聚集地，是零售行为的主要发生地。每一个商圈都有支撑其商业发展的制高点，商业制高点的影响力越大，商业越繁华，商业辐射的范围就越广。商圈的商业制高点一般是大型购物中心、商场、地标性的商业建筑、高端写字楼或者高档住宅小区等。商业制高点影响力最大的是大型购物中心，而以商场、地标性商业建筑、高端写字楼、高档住宅为中心所构建的商圈体量、影响力及辐射范围则依次减弱。

围绕商业制高点这个中心，每一个商圈都是一个三级商业体系，分为核心商圈、次级商圈和边缘商圈。核心商圈一般是围绕中心 1 千米半径范围内的区域，核心商圈所产生的商业购买总和及吸引的人流占整个商圈的50%~70%；次级商圈约占整个商圈的20%~30%，其辐射范围一般在3千米以内；边缘商圈的商业及人群相对分散，其辐射范围一般不会超过5千米。中国城市商圈的辐射范围小于欧美同等商圈，因为欧美对于商圈大小的考虑基于汽车行驶的时间，核心商圈半径是5分钟车程，次级商圈半径是10分钟车程，边缘商圈半径是15分钟车程；而中国当前的商圈，核心商圈以1千米为半径，是顾客步行到达较为轻松的距离，3千米是公共交通到达较为轻松的距离，5千米才是驾车到达的便捷距离。

一个城市商圈的合理数量应根据人口总量或者城市面积大小做出基础判断。如果按照人口数量评估，每20万人口基数就足够支持一个较为完备的商圈，而一个有20万常住人口的县城往往就是一个商圈，围绕其最核心的商业建筑展开。如果按照城市大小，则每直线距离5千米可以建设一个商圈。但是商圈的发展是不均衡的，有的城市某一商圈商业高度聚集、交通便捷、配套齐全，则会形成一大多小的商圈局面，大商圈辐射全城，其余小商圈只能往特色商圈或者小区域商圈发展，小商圈的商业影响力大大减弱。也有的城市因为城市商业规划欠妥，或者当地没有诞生商业龙头企业，导致商业高度分散，无法出现强势商圈，而是只由若干个小散商圈组成。没有出现商业制高点的城市，零售创业发展的方向是迷茫的，导致超前创新或新潮的项目前期生存基础薄弱，需要进行大量的市场教育；而这对于经典改良型、优化型的升级类项目则是利好的市场环境，商业竞争度低、商业不够发达反而更加有利于项目选址。

店铺选址是一个“大圈里面找小圈，小圈里面找点位”的过程，“大圈”是城市，“小圈”就是商圈。绝大部分的零售业态在中国的普通城市都可以存活、发展，但不一定适宜每一个商圈。优衣库能在中国大部分地级以上城市开店，但目前也只能开在地级城市的少数商圈，尤其是在三、四线城市，几乎只能开在中心商圈的核心位置。对城市有一定的基础认识就可以形成选址的城市决策因子，而对商圈的认知要求则要高很多，要对同一城市的不同商圈从客流量大小、消费水平高低、地理位置、体量大小4个维度进行评判，然后对城市商圈做基础分类和排序。

客流量大小是衡量商圈聚客能力的重要指标，客流量越大，商圈人气越旺。上海南京路、武汉光谷、重庆解放碑、长沙黄兴路步行街等这些在全国影响力排前列的超级商圈，高峰日人流量超过百万，在这种类型的商圈里承包一个小报刊亭兼卖矿泉水和烤香肠，日销量都可以达到千份以上。客流量是商圈在商业发展历程中长期形成的客户沉淀。一个新的购物中心开业，人气爆棚，并不能代表这个购物中心真实的聚客能力，开业的人气是通过开业的促销活动及新鲜度聚集起来的，需要观察其在半年到一年时间内的客流是否呈现稳定上升的趋势。对商圈聚客能力产生影响的核心因素，是“目标商店”的数量和聚集度。目标商店是指消费者前往商圈的主要目的地商店，消费者愿意为此特意前往。目标商店可以是特色的美味餐厅，海底捞就是目标餐厅的代表之一，因为海底捞的特色服务及高人气，吸引了众多消费者直接前往，到海底捞吃火锅是到达该商圈的主要目的；目标商店还包括特色书店、电影院、儿童游乐场等娱乐、休闲、文化业态；电子产品类的苹果、华为、小米的旗舰店也很容易成为目标商店；奈雪的茶、喜茶等是众多年轻消费者的目标商店。一个商圈目标商店的数量越多，目标商店的类型搭配越合理、经营质量越高，就越容易覆盖更广泛的顾客群，聚客能力也就越强。因而，评判一个商圈的客流量，只需要罗列出该商圈内不同品类的目标商店，然后评估这些商店的数量和质量。判断一个新的商圈是否具有发展潜力，只需要看其招商的目标商店数量是在增加还是减少即可。

在商圈中还有一类商店被称为依附式商店，它们只有很少的自有客流，不是消费者的直接目标，但是当消费者经过这些商店时，会被商店的灯光、橱窗陈列的产品、形象展示或者促销活动所吸引，并完成购买。大量的中小型服装品牌、餐饮品牌、非生活必需品商店等都常是依附式商店。在快时尚服装领域，优衣库、飒拉（ZARA）、H&M目前是消费者常见的目标商店，但是如果它们同时开设在同一家购物中心时，不会相邻而开，因为商场的招商人员一般会将它们分段隔开，在中间插入若干个中小快时尚品牌，也就是依附式商店。依附式商店是商圈商业的重要组成部分，因为目标商店的数量总是有限的，而依附式商店可以增加消费者的购买行为，扩大商圈的零售业绩。依附式商店虽然没有目标商店那样火爆的客流，但同样也不需要像目标商店那样承担更多的创新和发展需求。同时依附式也是一种重要的发展策略，中小型零售创业项目如果在选址上能够尽可能贴近目标商店，在产品、服务、形象上和目标商店形成好的配合、互补，对于自身早中期的发展都会有利。

消费水平的高低是商圈评定的另外一个维度，消费水平对应的数据指标是平均客单价。一个商圈构建的起点，首先是基于一个商业制高点的出现。一个购物中心、一个商场的开设有一套完整严密的商业策划方案，在方案中首先是商业体的定位，即要确定面向什么样的顾客群体。如果是面向中高端顾客群体，与之匹配的招商就会优先面向中高端品牌的头部企业，奢侈、轻奢、时尚、精品类店铺成为主力，这些商铺的开设会吸引目标顾客群体前来购买消费；如果客流足够持续，将吸引更多的同层次商家来开店，招商的品牌层次持续提升，客单价越来越高，商圈消费水平也会被推高。但如果商业体的实际执行与定位存在差距，位置、装修、运营等细节不达标，或者目标顾客的基数不够，市场将会用“无形的手”自动降低商圈层次，同时会导致招商的目标层次往下走，消费者则“用脚投票”，意向目标顾客群体无法被吸引，目标流量下滑，愿意过来开店的商家层次也越来越低，客单价不断下降。

顾客自身也是分群的，不同的经济收入、教育程度、文化背景、购物习惯等会影响消费者去他们各自认可的商圈。步行街是年轻白领、大学生和游客的最爱，人流量大，业态丰富，消费水平适中；高净值人群可能就不太愿意去步行街这种人气超级旺的商圈，拥挤、嘈杂、停车难都是阻碍他们过去的原因。目标顾客不去，相匹配的中高端品牌自然也不会过去。高净值人群更愿意去万象城、恒隆广场、中大国际这些购物环境更优的中高端购物中心。高端消费在哪里，哪里就是一个城市商圈中的商业制高点，这种制高点在一定程度上代表着意见领袖和消费取向，往往越是高端品牌尤其是奢侈品牌集聚的地点，意味着商圈的消费层级越高。所以高端商圈在客流上得做取舍，通过品牌和价格来筛选客群。

对于城市中成熟的现有商圈，其实际定位在商业运营中已经固化沉淀，发展时间超过 3 年以上的商圈除非有新的商业制高点出现，否则将难以改变自身在消费者心目中的认知。一个城市中以高端消费为主的商圈数量是有限的，城市高端消费需求旺盛，高端商圈的选址竞争将会激烈；如果高端消费不发达，面向中高端顾客的零售项目选址就相对容易。但总体而言，定位中低端或者大众消费的项目，是不适合去中高端商圈选址开店的。商业的主流方向有差异，高端做品质、中端做特色、低端做客流。每个项目针对的顾客的层次和方向有别，只有点位和商圈相匹配，客群才会精准，才能最大限度地发挥线下店址的商业作用。

地理位置对于商圈的繁荣度有重大影响。每一个商圈都有商业辐射范围，商圈在城市中的位置决定商圈的辐射半径。商圈位置的便捷度决定商圈人流大小和客群定位。商圈是否在地铁主线上有站点、是否位于城市主干道的交会点、车辆通行是否通畅等交通因素对客流量有重大影响；商圈停车场的车位是否充足、是位于老城区还是新城区等配套和外在因素对客群质量有重大影响。一个城市的一级商圈，其配套的交通体系应十分便捷和发达，并处于城市相对中心的位置。而二级商圈一般是城市的区域中心，尤其是国内很多城市沿江而建，江两岸至少会有两个区域中心商圈；或者老城区有1~2个商圈，新城区又有1~2个核心商圈。位置的差异会因为不同城区的发展历史以及商业发展中的分工，形成商业发展氛围的差异。很多城市在发展过程中形成了较为清晰的政务区、商业区、工业区、居住区的划分，在不同功能区形成的商圈氛围和定位是不一样的。政务区为主的区域商圈，容易形成以服务型商业为主，商圈体量偏小，一到周末商圈客流稀少；商业区的商圈一般也是城市商圈的主力，是全城消费的主要区域；工业区的商圈相对体量会更小，以平价消费为主；居住区的商业也会相对齐全，但整体方向上以便于生活和休闲性消费为主。另外，因为新城、老城历史规划的前瞻性问题，新老城区的商圈在交通便捷度、美观度、舒适度上形成差异。

地理位置优越的商圈有着得天独厚的商业优势，是商铺选址的优先考虑对象；地理位置相对较弱的商圈，要评估商圈的特色定位是否独特，若综合优势不突出，则要差异性显著；地理位置不好的商圈，要有发展和租金优势，能形成价值洼地，才会具备选址吸引力。

商圈体量的大小是指各种类型商业形态叠加的程度，商圈体量越大，商圈的商业影响力就越大。长沙五一广场是体量庞大的超级商圈，拥有九龙仓这样的超大型中高端购物中心，还有万达广场、乐和城、海信广场等多个周边购物中心，以及春天百货、平和堂等大大小小十几个高、中、低不同层次的商场，同时还有黄兴路步行街、坡子街美食一条街、沃尔玛等，且位于两条地铁主线的交会口，商圈总体量占到长沙商业体量的 1/3，全部囊括高、中、低端顾客群体和不同年龄段顾客。五一广场商圈是长沙商圈的核心制高点，是众多品牌的必争之地，也是城市商业的核心。深圳万象城商圈是深圳的大型商圈之一，地处深圳罗湖区中心，交通便利，品牌高端，人气旺盛，是深圳公认的一类购物中心。但其周围没有形成像长沙五一商圈一样多类型、多层级商业业态叠加的情况，使得万象城商圈对于品牌、业态的包容性就很难像五一商圈那样包罗万象，商圈的总商业体量也会小一些。超级商圈对城市商业会产生虹吸效应，超级商圈内租金昂贵，竞争激烈，选址难度高，盈利空间小；超级商圈以外的城市商圈却普遍发育不全，无法和超级商圈竞争，形成“一大吃多小”的商圈格局。深圳的商圈格局因为城市体量大，形成了万象城、益田假日广场、华强北、东门、海岸城、壹方城等多个一级大商圈，还有几十个区域型的中型商圈以及上百个小型商圈，整体商业发达，大小搭配合理，虽然店铺选址竞争总体激烈，但是动态中机会众多。而在长沙这种“一大多小”的情况下，准备充分、资金充裕的零售创业可以尝试去“一大”中竞争，最激烈的竞争也是对项目最好的检验；项目如果想在“多小”中淘金，需要对商圈多评估，很多商圈需要坚守，等周边配套发展成熟后才会有较好的发展机遇。

此外，除了综合型商圈，城市中还分布着众多专业商圈，建材一条街、美食城、夜宵广场、各类批发市场等都是专业商圈。专业商圈大部分是面向众多小微企业客户的。直面消费者的专业商圈的体量、商业多样性、位置、客流等多个指标无法和综合型商圈竞争，在发展过程中会逐步成为综合商圈的配套部分。

对城市商圈的认知、分类、排序是选址规划的核心内容。店址是零售竞争的“炮弹”，好的规划能够通过有限的店铺数量布点来完成对该城市相应零售业态的竞争主导，尤其在发展早期，每一个商铺点位都很关键，只有开在正确商圈的关键点位上，才能最大化项目的价值。

点位认知：扎针的功夫

点位是通过选址及商业谈判后最终选定的用于开设实体店面的商铺。最终点位的确定就像医生打针一样要快、准、稳，即做出商业决定要快、商业分析要准、商业谈判要稳。

点位分为规划点位和随机点位两种类型。规划点位是指购物中心、商场等进行统一管理和营运，具体位置有明确招商要求的商铺类型。规划点位广泛分布在相对大型的零售商业体中，商业体自身有明确的客户定位、业务方向和品牌影响力，商业体内的每一个铺面都是围绕实现商业体综合商业目标而设立，商铺经营的业务方向、品类、客户类型在数量和质量上要求互相匹配，并且有相应的数量限定，最后在整体上能够形成商业体经营的合力。经营规划点位的商业体有购物中心、商场、奥特莱斯、机场购物区、高级酒店的配套商业区、超级卖场的外租区。选址面向规划点位的优势众多，具体有以下三点。

一是点位能够借助商业体的发展势能，充分利用其聚客效应。成熟的商业体直接给商铺带来稳定客流，而处于发展初期或者上升期的商业体还拥有客流发展红利，其追寻共同发展的早期目标常常会带给租户相应的租金优惠或者时间较长的免租期。近几年，借助消费升级的东风，购物中心在国内大部分城市飞速发展，提供了充分的商业点位给精品餐饮、休闲体验、时尚品牌等升级型零售业态，带来了巨大的发展红利。

二是选择规划点位，能够加速零售项目的复制发展。商业体的招商规划既是理智的，也是盲目的。理智是因为商业体内的每一块区位都有功能、品牌层次、调性的规划和要求，通过整体运作形成商业合力。盲目是商业体也会像“追星”一样去追寻明星项目。像购物中心这样的商业体少则几万平方米、多则几十万平方米的商业面积，每一块都是需要商户来填补的，尤其是部分城市商业体过分开发，商业体之间形成激烈的招商竞争，每一个商业体都希望招到大品牌、优质商家。而大悦城、万象城、凯德 MALL 这样全国性品牌商业体的数量有限，占商业体总量的比例很小，因而大量商业体是独立运作的，它们的招商和规划方向会大量参考和借鉴别人。如果一个零售项目能够在早期进入一个有全国性影响力的品牌商业体，如万象城、恒隆、金鹰、北京华联、九龙仓等，并且在这些商业体规划的某一品类中，如轻餐、饰品、烘焙、娱乐休闲、生活服务等商家序列中相对优质，则能在后续发展中更快速和更容易地进入地方性品牌和大量中小型独立运作的商业体。

三是规划点位只会面临区域内的有限竞争。商业体内每一类目的商铺数量是有限的，像生活服务类的洗衣店、照相馆、皮具养护，娱乐休闲类的电影院、书吧等类目，一个商业体一般都只会在一个类目下招商一家，此类商家一旦进驻就享有商业体内的独家经营权。轻餐类、女装类、运动类等其他大类目招商数量多，但也不会超过规划数量。商业体的商家应把主要营运精力用于经营好进入商业体内的客流上。

但选址规划点位的缺陷也是十分明显的。规划点位的商业谈判难度高，商业体倾向于选择有品牌、运营成熟的商家进驻，如果是知名商业体，只愿意选择每一个品类的头部品牌或者特色品牌进驻。并且每一个品类的每一个点位竞争都十分激烈，商业体会设置高的商业谈判条件和租金水准。中小品牌要进驻大型商业体，需要付出比头部品牌更多的谈判代价，即便有机会进驻，还要等待商业体区划调整或者某一商家的租约到期，排队和等待时长短则两三个月，多则一年以上。此外，规划点位的谈判流程较长，从选址意向到最终合同签署需要经历商业体多道内部审核流程，流程中任一环节出现反对意见，前期谈判结果都有可能付之东流。

规划点位的商铺需要承担商业体的整体营运风险。商业体的营运风险和零售创业的风险是一致的，大大小小的商业体都面临高度竞争，存在诸多不确定性。万象城是全国知名的高端购物中心品牌，在北京、厦门、南宁、沈阳等多个城市都有开设并运营良好，但郑州万象城在早期发展过程中经历了城市规划、管理团队等多因素的调整变动，导致以生活服务、休闲娱乐为主的商业二期没有如期开工，影响了客流量增长，并且遭遇了郑州当地强势品牌丹尼斯的正面竞争。在将近4年的时间中，郑州万象城的发展没有取得像其他城市万象城一样的骄人业绩，入驻郑州万象城的商家一起承担了早期发展中的风险。还有很多城市购物中心过度发展，中小型购物中心客流稀少，或者一些商业体经营老化，客流量处于下滑趋势，这些因素都会加大规划点位的经营风险。

规划点位需要接受商业体的发展要求。商业体早期招商的门槛相对较低，如果某一商业体经营水平持续提升，单个点位的商铺经营在享受发展红利的同时，自身也要加速发展，如果品牌升级、经营业绩增长的节奏没有跟上商业体的整体发展节奏，将要面临被商业体淘汰的风险。并且，商业体发展越好，租金水平也将越高，在租期合约内每年按一定比例递增，租约到期后，租金有时会面临大比例调升。承租能力弱的商业品类会在商业体发展成熟后，因为无法承担过高的租金水平，只好选择退出该商业体，退出的同时，前期运营所积累的客户资源、品牌商誉、装修及硬件投入等都将面临一定程度的损失。

总体而言，规划点位是相对较优的店址选择，选址难度低，只需要在商业体内的规划区位做选择，考虑评估的因素少；中小品牌如果能够进驻优质商业体，对于品牌提升也有帮助作用；同时在商业体内工作的人员众多，商业体良好的综合商业环境对于零售工作人员有较大的吸引力。

商业体的零售交易量巨大，占社会总零售额的比重也大。美国的规划点位占全美总可出租零售空间超过 47%①，其中仅购物中心这一单一类型商业体就占据全美零售商店销售总额的 50%②，如果累计商场、机场、奥特莱斯、高级酒店的规划点位商业总和，预计规划点位的零售总额将超过全美零售商店销售总额的 60% 以上。当前中国的规划点位商业总额和美国有一定差距，但近几年发展提升速度很快。因而即便是在有诸多劣势的背景下，选址规划点位依旧具有较好的商业优势，单个商业体的点位进驻风险不会降低，若多个商业体进驻发展，多商业体发展的不均衡性也能够对冲零售项目的整体运营风险。

随机点位是指不需要接受统一的运营管理、没有明确规划商业用途的商铺。大量的沿街商铺、社区店铺甚至部分面积庞大的独立式店铺，分散归属于不同的个人和公司，这些点位的零售商业用途往往是无序和随机的。有的会因为某一两个品类头部品牌的开设，自觉地形成小区域商业集聚。一个味道好、装修有品位、价格适中的餐饮店开业，如果生意火爆，在这个餐饮店旁边会接二连三地开出其他餐饮店，甚至经过几年时间的发展形成餐饮一条街。但因为没有规划，很多点位的商业用途会过多重复，形成恶性的商业竞争，在一条不到 100 米的社区商业街上，可能会同时开出四五家便利店、三家以上的药店。

---

① 资料来源：迈克尔·利维，巴顿·A. 韦茨，杜鲁弗·格雷瓦尔. 零售管理（第 9 版）[M]. 刘亚平，译. 北京：机械工业出版社，2018.

② 资料来源：巴里·伯曼，乔尔·R. 埃文斯. 零售管理（第 11 版）[M]. 吕一林，宋卓昭，译. 北京：中国人民大学出版社，2011.

规划点位是在“含金量高”的商业聚集区域“采金”，看重的是零售项目的商业品牌及资质，品牌和资质好就能进驻多个商业体；如果品牌和资质弱，也可以通过较好的谈判技巧和商业公关能力进行弥补。随机点位则是在“含金量相对较低”的商业分散区域“淘金”。随机点位在一般情况下对租户没有特殊要求，除非点位不具备经营某些特定品类的条件，比如，如果一个点位的基础设施中没有上下水系统是不适合开餐饮店的，面积过小也是不适合开设有面积要求的中高端品牌专卖店的。

随机点位和规划点位的集合共同构成综合型商圈。规划点位的商业体规模、品牌及影响力越大，商圈价值越高，随机点位的店址价值也会相应提升。部分随机点位在商业发展过程中形成的品类或品牌集聚效应也能提升点位价值。在随机点位的选址过程中，尽量靠近已有项目品类运营成熟的地址，与其相邻或相近而开，是一条主流策略。另一条策略是在空白区域选址，而这种策略对于选址研判能力的要求就会很高。选择随机点位，更多的是在品类空白或者薄弱区域，因为随机点位过于分散，某一商圈或者某一地段的候选点位出现，从空间和时间上都是随机的，这就是“淘金”的过程。

随机点位是绝大部分零售创业者选址的初始选择，尤其是对资源、经验相对欠缺的初次创业者而言，进入购物中心、商场、机场、超级市场外租区的门槛过高，品牌知名度、项目成熟度难以达到这些商业体的要求，且谈判技巧和公关能力也还需要实际经验的积累。随机点位的店铺所有权分属于个人或者地产开发商，其中接近 80% 的比例是分属于个人，只有少数地产公司才会选择持有店面，即便持有也大多会委托房产中介机构进行分租管理。个人所有者和受托中介在租金合理、租约稳定的条件下，店址是开放性对外招租，零售创业者反而有更多的自主选择权，优质项目还会具备一定的谈判优势。

选址的内在认知是在完成外在认知的过程中，将项目原有的商业理解和外部认知进行重新碰撞，这既是对项目再次梳理的过程，也是内外反复比对和匹配的过程。

客户认知：我要在哪里体验才爽

从创业者的角度来看，选址的目的是更有效率的聚客、引流并转化；而从客户角度来看，一切都是为了消费体验，包括便捷、舒适、参与感等。客户认知有多个维度，年龄、性别、收入、职业等是传统客户细分维度，也有客户消费的场景、文化属性、社群归属等新维度。尤其是场景，已经成为客户细分的重要维度，凯叔讲故事、江小白等品牌的兴起，都是立足客户消费的场景。选址要知道零售项目面向的目标客户的诸多特质，对客户要有基础研究，如此才能知道万千客流中哪些才是真正属于自己的客户。

客户研究需要先创建核心客户的画像。客户画像是企业在收集目标客户的消费行为、习惯、喜好、社会属性等基础数据后，给客户打上各种标签，形成对一个客户的抽象认知。打标签的过程就是认知客户的过程。构建客户画像后还需要熟知客户的消费场景，即客户最有可能被吸引而产生购买行为时的场景。在场景中，具体的客户消费行为提炼出拥有众多共性的故事，故事包含了带有显著标签的核心客户在典型场景中怎样和店铺、品牌及产品发生连接关系并产生购买行为，客户实现了哪些价值等。故事可以帮助我们更加形象立体地来认知客户的消费行为，而不仅仅只是客户本人（见图2.2）。

客户在哪里？客户经常去哪里？客户如果过来消费对点位会有什么样的要求？我在哪里能够最有效率地吸引客户？客户研究要回答这些问题，但有时也只能回答其中的一部分，但这些足以在选址决策中

图 2.2　客户画像示例

排除那些不适合特定零售项目的店址。一个项目的主要客户群体，如果在多数情境下是开车来消费，那拥有一定数量的停车位是店址的基础条件，所以不带停车位的店址基本要排除；如果目标客户经常出入中高档场所消费，老化的小区街巷、人流量过大的商贸中心周边、城市规划中处于大拆大建的区域等都不是理想区域。同时，客户研究能够更加精准地找到适合不同零售项目的聚客点，如果没有成熟聚客点，也能够成为判断潜在聚客点的重要依据。

八马茶业是国内领先的茶叶连锁品牌公司，2019 年在大陆和东南亚区域运营超过 1 800 家门店，这些门店 80% 以上都是由当地加盟商运营的。因为门店众多，加盟商老板的背景各式各样，有的是原本从事中低端散装茶叶销售的业内人士，也有部分之前从事烟酒行业的经销商，还有 1/3 是从事工程、房地产、医疗等非零售行业的老板。八马茶业销售的主要产品系列是中高端的精装型礼品茶和茶具，同时为了扩大客户基数，公司还推出了大量性价比高的自饮茶系列。不断扩充的产品线，让八马的产品价位从几十元一斤跨越到10万多元一斤，目标客户也涵盖了各类人群，有企业主、公司高管、个体户，还有退休的大叔大妈、刚刚参加工作的年轻白领、爱好茶文化的家庭主妇等。

在庞大的客户基数中，如何精准定义自己的目标客户群体，尤其是主要客户群体呢？这成为一段时间内八马市场部的核心工作。只有准确定位主要目标客群，才能在产品研发、新店选址及营运上提供更为精准的指导意见。可是，当八马市场部的工作人员去门店调研，最开始得到的门店工作人员反馈是各式各样的零散的标签信息：男性为主，30岁以上，喜欢喝茶，有一定的经济实力，开奔驰车，抽烟……当这些标签聚集在一起的时候，还是很难清晰地定义这一类群体，只会简单地在脑海中浮现出一些身边人的形象。后来，工作人员调取了一定样本数门店的近一年销售数据，通过分析发现，虽然在每个门店购买的客户数很多，但几乎每个门店都有20%左右的客户贡献了接近50%的客单数、80%的销售额，是一个二八效应十分明显的零售业态。随后，工作人员深度走访了样本门店中这类20%的客户人群，发现他们绝大部分要么是一些中小型企业的创始人或者重要股东，要么是这些企业的高管或者是中大型企业的中高层。他们过来消费的日常场景是，工作不忙的时候，开车来店里喝茶放松一下，有时候也会约上三五朋友去包房喝茶聊天。如果有商务洽谈，他们则一般会提前联系门店，做好细节安排。在这些情境下，他们会买一些好的、有特色的自饮茶。有时遇到重要的客户，他们还会购买高价值的茶叶产品作为礼品，体现对客人的重视。如果是遇上大型商务活动，或者是重要节假日需要给员工发福利、客户走访，他们会找门店批量购买茶叶。而批量购买时，他们希望门店能够提供一些如在外包装印刷企业标识、送货上门等增值服务。

最后，八马茶业将其主要客户群体定义为中小企业主，并明确到公司的营运过程中，如此选址的主要意向区域及标准一下就清晰了。首先最理想的区域是写字楼、商业体和高档住宅结合在一起的片区。从商圈的角度看，是中高端商圈的二类或者次边缘位置的沿街商铺，门头显著，停车便利，面积在80平方米以上，能设计装修出一个以上的包厢。高端购物中心的侧街、城市新中心或者区域中心的次级商圈等，都较符合选址方向的基础要求，这些地理位置也都相对优越，能够闹中取静。如果是在这样的区域，主要目标客户的获取、传播和服务相对容易，客户到达比较便捷，也就是“店找人、人找店”都有效率。次要理想位置是开设在写字楼密集区、工业园区、高新技术园区的配套商业聚集地，优势是同样的，劣势是周末、节假日的客流下降迅速。高端购物中心、大型机场的规划点位、高端社区的沿街商铺等也是相对理想的位置。而年轻时尚型的购物中心、步行街、经济型的社区等商圈业态就不太适合，因为购物环境不匹配，主要客户群体也不愿前往，所以在选址意向中是被排除的。

品牌认知：门当户对与调性相合

品牌认知是对自身品牌的层次和调性要有正确的判断，能够客观地看到项目品牌建设所处的阶段，以及围绕当前品牌所构建的内容体系，而不是说自己想要做高端客户群体、定位高端就是一个高端品牌了。另外自己理想中的品牌形象和实际呈现的品牌形象也常常有差距，所以围绕品牌建设搭建的配称内容在消费者看来应是实事求是的。应该正视现实，选址要和现实相匹配，而不是和理想匹配；通过持续的品牌升级和配称投入，来拉近品牌和理想店址之间的距离，从而实现内外一致、表里如一。

对品牌层次的认知，是门店选址要匹配商圈层次，商圈确定后，通过对品牌调性的认知，让店址尽可能接近和该品牌调性一致的其他品牌或者零售业态，形成良性的店址互动和客户共享。

品牌所处的消费层次和选址需要“门当户对”，因为绝大部分消费者在潜意识中早已把他们所认知的商圈和零售品牌分为了三六九等。科特勒在《市场营销学》中将品牌定义为销售者向购买者长期提供的一组特定的特点、利益和服务，在日常的商业运作中可以理解为消费者对某一企业形象、产品、营运、历史、技术等因素形成的综合认知，是企业最重要的无形资产之一。品牌层次的高低是消费者对于品牌认知的一个维度，例如女装、化妆品等，其品类品牌可以分为奢侈、轻奢时尚、中高端、大众平价、低端等若干个层次，也可以简单分为高端、中端、低端等粗放型层级，划分的一个重要标准是商品的售价，每一个层级有每一个层级的客户群体。

所谓“门当户对”，是指高端品牌对应高端商圈，中端品牌对应中端商圈，低端品牌对应低端商圈。在相应的商圈层级中选址找点，可以有效地对目标客户进行聚客、引流，这是由市场经济的发展规律决定的。现实情况是定位高端的创业零售品牌很难进驻高端的商业体，尤其是发展相对成熟的购物中心、商场、机场，但不妨碍其进驻以该商业体为核心形成的商圈周边。选址的方向应确定为一类商圈中的二类或者三类位置，这样能同样享受该商圈的客群红利以及定位红利。同时也可以选择高端社区、商务中心的随机点位，这样选址谈判的门槛就会大幅降低。很多零售项目在创业初期或者在发展过程中都会试图追求往高端方向发展，似乎高端能够带来更高的利润空间，但以做流量、性价比为主要方向的中低端品牌，就没有必要去追求高端店址，因为实际运作中的谈判成本、店租水平和项目并不匹配。尤其是初创品牌，层级匹配才是最优选择。

另外，品牌的层级也可以根据品牌在该品类的影响力和规模来划定，分为头部品牌、中段品牌和长尾品牌。优衣库是快时尚中的头部品牌，虽然不是高端品牌，但作为头部品牌其门店几乎开进了高、中、低端不同层次的购物中心。如果是高端购物中心，优衣库一般是在负一楼；如果是时尚中端购物中心，具体点位一般会在一楼靠中间的位置；如果是新品牌或者地方性中小型购物中心，优衣库的店铺位置会十分显著，一般开在一楼正门入口处。头部品牌的店铺容易成为一个商圈中的目标商店，拥有较强的谈判议价能力。中段品牌和长尾品牌可以采用优衣库的选址策略方向，即便还没有形成强谈判力，也可以“高中选低，低中求高”，尽可能追求有利的选址点位。

品牌调性是一个十分人格化的概念，是一个实体门店所体现或代表品牌的内外一致的识别体系，会形成消费者对门店的直观认知，从而吸引对这种调性产生兴趣和认可的潜在消费者，进而影响消费者的购买行为。

品牌调性折射的是客户画像，调性的表现就是客户的喜好。

品牌调性既抽象又具体，抽象的是认知，具体的是承载。例如茶饮领域的两个领先企业喜茶和奈雪的茶：喜茶的很多门店一眼望去有点像一个酷酷的男孩子，奈雪的茶则像一个优雅淑女，这是抽象的认知。但同时，这两个门店品牌的承载却是十分具体的，和品牌认知也是高度一致的。喜茶的标识是一个拿着茶杯做陶醉状的男孩，店面的设计风格会用上大量的黑色、金色等金属系的装饰和配件元素，还会配上一些科技范儿的小物件，就连店里配置的抓娃娃机也是黑色科技系，店员则穿着白色的类似实验长褂的工装。而奈雪的茶的标识是鲜绿色的，其创始人彭心介绍时曾说，因为她以前的QQ名叫奈雪，所以就有了奈雪的茶，而她自身又是一个典型的温柔、甜美、优雅的女士，所以店里到处体现的都是这种少女系风格，主打产品是明亮色彩系的，娃娃机里的娃娃是粉色系的，官宣的各种图片都是各色美女端着奈雪的茶时开心的样子。

调性的设定，在选址过程中会决定门店在一个商圈中和哪些其他品牌开在一起，调性一致或者接近的门店会形成对目标客户的集群效应。调性设定有时会分得很细，在品牌设立之初可能需要非常精准的人群细分；但在选址过程中，对调性的判断不需要那么精细，因为过分精细的调性设计一方面会吸引目标客户，另一方面也会排斥其他客户，而如果这种调性吸引的目标客户群体过于狭窄，则会严重影响客户基数。选址在这方面的整体原则是调性一致，追求客户共享，同时应尽量避免与邻近店铺之间产生违和感，过大的调性差异化说明客户群体的差异很大，会浪费点位之间的配合度和共享资源。

特百惠是一家主营日常塑料家居用品的连锁管理公司，目前中国市场的特百惠专卖店有接近2 000家，都是采用连锁加盟的方式来做运营。门店遍布的范围非常广泛，大多集中在二、三、四线城市的中端购物中心或者中高端社区周边的商业业态中。

塑料用品的应用非常普遍，例如水杯、保鲜盒、收纳盒等，客户的基数很大。而塑料用品在消费者心目中的基础印象是偏低端的，因为市面上大量的塑料用品售价十分廉价，一个塑料脸盆可能只要10元，一套塑料材质的扫帚簸箕不超过20元。但特百惠产品的整体售价却不低，例如一个普通的塑料水杯在家乐福超市中卖15元，但是一个特百惠的水杯售价则为100元上下。从产品售价看，特百惠公司的整体毛利率很高，并且有一套相对完整的销售支持体系。当一个顾客走进特百惠，看到一个水杯设计得很漂亮，产生购买欲望，问到价格和材质的时候，同样会问一个塑料水杯为什么售价这么贵。这时经过公司销售培训后的销售人员会拿出一个从超市购买的普通水杯，用打火机灼烧其边缘，大量普通水杯是采用二手塑料原料制作而成的，在燃烧过程中会留有杂质，而特百惠的产品材质因为是采用一手塑料原料，所以在燃烧过程中不会留有杂质，并且水杯的保密性很好，装再高温的水也不会让杯口胶圈松软从而导致水渗出来。此外，特百惠的产品还会有一些其他的特质，如保鲜功能好、耐用性好等，因而一个门店的整体销售情况是良性的。一些居家型的女性在开始零售创业时，会把特百惠作为一个重点考虑对象。

特百惠的主要目标客户群体是中青年居家型的中产阶级女性，对生活品质有要求，对价格相对不敏感。而特百惠的品牌调性也正是和客户画像高度匹配，店面外观的招牌体系是粉色系，店内货架是白色简约风，产品是明亮多色彩的各类水杯、保鲜盒等，店员大多是穿着干净且具有亲和力的中年女性。如此，特百惠给人的印象就是一个精致的中年妈妈，她希望保持家庭的整洁，每一个物品都有一个好的存放位置，希望冰箱里面放满孩子及其他家人喜欢吃的各种食物，但同时冰箱里又是清爽干净的，而特百惠的各种保鲜盒、收纳盒正好能够满足她对这种生活品质的追求。

特百惠在中国已经运营将近20年的时间，积累了丰富的选址经验，凡是有特百惠门店开进购物中心的，一般都会靠近家纺产品、精品超市，装修风格几乎是清一色地包含了清爽、干净、明亮等这些要素；如果开在社区，大量的特百惠门店则选在中高端社区的美容店旁边，而很多美容店的招牌形象也是以粉色系为主，店内装修主打白色明亮简约风，装修出来的形象和特百惠很接近。

产品认知：卖多还是卖贵

产品认知有产品的功能、设计、售价、消费的形式等多个内容，其中对于选址影响最大的是产品的消费频次和单价，在零售营运中体现为客单数和客单价。一个零售项目中的客单数和客单价是相斥关系，消费频次越高、客单数越多的产品，客单价越低；客单价越高的产品，客单数也越低。住宅用途的商品房是客单价极高的产品，买一套商品房要花费大部分客户几年甚至十几年的积蓄，因而客户消费的频次也是极低的，其消费的频次以10年计来作为一个周期。但香烟、水果这些日常消费类型的产品，其客单价一般为10元、20元，消费的频次是每天或者每几天消费一次。

每一个零售实体门店的销售业绩都是客单数和客单价的乘积，每一个创业者都希望既有大量的客单数，又有不断上升的客单价，这样销售业绩就能直线上升。但是，不同的零售业态有不同的禀赋，禀赋的核心内容是产品，产品销售的客单数和客单价二者之中只有一个是影响相应产品零售业态销售业绩的主要因素，另外的因素只能是在其产品品类特定的范围内进行提升和优化。如果主要方面的影响因素没有做好，次要因素无论经营得多好，都很难改变整体的经营局面。在选址中，对产品的认知就是要清晰区分是要做客单数还是做客单价，不同的选择对选址点位的确定有着至关重要的影响。

一个专门卖包子、油条、豆浆的早餐店，如果开在一个大中型小区的周边，该如何确定选址方向？卖早餐这门生意在客单数和客单价之间做选择，只能选择客单数。一个包子是很难卖出100元的价格的，包子、油条的正常价格就是1元、2元，超出这个价格消费者会认为太贵，不买单，而平均客单价正常应在5～10元。客单数是早餐店能够成功的关键要素，其选址方向要尽量靠近小区早上时间人流量最大的聚客点，如果小区有多个出入口，应该选址人流量最大的出入口方向，并且要尽量靠近出入口。在实际操作中，大量的早餐店选择了小区主要人流出入口邻近便利店或者公交站台的位置。如果店址选在了远离主要人流及聚客点的位置，那么早餐店是很难再以包子、油条作为主要产品方向的，因为客单价过低，难以支撑店面的营运成本，而应该选择面条、米粉、馄饨等客单价更高的产品类型。在社区零售业态中，以人流的主出入口为中心向两边扩展，最靠近中心的零售项目往往依次是便利店、早餐店、水果店这类高频低价项目，中间的是理发店、药店、母婴店等相对中频中价的项目，排到最后的是装修、电器、美容院等低频高价项目。越远离客流中心，产品消费的频次越低，客单价也越高。

越靠近客流及聚客点中心的位置，店租水平越高。在选址中，店租是影响选址决策的重要因素，如果创业者在没有经过系统测算的前提下，就简单因为店租过高而放弃相应的店址选择，本应做客流的项目却选择了租金便宜只适合做高客单价项目的店址，经营的成功率会大大降低。不仅是在社区业态中，在规划点位的购物中心，或者随机点位的沿街店铺，只要是做客流属性的零售项目，都要尽量选在客流量大的店址位置，就像购物中心里的茶饮店要尽量靠近主电梯，步行街的小食店要尽量靠近出入口一样。但是，整体而言，做客流为主的店铺点位租金水平都很高，因为做客流的零售项目营运的难度相对较低，创业的人员基数大，选址竞争激烈。而大量新建的处于发展起步阶段的社区、商业街，依然存在较大的选址机会。

其实，无论是低客单价还是高客单价，在选址时都会趋向于大客流量的点位，但最后都会因为店租价格的原因而重新评估店址的获客效率。有一些零售项目，在客户需求刚性、竞争不激烈的情况下，没有必要过度追寻客流量大的店址。居民小区配套的五金建材店，尤其是在小区成熟后，一个大中型小区的市场容量一般只有一家。客户对于五金产品的消费需求分散，购买频次低，往往是灯管坏了、水龙头漏水了，购买需求才会发生。但购买需求一旦发生，就会十分刚性，小区配套的这家五金店就直接成为目标商店，即便是在小区周边相对较偏的位置，也不会影响消费者的购买行为。

拓展选址结合产品认知，形成的基本原则是：

①对产品客单数要求越高的零售项目，应该越靠近聚客中心点。

②产品同类竞争越激烈，越应靠近聚客中心点。

③越是目标商店，越可以远离客流中心点。

④要关注平均获客成本，不要只关注店址整体租金的高低。

好的选址评判标准：七大考量

选址的外在认知和内在认知，是要评估所创业的零售项目当前及未来的发展能否和城市整体营商环境、业态发展趋势相匹配，和城市中哪些商圈和商业聚集点相契合，同时在具体的点位上考虑哪些要素最能提升经营效率。认知的过程，就是项目选址的匹配过程；选址的过程，也是不断完善、填充和总结认知内容的过程。在寻找意向店址及进行内外匹配的过程中不断缩小店址的候选范围，大圈里面画小圈，小圈里面定点位。在最终做决定之前，每一个项目往往都会有好几个候选店址，需要对各个候选店址的优缺点再做一次系统评判和对比（见图 2.3）。

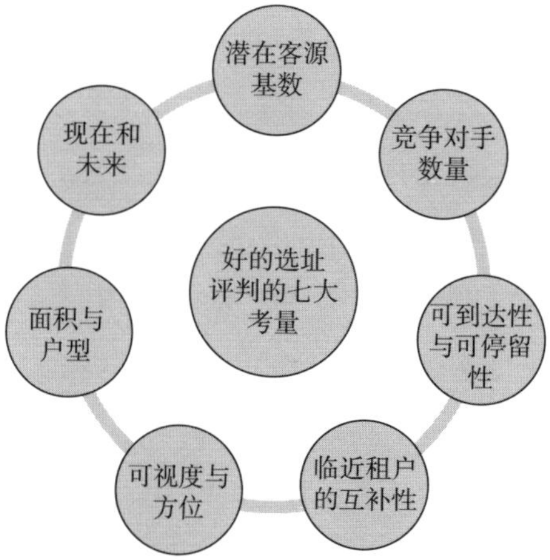

图 2.3　七大考量

潜在客源基数，是一个零售项目选定店址后能够辐射或者覆盖到的主要客户范围。潜在客源基数越大，说明店址和项目匹配的商业价值越高。开在中心商务区写字楼底商的便利店商业辐射的范围不超过200 米，平时只能影响到以店为中心环绕一周的写字楼，而开设在社区周边的便利店其商业辐射范围能够达到 300 ~ 500 米。写字楼的潜在客源基数要统计写字楼内入驻公司的总数量、公司的人员规模以及日常店前流动人口的平均数量等，社区的潜在客源基数则要统计辐射范围内总共有多少套住房、入住率及总人口规模。不同的零售业态，商业辐射的范围会有所差别，但总体一定是有限的，90% 的中小型项目只能辐射 1 千米范围内的人群。非知名品牌、非刚需类的项目则只能覆盖从店前经过的流动人群，需要分时间段统计客流数量。如果是规划点位，要评估商业体整体以及具体点位的客流数；如果是酒店，要了解酒店内的客房数、入住率，以及是否还有餐饮、KTV 等配套商业及其经营情况，同时确认这些客流是否从点位前经过。

竞争对手数量，是项目商业辐射范围内相同或者相近产品的竞争对手总和。选址在达到项目运营的基础条件且竞争对手空白或者薄弱的区域，符合“做得早是一门好生意”的商业逻辑，是区域品类的领先者。但如果是在存在竞争对手的情况下，就要评估项目是排他型还是兼容共生型。所谓排他型，是竞争对手领先进入某一商业区域，但该区域的商业容量有限，再进入后所形成的商业竞争局面会导致其中一家出局或者两家都难以生存。洗衣店、药店、理发店、鲜花店、超市等传统零售业态都具备此类属性。一个拥有400户住户、1 500个居民的小区，如果已经有一家运营稳定的洗衣店存在，是没有市场空间再容纳一家新的洗衣店的，即便新洗衣店的形象、服务、价格更有优势。兼容共生型的零售项目，以非标准型的产品、服务为主，虽然区域内已经有竞争对手存在，但品牌、服务、产品细节的差异化存在机会和竞争对手一起共同做大品类的市场空间和商业辐射范围。中大型或特色型餐饮、服饰、幼儿教育、汽车4S店等，在没有竞争对手时可以独立发展享有市场红利，拥有竞争对手时也有选址红利，且一定数量的竞争对手对市场及客户的培育是有利的，产品、服务或者品牌的有效差异化、极致或者创新能直接收割一定份额的竞争对手市场，但如果在这些领域没有竞争力，则同样无法面对竞争。总体而言，一定区域内同业态零售项目的市场容量是有限的，除非项目有十分明显的竞争优势，否则都应在弱竞争区域选址。新创品牌要避开竞争，选择弱竞争区域，如果是强势品牌，则可以选择直面竞争，收割市场。

可到达与可停留性，是指到达店址的交通便捷度和停车方便性。公共交通配套齐全的店址具有选址优势，尤其是拥有地铁的城市，地铁口附近的店址更有竞争力。城市中交通容易拥挤的街道会让这条街道上的店址优势下降。此外，停车场的入口离店址较远或者需要绕行才能进入停车场的均会降低可到达性，影响客户的体验感和购买意愿。对于汽车单行线两边的店址，国内靠左边的店址相对右边有优势。如果店址选在客户群体的街道对面一侧，应重点考虑从人行横道或者天桥跨越街道的便捷性，如果没有天桥或者人行横道，对客流会形成重大阻碍，影响可到达性。另外，在店址到达便捷甚至店前客流量较大的情况下，还应考虑店址和主要人流的短线距离，人流从主要行经路线脱离后进入店址的短线距离不宜过长，距离越长客流的转化率越低。店址前有体积过大的花坛、变电箱等明显障碍物的，也会降低客户到达的便捷度。

可停留性主要取决于停车位的数量。随着国内个人汽车拥有量的持续增加，无论是购物中心还是临街店址。拥有足够多的停车位成为店址竞争力的重要因素，不然将限制该店址的商业用途。在大中型城市，拥有免费停车位或者低收费水平的停车位，将极大提升该店址的商业价值，顾客前往并停留的意愿也会加强。以服务型、体验型产品为主要方向的零售项目，应将可到达和可停留性作为选址决策的重要考虑因素。

邻近租户的互补性。选址点位邻近商户的互补性能够在不增加候选点位成本的前提下，相互提升店址的商业价值。商业体的规划点位是在规划设计中形成商业合力，而非规划点位的商业合力需要在选址过程中进行研究和发掘，基本原则是品牌调性、品牌层次一致，顾客群体能够共享，消费内容具有非竞争性。互补性不是选址决策的必要条件，但在同等条件下，选址和项目互补性强的邻近商户店址是“累计吸引力”策略，即一群相似且有互补性的零售店聚集，相比从事相同零售活动的孤立商店会产生更大的吸引力。

可视度与方位。其中可视度是指店址所承载的店面形象及品牌的关键内容能够被行人和驾驶车辆的人看到的程度。每一个店址就是一个免费的固定广告位，这也是为什么沃尔玛、家乐福、八马茶业、海澜之家、喜茶等不需要大规模投入广告营销的原因。中小型零售项目在资金、资源各方面不充裕的情况下，更应该好好利用店址，将其作为品牌建设的阵地。可视度的评估标准有店址招牌大小及可视情况、店面橱窗形象的展示度、视线阻挡及店前流量等。店面招牌的面积越大越好、越宽越好，应该尽量避免狭窄的店面门头，不然会给消费者很局促的感觉，无法提升品牌质感。有的店面招牌装设时可以实现较高的高度，远在1千米之外都能让行人轻易注意到，这对于品牌知名度的提升帮助很大。店面橱窗是店面形象、品牌及顾客引流的重要载体，但是店面招牌和橱窗都容易受到阻挡，如果店址前面有生长茂盛、枝叶繁密的大树，或者公交站台、高架桥、花坛等障碍物，对可视度会造成较大影响，而这些情况都应在选址中尽量避免。如果招牌与橱窗的可视度好，又是处于人流、车流量大的主干道两侧，甚至是位于十字路口红绿灯的两侧，人员有停留，品牌展示的效果会更佳。方位是候选店址在小区域内的相对位置，拐角位置、边端位置在店址中是理想位置，它们位于两条街道的交叉处，是小区域内客流和车流的汇集点，拥有更多的潜在客流，同时店面招牌及橱窗的展示面也会加大。

面积与户型。候选店址的面积与户型是既定的，面积与租金及装修投入密切相关，合理面积是最理想的状态。如果面积大大超出项目业态的承受面积，应该选择放弃；如果面积过小，则可以评估在小面积情况下是否具备店面营运的基础条件，且店面形象展示是否会对品牌造成影响，如果可以，小面积店面也是一种选择。户型结构主要影响店址的面积利用效率。有一些狭长形的店址，门店的展示面窄但是很狭长，店面的面积和店面对外形象的露出不成正比，200平方米的店面只能开出50平方米的形象效果，这类店址要避免。不规则户型的店址，或者店址中有电梯井、大的梁柱或者承重墙，对店面布局和顾客进店后的动线都会产生不利影响，也应避免。如果不规则户型或者障碍物能够通过设计进行合理避让甚至利用，那么可以考虑采用，但其店址租金应该低于邻近的规则户型店址。

现在和未来。选址商业成熟期的店址，拥有更高的商业确定性，但同时也要接受成熟店址的较高租金水平。对于商业发展早期的店址，尤其是那些刚刚开始招商的新店址，如果有对长远市场的预判，则能够享有商圈及店址发展期的租金红利，也更有机会签订相对长期的店租合同，提升经营稳定性和持久性。预判非成熟店址的商业发展前景，要结合城市及商圈发展的区域，尤其是在国内大部分城市推动的新城扩展方案中，那些由万达、中粮、华润、凯德等知名大企业运营的商业体，成功概率会相对高一些；体量大的住宅楼盘、高端住宅楼盘的社区商业，成功概率也会相对较高。还需要评估商业成熟期的时间长度，无论是专营商业体还是社区型商业体，正常的商业成熟期是两年，最艰难的时间是第一年，要测算发展期的投入产出值，还要设置亏损盈利的临界线和时间点，同时在谈判中竭力争取发展期的免租时间和租金优惠力度。总体而言，面向未来的前瞻型选址项目运营存在的不确定性将会提升。

最后决定前的测算：数据说了算

店址最终是要落地到店面经营上来的，即便一个候选店址各个方面都十分理想，也需要做多个维度的经营预测，只有店面赢利才是最重要的指标。盈利预测有以下几种方法。

第一是租金倒推法，即门店单月营业额要做到租金的几倍水平，才能在扣除产品成本、人员费用和营运成本后，达到盈亏平衡线。假设一个便利店的平均毛利率为20%，店租金1.5万元/月，雇用两个员工的费用是单月1万元，水电、税收、促销等月成本5 000元，则总成本3万元。计算后得出盈亏平衡线为单月销售额15万元，是单月租金的 10 倍，平均一天 5 000 元。如果平均客单价为 30 元左右，则每天需要进店 180 人以上。如此测算出来就可以评估这个店址每天有多大概率能够进客 180 人以上，周围社区、写字楼及店前的流动人口是否可以支撑起客群数。

第二是历史参考法，即参考已经在营项目的销售情况。历史参考法借鉴的是单个项目创业者独有的数据，并且真实详细。已经进入运营阶段的同类项目越多，可参考的数据就越全、越精准。已经在营运的同类项目数量少于 3 家门店的，数据的样本可参考程度降低。同类型项目的店址之间互相参照，同样要对数据进行调整，新店址条件若优于在营项目，销售预期数据应按店址的优越程度上调相应比例，若劣于在营项目，则下调相应比例。历史参考法所取数据值要谨慎保守，这样才能提高开店成功率。例如在同一个城市中营运有 8 家门店的内衣品牌，第 9 家门店的候选店址条件和原有 8 家中的一处店址条件很接近，但新店址的人流比参考店址多出 50%，则新店预期的业绩应采取保守做法，只在参考店址业绩的基础上上浮 20% 即可；如果比参考店址的人流少 50%，则预估业绩至少应该下浮 60% 甚至更低。

第三是竞品评估法，即调查了解店址基础情况和与候选店址接近的竞品营运水平，根据项目的成熟度做比例测算。同水准的店址要求的商圈、店址位置、面积、客流等要素都较为接近。一个咖啡店项目的选址有明确的参照对象，一是知名的咖啡品牌，如星巴克、漫咖啡、太平洋、COSTA 等，二是大量非知名的小众品牌。在调查过程中，发现同等店址条件下的某一家星巴克的单月销售额是 100 万元，漫咖啡、太平洋、COSTA 等分别为 80 万元、40 万元、60 万元，而两家非知名品牌的营业额为 30 万元、18 万元，并且以上项目都已经营运一年以上且处于成熟稳定期。而新的咖啡项目，因为产品有独特的创新，在设计及体验方面也优于那两家非知名品牌，能够达到 COSTA 的水平，在同等选址条件下，新的咖啡项目在项目营运稳定后单月营业额预估也只能在 18 万~30 万元的区间中取值，项目优势很大则取值靠近 30 万元，优势不明显则取值靠近 18 万元。竞品预估同样要遵循谨慎预估的原则，用数据预估的低值作为测算依据。

第四是邻近商业参照法，即候选店址的邻近店址中，客单价、消费频次、品牌层次接近的其他商业项目的销售额具有参考价值。一个烘焙店的候选店址紧挨着一个便利店，便利店的销售额具有参考价值；一个奶茶店的候选店址旁间隔 3 个店址位置有一家某品牌的鸭脖店，鸭脖店的销售额有参考价值；一个茶叶店的候选店址隔着街道对面有一家眼镜店，眼镜店的销售额有参考价值……当然，邻近商业销售额的参考不能直接应用，还需要折算一定的比例。烘焙店候选店址挨着的是 7-11 还是邻家、美宜佳或者是普通的夫妻店，参考值的折算比例都会有差别。品牌层次、消费频次、客单价等越接近，折算比例越低。如果一个全新品牌的烘焙店挨着一家当地知名连锁品牌的便利店，销售额的参考折算率可能是 60%，便利店单月销售额是 20 万元，烘焙店的预估销售额就是 12 万元，再用 12 万元的销售额减去各项成本开支来评估盈利水平。如果挨着的是一家普通的没有品牌的便利店，折算率则可以提升到 80%。

以上 4 种方法中的任何一种都是对未来店面营收的预估，和未来实际营运的数据还有很大差别，但每一种方法都要测算到位，然后对每种方法的数据进行汇总。对待数据的态度有乐观、保守和以数据为准 3 种态度：乐观是对自身的营运能力有信心，门店业绩能通过营运的努力放大选址的优势，因而即便候选店址租金较高，通过一段时间的预亏后也可以实现最终赢利；保守是对营收的预期低于数据测算值，尤其是创业者经验不足、时间不充裕时，更应该选择保守；以数据为准是一种中庸态度，对项目营运没有更好的展望，但只要预测数据良好就可以做选址决定。这 3 种不同的态度对应不同性格和处于不同能力发展阶段的创业者。最后还有一种情况，即测算的数据只是作为最基础的参考，店址对于品牌影响力、品牌推广的重要度更高，项目方不计成本和盈利预期地选择店址，这时主要考虑的是是否能够实现品牌的预期。

第三章

零售的组织和人事

每一个零售的创业项目，就像是一辆通往财富、梦想道路上的汽车，营运工作是这辆汽车上的行驶系统。零售的组织和人事工作好比是行驶系统中的驾驶员，店务、销售及客户管理体系是发动机，商品库存和财务体系是油箱和输油系统。零售创业的财务目标是通过对店址、商品存货、渠道、员工和客户这些营运体系核心要素的有效管理来实现的。营运体系运转得越顺畅，通往财务目标的“汽车”就越是一辆高配置、省油、快速、稳健的“超级汽车”。

前面两章一是确定零售创业的方向，属于战略层面；二是店址的选择，涉及战术层面的内容偏多。它们考验的都是零售创业者的“眼光”，是创业者对商业的认知、理解所形成的科学的研判体系，是商业素养，也是商业的底层逻辑。只要方向是对的，就是一个好的开始；如果方向是错的，几乎后面所有的努力都是白费。在零售创业的绝大部分项目的时间历程中，前面两个环节可能只占有整个项目生命周期的3%，却要倾注商业智慧中70%的精华；后面的与营运、发展相关的若干个环节占有项目生命周期的97%，却只需要30%的商业智慧。但是，97%的时间与30%的智慧是极其不容易的，在这漫长的97%的发展时光中，大部分工作是烦琐的、重复的、枯燥的，是一个构思—落地执行—总结优化—提升的循环过程。零售项目的营运是创业项目商业落地的实践，是对商业构思的检验，每一个具体的细节都要有人去执行。项目最后的成功是实践+商业思想不断迭代和优化的结果。

零售业是劳动密集型产业，全国从业人口约6 000万~8 000万，占全国总人口的5%左右，其中约90%的人员都是从事基础的收银、导购、销售、服务等岗位。零售业的整体行业薪资水平之前一直低于全国平均行业薪资水平，但近几年因为行业就业人才的短缺，整体工资有一定上浮。到2018年时，国家统计局公布的城镇非私营零售企业的年均薪资水平达到了80 551元，处于全行业中等水平。但是，大量非公企业的零售从业人员拿的是当地政府规定的最低薪资，然后再通过考勤、销售提成、补助等稍有提升，整体处于收入的中低端，并且零售项目多以个体经营为主要经营形式，超过半数以上的经营主体没有为其从业人员购买社会养老保险、医疗保险等保障性产品。这些劣势直接导致零售行业对于人才的吸引力弱、人员流动性大等问题突出。

中国有两句古语，一句是“尽人事、听天命”，另一句是“事在人为”。人事与人为一直是零售行业中对创业者和管理者极大的挑战。我们常常把大量的精力投在项目的构思、策划、营销上，却很少愿意花心思管理、培养及提升自己的团队，简单地认为给他们发工资，他们就会理所应当地干好与项目相关的所有工作。1947年我军战略性退出延安时，中央曾对西北野战军领导提到“存人失地，人地皆存；存地失人，人地皆失”的指导思想，其实零售创业与此思想也是一致的，只拥有优秀的项目、合适的店址，没有优秀、稳定和勇于突破创新的团队，项目、店址的优势就无法发挥出来；而只要有成熟的团队，好的项目和店址都可以在发展中不断涌现。

人员的招募、培训、管理和激励是零售创业者及管理者必须要直面的重大课题，即便在信息技术和人工智能技术快速发展的今天，我们仍然无法很好地解决零售人力资源管理中所遇到的各大难题，只能承受和优化。另外，因为大量零售项目都是中小型规模，创业者、老板就是兼职人事，没有专职人力资源的工作人员，所以他们在人事工作上的专业度在大部分情况下达不到正常企业管理所需要的程度，人力资源工作涉及的人力资源规划、招聘与配置、培训与开发、绩效管理、薪酬福利管理、劳动关系管理六大模块的工作内容，每一模块都难以做出特色，只能满足最基础的需求。

零售行业人事工作所面临的问题是行业的通病，但对于单个的零售项目创业者而言，却又不是问题。那些问题永远都只是创业者为项目不成功、发展不顺利或者是想偷懒所找的一堆理由。一个烘焙店、一个饭店、一个便利店、一个茶叶店……任何一个处于零售创业初始阶段的项目，所需要的不是一个动辄百十来号人的规模化团队，而只不过是一个三五人，至多二三十人的小团队，小团队的招募、培训和管理的难度，与大规模的团队相比要低很多。

为了便于零售创业实施中的操作，我们把人力资源六大模块的内容简化为零售人才的招聘实施和人才“选、育、用、留”4 项内容。

零售创业构建的岗位竞争力

团队搭建、组织建设的首要因素是要构建岗位的招聘竞争系数。

招聘是零售项目参与商业竞争的正面战场之一，招聘的成功和销售、营运及品牌的成功息息相关，互相影响。中国的人力资源市场早已经过了供大于求的阶段，如果不能给应聘者一个选择过来工作的充分理由，那么零售项目的创业者将长期只是一个“光杆司令”，影响项目的发展与盈利。项目的招聘竞争力由九大因素组成，任何一个应聘者都会在九大因素中选择一项或者多项作为自己评判是否选择该项工作的要素，而创业者则需要把每项因素至少做到基础标准值，并突出放大其中几点，使其成为岗位优势（见图 3. 1）。

薪资与福利是大部分应聘者考虑的第一大因素，其实也是招聘者

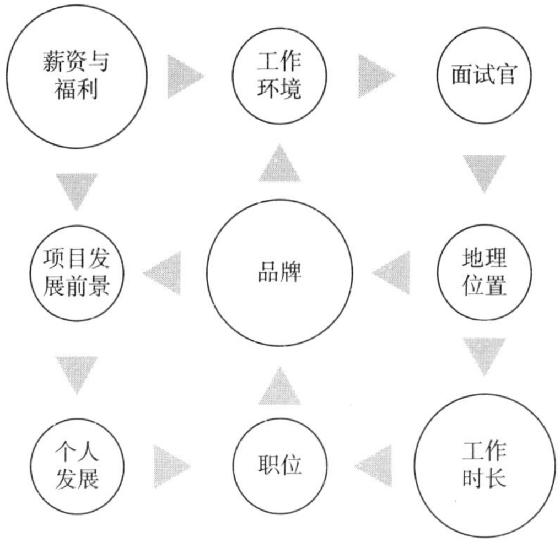

图 3.1　招聘竞争力的九大因素

能够提供的最简单有效的竞争力要素，可是却被大部分创业者所忽略。具有竞争力的薪资与福利，并不意味着在薪资福利上要超越竞争对手多个量级，而仅仅只需要在同一量级上比竞争对手多出 10 个百分点。零售行业的平均薪资成本占销售收入的 10% ~15%，员工的薪资福利水平比竞争对手高 10%，在成本中体现的也只不过为销售收入的 1%。薪资福利的竞争力构建，在前期需要做基础调研，尤其是要掌握同行业及邻近店铺的薪资水平，以此作为基准参考数据。薪资福利的高低，是创业者对人才重视程度的直接体现。具有竞争力的薪资福利，能降低招聘难度，还能吸引相对优秀的人才加入。越是在项目发展的早期，越应该提供有竞争力的薪资。

工作环境不一定是吸引应聘者的有力要素，但如果工作环境相对恶劣，则一定会让应聘者早早放弃。购物中心、高端商场、机场商店是众多零售从业者的优先选择，这些规划性的商业中心能够提供明亮、干净的环境，另外众多品牌的集聚也意味着更多、更好的工作机会。对于沿街商铺类型的非规划性点位，面积，装修的标准、层次以及周边的环境差异性，会对应聘者的心理造成影响，应聘人员的素质和能力也会因此而产生波动。任何一个应聘者都会喜欢干净、舒适的工作环境，脏乱差是招聘者的噩梦，也是应聘者望而却步的警示牌。

面试官的职业素养和个人魅力，能够弥补项目早期对于应聘者吸引力弱的诸多不足。每一个创业者都应该是优秀的面试官，一方面在挑选应聘者，另一方面应聘者同时也在挑选他未来的领导和同事。如果有意向应聘者前来，面试官应该整理好外在形象，这既是对应聘者的尊重，也是自身职业化的体现。但大量的零售创业项目都是小微型创业项目，如一个 10 平方米的奶茶店、一个 30 平方米的服装店等，面试官常常穿着一双拖鞋或者叼着一根香烟就来面试别人了，其对于面试的准备工作有多随意，也就预示着项目失败的可能性有多大。面试官拥有专业、激昂的谈吐以及对未来发展的良好描绘能力，能够大大加强对应聘者的吸引力。个人魅力的强大常常能够给潜在兴趣者指引方向，从而降低面试官在薪资、职位等方面的谈判压力。

关于项目发展前景，只有部分零售从业者在应聘时会关注到这个领域。薪资、工作环境、工作时长和交通便利性是大部分人优先关注的因素，而关注项目发展前景的人，说明他们对于行业发展及项目类型有过思考和认知判断。这一类型的应聘者希望选择具有良好发展前景的事业，尤其是一些具有创新性或者差异性的零售项目，对他们会具有较强的吸引力。不过，即便是一些传统类型、同质化的项目，应聘者也可以从营运细节、面试官的谈吐中判断其是否具有发展潜力。应聘者对于项目发展前景有关注并有自我判断的，是优秀从业者的特质表现之一。

品牌是应聘者快速建立就业认知并做出判断的重要因素，品牌越强大对应聘者的吸引力越强，因而零售知名品牌的代理商、分销商等可以直接跨过品牌发展及知名度建设的初始阶段，通过品牌的影响力增强对人才的吸引度。初创品牌或者还没有进入品牌建设阶段的早期零售项目，可以通过其对标的知名品牌，帮助应聘者建立品牌印象，增强其对人才吸引的向心力。

地理位置也是部分应聘者比较关注的因素，毕竟“钱多、事少、离家近”是大多数就业者向往的工作状态。其实，上班通勤的距离也是招聘方在面试过程中要关注的要素，通勤时间过长及通勤便捷度较低，即便应聘者有强烈的入职意愿，在后续的工作过程中也会大大降低他们的工作意愿并影响工作状态。反之，通勤便捷，通勤时间很短，会成为应聘者选择这份工作的重要理由。

工作时长，这是零售从业者普遍的“痛”。国内的零售业态一般经营时间较长，单日经营时间超过 12 个小时，常常是早上 9 点、10 点开业，晚上 10 点以后才休业；一年 365 天到头，除去春节的短暂休息外，几乎都要天天营业，甚至很多购物中心和连锁型商店，全年 365 天都要营业。因而大部分零售从业者只能享受每月 4 天的休息时间，大型节假日也需要上班。是否有正常的双休成为一部分应聘者考虑的重要因素。工作时长和薪资福利一样，是招聘者最容易提供的人力资源竞争因素，但同样也被忽略了，新创项目不妨以此作为人才竞争的重要手段。

关于职位，一部分应聘者希望追求职位的晋升，或者选择一些更有挑战性的岗位，而招聘方又恰巧能够提供相应的岗位，此时可以提高匹配的成功率。但是，这类岗位的数量是有限的，只对于少量管理岗位或者专业技能岗位是有效的。不过这些都不影响招聘方赋予一些基础的零售岗位以新内涵和更加合理的表述方式。销售型门店招聘最多的是业务员、销售员，可服装店的业务员、销售员要做的不仅仅是销售，他们还要向客人提供如何穿着搭配、如何选择色彩等专业内容；餐饮店的服务员也需要建议客人如何点菜、如何搭配合适的酒水等。赋予岗位新的内涵和知识点，把服务员、销售员升级为服装搭配师、美食员等，会体现出对岗位的尊重，也会赢得更多应聘者的好感。

关于个人发展规划及前景，大量零售从业者因为受到过往的教育背景、平台等的限制而长时间在基础岗位上工作，使得个人职业发展无法实现突破，从而极度渴望有人能够给予帮助和指导，以实现个人职位的跃升。零售项目方如果在岗位上能够提供个人技能的培训，或者主创人、管理者拥有丰富的从业经验并愿意传授技能、给予指导，这也会成为一部分渴望上进的候选人选择岗位的重要因素。

团队成员招聘和裂变的方法、途径

招聘是有成本的，应该把招聘成本作为店面营运的正常费用支出而列入预算的范畴。在预算范围内，有多种有效的招聘形式。常规招聘与裂变式招聘是零售人员招聘的两大方向。

1. 店招

店招是依托门店进行招聘，是直接、简单、有效并且成本最低的招聘方式，但绝不是简简单单地在橱窗玻璃上贴上一张 A4 纸写上“招聘”二字留个电话号码就可以了。店招有一套通用的招聘方法体系，从招聘海报、展架等物料的设计到店员接待潜在应聘者的话术，再到安排面试的流程，都需要精心的安排。有时，为了增加潜在应聘者的数量，在人流高峰期还需要在店门口做一些咨询就赠小礼物、抽奖等互动型的招聘小活动。

2. 挖掘内部资源

初创型零售项目能够赋予应聘者的竞争要素和有利条件总体是有限的，如果再考虑到稳定性、忠诚度等问题，早期的人员团队搭建是

"外求"不如"内生"。"内生"是要最大限度地挖掘创始人、合伙人、投资人及早期骨干人员的人力资源潜力，在亲戚、朋友、同事、熟人中寻找潜在员工，也可以通过社交媒体请他们来做介绍和推荐。和店招一样，挖掘内部资源也不是简单地在朋友圈发一条招聘启事，再请亲朋好友转发一下就行了，而是先要梳理罗列出现有人脉资源中有可能的意向候选人，逐一去做联络和沟通；其次才是广撒网式的传播和推荐，其间可以设置一些有趣、有实质内容的推荐奖励办法。

3. 常规招聘

当前企业的常规招聘方式是依托智联招聘、中华英才网、58 同城等招聘信息平台。选择招聘信息平台，让可供筛选的潜在意向者从店前的人流、朋友圈扩展到全城，能在短期内使团队搭建工作由被动转为主动。可以多发布工作岗位并定期刷新或者通过购买短期广告位、岗位置顶等方式增大意向应聘者的简历投递量，也可以主动搜索能够匹配的简历并进行面试邀约。招聘平台的使用成本是企业营运的基础费用开支，对于利润不高的小微零售项目来说，会形成一定的费用压力。但时间是成本，店铺人员的空缺也是成本，这些成本和招聘的费用是一致的，值得投入。考虑到招聘平台单个账户的费用成本，可以和周边店铺协商共同使用一个招聘账号，或者间接购买临近店铺的剩余招聘权限和资源，这样能够有效降低招聘平台的账户开设和使用成本。

4. 连带式招聘

连带式招聘是相对容易扩大招聘成果的一种方式，能最大限度地利用好已经付出的招聘成本，并且在零售行业中容易执行。零售行业的员工流动性非常大，年均 50% 以上的员工离职率是很多公司的常态。正因为零售行业员工跳槽成本低，连带招聘的实现难度也低，所以对于每一个应聘者，无论是否予以录取，都可以鼓励他们推荐应聘者，并且分别针对过来面试和应聘成功两种情况予以不同程度的现金或实物奖励。对于应聘成功的候选人，同样也要鼓励他们推荐现有的同事、亲友过来面试，如果推荐成功，可以给予更高一级的一次性奖励。不过连带式招聘的弊端也很突出，容易出现一人离职，连带人员也离职的情况。

5. 猎聘

初创型的零售项目不适用于聘请专业的猎头顾问，因为项目本身的人才层次还没有上升到需要专业猎头予以协助的阶段，另外猎头的服务费用也会成为初创项目一笔不小的开支。但是，创始人、合伙人和管理者都应该充当猎头的角色。零售行业的人才是最容易接触的，对客户没有人员名单的秘密。我们去饭店吃饭、去酒店住宿、去商场购物等，都会遇到各种各样的零售人才；即便去竞争对手那里，扮演一个客户的角色，并和他们的工作人员建立联系也非常容易。在这些接触的过程中，只要能够发现他们身上的亮点，都不妨将潜在意向人约出来喝杯茶，聊一聊是否有合作的机会；而大部分潜在人选也不会拒绝了解一下新的工作机会，即便被拒绝，也不会产生负面影响或者沉没成本。

选人是填空

团队建设是系统性工作，构建了岗位的竞争力要素，通过多途径的招聘方式引来了一批意向候选人，如何在候选人中挑选出合适的人来组建团队，成为十分关键的一个环节。如果没有挑选准确或者没有谈妥适合岗位的人，前面做的各种铺垫工作会成为一种浪费，同时也会加大后续的培养、管理难度。选对人和选对店址一样，如果最开始的方向错了，即便再努力，最后呈现出的效果也不会很好，而要为了追求达到理想预期，所付出的代价和精力也会陡增。人选得好，只需要稍加培训，他们就会自我学习自我成长。如果绩效机制、晋升通道健全，不需要过多地管理，他们也会自我激励，自行成才。

1. 零售人才的整体分类

零售业态中工作内容及岗位设定的通用性，会让行业的就业人才呈现出一些通用的特质，特质的赋予一方面源于其基因、家族及从小接受教育的经历，这是一个零售人才特质的基石；另一方面是其参加工作后所接受的职业训练、同事和领导的影响及自我学习。后天的努力和积累特别容易放大原生的人员特质，虽然每一个个体都是独一无二的，但是其放大后的人生特质在很多人身上体现得十分明显；即便很多特质还没有完全定型，甚至互相之间还会切换，但在一定时间内，特质具有稳定性。

2. 领袖型

领袖型人才在零售领域具有稀缺性，他们具有四大明显特质：一是相信并坚持其所从事的事业；二是有清晰的目标和计划性；三是具有领导魅力，为团队成员负责；四是在销售、产品、培训等特定领域有一项或者多项专业特长。领袖型人才是管理人才，需要四项特质全面具备，并且前三项特质重点突出。但是，零售领域领袖型人才的起点远远没有互联网、金融、房地产等行业高，看似四项要求全面具备，实际要求很低，因为这个领袖在创业初期就是管理好一家门店或者多家门店，团队是三五人，或者十几人，其工作计划的复杂度不高。但是要求他们能够坚持，工作具有一定的计划性，对目标的完成有工作思路和方法，能够带领团队进步。如果他们自己就是销售高手或者产品高手，他们的领导工作将会更加顺畅。之所以要求不高但行业的此类人才还很稀缺，是因为零售领域的大部分从业人员都是单向发展型的，大量的零售项目并不会在薪酬绩效上安排店长等管理型人才获取管理收益，店长岗位的固薪部分收入可能仅仅比普通店员高 10%，而优秀的销售型人才通过销售提成更容易获得高额收入。领袖型人才的发展空间从短期看并不突出，从长期看却空间无限，人才一旦成形，能够管好一家店，往往就能管好多家店。

3. 销售型

销售型人才同样也是非常珍贵的，常见的情况是一个顶尖销售人才能够以一己之力撑起一家店的业绩，个人业绩经常保持在单店总业绩的 50% 以上。销售型人才在一家门店中不一定是个人形象最好的，但总是穿着得体，给人传递出值得信任的感觉。他们往往具有很强的亲和力，能够用恰当的语言和交流方式与顾客建立连接，同时再用专业的产品知识与灵活的销售话术促成交易。销售型人才往往还有极大的野心，他们会执念于销售目标的完成甚至超额完成，当潜在顾客出现的时候，他们会敏感地捕捉到其眼神、脸色的分毫变化，从而洞察其内心。销售型人才常常是外向的、开朗的、主动的，即便是初次见面，也可以通过简单的聊天判定其是否有往销售领域发展的潜力。

销售型人才容易形成两个发展方向。一个方向是重度关注个人销售目标，在团队合作中缺乏整体意识，个人综合能力构建上以销售为核心，不太关注其他综合能力的提升，成为一个纯销售型的人员。这类人才可以在多个领域发展，不论销售房子、汽车、服装、茶叶，都可以做得很好。另一个方向是发展成领袖型人才。销售始终是零售型项目的核心，无论是卖产品还是卖服务，只有销售出去才能形成一个商业闭环，而销售是关键环节。在关键环节做出优异成绩的人员，说明拥有关键环节的诸多关键技能，只要在管理、培训、组织等方面有意留心和学习，把技能与学识赋予团队，就很容易快速成长为一个领袖型人才。

4. 支持型

支持型人才在零售创业中是很容易被忽略的一类人，他们就像老黄牛一样默默无闻，把很多店务管理中的脏活儿、累活儿、细活儿给包揽了。他们有时候工作很被动，不像销售型人才那样激情四射、主动出击，需要管理者给他们很明确地分配工作内容，一旦分配后他们会完成得很好。可是他们并不善于言谈，当有顾客询问时，甚至有些害羞。支持型人才的整体特质是偏内向、细腻、勤奋、服从。

支持型人才和领袖型人才是非常容易搭配在一起工作的，他们能够实现领袖型人才管理工作中的大部分内容，同时支持销售型人才脱离烦琐的日常细节工作，专注于顾客与成交。正因为支持型人才从事了大量零售事务中的幕后工作，又难以脱离自己的本性特质发展成销售型人才，所以会在大量中小型的零售项目中使职业发展受限，除非他们能够突破自我，发展成为技术型或者领袖型人才。支持型人才是零售创业发展过程中不可缺少的人才类型，但正因为大量的零售项目没有对人才进行区分，在人员招聘时都只会笼统地招业务员、服务员、销售员，所以他们就成为业务员、销售员中最不突出的一类人，或者成为服务员中的勤杂工。

5. 技术型

技术型人才的特质是专注、爱钻研和较真儿，他们会对某一类型的产品、技术表示出一定的兴趣，并愿意投入精力学习、研究相关的知识。在零售领域，并不需要技术型人才在专业知识领域有非常深入的研究和建树，只要比平均知识水平高一点，或者有自己独到的见识与理解，就能让他们在某一特定的零售细分方向脱颖而出。一家服装品牌的零售店，4 个店员中有一个店员对于色彩和服装搭配很感兴趣，并且她把这个服装品牌的设计风格和客群类型进行了基础分析，当顾客进店的时候，她更愿意从搭配与美感方向给予顾客建议，并挑选出适合对方的款型，那么她就是一个偏技术型的销售，而偏技术型的销售更有商业说服力。此外，还有一些零售类型需要技术操作员，茶饮店、咖啡店需要调饮师，餐饮店需要厨师、甜品师，花店需要插花师……他们得有专业技能基础并且有实操经验，专业技能越扎实就越有竞争力。在专业基础知识之上拥有探索和创新精神的专业人士能逐步发展成为技术型人才的佼佼者。随着零售业态的不断发展，零售业和信息技术、互联网、新媒体的融合越来越深入，人才在专业技术领域的分化越来越细，出现了营销策划方向、数据运营方向、产品开发方向等多个类型。技术型人才的发展路径十分广泛，往领袖型、销售型、支持型方向都能发展，并且技术和专业知识能够成为他们职业发展飞跃的一个坚实基础。

6. 设置空格与做好填空

零售项目团队搭建是一个做填空题的过程，设置岗位方向就是设置“空格”，然后根据“空格”的要求挑选具有相应特质的候选人补入。

没有“空格”或者对“空格”要求的方向不明晰，是当前国内零售项目团队搭建过程中存在的普遍问题。大部分零售业态中门店岗位设置十分笼统，尤其是初创型的零售项目人员分工粗放，设置的岗位空缺及数量较少。常见的情况是餐饮店做人员招聘时只会有一张招聘服务员的海报，开在购物中心的门店在人员短缺时只会发布一个招聘导购员的信息，便利店只会告诉候选人他们在招聘收银员……因而这些店的人员配置往往就是老板 + 服务员，或者店长 + 营业员，又或者是操作员 + 收银员。这类情况会导致选择团队成员时希望他们都是全能型的，既可以做好顾客接待，还能做好产品操作、销售、活动策划、店务管理、陈列、收银等多项内容的工作。

任何一个两人以上的门店，无论业务方向是什么，都需要进行业务分工。一个开设在社区门口的便利店，由夫妻两个人经营，也可以分为后端商品方向和前端销售为主的方向，后端负责选品、进货、库存管理等内容，前端负责商品促销、陈列、收银等。4 人以上的门店，可以把工作的重点方向分配得更细，如此，同样一个岗位在招聘时可确定不同特质方向来进行选择，对人员的综合要求就会降低很多，只需要候选人在某些领域拥有特长，就可以进入团队，通过互补来实现团队综合能力的提升。

工作岗位职责拆分是设置岗位方向的基础方法。同样是招聘门店销售人员，可以明确是招聘支持型销售、产品型销售、技术型销售、管理型销售等多个方向，虽然从事的都是门店销售工作，却让同一个岗位选择了多个特质方向的人，从而形成团队成员的合理结构。强销售型的零售项目，以选择销售型人才为主，支持型和技术型人才为辅；强运营型的零售项目，则以技术型和支持型人才为主，销售型人才为辅。领袖型人才的配备，可根据零售项目是靠产品型、营销型、营运型等不同方向，重点考察领袖型人才的四大特质专长是什么方向，与之匹配即可。

同时，一个门店的团队，就像《西游记》中的西天取经团队，除了职责分工的不同，每一个人员都要承担不同的使命方向。其中，唐僧是精神领袖，是团队的领导者，门店中的店长就要承担唐僧的角色，始终相信自己所服务的品牌、公司，无论碰到什么问题和困难都不放弃，并且能够合理地给下属分配工作，制定目标。孙悟空是团队的核心主力，如果是销售为主的零售团队就是销售主力，如果是餐饮这类偏营运的业态则是营运主力。沙僧是团队的支持型人员，不善于表达，但是把苦活儿、累活儿、脏活儿都默默无闻地干了。猪八戒也是团队的支持型人员，具备一定能力，乐观豁达，善于活跃氛围，平时虽然慵懒了一点，但关键时刻能够顶上。白龙马则是技术型成员，沉默不语却身怀绝技（见图 3. 2）。

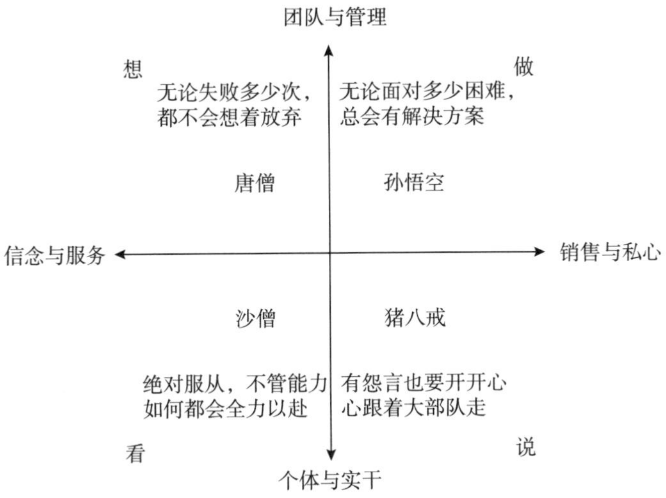

图 3. 2　西天取经团队的分工

育人重培训

仅仅通过招聘与挑选，不一定能组建出一个优秀的团队。招聘与挑选只能提升初始团队的能力基准线，而优秀的团队是培育出来的。通过多种途径扩大候选人基数，在基数中选对合适的人，匹配能够最大发挥其优势特长的岗位，这只是绝大部分创业项目的理想状态，能够在发展初期挑选到一两名匹配的团队成员，就已经是一件幸运的事情了。大量的现实情况是项目上马了，还有几天就要开业了，理想的人选却一个也没出现，见到的都是资质平平、在脑海中没有留下印象的普通人，也看不出他们有什么突出的特质。可每一位普通的候选人，其实都有可能是潜力巨大的强者，而每一位创业者、合伙人和管理者，都有责任与义务为他们搭建一套成才体系，围绕优化提升零售项目的营运、销售能力搭建培训体系并予以实施执行，就像一个高倍放大镜一样，放大他们的优势与特长。任何在领袖型、销售型、支持型和技术型 4 个方向有些许特征的人，都能成才。单店的零售运营甚至多店管理，不是一件复杂的科学研究活动，不是一个庞大的工程项目，只要有心去搭建培训体系，就能够取得明显和直接的效果。

优秀的零售管理者应首先关注培训体系的建设，其次才是关注具体的培训主题、内容和实施。培训体系包含培训制度、课程和讲师三大内容。其中培训制度是指培训计划、考核评估办法和标准、组织流程等框架和原则性内容。培训制度是十分具体的内容，新员工入职后在规定时间接受相应内容的培训、操作课程的学习时间不能少于一定小时数、完成系列课程学习才能批准正式员工的转正申请等，这些非常细化的内容都应在培训制度中体现。通过培训制度，新员工一入职就清晰地知道自己会接受的培训内容、要求，团队成形后也会在培训制度的约束下形成好的学习及培训习惯。培训制度是基础性内容，是管理者、创业者对自身的要求，要求自己在项目发展之初，就要安静地坐下来，把能够实现的培训方向、目标和实施计划逐条写下来并在后续发展中固化成制度。课程是培训体系中具体要实施的内容，讲师是实践人，操作层面的难度要大于培训制度的起草与制定，但按照不同的项目类型及创业者的资源禀赋，有平台依附型、外求型及内生型

3 种途径。

平台依附型培训体系是依托品牌方或者连锁管理主体公司的培训体系，这种方式普遍适用于从事品牌加盟、代理的零售创业项目。品牌方能够提供的培训支持体系是项目选择方向中“区域品牌的领先者”重点考察的内容之一，发展成熟的品牌方甚至能够提供从制度、课程到讲师的全套内容，区域代理商或者加盟商只需要“听话照做”，就可以把体系顺利地建立起来。但大部分情况下，品牌方能够提供的培训资源是有限的，培训师资、场地和课程无法同时满足多个需求，则代理商或者加盟商首先要熟知品牌方的培训体系，包含品牌方能够提供的全年培训时间节点、内容、师资队伍等，要主动往品牌方“靠拢”，去争取、获得更多的培训资源。平台依附型培训体系的核心步骤是对品牌方培训资源的融入、靠拢与争夺，容易形成的结果是培训资源获取的越多，团队的能力和素质越高，从而达成的销售目标与市场份额也越大。这样，品牌方对于区域市场的重视和投入也会越大，再次获得的培训资源就会更多，形成一个“培训飞轮”。无论是区域品牌的领先者，还是成熟、新建的加盟经销类零售项目，只要选择了平台依附型的培训体系，其培训体系的重要工作就是让“培训飞轮”快速转动起来。

内生型培训体系是几乎全部依托创业者、管理者及项目核心骨干自主创立起来的培训体系，这种体系和项目的发展阶段、所面对的问题和困难的实际情况贴合紧密，每一次培训活动和内容都是奔着解决问题或者要实现某个目标去的，非常实事求是。内生型培训体系的建立很难，需要攻克课程、讲师和成果固化三大难关。培训课程一般有企业文化、服务标准、操作流程、接待用语、产品知识等多个模块，内生型培训体系需要把每一个模块都打造成一堂有内容、有案例并且和企业经营密切相关的课程；如果是创新型项目，则几乎每一模块内容都是原创，需要把创业者的初心、本源抽象提炼成精准的文字表达出来。企业文化中的使命、愿景、价值观，服务标准中的步骤、细节，操作流程中的方法、标准等，提炼出来后还要有精准的描述和恰当的解释，如此受训者才能接收并消化信息，从而真正发挥培训的作用。一个优秀的创业者、管理者，即便把培训课程的各模块内容都原生创造出来，也不一定是一个好讲师，好内容需要通过讲师的表达和一定的教学方法进行传授。在团队中需要培养讲师，在没有讲师的情况下，创业者、管理者就必须首先承担起这个角色。课程内容和讲师通过具体的培训实施活动，反复磨炼、修改和优化后，会逐步固化成配合项目营运体系与企业文化的标准课程和讲师。在初创型的单店或多店体系中，日常案例教学是内容固化的另一个重要方面，需要有人主导并长期坚持把日常营运的小案例、小故事每天或者每周在晨会、例会中进行解剖分析，日积月累形成一套教学案例集。内生型培训体系建立和成熟的过程往往伴随着零售项目发展壮大的过程，即“滚雪球”的过程，初创阶段创始人和管理者的重视、自我提炼和总结是关键。伴随着“雪球”越来越大，内生型培训体系会焕发出强大的自我生命力，成为企业和项目发展的重要推动力。

外求型培训体系在项目早期是一种见效快、更易操作的体系搭建方式，但有相对成本高、可控性弱的缺点。培训制度建立后的工作是往培训体系里注入内容，搭建外部培训顾问团队可以直接吸收行业内或成熟项目的精华内容，让主创团队和管理层腾出精力去关注推动项目短期业绩增长和项目稳定性的产品，以及营销推广方向的事务。而邀请外部培训顾问在项目早期可能要支付出部分股权或者资金的成本。还有一种方式是把人员送出去参与相关培训课程的学习，由专业培训机构来承担这部分职能，然而在项目不成熟、人员不稳定的前提下，会形成一部分培训资源的浪费。所以外求型培训体系应只是企业发展中的阶段性体系，在发展过程中要逐步吸收外部培训体系的课程内容、组织方式，依托外部建立起内部培训体系。

零售型项目的员工流动性大，快速、高效的培训体系可以让企业在人事工作上更加从容，制度创新能让培训体系焕发出更大的活力。老带新、师徒制是常用的门店培训方式，可以在员工销售提成、绩效、门店利润分成等内容中，把老带新、师徒制的考核评定融进来，从而使培训效果量化。

用人需赛马

用人是要让不同的员工在相应的岗位发挥出持续提升的效能。如何用好人，是一门管理的艺术，是每一位管理者都必须要面对的问题。能不能用好人，则是零售创业发展方向上的一个关键分水岭，往上会带领团队进入一个良性工作营运轨道，使项目一个台阶一个台阶地逐步发展；往下或者打横则会让项目及团队始终处于一种瓶颈状态中，无法突破。

我们有时候会看到身边一些开店做生意的朋友对店铺基本不用怎么操心和管理，十天半个月才去店里坐一下，但是店面业绩稳步提升，每年都有可观的利润收益。在这种情况下，很多人都会投去羡慕的眼光，并且开始心动，希冀自己也有几家这样的好店铺。朋友会说：我也是比较幸运啦，遇到一个好经理，几个店长也都很优秀，基本上放手交给他们去干了。也会有一些开店的朋友恨不得天天待在店里，对店铺经营的每一个细节都要亲力亲为，对于客户服务、店务管理、产品等非常上心，可店面业绩就是不温不火。这时候，我们可能会想这个朋友做得这么辛苦非常不值得，如果是自己去做一定干不了，还是趁早放弃为好。

以上是两种截然不同的开店结果。第一种结果当然是因为这位创始人从选择确定项目的方向，然后到选址定点，再到团队招募培养，最后进入日常的运营及管理，这中间的很多关键节点，他都做出了正确的选择并且能够很好地落地实施。但是如果要让多店面在确保经营业绩及利润的前提下能够进入自运营、自管理状态，那么用人是关键。第二种结果的创始人则很有可能一开始在项目方向、选址等关键节点上的选择有问题，但是如果他在后面的"选""育"，尤其是在用人方面能够进行弥补的话，同样也有机会把项目业绩做上去。如果在这个关键节点上还是没有做对，除非他自己成为运营、销售的关键人物，否则项目前景堪忧。

用人需要做对两点：第一是用对关键人并充分授权；第二是要会搭赛道，让团队成员围绕提升服务、产品、销售等领域进行"赛马"，并给予合理激励。

1. 用对关键人、充分授权

历史是人民群众创造的，但历史总是在期待关键人物的出现，就像毛泽东、邓小平之于中国，爱因斯坦之于物理学，乔布斯之于智能手机和移动互联网。关键人物可以通过他们的意志与决心、胸怀与魄力、智慧与学识等影响甚至改变国家、历史、学科和产业的发展进程。同样，对于最基础、最普遍的零售创业而言，一个优秀的店长、一个活力四射的销售人员、一个手艺高超的厨师等就有可能改变一家门店的命运，让它从亏损走向赢利，从杂乱经营转变为井然有序，从无名小店成为网红打卡地。

企业的发展有若干个阶段，每个阶段所要解决的核心问题不尽相同；同样，人才对于企业而言，在不同阶段也需要不同的关键性人才。在项目发展早期，可能要首先解决产品问题，其次要解决销售问题，后期要解决标准化的问题，要用好阶段性人才，解决好阶段性问题，而无须坚持用一个人才解决全程问题。

当关键人才出现的时候，需要用人方能够给予其专业领域充分的授权，同时还要配备相应的资源做支持。花店是零售创业中的常见类型，开一家有情调、花草芬芳的个性花店是很多女性零售创业者的理想之选。创业者可能会花费非常多的精力在产品、搭配、陈列及销售氛围的营造上，但往往 A 花店并不一定会比 B 花店、C 花店在产品和氛围等领域有更多独特的创新和特色之处，而营销和推广才是花店能否持续经营和赢利的关键，那么市场推广型的人才就成为 A 花店的关键人物。当一位钟情于玩抖音、快手、小红书，微信好友有几千人，能在美团、大众点评做广告投放并优化内容的店员出现的时候，应该毫不犹豫地培养、提拔他成为店长，并按月为其配备相应的市场推广预算。也许这位店长在店务、产品、采购、库存管理领域有诸多不足，创业者则可以通过自己或者其他团队成员为其补齐短板。这些都是为了最大限度地放大关键人才的优势特点，辅助关键人才带领团队在项目发展过程中克服最大的问题和渡过难关。

要能容忍关键人才在发挥作用的过程中所犯的一些尝试性错误和失误，因为“关键先生”用他的经验、专业和特长在帮企业或项目解决实际问题时，也会存在不确定性，过早的否定会让关键人才丧失信心和动力，也会让前期的时间和资源投入付诸东流。对于关键人才的考察、判断和培养时间应该拉长，前期要谨慎，一旦确定，则应义无反顾，这是创业者应该承担的决策成本和风险。

2. 搭赛道、赛马、做好激励

通过创始人、管理者的主观判断去认识、定义一个人，再为其匹配合适的岗位，难免会有认知缺陷或者不全面的地方。社会是一个大的竞技场，行业是一个竞技场，店与店之间是一个竞技场，团队成员之间也是一个竞技场。在竞技场中，激烈的竞技内容会让每一位选手将潜能充分发挥出来，他们的优势与特长会更加清晰，团队也会更有活力。

搭赛道有赛事内容和赛程长短两个维度。赛事内容要关注与项目运营核心指标相关的销售业绩、客户进店数、新客数、客单价、主推产品、客户服务满意度等。赛事内容也不宜一条赛道多项内容，一段时间内宜主打一项内容，例如新开门店需要关注成交率，成熟门店要关注客单价、新客数量等。赛事的内容设定要针对门店当前营运关注的主要方向：客户进店数太少，就要针对客户引流搭赛道；有当季主推产品，就要在销售人员之间对决主推产品；客户服务做得不到位，就考核客户满意度。赛事内容要始终围绕店面运营、客户及销售业绩三大方向。针对基层员工和店员的赛道要简单明了，不能复杂，要让大家一听就知道当前工作的主要方向是什么。只有门店营运十分成熟后，才对门店管理者之间进行综合指标的考核。基层店员的赛程时间不宜过长，一般以月为单位进行统计归总和讲评激励，部分关键指标在按月统计的基础上还可以累积统计季度、半年度和年度数据。另外，不同项目类型或者品类的销售旺季时间节点也是一个重要的时间维度。

赛马是要让我们关注、培养、提升的团队成员能够全身心投入到赛道上来。第一要让成员能够清晰了解赛制内容与核心指标。第二要能够给团队成员赋能，围绕赛事内容提升团队能力是重要目的，而赛事本身只是抓手，在赛程中，要围绕指标给予成员相应的培训、讲评与提升。第三要能恰当调整赛程中遇到的问题和偏差，例如团队的氛围、竞赛的公平性以及在赛程设计之初没有预想到的漏洞等。在赛程中，要能够关注到每一个团队成员的态度、反应和表现，把这些综合内容和最后的结果一起作为筛选、评价成员的重要内容。

人都是希望被肯定和激励的，以营运指标为核心、以团队成员为主体的对决和竞赛活动，要搭配合理的激励内容。金钱奖励是最直接的动力来源，为了提升成员的参与度，除了公司、项目方提供奖励资金外，还可以邀请团队成员也“下注”一定的金额，共同搭建一个激励池，这样大家会更有积极性。此外，一些涉及全年营运指标的内容，还应与员工的职位及薪资提升结合起来，让员工明确知道自己做到什么程度能够获得哪些相应的奖励。

搭赛道、赛马、做好激励，是让整个团队高速运转起来的手段，同时也能大浪淘沙，把不适应团队、后进的成员淘汰出局，而那些有能力、上进、有想法的成员就能脱颖而出。这样就能找到项目发展所需要的真正关键人才，同时也锻炼提升了团队的综合实力。

留人靠事业

零售业员工流动性大是一种普遍现象，还有一种情况是店长、销售主力、技术骨干工作一段时间后，会辞职然后自己开一家类似的门店，把掌握在手上的客户资源、营运流程、产品秘方一起带走，甚至这个新开的门店离他原来工作的地点距离不到 200 米。原来的员工、同事成了竞争对手，很多零售创业者、老板和管理者面对这种情况是既生气又无奈。可这是人性使然，为自己工作、为事业努力与为老板工作是两种截然不同的心态，在大众创新、万众创业的年代，每个人都有一颗躁动的心，也都有一个创业的梦。

雇佣时代的色彩逐步暗淡，合伙人的理念越来越深入人心。海底捞的全员持股、永辉的超级合伙人让大家看到了员工身份转变所迸发出的工作激情、动力和忠诚。工资、绩效与激励、能力与职位提升虽能满足员工的部分需求，但这些对于有事业心、冲劲儿和能力的员工而言，有时却是无力和苍白的。零售创业的门槛毕竟不高，如果项目赚钱，员工出去复制一个是很容易的一件事。面对这种情况，创业者和管理者应该尽早设计出员工合伙机制，才能未雨绸缪。留人要靠事业，一个不断发展中的零售项目，至少要通过事业合伙机制把关键及主力员工牢牢绑定在发展的"大船上"，让他们一起分享事业发展过程中所带来的声望、财富及成就感。如果可以更进一步，等事业发展得更大一些、风险更小一些的时候，让普通员工也能够合伙加入，那么事业的这艘"大船"才会越来越平稳。

留人靠事业的前提是项目已经逐渐进入正轨，甚至处于较好的盈利状态中。如果项目还处于发展早期或者亏损期，除非员工主动提出入伙，或者是项目已经有明显的上升势头，那么尽量不要采用靠事业留人的方式。早期和亏损期的股权或者分红权对于核心员工吸引力弱，也无法体现出股权及分红权的价值。此时，较优的选择是从"选、育、用"上创造价值。

靠事业留人的合伙机制有多种操作方式，有直接股权或者分红权赠予模式、投资入股模式、存量雇佣增量合伙模式、增量投资入股模式等。合伙人视项目发展的规模和阶段分为单店合伙人、区域合伙人、公司合伙人不同等级。合伙人的模式虽然有多种但不复杂，基本理念都是在相应平台最大化人员的价值。

1. 股权、分红权赠予

股权与分红权的直接赠予性质有差别，但基本理念一致。股权赠予是创始人、控股方无偿将股权赠予公司或者门店的核心员工、管理层。零售业态中的员工工资偏低，经济基础弱，如果要直接投资入股会有较大的经济压力。而赠予是对员工能力与品德的全方位认可，这是传统意义上的“身股”，核心员工、管理层通过自身努力和付出，为项目方、公司创造利润与价值，并在后期共同分享发展成果。因为法律赋予股份的权利有很多，例如公司章程规定的重大事项的表决权、财务知情权、转让权等，所以常常会在股权赠予时附加一些条件，像对股权的转让、表决等设定限度或者回购条例等。分红权赠予是股权赠予的简化版本，能够避免后期发展中的风险，同时也保证了股权中的核心权益，对双方来说都是容易接受的方式。赠予还可以设计成更科学的“期权”方式，吸收借鉴互联网公司或者上市公司的操作经验，但在零售领域不适宜将这些方法复杂化，应让最普通的基层店员一听就懂，一看就明白。

2. 投资入股

赠予是创始人、控股方主动“留人”的方式，但并非最有效，因为“无私的爱，他人不一定会珍惜”。所以在发展事业合伙人的过程中，设置一定的门槛会让候选合伙人对这份事业更加重视和珍惜，付出了代价反而会更投入。投资入股是让核心员工、管理层以投资的方式成为事业合伙人，一般采用增资入股的方式，也可以是创始人、大股东直接转让。这种成为合伙人的方式可以按照净资产或者初始投入来核算股权价值，如果有溢价也不宜过高。投资入股的资金分为一次性投入或多次分批投入。一次性投入需要候选人短期准备大额资金，同样会对员工形成压力，科学的方式是通过设置绩效奖金的方式，通过绩效奖金的累积，分批投入成为合伙人。这样，一方面通过资金累积过程来激励员工的工作，另一方面也会减缓员工的资金投入压力。

3. 存量雇佣、增量合伙

当进入通过事业合伙人的方式留住关键、核心人才这个阶段的时候，项目已经发展了一段时间，甚至已经有了很好的利润回报，但同时也许进入了发展平缓期或者瓶颈期。这时候发展合伙人，一方面是为了留人，另一方面是希望激发员工更大的潜能和积极性，此时采用存量雇佣、增量合伙的方式相对合理。进行财务核算后，让候选合伙人知晓现有情况，约定增量部分的利润候选合伙人拥有分红权，并且分红权的比例设置要比赠予或者投资方式更高。

4. 增量投资入股

增量合伙针对的是在原有门店业务增量的分红权，增量投资入股是脱离原有门店开发新门店，二者可以结合使用。尤其是在原有门店运营成熟稳定后，新增合伙人的发展空间有限，在增量合伙的基础上，可以邀请他们共同投资新店，这能极大提升新店的开店成功率，而合伙人也能在新店获得较大的股权或者分红权比例。

第四章

零售营运的核心密码

为顾客、员工、股东和社会创造价值是企业营运的四大目标，但要实现四大目标先得完成销售额与利润这两个商业活动追寻的第一级指标，这是成就一门好生意的首要衡量标准。在生意的基础上，我们才能开始为顾客和团队创造更大价值，追寻企业责任、社会责任，进而有更高的使命和价值观，让生意成为一项有意义的事业。无论事业走向何方，就像新零售的号角在中国商业社会中吹破了天、人货场的各类理论大行其道一样，零售始终有其内在逻辑和客观规律，任何创新、创意都脱离不了零售的终极密码：

零售好生意＝进店数×成交率×客单价×复购率

任何一个零售门店的生意好坏都可以从零售的四大密码中找到答案，也可以使门店自身得到优化、提升的着力点。针对不同类型的零售项目，以及各自所处的发展阶段的不同，四大密码各自的影响因子有所差别，优化提升的方向可以从最容易的因素着手，也可以从影响最大的因素着手，这要视项目方的资源、精力、优势、特长而定。

进店数——流量就是一切

进店数可以理解为门店的顾客流量，即一天之内有多少顾客能够走进门店。对很多互联网公司而言，流量就是一切，为了源源不断地导入用户流量，为用户提供的各种功能、内容都是免费的，目的是只要用户愿意使用，有了流量以后，再通过广告、游戏、会员等多种方式变现。对于零售门店而言，流量也是一切，只有顾客能够走进门店，才能产生后续的导购、服务和购买行为。O2O 和外卖平台兴起后，很多导流、引流的工作甚至购买行为都能在互联网平台上完成了，但实体门店目前还是零售交易的主要发生地。第五章会专门针对新零售和互联网营销进行诠释，本章就门店流量即进店数来重点讨论线下零售引流的经典策略。

1. 引流策略

(1) 产品引流

产品引流是快消型零售项目的常用引流方法，典型方式是把畅销单品、爆款产品、大力度的打折促销品、新品等通过有设计或有吸引力的陈列方式，在门店橱窗、店门口的临时促销台等地方进行陈列，以此吸引顾客关注并进店购买。产品引流是被动型的，顾客有关注并产生购买兴趣才有效，中间过程没有人员交流，因而引流产品陈列要色彩明亮，陈列面要大而明显、有美感。同时用于引流的产品类型、陈列方式、搭配、位置、颜色等需定期更换调整。通过产品引流进门店的顾客通常会在引流产品前驻足、观看、询问，可以通过统计这些顾客的数量来评价衡量产品引流的效率，并以此作为调整或者固化引流产品的决策数据。

(2) 促销折扣

促销折扣是最直接，也是最简单粗暴的门店顾客导流方式，但是促销折扣对品牌的损害巨大，并且会影响长期市场价格，最终导致顾客的流失，须慎重使用。门店开业周年庆、大型购物节、节假日等次数有限的促销折扣行为能提振门店短期流量，并且这类促销活动最好通过提前预热，结合门店产品陈列、氛围营造、品牌活动等共同进行。

(3) 广告投放

以推广品牌为重点的广告投放短期内无法提升门店流量，并且大多数情况下会造成营销资源的浪费。只有结合爆款畅销产品、促销活动、品牌活动的广告类型，并在以门店为中心1~3千米范围内进行广告投放，才有可能促进实体门店流量的提升。楼宇电梯间广告、大型广告路牌、公交车体或站台广告，以及微信、今日头条等互联网平台的定向投放，这几类载体是零售门店广告投放的主要阵地，但总体投放成本较高，楼宇电梯的广告屏平均投放成本达到每星期数百元，微信的平均单个用户获取投放成本也高达每次10元以上。如果没有持久投放，短期投放就像往大海中扔下几颗石子，很难掀起波澜，转化率低，投完之后用户也就遗忘了。不过也不乏成功案例：瑞幸咖啡的超强度广告投放，配合大量的促销活动、公关活动等实现了瑞幸咖啡线上线下门店流量的暴涨，同时在大量融资、强团队营运等多方资源的配合下，实现了高举高打，流量变现。瑞幸咖啡的成功在数以百万计的零售创业大军中只是屈指可数的个案，零售创业者要评估自身资源，如果在各项资源足够充足的前提下，在小区域范围内运用瑞幸咖啡的投放方法也是存在机会的，毕竟在小区域范围内取得成功的难度要比瑞幸咖啡在全国范围内的成功难度低很多。

(4) 品牌活动

品牌活动是性价比高、能和顾客深度交流、可操作性强、转化率也高的顾客引流方式。现在，做一场有质量、能模式化的品牌活动越来越难，尤其是单向思维型的品牌活动对消费者越来越没有吸引力，只有站在顾客角度，能够为顾客创造价值的活动才有生命力。

品牌活动常常陷入单向推销的误区，活动的主题、策划和执行只是一味地为了突出品牌自身，希望尽可能多地告诉顾客我的品牌多么有调性、产品如何有特点、你买了一定物超所值。可是中国的经济社会已经进入商业高度发达的时代，消费者接受了非常多的品牌、产品教育，已经疲惫了、无感了。即便是百分百地站在顾客角度，完全以顾客为中心设计的活动类型，依然会有人极度理性、无动于衷。但一家服装店举办色彩沙龙，告诉它的顾客如何穿着搭配更合理；一家鲜花店每个星期举办一次亲子插花教学；一家咖啡店每个周末举办一次读书分享会……知识、技能、社交、美食，面对这些能够让生活变得更美好的事物，人们恐怕是不会拒绝的，并且其在体验服务依旧缺乏的后发展市场，仍有广泛的顾客吸引力。

品牌活动始终是要为商业服务的，不能因为要给顾客创造价值，而成了公益活动。品牌活动是以价值创造为主线，但创造价值的载体是以品牌为中心的产品、服务、理念，这些能够潜移默化地影响消费者的购买倾向和决策。众多在社区打着为老年人服务的名号销售保健品、保健器材的公司深谙其道，它们提供各种免费的增值服务，量血压、做体检、开讲座、送大米、按摩、针灸等，最终目的是推销价格高昂的保健品和保健器材。这种商业行为当然会备受社会诟病，但其初衷却是与我们所说的品牌活动一脉相承。保持适当节奏的品牌活动，能够做到周周有主题、月月有活动，再设计好能够造成社交传播的细节、物件等，品牌活动会成为引流的利器。

(5) 异业联盟

异业联盟的本质是双方顾客群体层次接近，产品或服务是互补而非竞争关系，互相导入资源，各自做大市场和规模。说到异业联盟，最常说起的是很多高端饮用水、红酒、西装定制等品牌和高尔夫球场、商务会所等形成合作联盟关系，共享会员、共推产品。可一个沙县小吃店如何与附近的便利店形成异业联盟？一个少儿英语培训机构如何和附近购物中心的儿童游乐场结盟呢？每一个零售项目、每一种零售业态，都有其最好的商业盟友，结盟的基础是互相创造价值，1 +1 要大于2，并且每个1 能够变成1.2、1.5 以上，如果仅仅是一方收益较大，另一方没有收益或者收益较小，联盟轻易就解散了。

异业联盟的导流一定不是随意的、毫无规划的合作，仅仅只是互相交换会员、赠送优惠卡券的方式最后会导致合作不了了之。一是双方都应为获取客户流量以及互相导流后的客户转化设定费用预算；二是异业活动要精心设计，分阶段、设定时间节点分步推进；三是优惠卡券尽量通过微信或者支付宝小程序进行分发使用，便于统计和评估效果。

(6) 客户转介绍

口碑是最好的广告效应和导流手段。口碑的形成是因为消费产生了社交价值，彰显了价值主张，大量网红店的打卡拍照就是这种价值的体现。还有一种情况是需求情景，在功能性产品的零售业态中常见，例如按摩店、中医馆里面的技师、医师技术高超，当好友间谈论起此类话题时，很容易形成口碑传播。口碑是客户转介绍的主动形式，可大量的零售业态，比如一家包子铺、一家早餐店、一家便利店、一家餐厅很难让产品、环境或服务形成主动的口碑传播，也不具备特殊的功能属性，但同样可以设计口碑传播。常用的方法有邀请好友共同消费享有折扣或赠品。滴滴、优步当年展开出行大战的时候，都曾通过这个方式快速裂变获取新用户，而奶茶店的邀请朋友一起喝第二杯半价也是这个思路。

(7) 陌拜与派发传单

陌拜与派发传单是十分传统的顾客引流方式了，因为移动互联网营销的出现，这两种方式普遍被认为缺乏效率，尤其觉得这两种方式和很多品牌的档次、调性不符，采用它们会让品牌“掉价”。其实除非是顶级奢侈品牌，绝大部分零售品牌、门店都可以采用这两种方式，因为能够进店的顾客流量和互联网流量一样都是稀缺资源，只要有好的方法和创意，陌拜与派发传单也可以形成一套引流体系，并且更有优势。陌拜需要执行人员有强大的心理承受力，要有陌拜的“敲门砖”，包括各种应变话术、小礼品及资料，还要通过各类信息平台做好陌拜对象的资料收集和摸底。派发传单常常被各种小型旅馆和外卖饭馆所使用，雇用临时工在上下班或者节假日的人流高峰期操作。派发传单引流其实是门店运营的日常性工作，有创意设计的传单和小礼品、优惠券及话术的结合使用，依然会有很好的效率。

(8) 便捷设施、创意摆件

便捷设施是为店门口熙熙攘攘经过的人群在炎炎夏日里提供一杯自助的凉茶，是在数九寒冬递上一杯温暖的热水，是提供一个免费的手机充电接口，是摆上一条能够让人稍息片刻的长凳。虽然这些便捷设施和举措服务的并不一定全是目标顾客，但它们能够温暖潜在顾客的内心，能够拉近和顾客的距离，也能产生一定的顾客转化。创意摆件是因为智能手机的快速发展，让人人都成了摄影师、人人都是传播节点，而创意摆件为大家提供了拍照的素材，给了顾客驻足停留的理由。但创意摆件需要定期更新和维护，这样才能保持足够的吸引力。

2. 引流工作的开展

门店的引流方法多种多样，每一种方法就是一条顾客的河流；针对顾客引流所做的工作的深度、创意和投入是每一条河流的发源处，水大水小取决于源头工作的效果。这些河流最终汇聚到门店，形成一个流量池，是一个“组合套装”，应该有很清晰的流量干流、支流。而流量池是一个水库，通过对干流、支流的营运，让门店始终有稳定的顾客来源。

但是，大量的线下门店始终缺乏稳定的流量，顾客进店数只能“靠天吃饭”，其问题并不在于缺乏引流方法，因为自从有了线下零售业，这些方法就已经存在并被广泛应用了。问题出在零售创业者、管理者没有把引流工作当作门店日常营运的经常性工作之一，没有将其固化为一种工作制度，也没有对其进行合理的预算投入与评估奖励。

流量目标

线下零售门店营运可供量化并要重点关注、考核的第一大核心指标就是进店数，而不是每日营业额。只有充足的进店数，才能有比较好的基底来从事后续的各项运营工作，每日营业额只是一个结果值，我们应该关注过程值，而不是结果值。正常工作日、周末、节假日的进店数指标要有一个基础目标，再通过引流工作的持续优化，让目标值不断提升，直至店面营运能够承载的饱和值。这个过程就像打游戏过关，每上一个台阶，就是过一个难关，达到饱和值，就是游戏通关。过完一次通关后，再重新开一个、多个店，打关会变得越来越熟练、越来越容易。

进店数初始目标的设定方法，第一种可以采用的是成本倒推法。在现有门店成交率、客单价、复购率不变的前提下，测算出达到每日店面盈亏平衡点的进店要求数，以此指标往上估算。第二种方法是效果累加法，即用店面每日自然流量加上各项引流工作开展的效果预估。第三种方法是总量预估法，用门店自然流量加上门店能够覆盖区域的潜在顾客总量乘以顾客覆盖比例再除以产品消费周期。

例如一个社区早餐店能够覆盖的社区人群是5 000人，顾客覆盖比例10%，即小区有10%的住户会选择来这里吃早餐，但产品消费周期是每星期吃一次，那么每天的进店数应该是5000×10%/7=71人，这是门店流量的“干流”；从门店路过的非固定客群日均10人左右，这是“支流”。如果不统计外卖平台，且没有做其他引流工作，那么正常情况下每天早餐店的进店人数在80人以上才是合理水平。

合理的目标值设定是上述方法的综合值，是测算加预期目标再结合团队、店面实际调和的结果。

进店数统计工作较为烦琐，会分散营运和销售精力，但如果每日客流量不大，可安排店员进行实时统计，而对单日流量大的门店应采用系统统计。新零售在国内市场的高歌猛进，催生了大量支持门店营运的工具系统，可以实现实时与自动统计；也可以在每日营运工作结束后，通过监控系统进行人工统计。

3. 流量工作制度

流量工作制度是以优化提升顾客进店数为基准目标，将引流、导流的各项具体工作及评估优化固定成制度，而不是一种随机的、试探性的、浅尝辄止的工作内容，只有深化、坚持和创新才能真正有效果。互联网的流量争夺是全网性的，没有边界，赢者通吃。但凡是线下零售的实体门店，真正的竞争对手是在方圆1~3千米范围内，只需要比竞争对手多做一点，就有较大机会获胜。

流量工作制度一是要明确引流的工作手段，不是所有的引流工作法都适用于每一家门店，不同零售项目类型应挑选效率最高的途径。二是时间要固化，比如每周一、三、五的上午门店要有两名店员出去陌拜；每个周末的中午要派一名店员去距离门店 100 米的地铁口派发传单，派发任务量是 100 张；每周五下午举行一次顾客到店的体验活动，顾客邀约数为 20 人等。三是流程和方法要固化，每一次引流工作要准备的物料、要完成的前期准备工作、提供的话术、执行的步骤及要记录的信息等均以操作手册或文档的方式沉淀留存。四是及时的数据评估、讲评和优化建议。

投入与产出

传统零售已经习惯了“坐商”，不管位置的好与坏，都等着顾客上门来消费。门店租金是为自然客流“买单”的费用，租金除以自然进店人数，就是单个顾客的流量成本。可以此成本作为简单参考值，然后往主攻的引流方式投入人员、资金和产品预算。能够承担引流顾客成本的高低和客单价及利润率有紧密的关系，客单价和利润率高的零售业态，可以采用广告投放、品牌活动等投入成本相对较高的引流形式；但如果是便利店、水果店等低客单价、低利润率的零售业态，就应多采用便捷设施、传单、转介绍等成本较低的引流方式。

成交率——让更多顾客愿意买单

零售的成交率是指顾客进店后能实现多大比例的成交转化。成交率是一个总体数据，为深度优化运营质量，还可以分为新顾客成交率、老顾客成交率以及成交会员转化率等更细致的指标。

成交率是一个非常敏感的数据，是检验门店的产品、环境、陈列、服务、销售等各大因素和能力的指标。绝大部分顾客进店一定是带着某种需求和消费冲动的，而顾客都已经到店，我们却不一定能满足他的需求，这是一件多么遗憾的事情啊！每一位进店的顾客，无论是买一瓶售价1元的纯净水还是价格高昂的奢侈品，都是非常敏感的，因为任何一个消费决策的做出都需要经历识别需求、搜索信息、评估选择、决定购买、购后评价5个阶段①，任何一个阶段出现问题，消费决策都将会中止。最难的就是“从顾客口袋里把钱掏出来”，他们可能会因为销售人员的一句暖心的话语、一个造型曼妙的陈列、一块试吃的产品等服务而爽快的买单，也可能会因为门店的灯光昏暗、产品卖点介绍不清晰、洗手间不干净等很多小细节而放弃购买决定。

对成交率的科学管理及运营，就是把影响顾客购买决策的若干个因素都罗列拆分出来，强化甚至放大能刺激购买行为的点。这些点不是夸大产品功效、特点，而是让顾客能够较为轻松地感知到产品和服务价值。要把阻碍顾客购买决策的不利的点抹平，即使这些点不会刺激顾客购买，但是他们如果感知到不好，就会放弃购买。提升成交率的因素有很多，都是围绕顾客的认知而展开的。

1. 评论与意见领袖

优质的评论与意见领袖能够让顾客对门店、品牌和产品产生“天生好感”，并且持续累积。移动互联网和O2O以不可逆转的迅猛之势把传统线下零售卷入互联网大潮之中，深刻改变了消费者的购买行为，让评论和意见领袖成为消费者购买决策的重大依据。当一名消费者站在饭馆门口，决定他是否进去用餐消费的因素不是他眼里看到的直观景象，甚至会完全忽略他亲眼所见的一切，而是要打开手机里的美团、大众点评、小红书等App，去浏览门店主页上沉淀下来的用户评论。

① 资料来源：佘贤君．触发——非理性消费［M］．北京：机械工业出版社，2018.

如果用户评论众多、总体评分优良，他会欣然进入，即使需要排队等待很久也在所不惜；如果评分较低、差评如潮，哪怕他看到的这家餐厅多么时尚、菜单如何精美，他也会扭头就走。另外，意见领袖的点评与推介也成为近几年消费决策的重要影响因子。二者带给消费者的影响是“天生好感”，在没有进入实体门店，甚至没有见到产品之前，消费者就已经做出了购买决策。

移动互联网、O2O 平台和新零售相关技术对线下零售的影响和改变还将继续深化，未来的百年老店除了地段位置、经典产品、独特技术、品牌等因素外，沉淀百年的用户评论与意见领袖推荐将成为重要的门店资产。同时，这也对门店营运的各方面都提出了更高要求，少数的几条用户差评就可能大大降低顾客消费决策时的选择比例。因而，各种各样的零售创业项目，只要是追求可持续发展和长期盈利的，都应投入精力去经营顾客的评论和推介，包括引导和鼓励顾客评论、优化产品和服务、提供超乎预期的价值等。

2. 信任状矩阵

顾客有自己的主观认知和判断，但他们做消费决策时也很容易受到外部环境和他人决策的影响，尤其是当顾客出现决策混乱，不知道如何进行消费选择时。此时门店需要给顾客提供决策依据，要给他们一个足够充分的购买理由，或者构建一个完备的信任状矩阵，让顾客无法拒绝。评论和意见领袖的推介是一种信任状，可还有大量的顾客不看评论和直播、不刷抖音和小红书，所以信任状矩阵解决的是顾客没有事先决策而进店以后的决策问题。

具备一定权威性的排行榜是信任状矩阵的重要内容。热销、经典、受欢迎程度、技术是排行榜内容呈现的不同维度，具体的实现形式可以是媒体、行业协会、政府等对某一区域或者行业经营者进行的评选，知名平台公司、产业联盟等举办的社会影响力、品牌价值或者竞赛活动的结果排名等。通过直观呈现的排名榜单，消费者能够快速建立起对零售门店、品牌、产品的直观认知。排行榜是对消费者从众心理的满足，为顾客提供了消费决策的依据。即便是单个门店针对自身销售的产品，根据热销力度做出的畅销产品排行榜，对目标顾客的消费决策仍有促进作用。

超级意见领袖是指具备社会影响力的专家、学者、企业家、社会知名人士或者明星。门店应该有意识地主动邀请或者创造机会，让超级意见领袖来门店消费或者体验，并在他们允许的情况下拍照或者拍视频留念。超级意见领袖并不一定是超级明星，邀请他们来购买和体验与请明星代言也有本质区别，他们会更加真实，对顾客来说更有代入感。当然，邀请的超级意见领袖也应和零售项目的品牌、调性及专业方向气质相符。超级意见领袖在购买或体验后，要能营造出消费者的同等感知价值才有效果，例如有真实的视频和照片展示，以及与当时情景相匹配的产品、陈列和服务人员等，如此，消费者才会融入情景，受引导而做出和超级意见领袖类似的消费决策。

获奖证书容易给消费者提供专业认同度的信任背书。项目的主创人员、员工等参加专业技能大赛获奖后，应把获奖证书、奖牌、参赛照片、视频等综合在一起，通过专业的陈列柜或者体验区来落地展示，从而衬托和营造出证书、奖杯的公信力和权威。为搭建信任状矩阵，应该鼓励、支持甚至培养员工参加与零售项目主营业务相关的各类竞赛活动。

信任状矩阵的构成还可以有技术专利、获得国家或地方政府承认的独特工艺、非物质文化传承、媒体的采访报道等多种。信任状应该紧密围绕门店的主营业务方向，非主营业务的内容反而会降低顾客认同感。

3. 卖场氛围

卖场氛围是由门店装修风格、灯光、货架、产品陈列、物料、销售人员等多个因素共同构建的一个场域，营造卖场氛围是为了更好地赢得消费者好感，并激发他们的购买欲望。人们进入一个大型超市的时候，一路会看到很多畅销产品、促销产品的堆头，大量同款产品聚集在一起再配上一个大号的促销折扣牌，有的产品旁边还会有穿着配套服装的促销员免费派发试吃或者体验产品。明亮的灯光、醒目的价格牌、诱人的各色产品，一旦融入这种环境，人们总忍不住想要买点什么，很有购物的欲望。不过过度商业化和嘈杂的卖场氛围会赶走部分中高端购物者。

有时候，我们也会进入一些零售商店，它们的装修很精致，非常重视细节的设计，产品陈列都融入店面设计中，用料也十分考究，还有艺术品的摆设、卫生都做得一尘不染，彰显着店面主人的审美格调和用心。消费者一进入这样的店面，虽然感觉很好，可就是没有一种强烈的购物冲动，称为“叫好不叫座”。卖场氛围的打造始终要在赢得消费者好感和刺激购买之间寻求最优结合点。而所谓最优的方法是优先考虑如何刺激购买，在此基础上再通过设计、软装、陈列等平衡消费者好感的传递。

灯光是卖场氛围营造的第一个帮手，可以通过对灯光的明暗程度、层次度、隐现等方法引导顾客的关注点和情绪。其中对于销售的核心产品陈列区、促销区要有更高的亮度，而店面总体亮度高的店铺生意要比灯光昏暗或者凌乱的店铺生意好。音乐是卖场氛围营造的第二个帮手，研究表明，人们听到轻快的音乐时，会分泌叫作“内啡肽”的化学物质，从而产生明显的愉悦感；而当听到自己喜欢的歌曲时，大脑将释放“多巴胺”让人亢奋。在合适的音乐氛围中，消费者和卖场环境产生共鸣，做出购买决策的动力会更充足。香氛是卖场氛围的第三个帮手，它既可以改善卖场的空气质量，也可以给消费者提供一种独特的感官认知。嗅觉是一个比视觉、听觉更能刺激身体产生反应的感官体系，和销售产品相匹配的香氛设计会让消费者对产品更容易产生认同感和好感。由灯光、音乐和香氛共同构造的视觉、听觉、嗅觉的消费场景是线下零售给消费者带来的无可比拟的购物体验，消费者愿意被氛围所吸引，一旦沉浸到卖场氛围中，意味着他们已经接受并把消费的大门打开了。

4. 成交的场域助手

感知价值是影响消费者购买决策的首要因素，为成交所做的各种铺垫都是为了更好地让消费者感知。其中卖场氛围是整体感知，就像社交场合中我们远远看过去一个人所散发出的气场一样，而成交的场域助手是细节，就像一个人的妆容、着装、手包、首饰等，具体内容有动线设计、陈列对比与价格锚定等。

顾客动线是指顾客在店内行走的路线，由视线和动线两部分组成。视线是消费者看到的路径，动线是通过调整产品陈列、物品摆放等引导消费者在店内的行走路径。动线设计中只要让消费者能够停留、对比和挑选，成交率就能提升 63%，是一个非常有效的成交率提升方法。[①] 动线设计的原则是通畅、舒适和便利购物。在设定的动线上，顾客可以没有阻碍地浏览完店内的全部产品，同时较为轻易地定格心仪商品的位置或者能快速接触到店内的主推产品。围绕动线所做的产品陈列要能够把顾客逐步往成交的方向引导，顾客刚进门所接触的产

① 资料来源：张志安．新零售时代的实体店营销［M］．北京：中国工信出版集团，电子工业出版社，2018.

品最好是高性价比的畅销品，能够快速拉近顾客的心理距离，然后再让其逐步往新品、主推产品、经典产品移动，搭建顾客对品牌和产品的认知框架，随后是高端产品、特色产品，最后再逐步回归到畅销、经典、高性价比产品上。

陈列对比与价格锚定是当顾客在销售动线中停留、对某一款产品产生兴趣的时候，如果能够合理地给出一款相类似的锚定产品，将能有效促进成交。一位女士在女装店看中一款最新出品的连衣裙，标价 1 399 元，她不一定会做出购买决定，但如果导购员取出旁边挂着的一款样式接近，只是细节和面料稍有不同的连衣裙，标价 999 元，这就能大概率推动顾客决策的进程。星巴克售卖的依云矿泉水也是陈列对比与价格锚定的典型案例，一瓶售价 22 元的矿泉水能快速降低消费者对 30 元一杯的咖啡的心理价位线。还有很多门店会陈列有某一品类的顶级产品，名为“镇店之宝”，价格高昂，轻易不卖。这种操作的优势是既能让顾客避免极端，又有权衡对比的参照，从而降低购买决策的难度。

5. 导购与销售配合

导购与销售配合是零售创业者、管理者要重点关注的成交率决定因素。大量门店营运的实际数据表明，导购与销售不专业导致订单流失的比例接近 50% 。但是我们却常常有意、无疑地忽略或者搁置这个事实，因为与人相关的事情是管理培训的难点，相比之下人们更愿意把精力投放到容易落地的软硬件环境、广告营销上来。

人为因素影响成交的具体表现形式有随意的穿着与打扮、冷漠的问候语、一问三不知的产品卖点、嫌贫爱富的销售表现、生硬的打折促销回答、过分的吹嘘、执意的推销行为等。当这些情况出现时，换来的往往是顾客扭头就走。想要避免这些情况的出现，零售创业者从项目启动之初就要打造一套门店必备的基础营运素材，如迎宾话术、客户问答 100 题、产品知识等内容，通过定期培训、专业技能竞赛、新员工转正考核等形式，将其融入员工的基础技能中去。

专业导购在销售环节重点把握四点，就能大幅提升成交率。第一点是热情的迎送宾服务，标准的迎宾话术、热情的微笑以及有朝气的语气，这些能快速拉近与顾客的心理距离。如果是老顾客到店，能够正确叫出顾客的姓氏，会带给顾客宾至如归的感觉。第二点是专业导购服务，当顾客有需求时能简单明了、生动形象地介绍公司、品牌和产品卖点，而不是像背课文一样的制式回答。第三点是拥有同理心，能站在顾客角度帮助其做购买分析和决策，而不是一味追寻成交或者提升客单价。第四点是能随机应变，当顾客提出一些特殊问题或者需求时，能够有技巧地解答或解决。

销售配合是在销售导购过程中，通过门店工作人员的协同，弥补个人销售过程中的缺陷与不足，给顾客提供更加全面的消费体验。销售配合首先要有好的团队氛围，这是门店管理者要倡导和着力打造的；其次是要通过绩效制度进行调节，例如同样统计销售辅助人员的销售金额，也给予销售配合人员一定比例的绩效提成；最后要进行人员配合的训练，就像中国女排的队员一样，只要在后背做一个手势，其他队员就已经知晓下一步的技战术，形成团队配合的默契。

6. 销售的临门一脚

销售成交在最后临门一脚时的心态和技术是一个很大的挑战。足球比赛中，常有球员在球门口几米处也会把球踢飞；在销售过程中，也常出现顾客已经掏出钱包准备买单了，最后却依旧没有成交。从顾客的角度来说，没有成交是因为他在做出购买决策的道路上还有没解决的疑惑或问题，最常见的是顾客提出的折扣或者优惠的要求。此时的销售面临两难情景，同意顾客的请求，会损害价格体系，同时也会丧失顾客的信任度，让对方认为存在价格谈判空间，甚至继续追求更大的优惠或者放弃购买；如果拒绝顾客的要求，则可能会让顾客收回钱包。此时的策略是坚持价格体系，同时给予顾客相应的售后礼包、品牌活动参与券、二次购买折扣券、抽奖机会或者其他产品小礼包等。而最优策略是让这次交易的终点能成为二次交易的起点，甚至成为转介绍、顾客裂变的切入点，可从这些角度来搭建内容，满足顾客的优惠需求。

在门店的日常营运中，需要设计好成交的临门一脚的应对工具，不应该让店员临近关口时再去思考应变策略，如果过于依靠店员的沟通技巧，只会增加成交的不确定性。

7. 销售刺激

“不是所有人都喜欢便宜的商品，但是所有人都喜欢占便宜。”①《触发：非理性消费》一书提出，消费者在做交易决策时，是获得效用与交易效用两种感知同时发挥作用，获得效用为消费者带来商品的实际价值，交易效用为消费者带来价差快感，即购买商品所付出的实际价格与参考价值之间的差异，能刺激消费者的购买决定。销售刺激的手段有：

- 降价：分为直接降价和折扣降价两种形式。
- 优惠券：分发优惠券，取得折扣。
- 返利或者返现：一般采用满减或者满返模式，有一定的消费门槛。
- 游戏或竞赛：通过参与游戏或者竞赛获得实物或现金奖品、

① 资料来源：佘贤君．触发：非理性消费［M］．北京：机械工业出版社，2018.

折扣。

- 抽奖：购物获得抽奖机会，设置不同类型的奖项，产品、随机现金红包、免单权限等。
- 额外加量：增大购买产品的重量或者分装数量。
- 额外赠送：赠送其他产品。
- 加价换购：增加少量支付金额，换购对应值高的产品。
- 积分：购物送积分，达到一定积分时可进行产品兑换。
- 身份等级：达到一定消费额度时给予顾客虚拟身份，如会员等级，获得二次折扣、尊享服务等额外特权。

销售刺激可以是物质的，也可以是精神的，积分与身份等级就是偏精神因素多一些。一段时间内，门店只适合进行一项销售刺激活动。不应给消费者提供过度的购买理由，否则会让消费者重新进入决策混乱状态。

8. 抑制成交的因素

提高成交率的反面是抑制顾客的购买行为，任何一个提升工具没有使用好，或者操作细节不到位，都有可能让顾客放弃购买决策。但还有一些细节点，主要是涉及店面营运的服务细节是否会被顾客关注到：一是店面卫生环境，二是店员形象和仪表着装，三是少量待售产品的质量和包装瑕疵。这些问题需要通过店务和人员管理规定进行规范，优秀的店面运营不允许低级错误的出现。

客单价——如何卖贵与卖多

客单价是单个顾客的平均消费金额，客单价与客单数的乘积等于门店营业额。其中客单数是以顾客为中心，围绕进店数、成交率和复购率三大指标调整营运活动；客单价是以商品为中心，通过调整商品的价值组合或销售策略来产生影响。提升客单数和提高客单价是促进门店营收增长的“两条腿”，可以同时推进，一种思路并不会削弱另一种思路的效用。

提升门店客单价的主流方法只有卖贵和卖多两条路径，其中卖贵的基础条件是提升消费者感知的商品价值组合，实现推高卖贵。

1. 推高卖贵

同样一瓶矿泉水，为什么在社区小卖部只卖 1 元，在便利连锁店可以卖 2 元，而在火车站要卖 5 元呢？我们购买的任何商品都不仅仅是其本身，而是商品的价值组合。价值组合中有产品、品牌、包装、环境、服务、品质保障、售后、消费便捷度等若干因素。价值组合中任何一个价值点的放大，都有可能提升整体商品价值，从而推高售价。一瓶矿泉水，在小卖部的价值组合只有产品，在便利店便拥有了品牌、品质保障和环境，而在火车站不仅是选择稀缺，还提供了旅客急需的消费便捷度。只有将商品的价值组合切实提升为顾客认可的感知价值，才能转化为价格提升。

商品的价值组合提升是在有限空间进行的。一辆汽车的正常商品价值组合是几万元到几百万元之间，而某一品牌的一款汽车，通过性能提升、主推高配版本和品牌升级等工作，客单价提升的空间从几万元到十几万元，再到二十几万元，却很难从几万元直接跃升到几十万元甚至上百万元。我们不应去追寻超额的客单价提升，正常的客单价通过短期营运工作实现的提升目标应该为 10% ~50%，越往上提升，所带来的利润提升效应会越来越低，甚至成为负数，即营业额增长，而利润却在下降。

产品提价是提升客单价最直接有效的方法，但不是所有零售业态和产品都能适用提价策略，只有在经济发展、消费升级的大前提下进行才可持续。

首先是直接加价，此种情况适用于区域范围类的垄断性商业或者稀缺型产品。区域的垄断性商业是普遍存在的，迪士尼、华侨城欢乐谷、华强方特内的便利店、餐饮店，配套还未成形的早期社区商业、写字楼商业等就具备区域性垄断特征。还有品牌垄断型的，像太二酸菜鱼、鲍师傅糕点等高热度的网红品牌。在消费者的价格敏感红线之下，它们存在一定幅度的直接加价空间，例如原有售价 2.5 元的可乐直接加价到 2.8 元、原售价 128 元的双人套餐加价到 136 元等。而稀缺型产品是指安宫牛黄丸、片仔癀、茅台酒等市场紧俏且独家的产品，每过一段时间就加价一定幅度。直接加价需要把握好消费者的价格敏感线，如此才能在不影响客单数的前提下实现客单价的提升。直接加价对于利润的提升也是非常明显的，加价部分等同于净利润。大众型商业和产品因为激烈的市场竞争及线上商业的发展而无法直接加价，因为加价会导致客单数下降。

加量/产品升级、迭代/推新是配合产品提价而消费者又可以感知并接受的主要手段。华为系列手机售价的提升是非常有代表性的案例。以华为 P 系列为例，P 系列的 Pro 版本是典型的加量加价，和普通版本的华为 P 系列手机相比屏幕更宽更大、性能更优，而 Pro 版本的售价高出普通版本售价 30% 左右。华为早期大规模面市销售且量产的 P7 手机在国内的发售价为 2 888 元，P30 上市时最低版本的售价已经提升到 3 988 元，增幅将近 38%。P 系列手机保时捷版本的推出更是大幅拉升了产品客单价，从 3 000 多元直接提高到上万元。

加量/产品升级、迭代/推新的同时进行提价，其时机应该是现有市场客户对于品牌、产品、服务等商品价值组合的认知具有相对较好的基础，如果是还处于产品打磨、成型的早期，则不能提价，否则会降低客单数。产品迭代、升级或者推新是可以一直延续推进的手段，但要有节奏，只有获得市场认可并稳定后才能进行下一波操作。加量对于同一款产品可操作的次数非常有限，但作为短期客单价提升的作用却很明显。

设置消费门槛常用于会员型的零售项目、中高端的餐厅会所、儿童游乐设施等，对于产品类型是短期刚需型的零售项目十分适用，既能提升客单价，还能增加复购率。设置消费门槛的第一种类型是直接门槛，即每一次消费要超过一定额度，如果没有达到最低额度依旧按照最低额度的标准收费。第二种类型是门槛差别，单次消费超过一定额度后，后续消费将享有特定折扣和权限，如美容院单次消费额度满5 000元，后续消费按照八折收费，单次消费满1万元，后续消费七折等。第三种类型是会员权益购买，无论消费多少额度，都需要额外购买会员权益，只有购买权益以后才能进行消费或者享受会员权益服务，山姆会员店会员、京东Plus会员等都采用了这种形式。设置消费门槛是商家对消费者进行筛选的行为，短期内会对客流和客单数造成影响，却是和此类零售项目的商业模式、品牌定位及目标客户相匹配的。

整体升级是门店在营运过程中经历了起步、发展、稳定等阶段后，临近或者即将进入门店业绩增长瓶颈期时采用的策略，还有一种情景是顾客需求的升级推动整体升级。整体升级是对商品价值组合的全面提升，涉及的内容有品牌形象、软硬件环境、核心系列产品、人员服务，甚至公司的使命、愿景、价值观等。整体升级要避免换汤不换药的情形，大量门店在做出整体升级决定后，主要动作就是重新装修、在软硬件用料上更考究、换个门头和包装等，但产品还是原来的产品，人员的理念、工作方式、品牌形象等并没有变，只是“换了一身好衣裳”。面向提升客单价的整体升级要围绕顾客的核心产品需求提供新的价值组合，要么实现原有顾客的消费升级，要么通过新组合完成客群筛选，实现顾客升级。

2. 卖多的逻辑

卖多是门店在销售过程中针对具体商品销售策略的优化，通过销售引导与推荐、加量捆绑、促销等形式增大消费者的购买欲望，从而推动其买多来提升客单价。推高卖贵不是创业型零售项目提升客单价的主要营运手段，精准的市场定位、稳定畅销的主打产品、不断上升的客流及积累的口碑等才是需要首先关注的营运内容。推高卖贵适合成熟型门店来提升客单价，而初创型、上升期的门店应主要通过卖多来提升客单价。

卖多的方法路径有摸高型销售、组合销售、连带销售等，一方面是通过销售策略、产品组合等刺激顾客买多，另一方面是通过提升销售人员的连带销售能力来卖多。

摸高型销售是设定销售策略时鼓励顾客做出提升购买金额的决策从而获得相应优惠，同时不会因为购买门槛的提升而放弃购买。摸高型销售有满减、满送，执行这个方法首先要统计店内产品的平均客单价，其次要核算产品的平均毛利率，再根据这两个数据及要控制的利润率设定消费起点及满减、满送的费用标准。满减对顾客更有吸引力，但影响利润率；满送更有利于商家，但对顾客的吸引力会相对减弱。摸高型销售还有多件折扣，例如麦当劳甜筒的销售策略是第二个半价，优衣库的常用策略是两件八五折、三件七五折。摸高型销售的弊端是容易形成顾客对折扣的依赖，并不适合作为长期的销售策略。

搭配销售是指顾客已经完成主要商品的消费决定时，再向其推荐一款超高性价比的通用型产品，这是零售业态非常好用的方法。在便利店购物买单时收银员会告诉顾客消费满 10 元就可以再加价 1 元购买一瓶原价 1.5 元的纯净水，去运动品牌店购物买单时可以加 30 元购买一组运动袜。搭配销售的主要推动力依旧是销售策略，被搭配销售的商品其实际销售价格为主要商品客单价的 10% 左右。这些商品要么拥有价格吸引力，具有较大的优惠折扣；要么拥有很好的产品吸引力，属于独家特色产品。

组合销售是门店提前完成产品的搭配，以组合为单位进行销售。组合产品在餐饮行业中十分普遍，有按照就餐人数、口味、节假日等不同主题的套餐类型。组合产品其实适用于绝大部分零售业态，但是需要从业者去研究其顾客群体的需求，针对需求挖掘产品组合的主题，提炼卖点。

连带销售是销售人员在顾客完成初始目的消费后，再深度挖掘其潜在需求，有针对性地推荐合适的产品，实现客单价的提升。连带销售的前提是对顾客潜在需求的挖掘，而这些需求具有普遍性，买 A 产品可以关联 B 产品或者 C 产品。店面管理人员应该整理出主推产品的关联产品列表和关联销售话术，以此来降低门店销售人员的连带销售难度。连带销售的时机是在顾客做出购买决定后，如果在做出购买决定前提出，不但无法提升客单价，反而会降低成交率。连带销售的环境不宜嘈杂，在顾客相对较少时便于通过交流沟通了解到其潜在需求，这样连带销售的产品推荐也会更加精准。

复购率——经营好老顾客

零售的复购率是单位时间内消费者对某一品牌或者门店的产品或服务重复购买的次数，是衡量消费者对品牌、产品、服务的认可及忠诚程度的重要指标。

复购率有几种不同的认定形式，每种形式对应消费者的忠诚度有别。第一种是消费复购率，即单位时间内顾客再次来品牌或者门店消费的人数占消费者总人次的比例；第二种是老顾客比例，即单位时间内所有二次以上消费的顾客占比；第三种是忠实顾客比例，忠实顾客是指购买 3～5 次及以上的顾客，研究表明消费者要在同一品牌或者门店购买 5 次以上才能形成较好的顾客忠诚度，其中最重要的是前 3 次购买；第四种是订单复购率，即单位时间内 2 次以上的购买订单数占总订单数的比例；第五种是产品复购率，即单位时间内消费者再次购买某类型产品的占比。对不同形式复购率的关注表明门店对于顾客再次挖掘与重视的程度，也反映出门店对于顾客的营运水准的高低。对数据统计和关注的维度越全面，越能提供更多的营运抓手，其中最先关注的应该是消费复购率或者订单复购率。

在零售商业高度竞争的时代，无论线上还是线下的顾客流量都是各大商家争夺的稀缺资源。过去几年中，线下门店的整体平均客流下降 5%～10%，其中像家乐福、沃尔玛这样的大型商超单店客流量甚至下降幅度超过 30%。新顾客进店越来越难，成本越来越高，而开发一个新顾客所要投入的营运资源是维系一个老顾客产生再次购买所要投入资源的 3～10 倍，因而提升复购率就是提升运营效率、降低运营成本。

1. 复购率的影响因子

(1) 品类

品类决定消费者复购的时间跨度和意愿度，这是由品类特性决定的，不同品类的零售商业类型需要正确认知本品类的复购基准值，并以此来决定对复购运营的投入程度。众多零售类型的产品是高消费频率的，例如社区零售中的生鲜、水果、便利店等，消费者去此类业态中消费的频次高于每星期一次。当然这类业态的竞争也是最激烈的，统计复购的单位时间是月或者季度。理发店、购物中心、非快捷型餐饮、电影院等的消费频次以月为单位，统计复购的单位是季度或半年。而半年以上的消费频次的产品基本都属于低消费频次的产品类型。意愿度是消费者自我复购的动力，他们会评判出某些品类有必要进行复购，这样能降低消费风险，增进购物体验；而有些品类是否复购对于他们而言不重要，消费者希望获取新的购物体验。

（2）认知与体验

当提供的不同品牌产品质量差异很小时，即便顾客的满意度提升，也不会提升顾客忠诚度，只会陷入“顾客满意度陷阱”。只有当品牌已经成为品类代表的时候，品牌才能够获取较高的复购率；反过来，一个品牌能够获得多高的复购率，是由该品牌在消费者心智中对该品类的品牌排位决定的，排位越靠前被选择的概率越大。一般情况下，消费者会优选他们认可的第一品牌进行复购，只有在现实消费场景中找不到第一时才会用第二、第三进行替代。线下零售份额分散、管理成本高、营运难等现实情况，让单店或者少量多店只需要占有其门店辐射范围内的品类第一就好。

体验包含消费者进行购物时所获取的产品、服务和价格等交易的各个细节，这些细节中的任何纰漏都有可能导致该消费者只消费一次、永不回头。虽然消费者对于体验的要求越来越高，但是完全否定复购并不是因为不能满足需求，而是因为品牌或者门店提供体验的某一个或几个环节触及了消费者的底线，使其与商家决裂。这类情况包括产品出现重大质量问题、售后服务不到位、价格虚高、营业人员不专业等，所以商家需要非常谨慎地处理消费者在购物过程中所碰到的每一个问题，一个顾客的丧失往往会带来多名顾客的流失，并影响意向顾客的成交。

(3) 经营阶段与投入产出

复购率固然是从营业开张就应该重视的，但零售门店的不同发展阶段对于复购率的关注与重视度是有差别的。所有的顾客无论是老客还是新客都是有成本的，成本可能是无形的品牌投入、顾客关怀，也可能是实际的折扣券、活动沙龙、礼物赠送等，更重要的是要投入营运人员的精力、心思甚至感情。企业在不同的发展阶段，都应尽可能集中其主要资源解决当前阶段最核心的问题。对于复购率的重视和投入，合理的方法是分阶段用策略进行匹配，在项目早期多用卡券、优惠等经济策略，在中后期则多用线下活动、顾客联结、顾客关怀等人文情感类策略。

(4) 数据基底

顾客数据是做好复购率的基础，是店面营运沉淀的重要资产。目前支撑单店或者少数多店的店面营运数据系统成本已大大降低，会员系统十分成熟和完善。消费者的基础数据有顾客姓名、联系方式、交易记录，基础数据足以支撑消费复购率的营运。如果要对顾客进行深度挖掘，应在交易过程中给顾客提供门槛较低的数据采集手段，并通过工作人员的自我收集和判断做进一步完善，形成详细的顾客画像，从而在不打扰顾客的前提下更加精准地推送产品与服务。

2. 顾客生命周期

顾客生命周期是指顾客与品牌、门店发生商业勾连的时间跨度。顾客生命周期越长，商业行为从顾客身上挖掘的价值就越多。顾客在产生首次购买行为之前，有一段时间是对品牌、门店和产品的认识期，这段时间中顾客处于观望、了解和认识过程；一旦产生首次购买后，如果产品、服务的各项体验颇佳，顾客将和商家进入一段蜜月期，时间跨度约为一个月，认可度、忠诚度逐渐提升，消费频次高的产品在短期内就会产生复购或者多次复购，就像初次体验喜茶、海底捞、鲍师傅、八马茶业的部分顾客，之后会在短期内再次光顾；随着顾客对于品牌、产品的新鲜感逐步退却，会在后面 3 个月内进入安静期，再次消费的意愿度逐步降低；6 个月以后，大部分顾客将进入休眠期，对品牌、产品产生遗忘并“移情别恋”；再之后顾客的生命周期结束，不再有购买行为。要对处于不同生命周期的顾客进行区别管理，及时更新周期顾客数据库（见图 4.1）。

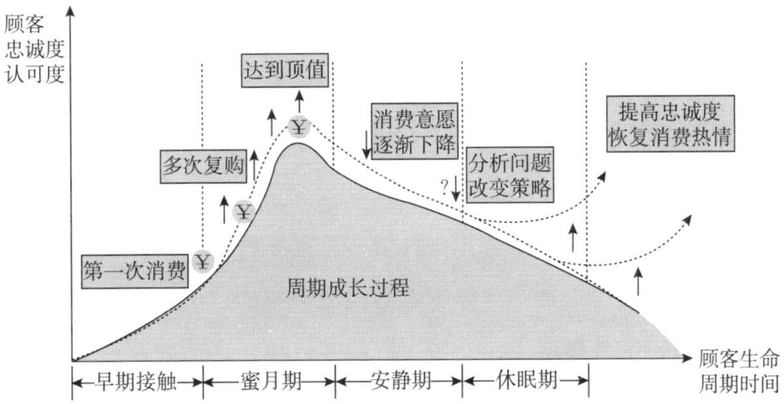

图 4.1　顾客生命周期示意

经营复购率就是拉长顾客的生命周期，对处于不同生命周期阶段的顾客采取匹配的营运策略，在合适的时间反复提升、加强和顾客的勾连，维持其对品牌和产品的需求感、新鲜感，让其能够较为顺利地进入忠实顾客的行列，整体提升顾客价值。处于蜜月期、活跃期的顾客价值最高，应和顾客保持较为频繁的接触，尽量使其能够产生 3 ~ 5 次以上的购买，这样顾客能够较为平稳地跨越后面几个不利时期，通过较低的维系成本使其成为忠实顾客。进入安静期的顾客是一个重要的分水岭，他们会因为各种因素的干扰和影响逐步丧失购买兴趣，此时大量的营运策略是无效的，应该给顾客一个缓冲时间，直至安静期的中后期再行介入。进入休眠期的顾客被再次唤醒的成本较高，但也低于新客获取成本，因而依旧具备顾客价值，要坚持定期的回访。

3. 提升复购率的方法

(1) 会员制

会员制本质上是商家和消费者之间的一种契约，约束力是有限的，但是合理的契约设计会像一根纽带，把消费者和商家紧密绑定在一起。会员制有三种不同的运作形式：第一种是门槛型会员，消费者在消费之前需要支出一定的会员成本从而享受相应的服务或产品特权，山姆会员店、开市客（Costco）等采用此种方式；第二种是预充值会员，只有提前支付多次消费的费用后才能享受会员特权，理发店、私人健身会所、少儿培训机构等适用此种较多；第三种是累积型会员，没有任何门槛，但是每消费一次消费者的权益会增加，例如可以兑换的积分、累积后的额外赠送等，消费次数越多，顾客选择放弃消费的成本就越高。门槛型和预充值会员一旦加入，初始放弃成本就很高，对于拥有强势品牌、强销售能力、高消费频次产品的零售业态比较合适。累积型会员使用的范围最广，消费者普遍容易接受，执行的关键点是权益设计：权益太低，消费者容易放弃；权益过高，商家无法承担成本。合理的方式是虚拟权益和实际权益相结合，在顾客没有进入忠实顾客序列前应始终有较好的物质吸引力让其完成 3 ~5 次交易，后期逐步以积分、折扣权利、尊贵荣誉等虚拟权益进行维系。

(2) 商品关联

商品关联是指消费者完成某种产品的消费后，继续对关联性、互补性产品产生消费兴趣。关联性产品包含系列产品、套组产品和进阶产品，其中系列产品是常用类型，例如八马茶业的普洱茶有生肖系列，消费者常常会希望集齐全套12个生肖饼；进阶产品是指消费者用完某款产品后，希望体验功能、效果、款式等更上一个台阶的产品。此外，向老顾客推荐新产品也是很好的商品关联点。商品关联不能被动等待顾客上门，销售人员首先在一次消费时就要在顾客心中埋下购买的欲望种子，其后在一定时间内要能主动给顾客发送推荐信息或者邀约其来店。

(3) 优惠

折扣、大促的活动对于提升复购率也有很大帮助。对于处在品牌蜜月期的顾客，赠予其有吸引力的二次、三次消费的折扣券或抵用券，能极大提升蜜月期顾客的活跃度；对于安静期、休眠期的顾客，要及时告知其优惠信息。结合会员制，门店可以每月定期举办会员日的优惠购或者推出专门针对会员的折扣产品；针对会员积分设定兑换活动，同时设置好积分清零规则，通过又推又拉的策略提升会员活跃度。

(4) 顾客互动与社群效应

每一位顾客都希望受到商家的重视与特别优待，这种感觉甚至超过消费带来的快感。很多时候顾客消费不是瞄准产品而去的，而是瞄准店铺或者是某一位销售员，因为通过大量的售后互动，顾客收获了商品以外的价值，诸如朋友、理解、快乐等。深度的顾客维护不是和他们成为朋友，而是成为他们生活、工作中的一部分。但即便是礼貌性的顾客互动，购物后的一条短信回访、专属的客服配备告知、节日的一句问候、生日的一份小礼物等，都能在顾客心中种下复购的种子。而优秀的零售企业，是让这些顾客互动成为一种基础工作制度，给工作人员提供互动的方法指导与工具。

社群效应是把消费升级成为一种组织，有共同的消费体验是组织最初的纽带，需要经过营运把组织升级为拥有共同兴趣、爱好或者某些诉求的长期存在的社群，让社群成员之间互相提供内容和需求满足。汽车品牌在各地建立的车友俱乐部、八马茶业创立的三五茶会、服装品牌设立的穿着搭配群等都是社群的组织形式。社群是为增加客户黏性而生，但又不能纯做营销之事。社群运营的难度较高，大量的社区活跃度只能延续短时间，但是对于重度黏性客户，社群又是最佳载体，所以要追求精、少，只有高度一致的成员才能加入，并要让其在组织中担任一定角色来提升参与感。

(5) 出镜

出镜是品牌推广和顾客公关的一种形式，通过社交媒体、广告的形式让顾客长期关注到品牌、门店以及工作人员的动态，一方面是品牌强化，另一方面是防止被遗忘。美妆零售行业的“113”出镜法则要求在顾客购买1星期内回访一次，1个月内再次沟通，3个月左右则要强化联络，因为顾客的化妆品快用完了。“113”的核心是要保持合理的出镜率，反复加深消费者印象，当需求出现时产品能继续成为第一选择。

出镜要有顾客能接受的合适出镜率，近几年微商的兴起打乱了自媒体出镜的口碑，过度出镜容易引起顾客反感；出镜的内容要能给顾客带来价值，不能单方面地自我认知，而应站在顾客角度，确定能给他们带来愉悦、审美、实用、慰藉和认同。

（6）品牌活动

品牌活动是一举多得的形式，是品牌内容、产品、活动和顾客的深度融合，既能提升品牌，也能促进销售，更能维系老顾客。品牌活动的设置应有专门针对老顾客的内容环节，让其有参与感；有针对性地邀约顾客，让其能感受到这是一种回馈；不应追求现场的成交，那样会破坏顾客的体验感；活动结束则意味着顾客营运的重新开始，要促使安静期、休眠期的顾客再次活跃。

（7）超级顾客

超级顾客是经历顾客生命周期后依旧活跃的忠实顾客，他们符合二八原则，虽然总数不到全部顾客数的20%，但他们将贡献门店绝大部分的利润额以及主要销售额，其中对于利润部分的贡献才是门店营运的关键。超级顾客当然要受到超级待遇，而不是超级折扣，超级待遇更多的是软性的、精神的、服务层面的提升。

第五章

新零售门店智慧营销

对零售创业者而言，当项目方向、品类、品牌、选址、装修、人员等准备工作就绪后，最大的挑战在于如何获取目标顾客。我们之前在第四章针对顾客进店数已有一定论述，本章主要是结合新零售，全面系统地介绍在认知、人才、技术、资金、供应链等生产要素相对有限的情况下，零售创业者如何借助互联网思维、工具、系统，深挖营销资源，重构营销模式，使营销因子“组件化”“插件化”，建立具有高扩展性、兼容性的私有营销“武器库”，进而基于业务不同发展阶段之需求，零售商可方便地从武器库中挑选营销武器，自由组合构建新营销作战矩阵，从而高效执行营销战略。

在开启本章之前，我们先要理解零售业在数字化时代的二重性，它的意思是指任何零售主体、任何消费者、任何商品既是物理的，也是数字化的，在这个逻辑框架下，我们来寻找探索门店智慧新营销的本质。

作为营销人，我们深刻地体会到过去 10 年零售营销的物理性，由于零售主体、场景、消费者、商品呈割裂态，90% 左右的营销形态表现为传统硬广及品牌广告的投放，其作用更多体现在为零售品牌带来的注意力增长上。而这种物理性营销的缺点是成本高、效率低、效果差，消费者链路数据不完整、粒度粗糙，其消费数据可见度低、不能持续使用。到今天，当零售快速进入数字化、产业化趋势时，零售因子也因此得到了进化，零售“场”从过去线下单一物理门店变成了物理与数字店铺并存交错的网状互联；“货”从过去线下门店场景的手工摆放发展到基于消费者购物喜好，做到千人千面的智能呈现；“人”从过去无法捕捉的物理消费行为断层发展到今天线上线下一体的消费行为全息画像。“人、货、场”全方位的数字化连接，打破了原有零售业态的边界，不仅让消费场景无处不在，让消费者触点全域覆盖，还能让营销推广智慧触达；更重要的是打通了消费者认知、兴趣、购买、忠诚及分享反馈的营销全链路，让消费数据变得可视、可追踪、可优化、可迭代，为打造跨场景的无缝消费体验与转化提供了保障，更为零售营销带来了新的要求和机遇。

本章将以“挖掘种子客户→全场景零售→全渠道触达（流量池）→裂变增长”为主线框架，借助零售与互联网跨界融合的实践经验与理论框架进行阐述：如何从0到1发展种子顾客；如何在数字化时代从1到10建立顾客流量蓄水池；如何通过低成本的方式将顾客从10裂变至100，先人一步地建立线上线下全域数字化顾客流量池，从而适配这个时代对零售业务营销的新要求……所以，我们不仅希望你能从本章中找到微观营销的新策略、新技巧，更希望你能从宏观层面洞察新营销的体系化思路。

寻找种子顾客

1. 谁是种子顾客

很多零售商或零售品牌在初期的营销推广中都会遇到3个问题：①不了解顾客需求；②无法满足顾客需求；③顾客不够多。我们认为其核心原因是大部分零售从业者对顾客结构的认知不足（见图5.1），缺乏有针对性的工作，只是大一统地进行了千篇一律、无差异化的营销，最终导致的结果是：商家无有效的途径接触顾客，从而无法快速找到目标顾客；愿意主动尝试购买产品的顾客不多，需要有人去影响或推荐，才愿意尝试。最终商家因无足够的顾客流量，导致运营难以为继，这似乎成了目前零售商家的常态。

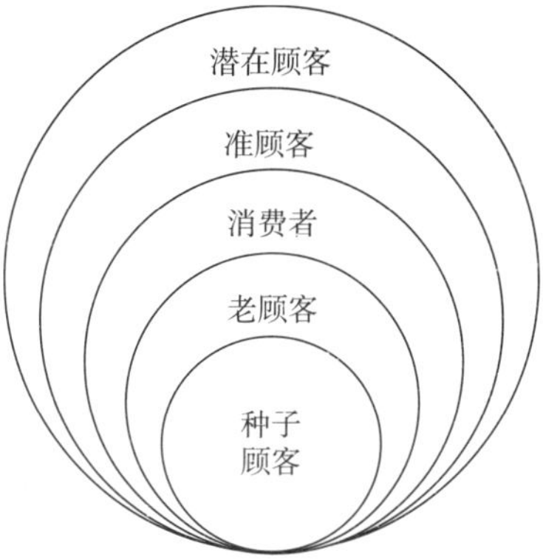

图 5.1　商家（品牌）的顾客分层结构

所以，对于商家来说，正确的理解和认知顾客分层是有效营销的基本前提，从图 5.1 中我们看到，种子顾客、老顾客、消费者、准顾客、潜在顾客构成了全域顾客体系，那么在业务发展的不同阶段，它也对应着不同的营销推广策略。

在品牌初期，产品还没正式推广前，精心培育种子顾客是最好的营销推广方法。通过定向邀请种子顾客提前试用产品，结合种子顾客试用的反馈，可以提前洞察产品的不足，进而不断优化产品或服务。通过这种在局部建立的内在微循环进化机制，能以最小的资源投入，使产品在正式上市前趋于完善。在品牌成长期，当产品能稳定满足顾客核心需求时，企业需要由外而内制定营销策略、营销计划、营销预算、营销渠道，使产品快速触达目标市场中的潜在顾客和准顾客，同时通过营销活动等一系列手段将其转化成消费者和老顾客，部分老顾客再进化成新的种子顾客。这两种由内而外、由外而内建立起来的双引擎中轴线，是品牌或产品与顾客强连接的主干道。

种子顾客这么重要，如何理解呢？通俗地讲，种子顾客（seed customers）是指品牌或产品精心培育的能够满足其核心需求的一批核心顾客群，不但自己会重复消费，还积极参与品牌或产品优化迭代的过程，凭借自己在社群中的影响力，能给品牌或产品吸引来更多的目标顾客。

种子顾客需要满足以下 4 条基本要求：

①迫切需要产品来解决自己的问题，痛点够强。

②愿意尝鲜，即使产品不完善也愿意购买或试用。

③愿意为产品的优化反馈提供自己的建议。

④一定程度的忠诚和传播性。例如，对产品或服务感到满意，会主动向他人或在社交媒体推荐该企业的产品或服务。

另外，种子顾客如果还能够满足以下两个附加特征，对产品的裂变传播会更加有益：

①常年混迹社交媒体的社交达人（如 QQ/微信群主，小红书、点评、马蜂窝种草达人等）。

②对产品所属领域感兴趣，能产生优质内容的关键意见领袖。

在发展种子顾客时，需要特别注意的是质量比数量重要，切勿为了追求顾客数量而放低标准，把非目标顾客发展进来，抑或通过各种福利诱惑他们进来，否则会导致很多顾客为了追求福利，并不愿意真正去用产品并给出建议，更不愿意花一定的代价去购买使用产品，久而久之，既耗费了人力物力，又没有成效。

2. 如何获得种子顾客

通常我们会思考：种子顾客在哪里，需要通过什么渠道、什么方式才能找到他们？结合这些问题，接下来我们将研究种子顾客的画像，找到他们经常出现的场景，通过有效的渠道找到他们，并给予一定的好处来吸引他们，具体流程大概分为以下 6 个：

- 明确产品定位。
- 圈定受众人群。
- 找到顾客聚集地。
- 邀请目标顾客入群。
- 促使顾客保持活跃。
- 刺激顾客主动传播。

首先，在准备找到目标种子顾客之前，需要先想清楚两个问题。

我们的产品定位是什么？用一句话概括描述就是用什么形式满足什么顾客在什么场景下的什么需求，产品要解决什么样的痛点，和其他竞争产品的差异点在哪儿，它具有什么样的独特辨识度，能让目标顾客容易记住。

对这个产品最感兴趣的人是谁？产品定位中已圈定了目标顾客，这一步需要给出具体的范畴和定义，他们的人口属性和行为特征分别是什么。人口属性主要指顾客的年龄、性别、所在的省份和城市、婚姻情况、生育情况、收入情况、消费力、所在行业、兴趣爱好、教育程度等显性的客观标签；行为特征是指对产品有需求的人群，在日常行为中呈现出的隐形的共性特征，能将顾客划分至某个人群的标签，体现群体属性。比如喜欢美食和红酒，疯狂找人拼单的团购达人；女权主义者，喜欢听邓紫棋的歌，逛知乎、刷抖音；小红书资深意见领袖，每周去4次中高级餐厅，还是诚品书店粉丝。

找到顾客聚集地。在明确产品定位，圈定目标顾客后，就进入了种子顾客引入阶段。这一步中首先要明确这些种子顾客经常聚集的地方，找到后才可以有针对性地采取引入措施，提高效率。比如他们喜欢什么网站、用什么App。如微信群、QQ群、抖音、微博、豆瓣小组、知乎、贴吧、小红书、马蜂窝、大众点评……这些大用户量级的平台，基本涵盖了衣食住行等各领域人群，要找到自己想要的顾客需要策略，需要根据平台的特征来匹配产品的目标顾客群。比如服装店主在美丽说找穿搭达人、出版社从知乎和简书上找作者、自媒体去豆瓣上找内容合作者、餐厅老板去抖音找美食网红、民宿去马蜂窝找体验师、美妆品牌去小红书找护肤达人。而线下零售业类产品找目标顾客的逻辑也大同小异，从业态发展来看，线上与线下趋于融合与互补转化，需要特别注意的是要结合所在地理位置（如商圈）来找目标顾客，可以和商场会所、高尔夫球俱乐部、周边企业、创新孵化器、产业园区、本地自媒体等本地组织展开互助合作。

邀请目标顾客入群。首先要研究顾客在这些地方出现的原因，他们关注什么，喜欢什么，什么样的文章能打动他们，什么样的产品容易让他们产生购买欲。其次，需要把产品的特点或卖点和他们感兴趣的东西结合起来，触达他们。比如，有一类人爱上小红书或者知乎，比较关注快速去皱的问题，就精心写一些符合他们的调性的软文，或者在这类问题下找到高质量回复的用户，给他们发私信，一对一地沟通，告诉他们作为种子顾客的好处：诸如可以免费获得试用装，可以参与产品优化过程，可以解决他们的痛点和烦恼，可以认识相同喜好的朋友，可以定期参加相关福利、沙龙等活动，越早加入将获得产品上市后的专享优惠……要让对方感受到被挑中很幸运，从而吸引其加人。需要注意的是，在传递种子顾客权益后，为了保证种子顾客的质量，需要筛掉一些不合适的人，所以要设立一定的准入门槛进行过滤，如提前准备种子顾客申请表，让目标顾客填写后再审核通过。

促使顾客保持活跃。在邀请种子顾客入群的时候，要有个简单的富有仪式感的介绍，让每一个顾客感受到自己被尊重和重视。在此之前，需要制订一个种子顾客群运营方案。首先要制定总体目标，计划需要多少个种子顾客，建立多少个群，每个群多少人；其次是设计群的规章制度，需要做什么，允许做什么，有什么福利和特权，禁止什么，有什么惩罚，会有什么活动等；再次是确立群管理方案，每个群有几个工作人员，分工是什么，谁负责话题和互动，谁负责记录和反馈。总之，要让顾客感觉这是一个严肃、有组织、有规范、有仪式感、有共同话题的群。常见的维护群活跃度的措施有：

- 百家争鸣：针对产品所在行业，每天先分享观点再抛出问题，引导大家参与讨论。
- 功能调查：选出你最喜欢的包装设计，引导顾客参与，培养顾客对产品的认知。
- 体验试用：邀请顾客申请免费试用资格，然后写体验报告，给予适当的小奖励。
- 闭门沙龙：线下产品闭门封测，体验真实场景下的产品和闭环服务，由种子顾客专享。

以上 4 种手段，仅作为举例呈现，可以根据实际产品情况替换成各种不同的活动。核心思想是对待种子顾客要热情友好，把他们当成伙伴，视他们为同事，互相帮助，及时互动，让他们觉得有成就感，从而刺激他们积极主动地参与产品优化的每个环节。等到产品正式上市，顾客对产品就有了天生的好感，也就更愿意为产品付费。

刺激顾客主动传播。在优化阶段，因为种子顾客不断建言献策而让产品变得更加完美，所以在正式发布之前一定要邀请种子顾客优先使用，让他们感到骄傲和自豪，一旦正式发布，他们会通过各种社交媒体（如朋友圈、抖音）向更多消费者推荐产品。

以上内容总结如下：

①基于产品定位，明确种子顾客的定义，寻找真正的种子顾客。

②研究目标顾客的特性，在其经常出现的地方寻找，以符合他们喜好的方式吸引他们。

③友好地对待种子顾客，与他们做朋友，保持有意义的沟通互动，并及时给予反馈。

“非常6+1”搭建零售全场景

过去10年，零售界出现了两个流派，主打线下零售场景的传统派和主攻网络零售的互联网派。两派对于零售的认知有明显差异：传统派主推线下门店，他们认为网络零售是轻模式，虽然有获客优势，但缺乏零售实物体验，未来没竞争力，发展对于他们来说，就是努力在线下开店；互联网派主打网络分销，他们认为传统零售模式重、成本高、获客难、毛利低，终将难以为继，发展对于他们来说，就是避免线下开店，掘金流量红利。先不讨论两者的对与错，我们先从消费体验的角度看两者的共性。两者都具有典型的中心化特点，传统派重实体感，互联网派重效率流通，各有优势，但两者线性并行，并无交集。消费者要消费必须依赖线上或线下单一售卖场景，脱离了这个独立的场景，零售商和消费者之间没有任何的连接点，导致商家和顾客的连接虚无脆弱，而由于消费者的日常消费行为在今天呈现出的“二元性”，既有线下物理性又具有在线数字性，所以单一的零售场景并不能满足消费者的需求。我们再从社会零售大盘和结构来看，网络零售的占比即使在今天也只有1/5左右，但其增长率远超传统零售，随着5G等网络基础设施的进一步完善，网络零售的体验必将飞跃提升，而未来网络零售的占比也将会持续提升，最终将呈现与线下门店平分秋色的态势。因此，我们认为传统零售和网络零售并不会出现谁取代谁的局面，它们将彼此吸纳优势，从单一割裂走向融合共生，催生出线上线下、各终端、各平台互联互通的新零售场景，让消费者随时随地、随心所欲的一体化消费成为可能，我们叫这种新场景为“零售全场景”。

具体来说，零售全场景是指零售商以消费者需求为中心，利用最新的互联网工具和技术，突破过去单一的售卖场景，让线上数字场景和线下物理场景“多齿轮组合式”发展，推动实现零售多场景的并行串联与融合互通，从而构建去中心化的网状零售场景。特别要注意的是，零售全场景的核心逻辑是以消费者所处的场景和需求为中心，实现从中心化的“人找货”模式到去中心化的“货找人”模式的跨越。在这种网状零售场景中，零售商（零售品牌）与消费者的连接是多线程的，是强连接关系；而消费者的触点覆盖到日常生活的碎片化场景，形成了多点式“消费者触点矩阵”。它们共同构成了互联互通的零售消费全链路，基于此链路，零售商（零售品牌）可以最短路径、最高效率与消费者建立交互沟通，从而把品牌理念、产品品质、营销政策、服务体验等价值主张快速传达给消费者；反之，消费者也能通过全场景下的触点把其与零售商之间产生的消费行为，诸如关注、购买、复购、分享、投诉等数据，快速回传给商家，让零售商敏锐洞察消费者行为的变化。

我们建议每一个零售创业者要对零售全场景有全面深刻的认知，

因为它代表的是零售卖场在数字时代的进化方向；我们建议每一个零售营销人员要掌握建立零售全场景的方法，否则你将从此无法做营销，因为它意味着零售营销的方式将因此发生根本性的变革。

接下来，我们将通过“非常 6 +1”模式，一共 7 种招式，来构建零售全场景（见图 5.2）。

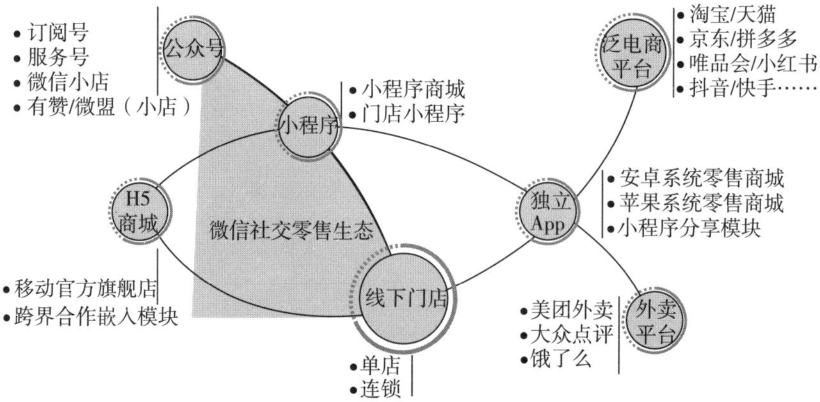

图 5.2 “非常 6 +1”零售全场景生态

第一招：公众号店铺——在亿级人流的地方开店

腾讯公司 2018 年财报显示，微信月活跃账户近 11 亿，说明接近 90% 的中国人都在使用，其人均单日使用时长 85.8 分钟，遥遥领先于其他 App，无愧于第一国民应用的“江湖地位”。如今，微信不仅是我们日常沟通、商务交流的平台，还为我们提供了衣食住行、吃喝玩乐、投资理财、健康医疗等众多日常生活服务。微信上公众号的注册总量已超 2 000 万，基本上每一个像样的商家都拥有自己的公众号，通过公众号，商家可以方便地连接微信中的亿万消费者，基于文字、图片、语音、视频等丰富的沟通方式，商家与消费者之间的交流变得更直接、更高效、更生动。商家可根据业务需求，选择公众号的不同类型，如果以品牌营销传播为核心，就选择“订阅号”，作为企业品牌、产品、动态等信息传递的工具和平台。订阅号可以方便快捷地将企业资讯精准地推送给关注它的消费者，达到宣传推广的目的。如果以顾客关系管理（CRM）为核心，就选择“服务号”，它能为企业和商家提供更强大的业务服务与顾客管理能力，如投诉咨询、信息绑定、积分管理、注册会员、支付购买等。

公众号除了帮零售商家连接聚合消费者外，还提供了较为完善的系统接口能力，如客服接口、用户分组接口、用户地理位置接口、带参数二维码接口等。而作为公众号的“黄金搭档”——微信支付，也为商家提供了“代金券”、“立减”和“折扣”3种类型的营销工具，每种工具都支持创建全场活动或指定单品活动（如全场代金券、单品代金券，全场立减、单品立减，全场折扣、单品折扣），商家可根据营销诉求的不同来灵活配置活动，从而达到实现门店导流、促进二次消费、提升客单价等目的。除此之外，这些营销工具还能帮助商户进行活动管理和数据统计。对于具备技术开发能力的零售创业者来说，可利用这些开放的接口和营销工具插件，对公众号进行二次开发，以便更好地满足商家基于各种零售场景精细化营运的需求。对于暂时不具备技术开发能力的创业者，可通过以下两种方法快速搭建基于公众号的零售卖场：第一，已开通微信支付的公众号商家可通过公众号平台后台选择“添加功能插件”中的“微信小店”，快速便捷地开店和管理商品；第二，借助微信生态的第三方合作伙伴的力量，如有赞、微盟，这些第三方系统完善、功能强大、性价比高，商家通过公众号对其授权，即可快速按步骤建立属于自己的微商城智慧店铺。

第二招：小程序——线上线下智慧零售的神经中枢

微信小程序，简称小程序，是一种不需要下载安装即可使用的应用，它实现了应用“触手可及”的梦想，用户用微信扫一扫或者搜一下即可打开应用，用完无须卸载；它又体现了“用完即走”的理念，轻盈便捷，无处不在，随时可用。对于拥有技术能力的开发者而言，小程序开发门槛相对较低，难度不及 App，能够满足简单的基础应用，适合线下零售生活服务类商铺的线下扫码及服务转换。自微信小程序上线以来，小程序数量已超过 230 万个，平均日活跃用户已超 2.3 亿人，据第三方平台阿拉丁统计，2019 年小程序日活跃用户超 3.5 亿人。从官方流量入口来看，目前小程序拥有三大入口：在“微信”页面，下拉即可查看“最近使用”的小程序以及“我的小程序”；也可以通过置顶的“搜索”入口搜索小程序；在“发现”页面，通过小程序入口，用户可以搜索小程序，查看“附近的小程序”、管理“我的小程序”，以及查找“最近使用”的小程序。基于这些入口，微信用户可以快速找到目标小程序，并快捷转发给任何一个好友或者是微信群。

对零售商而言，驱动业务小程序化的不仅是流量红利，而且借助小程序“线下扫码、对话分享、消息通知、公众号关联、小程序后台数据分析及插件功能”等能力，可快速将线下零售数字化、在线化，使业务高效地在微信生态中被获取、被分享、被传播，从而与顾客产生强连接关系。通过 App 调用小程序接口，可以将 App 中售卖的商品或者服务快速分享转发给好友或微信群，不仅使在线零售的裂变转化率得到了极大的提升，更重要的是小程序消除了独立 App 与微信之间信息传递交互的孤岛。除了按业务需求开发小程序商城外，微信公众平台还为没有开发能力的商家提供了“门店小程序”插件，它是公众平台向商户提供的对其线下实体门店相关功能的管理能力，商家登录微信公众平台，点击“添加功能插件”，选择“门店小程序”，然后点击“开通”即可快速创建。开通后即默认关联到公众号，会在公众号的菜单栏中显示，可设置公众号介绍页、定义服务菜单，还可以插入图文消息，被微信用户搜索和转发。门店小程序配置完成后，将会被使用到附近的小程序、卡券、摇周边等微信生活服务业务场景中，为商家带来更多的被动式流量。

小程序商城和门店小程序重构了传统零售的交易方式，让零售体验更加一体化。如今，当你走进超级物种、胡桃里、俏凤凰等商超或餐饮门店，只需要拿出手机对着心仪的商品小程序码或二维码扫码付款，即可拿走商品或坐等食物被店员送上餐桌，整个消费体验变得简单高效。此外，商家也可以把门店小程序（码）张贴在门店橱窗以及其他线下营销素材上，抑或通过微信群让顾客分享传播。透过趋势看未来，我们认为基于微信生态下的小程序，作为跨业态、跨平台的数字连接器，已成为线下零售数字化、在线零售社会化、线上线下融合化的超级燃料和工具，是效率提升、体验升级、数字管理、客户连接、营销传播等零售因子系统升级的核武器，是每个零售创业者必须努力铸造的“倚天剑”。

第三招：App 客户端——培养忠诚顾客的基地

在微信生态之外，还有一个亿级流量平台矩阵——第三方移动应用市场，也叫“7+1”应用商店矩阵。“7”是指安卓应用市场主要由应用宝、小米、华为、vivo、OPPO、360 手机助手、百度手机助手七大商店把持，“1”是指苹果 iOS 应用市场则是 App Store 独霸天下。从全球范围看，市场研究平台 App Annie 发布的《年度移动发展情况报告》显示，2018 年全球整体 App 下载量已经突破 1 940 亿次，中国成为全球移动应用 App 下载量最大的国家，在 iOS 和第三方商店中占 2018 年总下载量的近 50%。另外中国咨询公司艾媒咨询的数据显示，2018 年中国第三方移动应用商店活跃用户达 4.72 亿人，而苹果公司 CEO 库克也在同年表示，App Store 每周访问用户已达 5 亿，可以说基于移动应用市场的流量分发生态，是全球 App 繁荣昌盛的核心，也是移动互联网运营流转的根基。

再从用户行为来看，除了游戏，用户在智能手机上花费最多的 App 多跟购物有关。2018 年全球网民在购物 App 上花费的时间为 180 亿小时，与2016 年相比增长45% 。其中，中国网民在购物 App 上花费的时间是印度网民的 7 倍，是美国网民的 11 倍。对于零售从业者来说，基于安卓和 iOS 系统开发的零售业务 App，不仅让零售场景从过去线下单一的物理店铺转向可在全网应用商店分发的虚拟店铺，也让零售营销从过去局部区域的掣肘转向不受限制的全网引流，更让顾客的消费体验从过去“到店购买”转向“在家下单，坐等送货上门”的新消费常态。

与小程序等第三方流量巨头派生出来的在线零售场景相比，App 亦有自身的特点和优势，由于原生及独立性，App 内的功能、内容、客户数据由运营者把控，降低了运营风险，因此能承载复杂的业务交易，而不受微信、淘宝等流量巨头诸多模糊游戏规则的限制，被封杀的概率极低，所以营销和运营手段可以更加灵活。通过 App，顾客可随时随地便捷地购买商品然后坐等送货到家，可在线支付后去门店核销享受服务；商家可策划各类营销活动直接推送给顾客，可建立稳定的 VIP 会员特权体系提升顾客黏性，可建立积分商城刺激顾客持续消费……如你所想，商家可将线下购买、支付、管理、服务等一切复杂的零售经营活动都搬到 App 上。

当然，对于很多较小的零售商家来说，App 也有一定的局限，一是有一定的使用门槛，当顾客购买商品时需要前往应用市场下载、安装、注册，使用流程较为烦琐；二是开发及维护成本较高，需要一个技术团队来满足业务的持续开发需求；三是 App 在应用商店的推广成本比较高，目前一个首次交易顾客的成本为 300 ~ 500 元，部分零售品类的获客成本甚至会更高。任何事物都有两面性，也正是因为有缺点，才有了改变这个世界的机会，于是微信就推出了 App 到小程序、小程序再到 App 的相互跳转功能，开启此功能后，顾客可从 App 中分享活动或商品给微信好友、微信群，分享内容在聊天界面将直接以小程序卡片的形式展现，点开后可拉起对应的微信小程序页面，通过打开 App 分享出来的小程序卡片来点击右上方飘浮的“App”按钮，又可直接拉起手机中已经安装的对应 App。小程序和 App 的互通，对于 App 来说，打通了微信的亿万流量，从而让零售商可以更低成本的方式引流获客；对于小程序来说，可以通过 App 实现功能的拓展，满足顾客更丰富复杂的需求；对于顾客来说，轻量级的服务可以使用小程序，方便快捷，重量级的服务可以使用 App；对于零售商家来说，小程序与 App 相互配合，让流量更具流通性，满足了顾客不同场景的消费需求，从而能更立体地服务顾客，促进销售。

第四招：H5 移动商城——多场景分销的秘密

对于商家来讲，形成规模化交易的全渠道私域零售场景业态合集是至关重要的事情，所以除了抓住微信、淘宝系超级流量渠道外，还要兼顾布局常见的一级流量渠道：如以手机百度、搜狗搜索为主的移动搜索渠道，以今日头条、腾讯新闻、抖音为主的信息及视频流广告渠道，以朋友圈为主的本地化社交广告平台，以 WiFi 万能钥匙、QQ 浏览器为主的大工具类渠道，以本地生活服务公众号和异业 App 为主的中长尾流量渠道，以楼宇电梯广告为主的线下投放媒体渠道……无论在以上平台投放广告，还是基于成交额分成的分销模式，都需要有跨平台连接能力的 H5 移动商城、H5 营销活动或 H5 售卖模块来承接合作流量以及消费交易场景。这样做一是方便目标顾客可以从以上渠道直接购买商品，从而将人流转化为交易流；二是 H5 移动商城在和目标渠道合作时，因为其具备多平台的兼容性，可高效地接入展开营销合作。对于商家而言，开发一套基于 H5 的移动官方旗舰商城，是零售业务连接转化全渠道流量的完美工具，也是开展异业跨界联合营销的有效保障。

第五招：外卖平台——生活零售服务业的必选项

第三方互联网监测机构提供的数据显示，中国在线餐饮外卖市场每年保持两位数的增长，2018 年整体市场规模超过 2 400 亿元，用户规模超过 3.5 亿人，随着移动互联网在餐饮零售市场的渗透率持续提升，在线餐饮外卖已经成为消费者的用餐习惯。从行业竞争势态来看，外卖市场呈现两强对决格局，美团点评以近 60% 的市场份额高居第一，饿了么以 36% 的份额位居第二；从外卖渠道来看，外卖平台的市场份额远超餐厅自营外卖、微信社交和其他服务渠道，占总量的 85.2%，外卖行业几乎成了平台的天下；从部分商家营收构成比例来看，外卖业务的流水已接近餐饮门店总收入的 40%，部分门店的占比甚至更高。相比到店消费，外卖以灵活便捷的消费体验、极致快速的配送效率，成为众多顾客的首选，也因此催生出了较多专注在线零售的外卖品牌。

从生活服务外卖品类发展现状来看，受消费升级影响，呈现出消费结构多元、品质化导向两大趋势，顾客在向“餐饮品牌商户”聚集的同时，也开始向旅游、运动健身、亲子、教育培训、宠物等垂直领域全面转入，品类的横向扩张成为新趋势。美团研究院报告显示，甜点饮品、生活超市、医疗健康等垂直细分品类的外卖需求正在快速增长，2018 年这三大类的增速超过 200%，远超美食外卖 150% 的增速，生鲜果蔬的增长更是超过了 300%。美团点评、饿了么正朝着本地生活服务综合消费平台的方向发展。

再从顾客行为来看，消费前查阅商家门店在大众点评上收到的顾客评价已成为其习惯，评价的好坏直接影响着顾客是否前往消费或在线购买。对于本地生活服务零售商家而言，入驻“大众点评+美团外卖”双平台已经成为必选项，前者是中国最大的消费决策平台，后者是中国最大的外送平台，两者完整地构建了顾客消费闭环，同时也为商家日常运营提供了完整的解决方案和数字化系统工具，包括从活动优惠、商品管理、在线支付、排队预约、扫码收银、到店核销、海报物料、商品配送、会员管理到数据分析等涉及经营管理的方方面面。

第六招：泛电商平台——在有鱼的地方捕鱼

目前由于在线流量成本持续增长，基于“人找货”的传统模式电商，其流量红利基本被超级电商 App 抢占。2018 年 11 月手机淘宝的日活跃用户数突破 2 亿，位居电商 App 榜首，京东 App 以 3 800 万的日活跃用户数位居第三，唯品会 App 以 2 300 万的日活跃用户数位居第四。由于巨头之间采取相对封闭且自成体系的竞争策略，绝大部分商家被集中在了阿里、京东等主流电商平台，由于品牌的先起及强势效应，90% 以上的网购用户也基本被淘宝系、京东等头部电商平台瓜分，因此对于零售商家来说，淘宝系、京东等“在线商业地产卖场”仍是一个非常重要的卖货渠道，是值得重点布局的战场。但是，需要特别注意的是，正是平台对商家和用户流量的垄断性，导致了商家在平台上的推广成本逐年提高，偶尔还会被某个平台挟持来个二选一，显得非常被动和无奈，因此对商家而言，精耕这些零售卖场的同时，探索寻找新的零售渠道是避免被平台“掐脖子”的重要战略。

与此同时，我们欣喜地发现，在流量红利逐渐消失的背景下，新流量渠道已经开始向以微信为代表的社交平台泛化，品牌商及商户通过社交平台进行营销推广并实现商品销售的趋势已经愈加显著。同时我们也欣慰地看到，电商零售正从过去基于超级平台的“人找货”，逐步转移到基于“货找人”的社交全域电商时代。2018 年 11 月，社交电商拼多多的日活跃用户数超 6 000 万，同比增幅达到 205%，一举超越京东而仅次于手机淘宝。拼多多的核心逻辑是用批发的方式做零售，通过消费者众包拼单、团购的方式，邀请更多好友一起来购买商品，从而以“购买数量”为杠杆撬动商家薄利多销，让消费者能以更低的价格购买商品，如今，入驻拼多多售卖商品的活跃商户数量有数百万。

以优质内容驱动的社区电商平台小红书在 2019 年 6 月活跃用户数突破 8 500 万。商家在小红书不但可以通过写笔记种草来引流，还可以在笔记中植入商品进行销售。由于笔记都是基于小红薯们（“小红薯”是小红书的用户）的亲身体验或使用产品后的心得体会及知识分享，以图片、文字或视频的方式满足用户对内容真实性的诉求，同时任何关于产品的问题都可以咨询红薯们而得到较好的解答，所以非常受零售品牌和用户的推崇。目前，美妆护肤类仍是小红书核心流量的来源，除此之外，穿搭、家居、数码家电、减肥健身、旅游攻略、美食测评等也一个不缺。小红书已成为时尚男女购物攻略、产品测评、种草的首选平台，也是网红、达人、明星、海淘、代购等带货销售的核心阵地。

以短视频场景带货的抖音 App 月活跃用户目前已超过 5 亿。为探索“短视频 + 电商”模式，抖音先后上线了抖音购物车、商品橱窗、购物助手、直播橱窗、蓝 V 企业号、POI 地址认领等电商产品，开通相关资质的达人（商家）可以在短视频中插入商品链接，当用户进入抖音看短视频的时候，点击左下角购物车链接或者商户图标，即可边看视频边购物或去线下门店消费，也可点击短视频右边居中位置的达人头像图标，进入达人页后，在“商品橱窗”中选购达人推荐的商品。如今在抖音，越来越多的素人、商家、关键意见领袖通过短视频＋直播的方式来卖货，我们见到了无数个创造月销量百万元甚至千万元奇迹的弄潮儿，在后面的章节会有案例分享。

被称为“北快手，南抖音”的另一主角快手 App，月活跃用户在 2019 年 3 月突破 3.6 亿。为加快商业化，快手联合有赞推出了短视频电商导购解决方案“快手小店”，每个主播均可申请开店，商品来源于合作的有赞商家店铺，快手和有赞实现用户账号打通，快手用户可直接购买有赞商品。除此之外，快手电商还先后接入淘宝、天猫和无敌掌柜等多个第三方电商平台，进行电商探索。公开信息显示，快手电商在 2018 年最后两个月的成交卖家达到数十万，成交商品数量达到百万级，双十一、双十二订单数均超过千万，高峰期电商成交额以亿元计。

新场景带来新机会，我们建议零售创业者一定要基于自己的基因和特长，根据不同新零售渠道的特征，尽早布局尽早探索，先人一步挖掘低成本流量红利。而还将大部分精力放在传统电商平台采买流量的人们将继续感受流量成本持续高涨的焦虑。

第七招：线下门店——零售控店的核武器

国家统计局数据显示，2017 年中国线上线下零售份额如下：电商零售占比 19.59%，线下零售占比 80.41%。即使在互联网高速发展的今天，线下零售依然是零售行业的根基，无可代替。同时我们也看到，随着移动电商的飞速崛起，让传统线下零售门店的日子越来越不好过，不少门店生意萧条，濒临倒闭。但线下零售门店的低迷，并不能全部归因于电商以及新型零售业态的持续入侵演进，绝大多数线下门店存在一个最致命的问题就是“惰性”。一是认知惰性，很难接受互联网新技术、新零售、新物种思想，更谈不上利用其提升经营效率；二是恐惧惰性，更愿意待在过去经验主义的舒适区，从而跟不上潮流发展的要求；三是行为惰性，害怕变革失败，导致裹足不前，不愿意改变现状。所以，我们看到大多数零售门店是这样的：早九晚十坐等顾客上门，获客渠道单一却从不积极调整，产品缺乏吸引力，热衷打折促销，大部分顾客一次性消费后很少回头再来，进店率日趋下降却力不从心……

虽然目前线下零售问题众多，但是线下门店依然是规模最大的零售市场。在线上流量红利逐渐消失，顾客消费回流线下的趋势下，零售门店要善用自我优势，利用技术红利从内而外地进行自我革新，从而重构门店新零售业态，以适应新时代新消费者对零售新体验的要求。首先，线下门店有较强的视觉冲击力，是线上零售无法比拟的，它矗立在日常生活消费场景中，不断加深顾客的记忆，控制着顾客心智；其次，线下门店是赋予消费者购物体验的重要场景，零售是体验式消费模式，消费者对很多产品有亲自触碰、试吃、试用、试穿的需求，所以零售商要巧用互联网技术或工具来提升原有门店场景中的顾客体验，并鼓励消费者通过社交媒体把这个好的体验传递给更多的顾客，达到口碑裂变传播的目的。不仅如此，为了提供更好的商品和服务，零售商一定要想办法深入供应链环节，参与商品的设计、选品、原材料采购、生产、品控、配送、仓储等环节，把商品品质提上去，把生产及流通成本降下来，为消费者提供高性价比的好产品，从而建立零售门店的竞争壁垒，实现“控货、控店、控心智”的零售格局。

所以，我们认为未来的零售场景一定是“线上全渠道 + 线下门店”的融合场景。线上渠道好似倚天剑，突破了过去门店顾客引流受限于本地的困扰，让品牌在空中全网覆盖并做交易转化，从而控制顾客心智；线下门店好似屠龙刀，带给顾客不同于线上消费的实景、实物体验以及第三空间的社交氛围，让品牌立在物理空间，满足顾客

“逛”的人性需求，从而实现控货、控店的目的。从具体操作策略角度来看，对于一般的新零售创业者而言，建立基于微信生态的零售卖场（公众号、小程序、社群）和线下门店卖场，可以说就已经拥有了属于自己的“倚天剑”和“屠龙刀”，基本能满足新时代消费者碎片化、社交化、体验式的零售消费需求。当然，对于拥有雄厚资金和技术能力的零售创业者而言，全渠道零售场景的布局是必要的，它使“人找货”与“货找人”有机结合在一起，让商家的业务触点渗透到消费者的日常生活场景中，让消费者线上线下、随时随地消费成为可能（见图5.3）。

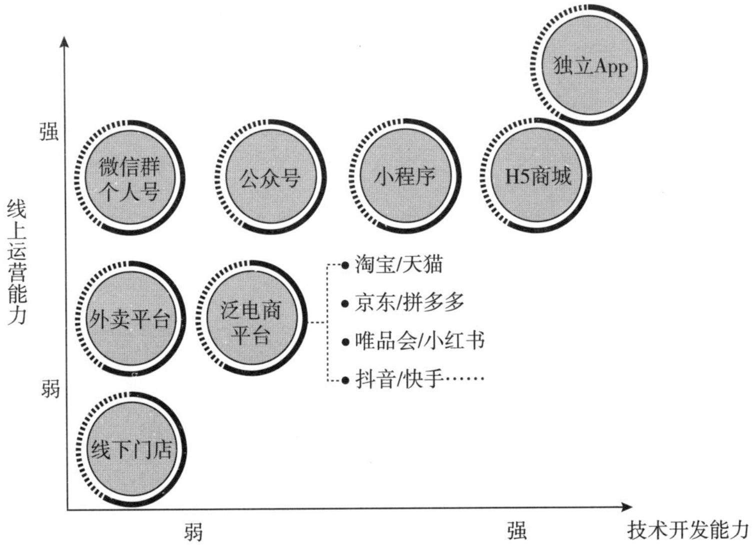

图5.3　零售全场景卖场搭建难易程度关系示意

瑞幸咖啡（luckin coffee）作为新零售咖啡运营商，从2017年10月在北京银河SOHO开了第一家门店以来，就受到了行业关注，并且成为资本市场的宠儿。瑞幸咖啡采用新零售的玩法，通过快速密布的线下门店布局，结合年轻人习惯的线上支付和现在已经比较成熟的即时物流配送，实现自提、外送相结合，突破了单一线下和单一线上的流量和服务局限。在价格上，还推出了各种优惠组合策略和裂变策略来吸引顾客下单。

具体而言，在门店零售场景方面，瑞幸咖啡针对不同的消费场景设置了旗舰店、悠享店、快取店、外卖厨房店 4 种类型，将门店开向各大城市的商圈、写字楼、大学校园。截至 2019 年 3 月底，瑞幸咖啡在全国 28 个城市开设了 2 370 家门店，其中约 91% 为快取店。在线上，瑞幸咖啡通过“App＋公众号＋小程序＋H5”实现了在线核心零售场景的全覆盖，其中瑞幸咖啡 App 曾多次登顶苹果手机应用商店美食佳饮免费榜第一名。在外卖平台，瑞幸咖啡全部入驻大众点评并在 21 个城市上线美团外卖，顾客可以通过美团下单购买。此外，瑞幸咖啡还和掌上生活 App、交通银行等众多中长尾流量平台展开联合营销活动，通过优惠券等多种营销工具实现了更多碎片零售场景的覆盖和顾客回流。

通过“线上＋线下”全场景互联、“自提＋外卖”相结合，以及无收银台流程重构，瑞幸咖啡彻底改变了咖啡传统业态模式。顾客在手机端通过 App 或微信小程序下单、支付，然后去门店自提或者选择外卖配送上门完成订单，也可以提前预约下单，门店接单后开始制作，制作完成会在 App 内显示取货码，顾客到柜台直接扫码领取，随取随走，非常方便，大大节省了时间。除了下单购买之外，在 App 内还上线了一些重磅的社交功能和活动，如“咖啡钱包”“送他咖啡”“咖啡红包”“幸运送”“邀请得杯”等，顾客通过微信朋友圈或微博将这些有趣的活动分享给好友，不仅可以实现人脉传递的快速转化，还可以实现品牌的精准曝光。通过全零售场景战略，以及领先行业的运营能力，在资本的加持下，瑞幸咖啡于 2019 年 5 月 17 日登陆美国纳斯达克交易所，公司市值约 42 亿美元。从创立到 IPO（首次公开发行募股），瑞幸咖啡只花了 17 个月的时间，成为全球最快 IPO 的公司。

构建零售混合流量池

前面我们阐述了如何搭建线上线下全域零售售卖场景矩阵，这是零售业在新时代追求全网一体化极致消费体验的根本，它让顾客所见即所得成为现实，同时也为零售商在全渠道营销中的流量承载与购买转化提供了可持续运营的“基地”，从而让顾客“接得住”，这很关键。在后续与任何渠道合作，只需要匹配对应的零售场景“基地”，即可快速上线。当顾客能接住后，我们要思考的是，如何给每个零售基地“引得来”顾客。而在此之前，我们先要理解什么是公域流量、私域流量和混合流量池。

1. 公域流量

公域流量是指被平台垄断或商家无法私有化的流量，流量的分配权在平台，商家需要购买广告才能获得，而且越来越贵，某种程度上它又叫投放型流量。比如淘宝的公域流量犹如江水，但要从商家门前通过，就需要使用直通车、钻展、关键词引流等手段。公域流量渠道的典型代表有微信、淘宝、天猫、京东、抖音、今日头条、腾讯新闻、快手、百度、搜狗等头部 App，其共同特点是“中心化、大流量、可售卖”（见图 5.4）。

2. 私域流量

相对于公域流量而言，私域流量属于单一个体的流量，商家可以自主发展、私有化经营，依附于平台又不全依靠平台。从广义上讲，私域流量是一个群体，基于对某一产品有共同的需求，从而被商家聚集到某一处。私域流量的发展目前有以下几种：①导入熟人关系链，将目标顾客和忠实顾客的好友转化添加个人号或微信群；②从公域流

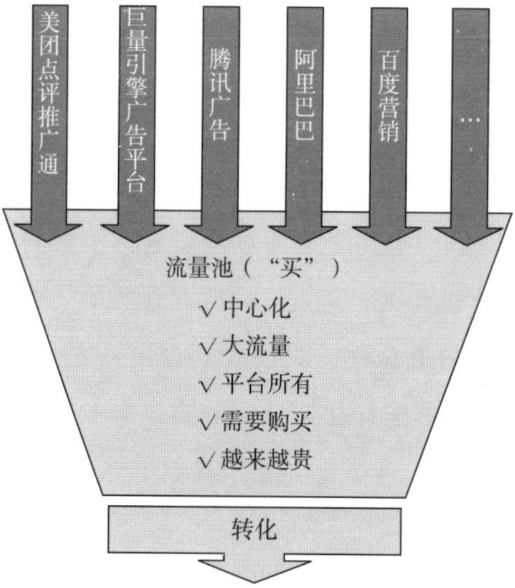

图5.4 公域流量池

量中引导，比如淘宝系的卖家邮寄包裹往往会附带一张纸条，上面写着加店铺微信号送10元、20元现金券等，而淘小二是目前最有意识搭建私域流量的群体；③在公域流量吸粉，一般是指零售商通过产品展示、服务体验、消费决策、分享介绍等进行内容创造，在微信公众号、抖音、快手、微博、小红书等流量平台发展私有流量账号，传播内容，从而吸引海量粉丝，一方面可以基于账号流量或直播带货销售，另一方面也可以通过各种方式鼓励粉丝添加微信号，从而更高效率地带货、转化；④在线下自有场景发展，比如在线下门店、X展架、橱窗、包装袋、手提袋、台卡等顾客触点和场景，通过扫二维码加个人号、进微信群立得优惠的方式，将分散的线下流量汇聚成私域流量进行重复营销。总结起来，基于微信发展私域流量的五部曲是：导入熟人关系链→导入陌生人关系链→导入线下关系链→运营盘活关系链→顾客消费转化。同时我们也看到，去中心化和自主经营是私域流量最显著的特征，个人号、微信群是其最佳的承载场景。由于场景的封闭性，商家也可以与消费者进行一对一交流，并且通过朋友圈内容达到传播的目的，取得消费者信任，从而提升忠诚度。对于商家而言，大力发展私域流量意味着可以通过最短路径直达顾客，也意味着顾客转化的效果会成倍增加，同时最重要也最关键的是，要从过去经营流量的思路转变到经营人的思路，也就是说，进入私域流量池的流量不再是流量，而是最忠实的顾客。请一定善待这些翻山越岭来到你这里的顾客，通过搭建顾客池，把他们供养起来（见图5.5）。

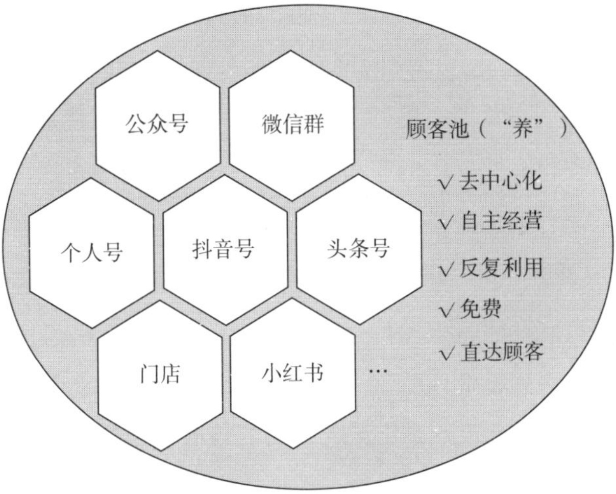

图5.5　私域流量池

3. 混合流量池

混合流量池是指由不同公域流量渠道与不同私域流量渠道组合而成的流量集合，它是目前大中型零售商家的基本流量形态。利用公域流量可迅速让商家度过冷启动和抢占品牌渗透率，也就是解决流量怎么来的问题；而利用私域流量可为商家增加顾客黏性和重复营销，也就是解决如何把引进来的流量留住的问题，两者结合构建成了完整的零售流量生态闭环。

接下来，我们将通过一套“公私域混合流量”的组合拳，帮助零售商建立自己的顾客阵地，以及基于流量池实现顾客的快速裂变增长。

网红门店2.0：最稳定的私域品牌流量池

如今的网红店，有褒贬双重的意思，一方面因为网红店“新奇炫酷”，易通过社交媒体吸引年轻人前来打卡体验；另一方面，由于产品和服务品质不过硬，很难吸引顾客再次消费，而这类只注重“表”不注重“里”的门店，我们称为网红门店1.0。当然，我们也不能因此就否定网红门店在营销上的创新。我们要吸纳消化其优点，但更重要的是为顾客提供高性价比的产品和服务。我们要让顾客因为喜欢门店的体验而前来打卡，更要让顾客因为极致的产品和服务而留下，这种既重“表”更重“里”的品牌化门店，我们称为网红门店2.0。那么，要如何来打造这样的门店呢？

第一，从卖货思维到经营人的思维。过去，衡量一个门店生意好坏的唯一标准是营业流水，由此，门店的核心工作始终围绕“货”来进行：进货、定价、陈列、促销、降价、清仓……日复一日循环往复，门店生意逐渐萧条，其本质还是以自我为中心的“卖货思维”，忽略了顾客的消费体验升级的需求。随着消费水平的提高，而今的顾客消费不再只考虑产品本身的性价比，更在乎的是伴随进店消费的体验感、愉悦感、参与感，追求购物消费过程带来的新的精神价值，所以门店营运的重心要从纯买货思维转变到经营顾客的思维。比如去海底捞吃火锅，当你走出电梯的瞬间，服务员就带着真诚的笑容相迎；排号等位期间，商家精心准备了小游戏和水果，还有擦皮鞋和为女士提供的美甲服务，让你觉得这种等待不再是煎熬，而是难得的与亲友交流和休闲放松的机会；用餐期间，服务员及时回应每一个顾客的需求，恰到好处地为顾客提供服务，重要的是这一切都是发自内心的，并不像其他商家的服务员是“装”出来的，所以在海底捞吃火锅，顾客从进店到出店的整个消费体验过程，都是心情愉悦的。海底捞的每一个细节都没有营销产品或者服务，但每一次对顾客体贴的服务都在抢占你的心智，对你的心智进行了饱和攻击，不知不觉，海底捞已成为你吃火锅的首选。正是这种经营“人”的思维，才让海底捞基业长青，过去25年间，它在全球开店466家，年营业收入近170亿元，2018年海底捞登陆港交所，市值达1 600亿港元。

第二，重做极致尖叫的好产品。新一代的零售消费品公司并不是要完全创造全新的顾客需求，因为教育顾客是十分困难的。我们发现，工业化时代的产品正在老去，比如奈雪的茶、喜茶等品类的升级与产品的革新在不停地锻造全新的机会，所以要学会站在巨人的肩膀上，而产品重做，是最好最快的崛起方式。找到新一代顾客的记忆体系，为他们贴上群分标签、身份标签、行为标签，然后研究其兴趣偏好、生活方式和具体的消费诉求，唤醒记忆，用今天消费升级的新生产方式再重做一遍。所以极致尖叫的好产品，首先应该基于新顾客的新消费需求重做产品。其次，极致尖叫的好产品要高品质、高颜值，还不怎么贵，好吃好用是前提，外观颜值是加速器，不贵是核武器，所以创业者要摒弃过去批量进货、委托制造等中下游环节，深入供应链上游参与产品功能设计、外观设计、原材料甄选、生产制造等环节，用工匠精神倾心打造产品。再次，极致尖叫的好产品应该让顾客参与全流程，在产品创意阶段，通过焦点小组和定量研究让顾客参与；在产品示范阶段，通过多方案比较测试让顾客参与选择；在产品样品阶段，通过邀请顾客参与，组织内测成员，提供产品反馈意见；产品上市后，通过顾客数据挖掘、顾客体验测试报告等方法优化迭代产品，以顾客意见为依据，打磨满足目标顾客的好产品，正是令顾客口口相传的“魔法”。

全球超级网红门店% Arabica是咖啡届的大明星，在星巴克、Costa等传统咖啡门店统治的背景下，它硬是通过产品重做，杀出一番新的天地。% Arabica不但店铺美，而且咖啡好喝，从2014年在日本开设第一家店到现在，每开一家新店就要刷瘫一次社交媒体。% Arabica的创始人的最终理想是将品牌塑造成一个“咖啡与设计的朝圣地”，希望来自世界各地的喜爱咖啡和设计的人都能来到% Arabica体验咖啡和设计所带来的美好。所以在产品上，% Arabica坚持只做最好的咖啡，不同于其他连锁咖啡馆在售卖咖啡的同时也售卖甜品和其他非咖啡类饮品，% Arabica从开店至今，只售卖咖啡豆、浓缩咖啡、玛奇朵咖啡、拿铁咖啡及美式咖啡这4款意式咖啡。品牌所使用的咖啡豆，与店名% Arabica一致，选取百分百Arabica（阿拉比卡）咖啡豆（咖啡中上品的代表）。为了提供最好的咖啡，其创始人特意从供应链上游入手，在夏威夷的一块地里专门种植最好的咖啡豆；除了自家的豆子外，% Arabica还会从全球采购精品咖啡豆，以非洲和中南美洲咖啡豆为主，一共有14个大类，全属于Arabica。强调百分百Arabica，也就意味着门店出品的都是高品质咖啡。烘焙机则选用定制的世界顶级的Slayer Espresso进行咖啡豆的烘焙。除此之外，% Arabica对产品的颜值还有着极致的追求：% Arabica由世界咖啡拉花冠军山口淳一作为首席咖啡师，他在日本、亚洲乃至全世界都是拉花迷们无可替代的偶像，吸纳了一批年轻的咖啡师，只为给顾客制作最赏心悦目的咖啡拉花。% Arabica从原产地种植、精心甄选，到烘焙、类品控制，再到出品的全流程，均以匠人的精神在精雕细琢，以确保每一个顾客手中的咖啡品质独一无二。

第三，媒体化新门店。过去，线下零售门店的营销主要是通过被动强迫的方式来展开，如传单、易拉宝、短信等传统低效的作业方式，顾客转化效果奇差。如今，商家除了要学会经营顾客、打磨好产品外，还要善于抓住顾客在社交媒体上的自我表达和分享欲望，从品牌的愿景、使命、价值观，到产品理念、商品外观、门店设计、空间营造、消费流程、服务体验、增值特权……每一个业务细节都需要精心设计，每一个运营颗粒都需要内容化、故事化、IP（品牌形象）化，让顾客身入门店消费场景时，会情不自禁地通过社交媒体连接品牌来表达自我，近而促使其主动关注门店公众号成为粉丝，并为品牌（门店）创造内容，通过公众号、小程序、朋友圈、抖音、微博等平台分享传播给更多的目标顾客。可以说，优秀的零售品牌（门店）未来一定是一家优质的媒体，不但自配优质的内容生产者负责内容生产及社交媒体传播，还要把无数顾客转变成品牌（门店）的内容生产者进而裂变传播，从而使门店在实体场景和社交虚拟场景中拥有自己的内容生产体系与粉丝体系。

% Arabica 不但在咖啡出品背后有满满的故事，其门店场景的设计也是故事满满。它如同一家优秀的媒体，在 Instagram（照片墙）上拥有数十个国家和地区的官方账号构成的自有媒体矩阵，任何关于品牌的声音都能快速触达全球粉丝，引领热爱咖啡与设计的人前去朝圣，刺激无数粉丝在不同社交媒体上传照片进行裂变传播。

门店设计：体现对顾客关系的珍视。一间咖啡馆，除了咖啡豆品质有保证、咖啡调制手艺精益求精外，还要满足消费者对理想空间治愈、浪漫、交流休闲功能的要求。因为在还没有品尝到香醇的咖啡之前，看起来舒适浪漫的环境就能让顾客产生一探究竟的欲望。% Arabica 的设计融合了其创始人想要表达的理念：追求简单和实事求是的理想生活。门店以简单纯粹的白色 + 原木色为基调，给人安静、干净的印象，偌大的落地窗、纯白与木质的设计空间，无一不让人一进门就立刻沉浸在简约、淳朴却又格外休闲、居家的氛围中，这样的空间会很容易就让人放松下来，沉浸在咖啡本身的味道中。

顾客触点：每一个细节都让人记忆深刻。% Arabica 的每家店会根据所处的地理环境，巧妙地将门店融于其中。例如上海的武康路店，整面镶有“%”标识的绿植墙、硕大的落地玻璃窗、一排供人休息的长凳，清新而又休闲，让人顿时感觉到轻松。入口处的地面上也镶嵌有% 图案，是到访% Arabica 咖啡馆必打卡自拍的“景点”之一。再如% Arabica 的京都岚山店，270°的巨大玻璃窗几乎环抱了整个风景，无论是咖啡师还是来客，都可以享受到最佳视角，设计师把小小店面藏在了绿水青山间，丝毫不影响湖光山色的美，反而相得益彰。还有科威特店，坐落于购物百货中庭，采用钢铁与玻璃构建挑高的方正格局，与内部的柏木、玫瑰金材质形成鲜明的刚柔对比，营造出轻盈透亮的空间氛围。室外大胆采用皮革混搭铁网坐榻，周围遍布蓊郁灌木，让人宛如置身一片绿洲之中。在% Arabica 全球不同的门店，你可以举着咖啡杯随意拍照，复古清新风在这里唾手可得。

顾客交流：品牌价值观与顾客心灵的对话。% Arabica 通过咖啡豆来一探人间，并将一方空间描绘为人们能够通过咖啡交流的自由之处，每一间% Arabica 门店就是一个专属于咖啡人的小社区。每家% Arabica 的墙上都会贴一个金色的地球版图作装饰，上面写着：See the world through coffee（透过咖啡看世界）。顾客在等待咖啡上桌时，可以研究一下吧台上的咖啡豆世界地图，学习一下豆子的知识，如果对咖啡豆感兴趣还可以直接购买。上海外滩源新店更抓人眼球的是最内侧那台25 公斤级的超大烘焙机，一次可以处理超大量的咖啡豆。这台机子泛着金属光泽，工业感十足，为了让顾客了解烘焙咖啡豆的过程，烘焙机放置在三面都是透明玻璃的房间里，顾客可以一边慢慢品着咖啡，一边观察咖啡豆烘焙的过程。同时，% Arabica 对于品牌符号% 的精心设计，并将它与场景恰到好处地融合在一起也非常值得我们学习，无论是落地窗的玻璃墙壁、咖啡杯、门店入口处的地面、背包等周边产品，还是吧台上独家定制的咖啡机，都镶嵌着%图案，不但干净大气，而且辨识度高，让顾客记忆深刻。

社交流量矩阵：私域流量核心四部曲

传统零售商存在这样的常态现象：有门店无客流，有粉丝无转化。虽然有很多的顾客，门店也具备了很好的连接方式，但是顾客来的时候门店没有办法把他们真正转化过来。我们还看到，门店已经有了很多会员，但互动却异常艰难，每次会员到店里都能记录下电话号码，但是没有有效的方式能够和其产生长期的沟通，可以说今天的门店和顾客之间是割裂的，无论你用什么样的方式进行连接，本质上并没有非常有效的途径能够让门店跟顾客之间产生互动。

所以，在这个背景下，基于微信生态的社交流量，以传播快、成本低、效率高、转化高、易操作的优势，当之无愧是线上线下零售创业者的首选营销推广阵地。

1. 微信群

微信群适合与顾客互动、产品销售以及售后服务。当顾客在门店消费时，可通过领送优惠等方式邀请顾客进群，在群里可以方便地通过小程序推送新品、爆品、限时优惠、试用试吃等营销活动。基于小程序在群里完成业务闭环的好处是，顾客行为的数字化使门店对顾客的画像有非常清晰的认知。零售商拥有多少个门店就建立多少个微信群，构成门店微信群矩阵。那么，零售商该如何做好微信社群的运营呢？①以顾客为中心。切勿只安排员工维护社群，而店长都不在社群出现并参与运营。②店长（创办人）决定了社群的上限。店长（创办人）的号召力、品质、性格等这些特点决定了社群的特点以及社群在顾客心目中的感性认知。③社群O2O化与情感化。先是微信群互动和触达，然后是门店进场消费体验，优惠与特权互融互导，店员、店长与顾客线下聚会近距离交心，是零售商与顾客情感深化的核心关键，也是纯线上社群无法做到的。④活跃互动是社群关键。社群的核心目的不是卖货，而是连接顾客，零售商要建立一套促活、转化、顾客唤回的运营机制，让顾客与会员互动活跃起来，同时注意切勿过度营销、闲聊而伤害社群质量。⑤专人专岗运营。让员工兼职不可能做好社群的运营，所以要安排专人负责社群的运营维护，而制定社群运营目标、策略、管理办法是社群成功的必要前提。⑥付费社群才有价值。社群要提供价值，有利益作为基础，而成员一定是付费购买过的顾客，付费越高、购买频次越多，价值就越大。

2. 小程序

官方商城小程序最大的作用是连接和购买。在线上，零售商可以将小程序商城转发到不同的顾客微信群，快速完成销售交易；在线下，顾客可以通过扫描餐桌上的小程序码快速点餐，也可以扫描门店某个商品的小程序码支付购买。一码一门店，一码一商品，门店玻璃橱窗、X展架、台卡、员工名片、传单、购物袋、商品包装等顾客全域触点，均可植入小程序码，构成顾客转化矩阵，将原本分散的顾客流聚合于小程序，让顾客流随时随地变成交易流。除了获取新顾客外，小程序还能够用来解决门店排队等消费体验问题，从而将门店与顾客连接聚合在一起。

2017年9月底，茶饮连锁品牌CoCo都可上线手机点单小程序，为此，CoCo都可设置了大量展架、二维码、地贴，甚至还有服务员举牌等方式，引导顾客通过小程序下单，为此还特意调整了门店考核标准和奖金办法，鼓励店员走出柜台，手把手引导顾客使用小程序。同时CoCo都可推出系列优惠，使用“社交立减金”等方式，让顾客养成在小程序下单的习惯。凡使用微信支付的顾客都可以享受“社交立减金”这一优惠，分享给自己的好友还有优惠券领取，这个方法在一个月内带来超 1 400 万次曝光，其中优惠券被领取 560 万次，90 万张券被核销，13 万人第一次用小程序点单。第一个月，CoCo 都可完成了 500 家门店的上线，上线两个月后，覆盖了全国 2 200 家门店，累积超过 1 000 万用户，其中单月新用户超 300 万。截至 2019 年第一季度，小程序点单已基本覆盖 CoCo 都可在内地的 3 300 家门店，累计收获超 4 500 万用户，目前仍以每月新增 180 万支付用户的速度增长，且新用户周留存率达到了 8%，活跃用户周留存率为 24%。CoCo 都可通过提升消费体验的方式驱动顾客不断增长，构建了自己的私域流量池体系。谈及后续要做的事情，CoCo 都可行销总监说：“不断优化体验和丰富场景，同时加强私域流量的运营，这是我们的计划。”

3. 公众号

无论是订阅号还是服务号，都是零售商特别重要的私域粉丝系统，是品牌与顾客直接互动沟通的核心平台和重要通道。如同小程序码一样，可将公众号二维码植入任何顾客触点，抑或在线下门店通过“公众号连 Wi-Fi”以及“关注公众号点餐”等方式引导顾客关注，长期积累，就能形成零售门店庞大的粉丝流量。通过定期的公众号原创文章，零售商可快速方便地向顾客推送一切关于品牌价值、产品认知、优惠活动以及增值服务等相关内容，刺激顾客分享转化，引发目标粉丝群体持续扩大。同时公众号也可以连接小程序商城、H5 商城以及微信小店，构成闭环的业务流。

4. 个人号

顾客微信群因为是多对多的关系，不一定适合所有零售门店，可能会因某些顾客过度活跃而造成对其他顾客的信息骚扰，而个人号刚好可以解决这个问题。每个门店都应该配置一个专属个人号，引导来店消费的顾客互加好友，通过朋友圈宣传产品及一切营销活动，顾客好友如同刷朋友圈一样没有信息过剩的压力，看到感兴趣的产品图片后，直接和个人号运营人员进行会话购买，也可以通过点击小程序码图片转到小程序商城（或 H5 商城）购买。需要注意的是，个人号营销要记住三个原则。第一，用个人号发朋友圈每天不要超过 5 条信息。有些人为了抢占顾客的朋友圈，常常会无所顾忌地刷屏，不分时段、不分场合地刷屏，不管是文字、图片还是链接，经常是一发就是十几条，自己图了个痛快，朋友圈却被好友屏蔽了。第二，每条朋友圈信息的字数应控制在 7 行以内。朋友圈里的每一条信息字数超过 7 行或 102 个字时，就无法完整地显示出全文，后面的文字会被覆盖，需要点击全文才能看到，这样就会影响到顾客的阅读体验。所以我们在发布文字信息时，要控制字数，慎重编辑，做到最精简，把最重要的信息发布出来即可。第三，配图精美可促进转化。新媒体运营人员一定要熟悉简单的修图工具，掌握基本的修图技能，每一张产品或活动图片都要讲究，做到真实、精美，给浏览它们的顾客好友留下美的视觉享受，自然转化率就高。同样需要注意的是，如果是多个门店，建议每个门店单独建立个人号，构建门店的个人号流量矩阵，这可能是零售商或者零售创业者初期最直接、最可控、最经济、最有效的私域流量经营工具，没有之一。

从营销获客效果上看，社交流量四部曲成本低、落地性强、转化率高，是零售门店营销获客的首选，零售商可根据自身情况，利用四大工具自由组合构建自己的私域流量池，再通过运营裂变不断壮大。与此同时，零售商利用社交流量四部曲，再结合微信支付、腾讯社交广告（如朋友圈定向广告）等工具和系统能力，可将零售门店业态进行全域数字转化，积累成可沉淀的数字资产。零售门店可根据营运需要，随时进行裂变拉新、复购转化等精细化顾客运营工作。

除以上基于微信生态的私域流量集合被广大零售商接受外，抖音、快手等短视频平台的网红带货，小红书、知乎上的达人种草，甚至是卖美妆产品的柜姐朋友圈，这些基于平台的通过内容创作吸引粉丝建立自有流量池的行为，都属于常见的私域流量形态。

2019 年 4 月 20 日，社交电商服务平台小电铺联合时尚类头部自媒体“她读”，在微信生态内打造了首个小程序直播电商案例。拥有 200 万公众号粉丝的她读，这一次坐到了镜头前，与粉丝实时互动，进行好物讲解示范，直播种草。在引流上，直播当日她读以推文及社群渠道进行内容引流，开播前，系统会自动向订阅用户推送模板消息，激活粉丝。在 2 小时的直播首秀中，在线观看人次达到 11 951 次，进店人数 6 704，订单数 1 228 笔，转化率高达 18.32%，交易额 187 910 元，“公众号 + 小程序 + 直播”的商业变现能力已经初步显现。如果单纯看电商直播，已经不是什么新鲜事物，但零售商家在微信生态内有了自己的“直播间”后，可以与公众号、朋友圈及小程序商城无缝链接，不仅能让公众号内容形式变得更多元，丰富了内容变现的渠道，而且成为与粉丝互动、增加黏性的最佳渠道。从给文章留言到实时互动，对于粉丝来说，直播电商在微信生态内塑造了一种全新的购物体验及社交场景。

投放型流量矩阵：品销合一双管齐下

在门店营业初期，快人一步，基于本地布局有效的顾客流量渠道，为门店建立持续稳定的顾客源是重中之重。这其中，我们不仅要追求零售商（门店）在目标顾客中的品牌覆盖率，还要追求其在顾客群中的即时转化率，前者即品牌营销的覆盖渗透，后者即效果营销的成果转化，我们认为两者的结合——品效合一的流量池策略，是每个零售商必须达成的共识，也是其必须具备的营销思维和营销能力。

1. 品牌营销

品牌营销是通过市场营销活动使顾客形成对零售品牌和产品的认知过程。简单来讲，就是零售商把产品特定形象通过某种渠道和手段持续深刻地印入消费者的心智中，关注更多的是“内容”、“创意”、“形式”和“渠道”等，终极目标是让顾客认识它、记住它、购买它。

品牌营销并不一定会即时产生购买消费收益，它是一个长期占领顾客心智的过程，首先需要在数量上力求全渠道覆盖，其次在核心传播渠道上要进行资源的饱和投入和饱和攻击。对于本地化零售门店（连锁门店）而言，可选择的线下品牌投放渠道有报纸广告、户外广告、电梯广告、车身广告、影院广告、电视广告、电台广告等。其共同特点是具有强迫性，都是千方百计地吸引顾客的视觉和听觉，强行灌输到顾客的头脑中，顾客为被动接受。但这些渠道即使在数字化的今天，仍然是品牌营销的主要渠道之一，如 OPPO、vivo 通过数十年持续精耕的电视广告营销策略取得了商业上的成功。另外，这些渠道上投放的广告与产品是分离的，建议针对所有可视化投放渠道，在投放的广告页面上巧妙地植入公众号二维码、小程序码，便于顾客所见通过扫描即所得，从而将过去的“分离态”变成品牌（产品）与顾客之间的“连接态”。

此外，本地零售商可选择的线上品牌投放渠道有本地门户网站、App 城市频道、本地吃喝玩乐公众号、本地抖音网红大号、朋友圈广告、百度品牌展示资源等，这些投放渠道形式多样，有图片类广告、文字链接、弹出广告、流媒体广告、视频广告等，强烈的感官刺激补齐了传统线下投放渠道形式单一的缺陷，其品牌信息传播过程中与顾客的互动交互性，更是传统线下渠道信息单向传播所不具备的。特别是集音频、视频及图文于一体的抖音短视频广告，将品牌和顾客之间的距离缩得更短，使顾客所见即所得成为现实，极大地增加了品牌广告即时转化的可能性。例如，在抖音上的一条介绍 CoCo 都可奶茶隐藏配方的短视频获得了超过 20 万的点赞量，引发不少网友前往 CoCo 都可线下门店下单同款产品，大大提升了 CoCo 都可奶茶的销量。在抖音的助力下，CoCo 都可又迅速做出回应，将网红款奶茶作为一个单独的产品设置在菜单目录上，当顾客前来线下门店购买时，店员也会询问对方是否需要抖音同款。

基于以上品牌营销渠道，零售商想要建立线上线下营销矩阵，需要从 3 个方面入手：①基于目标客户画像，测试选定本地化核心投放渠道，一般不要超过 3 个，线上线下要各有一个；②通过 H5 微商城（微官网）、公众号、小程序码、商品橱窗等落地页来承接品牌活动或零售场景；③根据各渠道特点策划不同的品牌活动，并持续优化，提升顾客转化率。

2019 年 3 月，家乐福与腾讯广告合作的“美妆节”品牌促销活动，打造了线上线下全渠道场景互通的标杆案例。活动期间，家乐福携手宝洁、强生、欧莱雅等十几个品牌，通过家乐福公众号账号主体投放朋友圈广告，并授权家乐福使用品牌代言人素材为美妆节活动应援。针对不同品牌的受众，朋友圈广告以“千人千面”的广告信息告知和单品券发放，引导消费者至家乐福线下门店、小程序商城、京东到家、美团闪购等全渠道进行核销。通过腾讯、零售商与品牌的三方联动，家乐福美妆节的营销链路实现了高达 2 300 多万人次的曝光，其间整体销售增长 20%，其中护肤品类增长 44%，护发品类增长33%。

2. 效果营销

效果营销就是按营销效果计费，零售商根据广告产生的行为数量（效果）与合作方（平台）进行费用结算，而不是以广告触及的顾客数量进行结算。这种后付费的结算行为对于零售商来说，规避了投入的风险，使得广告投入的效果可以被追踪、被衡量、被评估，以利于零售商从全局的视角来评估每一个顾客流量渠道的投入产出比，甚至还可以从更小颗粒度洞察每个渠道的顾客所产生的获客成本、销售额、消费频次、复购率、顾客行为、生命周期等，从而科学地评估每个流量渠道的顾客质量，以识别核心渠道，进而将80%的营销预算投入核心顾客流量渠道，把钱花得明明白白。

常见的效果营销的计费方式有下面五种。

第一种是CPM（cost per mille），即每千人成本。CPM是一种展示付费广告，只要展示了广告商的广告内容，广告商就要为此付费，比如微信朋友圈广告。

第二种是CPT（cost per time），即每时间段成本。CPT是一种以时间来计费的广告，国内很多的网站都是按照“一个星期多少钱”这种固定收费模式来收费，如小米、OPPO、应用宝、360手机助手等电子应用市场。

第三种是CPC（cost per click），即点击付费广告，根据广告被点击的次数收费。如关键词广告一般采用这种定价模式，比较典型的有谷歌的广告联盟和百度联盟的竞价广告。

第四种是CPA（cost per action），即每行动成本，是一种按广告投放的实际效果来计价的广告，如按回应的有效问卷或注册来计费，且不限广告投放量，如电子邮件营销。

第五种是 CPS（cost per sales），即一种以实际销售产品数量来计算广告费用的广告。这种广告更多地适合购物类、导购类、网址导航类的网站，需要精准的流量才能带来转化。

由此我们可知，CPM 和 CPT 只在第一步收取广告费用，即媒体只需要将广告对受众进行了展示，就可向广告商收取广告费用；CPC 只收取第二步费用，消费者看到广告并进行了点击以后，媒体才向广告商收取广告费用；而 CPA 和 CPS 收取第三步费用，即消费者看到广告后并点击了广告，进一步了解了活动情况后在广告主的网站完成某些特定行为（如付款消费，填表注册等）后，媒体方可向广告商收取费用。

图 5.6 是一个常用的效果营销的漏斗，也是衡量广告效果的终极黄金倒三角。从展现到点击、从点击到访问、从访问到咨询、从咨询到订单，每一个中间的步骤我们都叫作“转化”，衡量每一层到下一层的表现叫“转化率”。基于此模型，我们得知营销效果取决于流量的持续增长和转化率的持续提升，而流量增长的底层逻辑是构建稳固的本地流量渠道矩阵，转化率的提升则取决于长期的精细化运营。

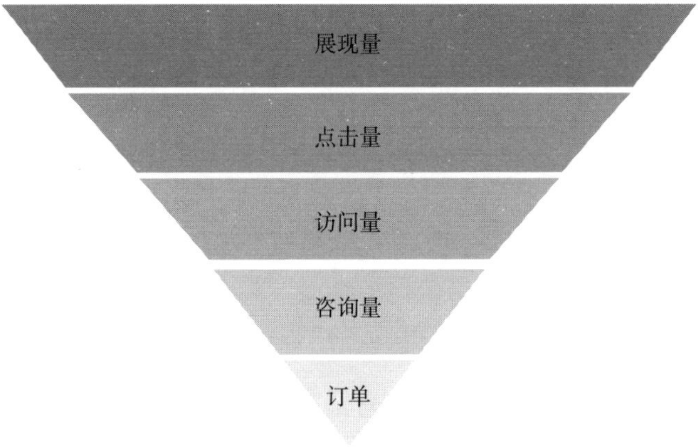

图 5.6　效果营销漏斗

对于零售商而言，可以选择以下流量渠道来构建效果营销流量池。

- 广告平台：美团推广通+腾讯广告+阿里妈妈+巨量引擎+百度营销。
- 产品矩阵：公众号+朋友圈+抖音（抖店/商品橱窗）+美团点评。
- 电商分销：淘宝、天猫、京东、拼多多、唯品会、小红书。
- 搜索矩阵：百度搜索+搜狗搜索+神马搜索。
- 应用市场：应用宝、小米、华为、vivo、OPPO、360手机助手、百度手机助手。
- 内容信息：公众号+今日头条信息流+抖音视频流+腾讯新闻信息流+手机百度信息流。
- 长尾流量：墨迹天气、WiFi万能钥匙、银行、保险、信用卡商城等工具或生活服务类App。

面对如此多的流量渠道，大多数零售商会陷入选择困难症中，不知道如何选择。从实战经验研究得出，二八定律仍然成立，即每个零售商80%的顾客流量依赖于20%的核心流量渠道。

比如对于餐饮新零售品牌，门店+产品矩阵基本构成了其流量池80%的流量，通过公众号扫码点餐连接粉丝，通过美团点评售卖外卖，通过朋友圈定向发布优惠券广告，再邀请本地网红在抖音上宣传单品或门店，也成为新餐饮门店营销的常态。其中，美团点评已成为本地生活服务零售商重要的顾客流量渠道，而美团外卖为许多门店每天贡献30%～50%的订单。至于抖音营销，选择和本地网红合作，多数是短期性营销带量活动，因人物的影响力不可控，其合作和效果具有不可持续性，所以从构建稳定的流量池角度来看，更建议零售商创始人亲自参与短视频拍摄，通过短视频传递产品的情感温度、生产过程、甄选溯源、试吃体验、使用技巧、功能特性、食用方法、保养窍门、试穿体验等，打造属于自己的性格鲜明的品牌形象，构建自己的粉丝系统，在粉丝达到一定量级的时候（一般建议 20 万人以上），再通过抖店或商品橱窗进行粉丝转化，形成可持续的顾客流量渠道。

专营牛肉和红酒的抖音红人“正善牛肉哥”，最开始一口气更新了 100 多条短视频仍无人问津，但他坚持用笨办法，每天都和粉丝聊上四五个小时，持续优化短视频并坚持每天更新。突然有一天，牛肉哥的一条煎牛排的视频《牛排时间！show time!》火了，得到了 100 万 + 的点赞量。与其他网红不同，除了介绍牛排、红酒等产品外，牛肉哥还帮粉丝“扫盲”，科普了不少关于红酒、牛排的基础知识，通过牛肉哥的视频，让粉丝感觉牛排和红酒不再那么高大上，就像面包和饮料一样，可以出现在普通人的生活里。为了消除中间商赚差价，给粉丝带来高质低价的产品，牛肉哥从全球原产地寻求合作，凭借“找到源头，把价格打下来”的策略和营销主张，迅速成为一个拥有 300 万粉丝，获赞超过 1 900 万，发布超过 1 600 个短视频的抖音大号。通过抖音商品橱窗展示短视频中的牛排或红酒，跳转到淘宝购买，构成了“正善牛肉哥”营销转化订单效果的闭环，据牛肉哥介绍，正善牛肉的顾客 80% 源于抖音。如今正善牛肉已开始布局线下门店，正善牛肉达米家烧肉屋在上海已火爆开业。

对于美妆、服装箱包、生鲜食品等其他类零售业态而言，广告平台、产品矩阵、电商分销、搜索矩阵、应用市场、内容信息、长尾流量等，渠道均适合布局。可以选其中某一类或某一个渠道来布局，换句话说，在业务初期，受限于资源，零售商并不一定需要覆盖所有渠道，但需要识别判断自有独家资源优势或擅长的营销技能，并将有限的资源投入与之匹配的渠道，构建自己的核心流量渠道，也叫种子流量渠道。比如你擅长短视频制作和直播，就主打抖音、快手两大渠道，通过短视频聚合粉丝，打造个人的私域流量池，再用淘宝店铺做流量转化；擅长安卓和苹果应用市场优化，就做 App 在八大应用市场推广开；擅长搜索引擎优化和搜索引擎营销，就布局三大搜索渠道、内容信息以及五大广告平台，通过 H5 商城或 App 来承接转化客户；擅长社群运营，就通过“微信群 + 朋友圈 + 个人号”三驾马车带流量，用小程序商城做落地转化；擅长写作和文案营销，就重点布局公众号、小红书，通过知识分享抓流量积粉丝，在内容中巧妙插入商品购买卡片抑或商品小程序码，或利用微信小店（小程序、H5 商城）等做转化；如果开店经验丰富，就重点布局线下门店，并按一定频率和本地吃喝玩乐公众号、抖音号合作带量；如果你拥有多年平台电商运营经验，就重点布局淘宝、京东、拼多多等六大电商分销平台，在流量集中度高的平台攫金；如果有非常多的线上线下长尾流量资源，在线上通过 CPS① 的合作模式，用 H5 商城连接一切合作方，引导 C 端消费者做转化，在线下拓展并入驻商超门店等终端卖场做分销……在这个阶段，重要的一点就是集中资源，对测试选定的有效渠道进行饱和攻击并脚踏实地地持续优化效果，逐步形成稳定的顾客流量源。“三天打鱼，两天晒网”“东一榔头，西一棒槌”等撒花式营销推广，注定无法抓住流量营销的红利。

当业务过了初期进入快速发展阶段，这时候零售商已经拥有了一类稳定的流量渠道，营业流水持续稳定，资本以及人力资源得到提升，于是可以开始考虑选择不同类别中的不同渠道混合交叉布局抑或全渠道布局，形成完整的流量渠道闭环。在执行落地的时候，可考虑按渠道类型安排专人专岗，根据各渠道的画像特征，精耕细作地持续引流

---

① 以实际销售产品数量来换算广告刊登金额。

及做转化。

1. 常见的新零售效果营销广告平台

(1) 腾讯广告：精准的社交营销平台

腾讯社交广告平台拥有覆盖超过10亿网民的微信、QQ、QQ空间社交用户场景，月活数超过5亿的腾讯视频，以及国内安卓用户覆盖第一的应用分发平台应用宝和QQ浏览器、腾讯新闻、腾讯体育等行业领先的新闻资讯平台。平台提供多重推广能力，包含推广品牌活动、公众号、我的门店、我的应用（App）、我的商品、我的小游戏、收集销售线索、派发优惠券等。同时还提供众多精准的定向能力，零售商可以从中选择适合达成业务目标的条件锁定人群，这些条件包括人口属性、兴趣爱好、商圈位置、使用设备、天气环境等。平台的预算门槛较低，免费注册腾讯广告账户每次单笔充值仅需1 000元，即可通过MP QQ公众平台自助投放朋友圈定向广告，分为排期购买、定价购买、竞价购买3种方式，其中，排期购买单次投放总预算5万元起，向所有城市开放；定价购买每日预算300元起，向所有城市开放；竞价购买则基于效果实时调整出价，每日预算1 000元起。在成本方面，零售商可以为广告账户或者计划设置日预算，随时编辑预算或停止投放广告，系统都会自动执行。在计费模式上，提供CPC、CPM和CPA三种模式。

茶行业的消费者第一次接触产品就决定了购买的比率不会高，如何促成更多转化，是茶香记急需解决的问题。茶香记在投放广告前，通过现有数据分析将目标顾客分为两大类：中端人群和高端人群。针对有喝茶习惯但不了解茶文化的中端人群，对年龄、学历、兴趣标签进行设定，投放素材选择突出“优惠信息”“热卖好茶”“帮你选茶”等内容；针对追求品质的高端人群，使用人群包投放积累转化量，在系统搭建了转化模型后，采用了腾讯广告的智能优化能力，外层素材使用了突出“手工制茶”“大师讲茶”等突出茶香记品质的文案及素材。为了留存新粉丝并提升其活跃度，茶香记在公众号介绍中突出了“免费试喝”的福利，自动回复中解释了茶香记邀请专家讲茶的活动，还设置了商城和优惠信息按钮以吸引顾客，实现转化。同时通过精彩文章和原创视频不断渗透品牌文化与调性，提高品牌好感度，提供场景化营销。在投放流量场景的选择上，用以阅读为主要场景的公众号底部进行广告投放，同时与朋友圈广告相配合，实现公众号运营与广告投放的无缝对接，使得茶香记在粉丝积累转化、销售额和复购率上有很大的提升。最终茶香记取得了较好的营销成效，整体投放获得 30 万的粉丝增长，最高日均涨粉 1 000 人，新客转化率提升 110%，销售额增长 120%，平均客单价 300 元以上。

(2) 美团点评推广通：本地生活服务营销平台

美团点评推广通（简称“推广通”）是美团点评集团自主开发的品效合一的商户营销推广平台，覆盖餐饮、婚庆、休闲娱乐、教育等超过 10 个行业，基于美团和大众点评双平台的吃喝玩乐大数据，勾勒出 6 亿吃喝玩咖、2.8 亿年度活跃买家的用户画像，并全程追踪消费者从搜索、浏览，到下单、支付等行为，模拟并推测其需求，从而推送精准的广告信息。通过大数据分析、精准用户定向、实时反馈等高科技手段的结合，推广通在更好地满足商户和用户利益与需求的基础上，已成为国内本地生活消费行业内领先的智能效果广告平台，其提供的线上线下一体化的体验式营销服务有：新店开业、新品上市、门店推广、活动推广、精准获客、品牌曝光、好评营销、场景营销、优惠礼券等。其广告展现形式也丰富多样：门店/团单详情页、朋友圈、图文海报、定制 H5、互动游戏、聚合页等，应有尽有。推广通已成为本地零售服务门店 O2O 营销推广的首选，其核心优势为：

①数亿吃喝玩乐用户全面触达：全面覆盖美团点评超级应用矩阵，深度触达数亿吃喝玩乐用户，连接到店、到家、旅行、出行四大基于位置的服务场景。

②打通线上线下消费行为：将美团点评线上生活服务频道与用户线下门店实际消费场景打通，让广告跨场景出现在生活服务营销的每个阵地，融入消费者吃喝玩乐的各个场景中。

③LBS 精准人群定向：凭借强大的位置定向能力，全程追踪消费者从搜索、浏览到下单、支付等行为，勾勒出清晰的用户画像，模拟并分析其消费需求，从而智能匹配广告信息，帮商家解决精准获客难题。

④多种计费模式，效果实时反馈：提供详尽的数据报告，花费、曝光、点击、均价、网上客流、感兴趣次数等一目了然，推广效果实时反馈。可根据每日需求灵活安排推广费用，以提高推广效率。

汕头八合里海记曾联手美团点评，引爆餐饮 O2O 新营销。2017 年，汕头八合里海记牛肉店在美团点评平台上线了买单、团购、代金券等非常全面的交易产品，满足消费者不同就餐场景下的需求选择，并且尝试了多种差异化交易营销策略：如上线新客立减，仅一个半月就获取了超 1.5 万的新用户；通过限时秒杀，让近 1 万食客获取了福利，促进到店转化。最终，汕头八合里海记牛肉店 2017 年度线上交易额同比 2016 年增长 180%，订单量同比增长 170%。与此同时，活跃的线上交易为汕头八合里海记牛肉店带来了超高人气，门店线上浏览量同比 2016 年增长 68%，使品牌在激烈的线上流量竞争中稳夺“潮州牛肉火锅”品类第一的桂冠。

2. 巨量引擎广告平台：领先的内容营销平台

巨量引擎是字节跳动旗下的营销服务平台，整合了今日头条、抖音短视频、西瓜视频等产品的营销资源，基于大数据、海量用户画像优势，对用户行为特征进行动态分析、深度建模，智能化呈现用户真实状态及兴趣偏好，积累了丰富的定向能力，帮助零售商广告主准确识别目标人群，同时为广告主提供从广告创意制作、投放辅助到效果优化一站式智能工具。目前，其旗下拥有今日头条信息流广告平台、抖音短视频广告平台两大内容头部流量品牌。

（1）抖音短视频广告

抖音 App 月活跃用户 5 亿，日均播放量超过 200 亿，用户为新生代消费主力，支持人群属性标签、兴趣、场景等多种灵活、精准的人群触达方式，适用于移动下载、电商分享功能、品牌宣传等多种推广目标。在抖音信息流内容中，广告样式原生并拥有超爽的竖屏视觉体验，账号关联聚粉效果强，支持分享传播，售卖方式灵活。

（2）今日头条信息流广告

这是一款基于数据挖掘技术的个性化资讯推荐引擎产品。今日头条广告以原生方式出现在资讯信息流中，能够精准实现广告投放千人千面，让零售商的广告更好地触达目标顾客，其拥有 9 类定向维度、

220 万以上的累计标签，支持动静态图文广告、视频广告，支持 CPM、CPT、CPC 等多种售卖方式，也支持本地化区域定向。

来伊份是休闲食品连锁品牌，致力于带给顾客“一站式”的便捷服务，以开架的购物方式让顾客轻松搭配、自由选购。网购来伊份则更便捷，除了与各大购物网站合作外，还开通了官方网站商城和手机 App，并在业界推出“线上购物线下自提”和“线下门店代购线上商品”等 O2O 服务。来伊份坚持线下、线上的全渠道协同发展，在线下门店为重要的自有零售渠道的同时，2017 年重点发力线上自营 App“来伊份商城”。2017 年其投放策略为：上半年，来伊份在今日头条以苹果 iOS 手机系统为试点，使用经过优化的 CPC 出价模式投放信息流广告，在激活成本与新客投资回报率可控的情况下，同时满足了自营 App“来伊份商城”的拉新需求；下半年，来伊份在今日头条上的方向依旧是自有 App 的顾客拉新，如何在拉新的同时控制好广告的激活成本是其优化的方向。

由此，来伊份基于头条信息流广告做了大量专业的推广优化工作。在创意形式上，尝试大图、组图、小图同时投放，从美食、新人权益等多个维度切入，通过创意优化、A/B 测试，进行素材、流量、人群优化；在投放工具上，前期投放使用经过优化的 CPC 出价模式，帮助广告主智能、精准地找到目标顾客；在拓量拉新（核心人群拓展）上，利用头条数据管理平台，对已经下载安装过来伊份 App 的人群，继续拓展来伊份的潜在顾客，精准投放，满足拉新需求，并新增安卓平台进行投放；在降低成本方面，利用自有包，对已经下载过来伊份 App 的用户进行投放过滤，减少无效投放，利用规则包生成点击 3 次人群自行进行排除的限制；

在老客唤醒方面，利用自有包，上传已经在 App 内有过加购、收藏、下单的人群，针对这部分购买意向强烈的老用户重点投放，促进复购、提升投资回报率。经过系列优化，来伊份的推广效果表现突出，日均投放量相较于使用投放数据管理平台前显著提升，日均投放量 39 662，日均展示 218 万，日均点击率为 2.25%，日均转化率为 4.40%，转化率显著提升，转化成本下降 50%。

直播零售：用内容重构公域大流量

在零售 1.0 和 2.0 时代，无论是搜索引擎时代的竞价排名，还是 App 应用市场的排名优化、信息流广告的精准投放，抑或是门店的线下推广，都属于“人找货”的被动型零售模式，需要多层漏斗式转化，最后才能产生购买行为，虽然效率较为低下，但零售商依然可以坐享早期的流量红利。随着流量逐步被巨头瓜分，流量成本飙升，纯投放型广告模式不再是高性价比的营销策略，零售商开始尝试营造新场景，“短视频 + 直播”成为打破旧流量体系的有力武器，它让购物体验更贴近线下购物场景，让顾客所见即所得成为现实，还具有独特的“一对多 + 多对多”相融的互动沟通方式，更重塑了从“人找货”到“货找人”的零售模式。

“口红一哥”李佳琦在 2018 年双十一和马云直播比拼卖口红，仅用 5 分钟就卖掉 15 000 支口红、10 秒钟内帮助张大奕卖掉 1 万支洗面奶，成为新晋“带货王”。为什么李佳琦拥有如此神奇的能力，能在短短 5 分钟内卖出那么多支口红呢？除了他擅长借势营销（和马云比拼卖口红、挑战涂口红吉尼斯世界纪录、与明星合作）之外，李佳琦强大的个人形象品牌与简单、直接的销售话术使其极具辨识度，也容易让别人记住他。2017 年李佳琪入驻抖音，不到两年时间，凭借鲜明的个性特征，他在抖音引发 2 400 万粉丝关注，1.2 亿点赞量。打开李佳琦的短视频或直播，你会看见李佳琦娴熟而快速地涂着一支支口红，不时地说出其标志性的“Oh my god”“Amazing”“我的妈呀”口头禅，而一旦他对某支口红说出“买它！买它！买它！”时，这支口红就很可能被粉丝们抢购一空。

从线下服装店老板到网店老板，再到号称淘宝第一主播的薇娅，在淘宝直播有超过 500 万的粉丝，多次刷新淘宝主播直播交易额的历史纪录。2017 年 10 月 10 日，拥有 156 万粉丝的薇娅，在 5 个多小时的直播里，帮助一个零粉丝的淘宝新店拿下 7 000 万元的销售额，打破一年前网红张大奕 2 000 万的直播卖货纪录。2018 年双十一，薇娅通过直播创造了一天 3 亿元的销售额纪录。借势直播，薇娅的零售事业飞速发展，她在淘宝有 5 家店铺，涉及女装、定制女鞋、饰品、手表、男装等品类，除了给自家店铺营销外，她逐渐发现粉丝对其他产品也有需求，于是与零售、美妆类等商家联合搞营销，进一步扩大了事业版图。

公众号“小小包麻麻”在 2019 年 5 月 7 日晚首次试水腾讯直播。当天，“小小包麻麻”在公号上发文预告当晚的直播，文末是腾讯直播小程序的预约贴片，用户点击进入即可预约直播，并在当晚准时收到直播提醒。21 点直播开始，包妈在直播间里跟粉丝挥手打招呼，然后对着镜头逐一对挑选的十多款好物进行介绍，其间每隔一段时间就会送出 666 元、777 元、888 元无门槛大额优惠券，以及各种产品对应的专属优惠券。这场 1 小时 40 分钟的直播共吸引了 13.1 万人次观看，销售量超过 1.5 万件，销售额达 216 万元，而“小小包麻麻”电商小程序页面浏览量也超过 65.8 万次。

与李佳琪、薇娅、包妈不同，知名美妆博主 Benny 董子初是因为犀利、狂野的个人风格而走红网络。在 B 站（哔哩哔哩网站）他拥有 140 万粉丝，播放数近 9 000 万，而在微博他也有 422 万粉丝。其视频内容包括开箱测评、产品推荐、产品红黑榜、工作旅行视频、妆容、护肤知识等。他言语大胆毒舌，喜欢他的人非常喜欢，觉得有个性，敢于表达自我；不喜欢他的人觉得他做作，靠哗众取宠吸引眼球。但这并不妨碍Benny董子初的火爆，他的视频《一次性清理20年陈酿黑头前一定要看的视频》在B站播放242万次，有共计3.1万条弹幕，全站日排名最高第5名。通过短视频圈粉的同时，Benny董子初也推出了自己的彩妆品牌，尝试粉丝商业变现。

“短视频+直播”的互动型零售新营销业态，重构了“人、货、场”，主播进化成商品的体验者和销售者，更像是线上导购，通过试吃、试穿、试用，根据和屏幕对面的粉丝互动来了解其兴趣、喜好、体型、需求，从而推荐给粉丝们适用的商品。这种类线下购物场景的交互体验，迅速拉近了和消费者的关系，零售商则通过碎片化的短视频得以快速传播、聚粉、种草。种草一段时间后，不管是主播还是商家，一定要想办法把这个“草”拔掉，而直播刚好就是激发顾客产生拔草动机和欲望的触发器。主播面对面地解答甚至解决粉丝疑问和需求，粉丝则透过直播更具象地了解到产品的属性和用途，通过留言或弹幕即时共享对产品的认知。在这种多人共存、高频沟通的场景下，顾客往往会快速做出购买决策，一般买完之后还很少退货。我们预计，通过短视频“种草”、直播“拔草”这种高效率、高转化率的零售方式，将成为越来越多零售商卖货的标配。

对于零售商而言，该如何抓住这个红利，让“短视频+直播”成为自己流量池中的渠道呢？具体可分为“合作”与“自营”两种策略。合作是针对没有直播能力的商家，目前有以下三种主流的合作方式。

第一种是卖货分成。可与公会、经纪公司、MCN[①]机构合作，这

① 一种多频道网络的产品形态。

些机构旗下签约了很多视频主播，零售商通过机构找到主播，按照月、周、小时来结算底薪，产生销售收益后再按照一定比例来分成，这是目前比较传统的合作方式。不少零售商会让主播直接到其合作工厂去做直播，直接卖货，没有各种中间环节，成本低，且销量惊人。

第二种是推广服务费模式。品牌商发布新品，通过经纪公司找主播宣传推广，不按交易拿佣金，但是主播会拿到一笔服务费，多属于品牌营销模式，对推广效果无绝对保证。

第三种是包销模式。主播（机构）觉得商家的货品不错，就全部包销这批货品，商家给主播（机构）一个底价，产生的收益、利润完全由包销主播（机构）自己承担。包销模式对于主播（机构）有一定的风险，除非这个商品很红、品质好、市场稀缺，或者它有一定的门槛，否则主播（机构）很少会采取这种合作模式。

自营是针对有主播潜质、短视频以及视频博客制作能力的零售商家，建议这些商家打造属于自己的短视频账号。至于什么样的人（账号）才具有品牌潜质，可以用12个字来概括：差异化、辨识度、有标签、有反差。

差异化是指主播（账号）的定位要与众不同，不能把内容做泛，要往垂直做、往细分领域做、往纵深做，要让粉丝所见即抓心。比如抖音声优红人“栩影酱”在两个月内便涨粉200多万，靠的就是自身无法轻易被模仿和超越的配音技能，可爱的萝莉音、霸气的御姐音、二次元音集于一身，让这个品牌迅速爆火。辨识度是指在内容创意上要有独特性和一致性，不能什么火就做什么，跟风只会加重内容同质化的现状；也不能看谁爆款就模仿谁，模仿只会让粉丝产生审美疲劳。有标签是指内容和人物要有鲜活的个性，如李佳琪的“买它买它买它”、Benny董子初的犀利和大胆，这些鲜明的个性标签给粉丝以强烈的代入感，瞬间降低了粉丝情感的阈值，进而会产生自发的互动。有反差是指认知的反常规性，比如在一般大众的认知中，牛肉和红酒是偏贵的，也是中产阶级的专享，但抖音红人“牛肉哥”反其道而行，通过与原产地合作，打掉了层层中间商的暴利，让红酒和牛肉进入普通百姓餐桌成为现实，而牛肉哥的口号“打下来”如今也成为其粉丝的口头禅并火遍全网。

当然，对于不同体量的零售商家来说，其需求也不相同。如果是零售品牌，渠道的导流、拉新是重点，所以很多品牌在节假日、新品推出、双十一以及618等活动期间，会通过头部主播吸粉，效果也很显著。而对于普通小商家而言，其目的就是为了促销量、去库存，而直播带来的巨大机会，让工厂、农村、市场中的优质线下资源加速进入了线上零售体系。现在有很多“工厂直播”，即主播直接在一些美妆、母婴、服饰的工厂里进行直播，产品从生产线上下来就直接卖给消费者，运输、销售的过程全部通过直播联系起来，根本不需要再经过中间的批发商、一批二批分销的多次周转。我们认为，由于其高效率、高转化、高透明等特点，直播可能成为商家未来卖货的标配，就像客服、售后一样。

2016年5月诞生的淘宝直播，如今已成为一个一年能拉动1 000亿元成交额、进店转化率超过65%的超级零售卖场，除此之外，抖音+直播、快手+直播，也迅速成为众多零售商争夺流量的新战场。特别需要重点关注的，2019年3月还处在定向邀请公众号主内测的“腾讯直播”，是基于微信小程序开放能力开发的产品，整个产品由App和小程序两部分组成，公众号主可以通过App完成创建直播任务，并生成小程序码海报，通过公众号推送给粉丝，粉丝则可以通过小程序预约、观看及互动。和其他平台相比，腾讯直播的核心优势有三点：第一，作为国民应用，微信拥有近11亿的月活跃用户；第二，粉丝通过个人微信号边看直播边购买，用微信直接支付，是体验最顺畅的直播平台；第三，最重要的是主播在直播中可以推广自己的私人微信号，相比其他平台禁止推广微信号来说，这个可将平台公域流量变成私域流量的“绝杀策略”，一定会受到广大零售商和内容创业者的追捧。在腾讯新零售基础设施不断完善的背景下，“公众号 + 腾讯直播”必将为微信生态流量的重新分配带来新的契机，它将为数百万零售公众号和内容创业者带来新的流量红利和流量变现的商机。

裂变增长：性价比最高的获客之道

在前面，我们和零售创业者探讨了：从 0 到 1 挖掘种子顾客，以及如何构建线上线下全零售场景，进而布局全营销渠道，实现顾客从 1 到 100 增长的策略和方法。接下来我们将基于“社交裂变”的思维，阐述将顾客从 100 增长到 1 000 的逻辑与策略，从而帮助零售商构建完整的流量生态蓄水池。《道德经》上讲“道生一，一生二，二生三，三生万物”，指的是万物生长的过程，而顾客的裂变与增长，大抵也是如此。

通过前面的学习，我们已经基于自己的优势资源，完成了流量池的搭建，无论是网红门店 2.0 业态，还是基于“小程序 + 公众号 + 个人号 + 微信群”的私域流量组合；无论是全网投放型渠道矩阵，还是“短视频 + 直播”的零售矩阵，抑或多渠道、多形态的混合流量组合，总之你已经建立了一个稳定的流量池，每个渠道如同涓涓细流，不断地在拉新获客，并产生营业收入。这时候你可能发现了另外一个问题：渠道营销成本居高不下，甚至出现了投入产出比倒挂的现象，即营收低于营销推广成本。这有可能出现在某一渠道，也可能是流量池中各渠道的共性，而造成这个问题的原因是多方面的：一是全网流量红利结束，其成本每年按 15%~20% 的增幅在持续增长；二是同领域、同类型多个竞争对手充分竞争的结果。在无法改变以上这两个宏观因素的前提下，营销推广的竞争就变成了“开源节流”精细化运营的竞争，“开源”比拼的是谁能找到价格更低、更有效的渠道，“节流”比拼的是谁的精细化营销能力更强，谁的渠道漏斗转化率更高，也就是说在相同的营销预算下，甚至在同一渠道同一流量资源的前提下，谁的落地页及关键节点的转化率更高（如分享、展示量、点击量、注册、充值、首次购买、重复购买等），谁就会取得在营销上的优势。

通过此逻辑，我们很容易明白，在流量红利结束的今天，我们必须要从营销结构上做出改变，才能取得新的竞争优势。具体来说：第一，精细化获客，从过去粗放投放的流量获取方式，转变到以精细化运营为核心的投放方式；第二，“老拉新”顾客裂变增长，调整预算结构，将大部分广告费用的预算调拨作为顾客福利，激励流量池中的老顾客分享好友并拉新。从我们过去的经验来看，1 个老顾客平均可以裂变出 3～5 个有效新客，而平均获客成本仅相当于常规投放型渠道的 1/10～1/5。因其“有效、精准、高性价比”的优势，基于流量池的“老拉新”裂变增长策略，必将成为后流量时代零售营销的主流手段，也是顾客自循环增长的助推器。

流量裂变的本质是通过老顾客带来新顾客，其特征用一句话概括就是“一种关系、六种形态、七种类型”。一种关系是指所有的裂变都是基于社交关系链分享设计而成。从关系链的完整性来看，目前中国只有微信和 QQ 两大平台；从有效性和转化率的高低来看，分享的场景出口排名是“微信好友 > 朋友圈 > QQ 好友 > 其他”，所以我们一般讲的社交裂变是指基于微信生态的流量裂变。六种形态是指根据落地承载的工具或系统，可分为 App 裂变、个人号裂变、公众号裂变、小程序裂变、H5 裂变、图片集裂变。七种类型是指裂变的活动形式，较为常见的是互利、众筹、共享、礼物这四种裂变类型。

1. 互利裂变

互利裂变即我为人人、人人为我的互惠互利模式，你把活动或产品分享给好友，好友参与得到奖励，你也会得到奖励。比如分享好友下载 App 注册，你和好友都能得到 20 元红包，从实际情况来看，这种较为传统的互利式活动的分享率为 10% ~15%。为了提高活动的分享率，还衍生出品牌型裂变、游戏型裂变等形式：通过与第三方授权合作，借势头部电影、明星演唱会、卡通动画等内容及人物形象来作为裂变活动的内容，提升对顾客的吸引力。

2018 年 8 月 1 日，连咖啡正式上线“口袋咖啡馆”小程序，它的出现让“每个人都有一间属于自己的咖啡馆”的梦想在几分钟之内成真。开店的过程非常简单，包括装修、选品、分享几个环节，用户可按照提示一步步装修自己的咖啡馆：敲定风格—选址装饰—购置店内物件—菜单整理—其他自定义装扮—咖啡馆上线。在装修完成后，用户需要将小程序分享到微信群或朋友圈，才能正式开业运营。对于选品，新手卖家只有 5 个货架空位，连咖啡还对两个新品“甜蜜暴击”和“蔓莓无花果雪昔”做了限制，只有成功卖出货了才能解锁上架，有点打游戏闯关的意思。为了刺激开店并分享，每卖出一杯饮品，店主可以得到 0.1 杯成长咖啡奖励，也就是说，每卖出 10 杯连咖啡就会送店主一杯饮品。此外，店铺内每天都会有特定品类打折，比如官方价格 31 元的产品，上架价格是 9 元，用低价来刺激购买。在“发现”页，用户还能去明星馆、去过的馆、附近的馆串门，看看其他咖啡馆做得怎么样。根据连咖啡透露，“口袋咖啡馆”上线首日的页面浏览量超过 420 万次，累计线上咖啡馆裂变开店数量超过 52 万家，其中 10% 以上的咖啡馆实现了真实销售，卖得最好的用户当天就销售了 200 多杯。连咖啡在一天内开出几十万家虚拟咖啡馆的秘诀是什么？

总结起来有以下 3 点：

- 游戏化设定促进裂变分享。口袋咖啡馆最大的特点在于其经营类游戏模式的设定，每个人可以无门槛地对店铺进行美化装修、自选产品、增加网红指数，做到了千店千面。由于界面相对美观，玩法也比较新奇，用户更多会出于好玩有趣的心态来进行分享。
- 巧用红人品牌形象带动粉丝效仿。连咖啡和笑果文化合作，邀请了一批知名艺人入驻“明星馆”，比如李诞开了个“不值得酒馆”、王建国开了个“肥仔快乐馆”，此外还有佘诗曼、秦岚等十多个明星店。各个明星的咖啡馆名称、店面形象和介绍都很有个人特色，将虚拟店铺和明星品牌形象捆绑一体，刺激粉丝转发偶像的咖啡馆或跟随开自己的咖啡馆。
- 助力受众发朋友圈炫耀。除了分享链接以外，还有图片分享的形式，图片的形式打破了小程序只能分享到“人”，而无法分享到“圈”的限制，当用户把一张精美的并带着“我开了一家真正的咖啡馆，现在下单 9 元起”文案的图片发到朋友圈的时候，无疑是一件颇为自豪并值得炫耀的事。

2. 众筹裂变

众筹裂变是人人帮我，即我有一个任务需要你来帮我完成，完成任务之后我能得到一份优惠或福利。拼团活动是众筹裂变的典型代表，其主要衡量考虑的关键点是顾客的实际身份、场景和参与难度，基于闺蜜、朋友、聚会、办公室等生活角色与场景，设置不同的成团数量（如 2、3、5 人团），匹配对应的阶梯形优惠价格，一般可分为“仅新用户可参团”和“新老用户均可参团”等拼团类别，拉新与促活并重。连咖啡小程序在没有进行外部推广的情况下，主推拼团裂变策略，上线 3 小时内，有近 10 万人成功完成拼团，另外小程序还为连咖啡的服务号引流近 20 万消费用户，其中超过 2/3 是拼团成功后关注的。而社交电商的代表拼多多，是一家专注于 C2B（消费者到企业）拼团的第三方平台，用户通过发起邀请，使朋友、家人、邻居等共同拼团，集齐人数就能拼团成功，大家都能享受到拼团的优惠。拼多多通过沟通分享形成的社交理念，形成了其独特的新社交电商思维，仅用 3 年时间就登陆了美国纳斯达克，成为资本市场的宠儿。

拼团活动是我们在社交推广中常用的一种方式，它可以用一个用户带动发展多个用户，达到快速裂变的效果和作用，帮助我们实现用户倍增。除拼团外，常见的砍价活动也属于众筹裂变——发送链接给好友，好友点击砍价，砍价越多，价格越便宜。还有各类集字、助力解锁、助力加速类 H5 和小程序活动，都是众筹式裂变的常见形式。

3. 共享裂变

共享裂变是我帮人人，即权益分享。比如微信卡包里推出的朋友的优惠券，商家通过借助共享者的关系链，实现了“一人领取多人共享”的快速社交传播和转化的效果。与普通优惠券不同的是，朋友的优惠券在被顾客领取完后，会被同时展示在朋友的优惠券中，领取人和朋友均可使用，具体流程如下：①顾客在线下商家消费后，扫描商家提供的二维码，并选择与“朋友们共享”后，就成功领取了“朋友的券”；②这时朋友的券将自动展示在领取者及其朋友的优惠券列表中，领取者和其朋友均可看到并使用；③当顾客或朋友再次在该商家消费时，点击“立即使用”朋友的优惠券，商家完成核销后，就能扣减相应优惠金额；④当这张优惠券被商家核销后，将再次回到步骤②，如此循环往复，形成爆发式扩散。

对于零售而言，借助微信卡包的开放能力，可完全实现电子卡券生成、下发、领取、核销的闭环，并使用对账、卡券管理等配套功能，而无开发能力的商家也可利用公众平台的卡券功能快速实现此操作。由此，零售商可将传统的代金券、折扣券、团购券、礼品券、优惠券、会员卡和红包收入微信，从而进入社会化“云券”营销时代，通过创造更多的新玩法为业务增长带来更多的可能性。例如，通过“关注有礼”，会员可通过扫描二维码或公众号搜索等方式关注公众号，关注后即可获得微信红包与商户卡券；通过“消费返现”，会员进店使用卡券消费后可根据消费金额的比例或固定金额获赠微信红包一个；通过“分享返佣”，朋友领取并消费会员分享的卡券，系统即可根据消费金额比例赠送给会员微信红包一个；通过“自助领券”，会员可以进店扫描二维码或通过公众号自定义菜单来进行自助领券；通过“微信收款”，会员可通过分享卡券的方式吸引他的朋友领券消费，其朋友也可用同样的方式形成裂变传播。

再如神州专车的亲情账户，用户可以绑定亲戚朋友，邀请家人使用他的账户余额来打车扣费；还有通信运营商通过“一人付费，全家共享”的策略争取家庭成员全客户，如中国移动的“和家庭共享套餐”，中国联通的“冰激凌全家桶套餐”，这都属于权益的共享。

4. 礼物裂变

礼物裂变是我爱人人，把好物送给所爱的人。2017 年 2 月，星巴克和微信合作，推出全新的社交礼品体验——“用星说”。微信用户点击星巴克中国公众号找到关联小程序“用星说”，选择或自定义一个属于此刻心境的礼品封面，在线购买单杯咖啡兑换卡或“星礼卡”（储值卡），抑或选择多种饮品或多份礼品卡组成“礼包”，并在赠送页面上用文字、图片、视频的方式留下对好友的专属祝福，然后直接分享到微信群组，群成员可以随机“抢”得一份礼品，享受类似“抢红包”的乐趣互动体验，而好友收到的礼品卡会自动存储在微信卡包中，可在线下门店直接兑换相关商品，当然也可以送给单个朋友，让他独享这一份大礼。用星说的出现，解决了一些日常小时刻不知道如何表情达意的问题，其形式也符合当下年轻人对送礼的新要求，而且比线下送礼更方便、更及时，成为亲朋好友间传情达意的新方式。

用星说的火爆，其背后的力量是零售品牌借势微信社交开放能力——“微信礼品卡”收获的营销红利。简单地说，“微信礼品卡”是一种可以馈赠同事、亲友，需在一段时间内进行消费的电子预付卡。对于用户来说，可以通过礼品卡向亲朋好友传递心意和情感；对于商家来说，不仅可以通过礼品卡为用户建立新的情感传递方式，还能在用户与品牌间建立情感联系。它支持商家创建不同面值、不同主题、不同卡面的礼品卡用于出售，无论用户是否为会员，均可购买单张或多张礼品卡，购买后既可自用，也可转赠给亲朋好友。总结起来，“微信礼品卡”有以下几方面的优势：电子卡券，发放使用方便；基于关系链转赠，裂变拓客效率高；快速回笼资金，利于资金周转；一张礼品卡可多次消费使用，助力商家门店引流并拉动用户进行消费。2017年圣诞节期间，星巴克、兰蔻、华润万家、乐高玩具等超过40个品牌提供了百余种圣诞小程序礼品卡，涵盖咖啡餐饮、美妆珠宝、服饰箱包、玩具母婴、数码产品等礼物供用户挑选，成为节日期间科技感十足又颇具温情的社交送礼新方式。

现在，“微信礼品卡”的功能正式开放，通过申请的商户都可以创建自己的“微信礼品卡”，除了基于微信裂变传播外，还可广泛用于线下门店物料等场景。这种包括了社交和消费两大核心元素的新营销玩法，为快消零售品牌带来了更多裂变的可能。

以上介绍的4种裂变方式，比较适合大中型零售连锁商家或品牌商，而对于单体零售门店或零售初创者，还有另外 3 种容易操作的裂变增长模式。

5. 公众号裂变

公众号的裂变又被称为任务宝，因为裂变活动通过奖品来吸引用户，等用户完成了固定的任务后方能领取奖品。简单来说，其流程为策划活动—甄选奖品—设置领奖规则—引导用户分享裂变海报—用户分群并引导多次分享，以此来获得源源不断的新用户的关注（见图 5.7）。

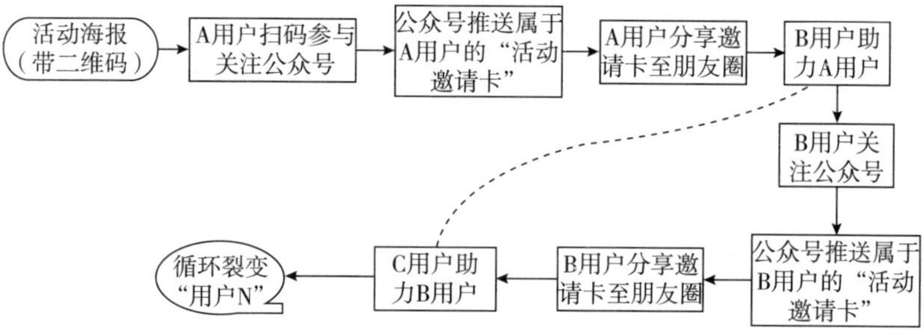

图 5.7　公众号粉丝裂变路径

以一级用户 A 为例，裂变海报推送给 A，A 扫码参与后会收到公众号消息规则和活动海报图。为了拿到活动奖品，A 邀请好友 B 参与助力，B 为了 A 扫码接关注公众号，完成助力活动任务，A 则通过公众号收到 B 的助力消息，同时 B 也进入裂变流程。公众号会推送属于 B 的个人邀请海报，B 为了领取奖品会再去分享邀请他的好友 C，C 为了 B 扫码和关注公众号，完成助力活动任务……活动循环往复，裂变到用户 N。

在这个裂变循环的过程中，A 被称为一级用户，通过一级用户扩散而得到的用户我们称为二级用户，以此类推。所以请注意，裂变活动要想获取足够的精准用户，活动一级用户的数量和质量非常重要。这里有个小技巧，可以借助个人号（服务号）让好友成为你的一级裂变用户，达到精准的目的。至于奖品和规则，零售商可以根据经营类别甄选良品好货，比如美妆行业可以选择口红、面膜等，茶饮门店可以选择咖啡、果茶等；同时需要注意的是，裂变的用户级数需要控制在三级以内，以预防被微信以诱导用户为由而封杀账号。

除了线上裂变海报外，线下零售门店也可以通过“一货一码”“一桌一码”来引导顾客扫码关注公众号（小程序）后支付购买或在线下单，将每一次前来消费的顾客沉淀在公众号（小程序）中，涓涓细流终将汇成江河大海。

6. 社群裂变

微信群已成为移动互联网背景下最好的转化、裂变的营销手段，其原理是借助社群的群体效应，引导用户利用微信分享转化，通常以线上免费课程、赠品小样、特权礼包、优惠福利等为活动噱头，利用用户获利的心理，使用户成为利益共同体，进行自发地传播和扩散。其裂变的流程概括为扫码后关注公众号，再获得回复进群链接，具体为：用户分享海报—用户扫码或长按识别海报二维码进群—“群管理员”回复并引导分享海报—用户完成任务客服审核—通过公众号或小程序引导领取活动福利—裂变循环。微信群的裂变需要配合社群运营的策略滚动进行，在“社交流量矩阵”章节里有详细的介绍。

7. 个人号裂变

相对于公众号、微信群，个人号在用户质量上会略胜一筹，所以对于零售商来说，必须建立个人号或客服号矩阵，也成为其裂变增长的核心。它的好处和作用是：①可以方便地向用户重复营销；②有助于售后服务维护，客服号代表着品牌形象，更加人格化、更具亲切感，可增强用户与品牌的亲密度；③可以作为公众号、小程序流量的后备军，当做裂变活动的时候，个人号（客服号）矩阵作为第一拨裂变用户，会极大促使裂变活动的爆炸式增长。

个人号（客服号）裂变增长的原理和公众号裂变增长的原理是一样的，通过奖品吸引用户，用户完成固定的任务后方能领取奖品，而且都需要一张裂变海报去传播，只不过用户识别裂变海报上的二维码是添加客服号。也可以通过社群裂变的方式，刺激用户添加个人号好友来领取福利或优惠，或者顾客在线下购买消费的时候，让其添加个人号即可获得立减优惠、代金券、折扣，促使顾客主动添加个人号。当积累了一定规模的好友后，也可以通过做“老拉新得返现红包”等活动，让老用户邀请好友，从而实现个人号好友的裂变。当然，你也可以在线下门店的物料中植入个人二维码，邀请顾客添加。从转化的效果看，基于个人号的私域流量，无疑是所有流量渠道中的佼佼者，也是零售商最直接、最有效的销售场景。

与传统营销相比，我们看到裂变营销的不同之处有三点。第一，重视分享。刺激老用户从消费者变成主动分享的推广者，这样的推广成本低而且有效。第二，用户带用户。通过用户找用户，不但培养了老用户的忠诚度，而且带来的新用户也更精准。第三，后置奖励。将原来前置投放给第三方营销平台的广告费用，后置分解为老用户分享的奖励与新用户注册的奖励，而这些奖励只有当用户完成预设行为之后才能获得，从而让零售商的营销投入变得更加有针对性和可控性。

过去基于老拉新的裂变营销策略，由于分享平台和技术手段的不成熟，更多地停留在理论阶段。而当微信成为国民应用并伴随其底层生态的日渐成熟，特别是小程序与 App 之间的相互调用打破了过去的 App 信息孤岛后，社交裂变成为所有推广渠道中最有性价比的渠道。希望零售从业者能够理解这种革命性的营销新模式，从而跟上新时代背景下零售营销的新趋势。而为了在实际工作中少走弯路，你还需要记住裂变营销实现裂变的三个原则和一个思维模型。

三个原则为：①找准分享的最佳点——“事前、事后和事中”，它没有固定位置，需要持续地在顾客消费行为路径中，测试寻找触发分享的关键点；②让福利设计简单且有吸引力——过去的福利三重奏是“红包、流量和话费”，如今则是“现金、特权、优惠券”；③让裂变创意更有趣——“品牌内容、新技术、游戏化”这三驾马车是营销持续创新的武器。

一个思维模型是指要从过去获取流量为核心的 AARRR 模型［拉新（acquisition）→激活（activation）→留存（retention）→收入（revenue）→自传播（referral）］转变到以经营用户为中心的自增长裂变模型 ESVRR（见图 5.8）。

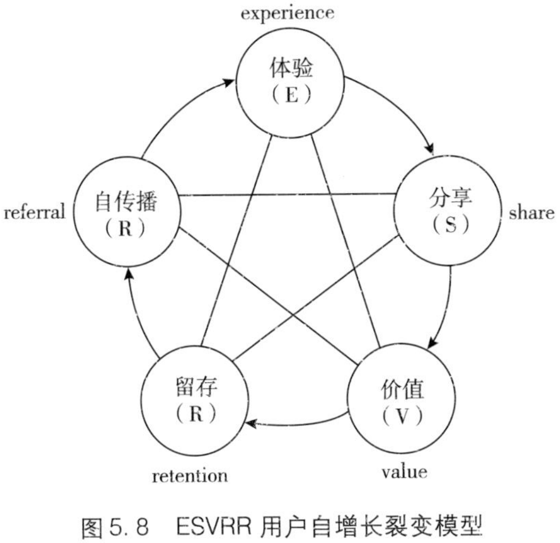

图 5.8　ESVRR 用户自增长裂变模型

体验（experience）：让用户体验你的产品，感知品牌内涵与价值。

分享（share）：基于实际体验的认知，主动向朋友分享。

价值（value）：好的商业模式不但赚钱，还能带给分享者与被分享者精神与物质激励。

留存（retention）：因为多重价值的吸引，用户愿意回访。

自传播（referral）：用户乐于分享、讨论你的产品，循环往复，促使更多的人来体验。

从体验到自传播再回到体验，营销的价值流循环往复，构成了一个基于“体验”为中心的内生微循环系统，这是基于社交熟人关系的用户自增长裂变模型 ESVRR 的核心逻辑，也是我们首次在行业中提出。它强调“以用户体验为依归”的营销价值观。熟人关系最大的成本是信任，所有的分享和推荐都要靠谱，而靠谱源于用户实际真实体验的感知。所以用户裂变其实是一项“慢即是快”的日常经营性工作，需要长时间精心耕耘与呵护，不要为了追求短期用户爆发而过度营销、虚假营销、套路营销，甚至欺骗用户。

最后，我们总结一个用户裂变增长的黄金定律或常识：裂变活动持续做，持续活动迭代做，迭代活动创新做，创新活动善良做。其核心秘诀就在于“快速试错、敏捷优化”，一切无关公式、无关模板、无关套路，终极精髓在于“人心”的经营，不仅要俘获消费者的心，更需要零售从业者不忘初心。

新零售智慧营销全景大智连

在本章结尾，结合本章的逻辑框架回顾，我们系统性地完成了零售全域智慧营销框架的搭建（见图 5.9）。总结概括起来，全框架由“七大零售场景—四大流量体系—四大流量池—五大转化器—顾客池—七大裂变器”六大模块构成。将全零售卖场布局、全域触达、全域营销、全域零售、裂变增长作为论述主线，通过常见的线下渠道以及互联网全渠道，无论是公域流量渠道抑或是私域流量渠道，均形成了一张各渠道独立、相互连接，最终又流向同一终点的全链路数字化流量网络——混合流量池。再结合丰富多彩的转化器生态，实现以社交连接为中心的全媒体协同的高效转化。通过跨零售场景识别，还原消费决策路径，让触达与转化实现品效协同，构建零售商或品牌商与顾客更短链路的连接。总结起来，所谓零售全域智慧营销，包括两个方面：一是单一渠道的数字化纵深串联，即顾客行为漏斗全链路数字化，从顾客触点、推广渠道、零售场景、落地转化到交易转化……打通消费者认知、兴趣、购买、忠诚及分享反馈的全链路；二是多渠道并存的数字化横向融合，并联一切营销推广渠道，每一个独立的纵深渠道的数字化资产在顾客池（数据中台）汇聚沉淀，基于渠道、顾客标签，实现数据可视、可追踪、可优化，最终为零售商的品牌策略、品牌传播、品牌运营提供基于全数据的全方位精细化支持。

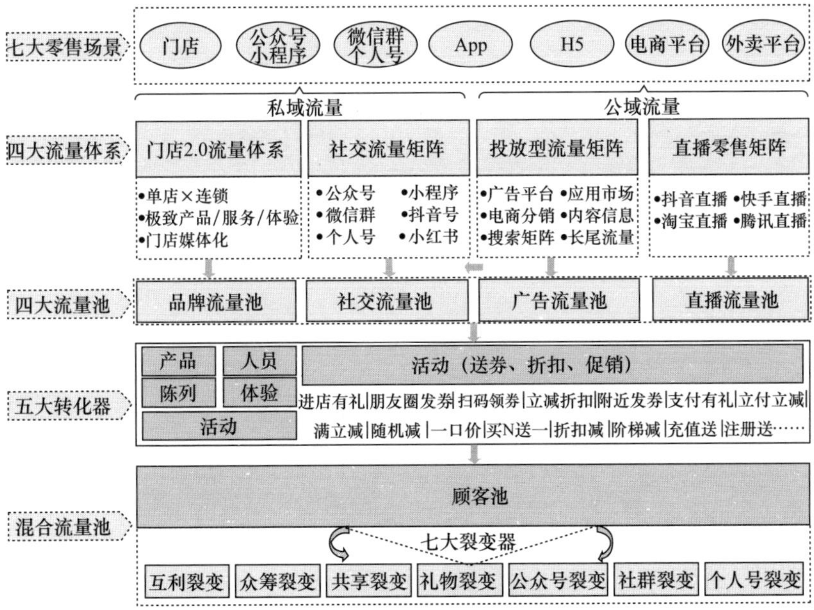

图5.9　零售全域智慧营销框架

我们再试着从全域数字化智慧营销的垂直纵深的内涵来看。其上半场是过去10年广告的数字化转型，为零售商或品牌带来线上注意力的持续增长；在下半场，“人”的全方位数字化，打破了“人、货、场”的原有边界，使得实体零售业有机会在数字化的趋势下，不仅仅实现数字化触达，更能够打造全方位的零售触点，与消费者建立更为立体化的连接，为顾客打造跨场景的无缝零售体验与转化，从而为企业的增长带来新的机遇。

最后，我们抽丝剥茧，思考门店新零售智慧营销的终极本质到底是什么。我们认为，可以深入浅出地用一句话来概括：“智慧新营销，是以顾客运营为核心的全域数字化营销。”这句话，可以准确表达全书的中心思想和核心逻辑。

后　记

最开始萌生写本书的动力来自一种“可惜了”的感觉。

在过去3年多的时间里，我们的商业实践从互联网转向实体零售，开始探索研究科技与零售跨界融合的魅力。而出于职业习惯，在全国各地出差的时候，我们会不停地观察各色各样的商场、门店，和零售领域很多优秀的企业家、创业者交流探讨，更经常的是深入一线店面，去倾听不同的店面管理者、从业者的心得和经验分享。其间，我们也逐步对新零售时期的零售创业、零售管理有了一些自己的见解和认识。

最开始这些认识是非常碎片化的，但是出于商业直觉，就常常对一些已经开业或者即将开业的零售项目品头论足。最痛心的莫过于看到很多店面“没的救了”，有一些店面一开业就知道它撑不过3个月，有一些商场、商业街注定要大幅亏损，而这些情况还不在少数。试想，一个项目还没有怎么做，就注定是失败的，那是多么可惜的一件事情，资金、人员的投入还在其次，关键是部分创业者、老板即便是失败了，都还不知道为什么这个店要关门。这是一种商业的浪费，是我们零售商业缺乏科学营运体系支撑的结果。

另外，传统的零售思维在近几年受到巨大的冲击，新零售的思想、技术工具给了新零售人快速抢占原有市场的机会，在很长一段时间内，新零售的势头非常猛。但近一段时间，整个行业都开始进入反思期，一大批无人便利店、无人货架等项目以失败告终，甚至盒马鲜生和超级物种也有店面关闭调整。

于是，我们决定对于新零售时期的零售创业、零售管理做一次系统的方法论梳理。一方面是把传统零售的基础体系中国化。可能很多读者会产生疑虑：国内零售发展这么多年难道就没有系统的管理学体系吗？目前市面上能够找到的只有两位美国教授撰写的《零售管理》一书，国内至今尚且没有与零售管理相关的专业著作。而中美零售又存在相当大的差异，例如美国零售的店址基本上是以固定点位为主，而国内则以随机点位为主，所以存在大量的街边店商业；又如新零售的进展情况目前是国内领先国外，得益于支付宝、微信等零售商业基础设施的搭建，以及基于大数据的精准运营力，让零售场景从过去受困于线下一隅，变成了不受限的全域营销、全域零售，大大提升了零售的运营效率。因而要搭建中国化的零售管理知识体系。另一方面，新零售的发展极大扩展了零售管理的知识边界，需要补充、融合大量新的内容，而本书的第五章都是在论述这些内容。

当然，我们在梳理过程中也把这些商业思想贯彻到自身从事的商业活动中，取得了非常不错的效果。八马茶业现在一年能够新开四五百家店面，同时因为在选址、营运等方面的综合把控和支持到位，开店成功率高达 95% 以上，原有店面的店效和人效也有较大幅度的提升。

在写作过程中，我们也意识到零售管理的知识体系是十分庞大的，例如零售的品牌、店面的陈列，甚至进店数、复购率、数字化营销等各项内容都可以单独成书，因而此次我们只能抓住其中最重要的 5 个环节，让读者在较短的时间内掌握影响成败的关键内容。在以后的时间里，还应继续完善这一套体系。

此次写作历时将近一年时间，特别要感谢以下人员，正是因为他们的支持，本书才得以顺利完稿。

首先要感谢我们各自的家人，因为要同时兼顾工作与写作，与他们在一起的时间少了很多，而他们无私的爱和付出，是我们得以前行的最大动力。

感谢北京大学汇丰商学院的魏炜教授，他和朱武祥教授共同搭建的魏朱商业模式理论体系影响了大批中国企业家，多年前在他门下学习的研究生经历至今依旧是我们商业思想的重要源泉。

感谢八马茶业的总经理吴清标先生、副总经理李建松先生，我们是十分亲密的朋友，在商业实践中有过多次深入的探讨。

感谢中信出版社的丰虹老师及其团队，是她的鼓励和帮助才让此书得以出版。

感谢我们曾经调研和访谈过的企业，本书中提到的案例几乎都和案例企业的创始人或者高管深入交流过，感谢他们的分享。

感谢在本书写作过程中帮助过我们的朋友。祝愿中国的零售商业繁荣昌盛，但愿时代中的我们始终不忘初心，砥砺前行。